신뢰 이동

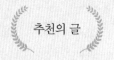

추천의 글

사람들이 전문가를 의심하고, 언론을 의심하고, 정부와 기업에 대한 신뢰를 잃고 있는 지금, 레이첼 보츠먼은 신뢰를 쌓고 재구축하는 데 무엇이 필요한지 명쾌하게 분석해냈다. 나를 믿어라.《신뢰 이동》은 당신이 꼭 읽어야 할 책이다.

— 애덤 그랜트Adam Grant,《기브 앤 테이크》《오리지널스》저자

레이첼 보츠먼은 전 세계에 퍼지고 있는 신뢰의 위기를 파헤친다. 그녀는《신뢰 이동》을 통해 디지털 기술이 우리 삶 전반에 뿌리 내리면서 확립된 신뢰 체계가 어떻게 급진적인 변화를 겪고 있는지에 대해 훌륭하게 묘사한다. 당신은 이 책을 읽으면서 인간의 상호작용 법칙을 다시 쓰는 신뢰 혁명에 대해 준비하게 될 것이다.

— 마크 베니오프Marc Benioff, 세일즈포스닷컴 CEO

신뢰가 무엇인지, 어떻게 작용하는지, 왜 그것이 중요한지 그리고 그것이 어떻게 진화하고 있는지를 이해하기 위한 탁월한 프레임워크이다. 사회경제적, 정치적, 문화적 분열을 넘어 신뢰를 회복하고 재정립하기 위해 직면하게 되는 장애와 기회에 대한 중요한 입문서이다.

— 〈워싱턴포스트〉

이 책에는 디지털 시대에 신뢰가 어떻게 변화할지에 대해 깊은 통찰이 담겨 있다. 비즈니스와 인간관계, 삶에 관해 진지하게 고민하게 만드는 보기 드문 책이다.

— 돈 탭스콧Don Tapscott, 《위키노믹스》《블록체인 혁명》 저자

논지만 흥미로운 책이 아니다. 프로젝트와 비즈니스와 플랫폼에 관한 현실의 사례 연구를 풍부하게 소개하고 있다. 분산적 신뢰 모형을 적절히 활용하면 미래의 전망이 밝지만 잘못 적용하면 막대한 피해를 초래할 수 있다는 점을 명확히 보여준다. 베이비시터를 고르는 일부터 화폐를 선택하는 문제에 이르기까지 우리의 모든 활동에서 긍정적으로든 부정적으로든 근본적인 변화가 일어날 것이다. 이 책이 주는 중요한 메시지이다.

— 앤디 홀데인Andy Haldane, 잉글랜드은행 수석 경제학자

이 책은 신뢰의 과거, 현재, 미래에 대해 완벽하게 안내한다. 레이첼 보츠먼은 이 주제에 대한 최고의 전문가다. 《신뢰 이동》은 비즈니스 리더들과 일반 소비자들 모두가 꼭 읽어야 할 책이다.

— 닉 샤피로Nick Shapiro, 에어비앤비 본부장

많은 생각을 불러일으키는 책이다. 레이첼 보츠먼은 흥미롭고 풍부한 내용으로 더 많이 변화할 삶의 모습을 보여준다. 오늘날 세상이 어떻게 돌아가고, 앞으로 어떻게 돌아갈지 궁금하다면 반드시 읽어야 한다.

— 윌 딘Will Dean, 터프머더 창립자

새로운 방식을 시도하는 데 도움이 될 만한 '생각거리'를 안겨주는 훌륭한 책이다. 새로운 세계에 관한 예고편처럼 좀 더 훌륭한 시민, 소비자, 부모가 되도록 준비하게 해준다. 이 책 덕분에 나 역시 궁금해 하던 여러 문제의 답을 찾았다.

— 셰리 터클Sherry Turkle, 《대화를 잃어버린 사람들》《외로워지는 사람들》 저자

탄탄한 연구를 바탕으로 얻은 통찰을 담은 이 책은 중요한 문화적, 사회적 현실을 탐색한다. 저자는 우리를 새로운 시대에 직면하게 해주고 우리가 누구를, 왜, 어떻게 믿어야 할지에 대해 중요한 질문을 던진다. 강력히 추천한다.

— 팀 코스텔로Tim Costello, 월드비전 오스트레일리아 대표

신뢰는 줄어들지 않았다. 이동했을 뿐이다. 세상을 변화시키는 이동이다. 저자는 신뢰에 관한 흥미로운 고찰을 통해 모든 혼돈과 난관, 위험과 기회를 포착했다. 시의적절하고 명쾌하고 훌륭하다. 반드시 읽어야 한다.

— 리처드 글로버Richard Glover, 〈시드니 모닝 헤럴드〉 칼럼니스트

탄탄한 자료 조사를 토대로 우리 시대의 주요 쟁점을 다루면서 신뢰의 변화에 관한 새로운 통찰을 보여준다.

— 제프 멀건Geoff Mulgan , 영국국립과학기술예술재단 네스타 대표

'신뢰'는 시간처럼 우리가 직관적으로 이해하지만 설명하기는 거의 불가능한 현상이다. 그런데 레이철 보츠먼의 손끝에서 신뢰의 개념이, 시대에 따른 신뢰의 변화가 선명해지고 이해하기 쉬워졌다. 많은 것이 디지털화되는 시대에 개인의 책임은 봇이나 네트워크나 시스템에 '아웃소싱'할 수 없다. 디지털 시대의 신뢰 관리는 인간에게 새로운 도전이다. 레이첼 보츠먼의 이야기는 매우 흥미롭다.

— 사이먼 롱스태프Simon Longstaff, 세인트제임스 윤리학연구소 대표

WHO CAN YOU

신뢰 이동

관계·제도·플랫폼을 넘어,
누구를 믿을 것인가

레이첼 보츠먼 지음 | 문희경 옮김

흐름출판

나의 친구이자 스승 파멜라 하티건을 기리며

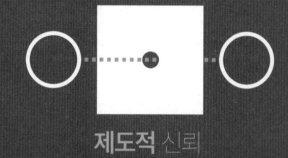

제도적 신뢰

지역적 신뢰

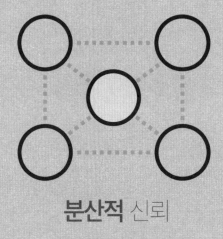

분산적 신뢰

신뢰의 진화

WHO CAN YOU
TRUST

서론

세 번째 신뢰 혁명이 시작됐다

> 먼저 무기를 버리고 그다음에는 음식을 버려라.
> 그러나 신뢰를 버려서는 안 된다. 사람은 신뢰 없이 살 수 없다.
> 신뢰는 목숨보다 중하다.
>
> — 공자가 제자 자공에게

결혼식 날, 월스트리트 주가가 폭락했다. 2008년 9월 14일이었다. 뉴욕에서 10년 가까이 살던 시절에 처음 만난 남편과 나는 둘 다 천생 '도시인'이었지만 결혼식은 시골에서 소박하게 올리고 싶었다. 고심 끝에 매사추세츠주 뉴 말버러의 운치 있고 오래된 마을 버크셔의 게드니 농장을 결혼식 장소로 정했다.

"그래, 마구간에서 결혼한다고?"

내가 결혼식을 올릴 장소라며 노르망디 양식의 붉은 헛간을 보여주었을 때 아버지가 한 말이다.

결혼식에 참석하기 위해 세계 곳곳에서 80여 명의 일가친척과 친구들이 날아왔다. 양초와 줄줄이 매달린 에디슨 전구로 밝힌 고풍스러운 결혼식장은 아름다웠다. 내가 신뢰에 관한 한 유서 깊은 제도인 결혼의 한복판에 서 있던 그때, 세상의 다른 한쪽 월스트리트는 무너지고 있었다. 밤 9시 30분쯤, 에디슨 전구의 은은한 불빛과 경쟁하듯 아이폰과 블랙베리의 거슬리는 푸른 불빛이 번쩍거리기 시작했다. 하객들은 손바닥 위에 펼쳐진 파멸의 조짐을 슬쩍슬쩍 들여다보았다. 금융계에서 일하는 가족과 친구들은 갑자기 날아드는 메시지를 확인하느라 정신없어 보였다. 무언가 엄청난 일이 벌어진 것 같았다.

리먼브러더스가 연방 파산법 11장에 따라 파산보호를 신청했다. 뱅크오브아메리카와 바클리즈는 158년 역사를 가진 리먼브러더스를 구제할 수도 있는 거래에서 손을 뗐다. 메릴린치는 금융위기를 피하기 위해 뱅크오브아메리카에 약 500억 달러에 매각됐다. 워싱턴뮤추얼과 와코비아, 영국의 HBOS도 파산 직전이었다. 신용부도스와프 시장을 주도하던 거대 기업 아메리칸인터내셔널그룹AIG도 위태롭게 휘청거렸다.

JP모건체이스와 골드만삭스의 이사인 두 친구가 회사에서 '적색경보' 비상회의 소집 통보를 받고는 우리에게 양해를 구하고 떠났다. 다음 날 주식시장이 개장할 때 발생할 블라인드 패닉blind panic을 막기 위해 촌각을 다투는 경쟁이 벌어진 상황이었다. 하객들은 피로연을 즐기면서도 초조한 기색을 감추지 못했다. 이튿날 회사 사무실에서 자기 책상이 사라졌을지도 모른다는 불안감에 사로잡힌 듯했다.

우리가 유대교 결혼식 전통에 따라 호라Horah 춤을 추는 사이 헛간 바깥의 세상에는 사상 최악의 세계적인 금융위기가 닥쳐왔다. 수많은 기업이 '절벽에서 떨어지고' 세계 금융계가 붕괴 직전에 몰리면서 대공황 이후 가장 불안한 시대의 서막이 올랐다. 알다시피 그 뒤로 오랫동안 경제위기의 먹구름이 전 세계를 뒤덮었다. 내 결혼식 날은 나 개인적으로는 기념할 만한 날이었지만, 다른 한편으로는 심각한 사건이 벌어진 날, 이를테면 제도에 대한 공공의 신뢰가 추락한 날이었다.

그렇다면 경제위기의 책임은 누구에게 있을까? 주된 원인은 무엇일까? 이것이 바로 나중에 금융위기조사위원회FCIC가 꾸려져 당시의 위기 상황을 조사하면서 던진 질문의 핵심이다. 결론은 허무했다. 525쪽 분량의 보고서에서 기껏 밝혀낸 답은 이랬다.

> 당시의 위기는 인간의 행동과 무대책의 결과이지, 천재지변이나 컴퓨터 모델 문제가 아니다. 셰익스피어를 인용하자면 잘못은 저 별들이 아니라 우리에게 있다.[1]

요컨대 당시의 경제위기는 충분히 '피할 수 있는' 인재였다는 뜻이다.

금융위기조사위원회 보고서는 '자리를 지키지 않은 감시병'이라는 표현으로 규제기관이 상황을 제대로 규제하지 못했다고 비난했다. 특히 연방준비제도Federal Reserve가 담보대출과 단기대출에 대한 지나친 의존성, 파생상품의 과도한 판매와 전매轉賣 등 무수한 적신호에 의문을 제기하지 않은 것에 책임을 물었다. 하지만 보고서에 따르면 위기의 주범은 실패한 금융제도가 아니라 제도를 제대로 운영하지 못한 인간이라는 결론에 이른다. 무모한 위험 추구와 탐욕, 무능과 어리석음, 책임감과 총체적인 윤리 의식 부재가 원인이었다.

제도적 신뢰의 관에 못을 박은 것이 이번이 처음도 아니고 마지막도 아니지만 이번에 박힌 못은 꽤 깊숙이 들어갔다. 신뢰의 상실은 제도 자체에 대한 불신으로 이어졌다. 제도가 제대로 작동하지 않는다면 우리는 무엇을 믿어야 할까? 누구에게, 혹은 무엇에 의지해야 할까? 사람들은 앞으로 또 무엇이 잘못될지 알 수 없어 겁을 먹었다. 제도 안에 아직 밝혀지지 않은 결함이 잠복돼 있는 것은 아닐까 하는 공포와 의심과 각성이 치명적인 바이러스처럼 급속히 퍼져 나갔다.

2008년 금융위기 당시 최초로 신뢰가 추락한 진앙은 은행이었다. 이후 갖가지 스캔들과 폭로가 이어지면서 정부와 언론, 자선단체, 대기업, 심지어 종교단체에까지 불신의 파문이 퍼져나가며 공공의 신뢰는 서서히 허물어졌다. 영국 하원 의원들의 경비 내역 스캔들, 대량살상무기에 관한 오보, 테스코의 말고기 사건으로 시작된 대중의 분노, 대형 약국의 바가지 요금, BP 딥워터 호라이즌Deepwater Horizon호의 기름 유출 사고, 국제축구연맹FIFA의 불명예스러운 뇌물 수수, 폭스바겐의 '디젤게이트', 소니와 야후와 타깃Target의 개인정보보호법 위반, 파나마 페이퍼스Panama Papers 같은 대규모 조세 회피, 세계 최대 은행들의 환율 조작, 브라질 석유 회사 페트로브라스Petrobras의 석유 스캔들, 난민 위기에 대한 미비한 대응, 가톨릭 사제와 다른 종교의 성직자, 기타 '보호' 기관에 만연한 부패상에 대한 충격적인 폭로가 이어졌다. 이제 누구도 공공기관을 신뢰하지 않는다고 개탄하는 기사가 연일 쏟아졌다. 부패와 엘리트주의, 경제 불평등, 그리고 이 모든 사건에 대한 허술한 대처로 인해 유구한 역사를 자랑하는 각종 기관에 대한 신뢰가 맥없이 흔들렸다.

더욱이 이번 위기가 인공지능AI부터 자동화와 사물인터넷Internet of Things에 이르기까지 급변하고 신속히 발전하는 기술 분야에서 시작되었다는 점은 의미심장하다. 알고리즘은 이미 우리 일상에 막대한 영향을 미치고 있다. 아마존의 추천 도서나 넷플릭스의 추천 영상을 아무 거리낌 없이 받아들인다. 그런데 이런 움직임은 단지 시작일 뿐이다. 머지않아 우리는 자율주행차를 타고 도로 위를 달리는 등 우리 삶을 보이지 않는 기술의 손에 맡길 것이다.

변화의 속도는 하루가 다르게 빨라지고 클릭 한 번에 쏟아지는 정보의 양은 방대하다. 여기에 압도당한 사람들은 자기가 받아들일 수 있는 의견만 들려주는 매체의 반향실에 서둘러 들어가 접하는 정보의 양을 줄이고 기존 신념을 더욱 강화한다. 반대 의견은 무시하거나 아예 귀를 막는다. 기술 발전으로 우리가 온갖 혜택을 누리고 있는 것은 사실이지만, 이로 인해 거짓과 '가짜 뉴스'가 네트워크에서 빠른 속도로 퍼져 나가는 것 또한 간과할 수 없는 현실이다.

요즘 만연한 인터넷 오보와 디지털 범람은 2016년 세계경제포럼에서 우리 사회를 위협하는 주된 위험 요인으로 선정되기도 했다.[2] 매체의 반향실과 인터넷 오보는 어떤 결과를 초래할까? 사실 우리가 느끼는 공포에는 대개 근거가 없다. 그러나 분노는 점점 증폭하고, 불신의 주기는 길어지기만 한다. 그러는 가운데 여러 기관에 대한 신뢰는 결정적 티핑 포인트tipping point(어떤 현상이 서서히 진행되다가 작은 요인으로 한순간 폭발하는 현상-옮긴이)에 이른다.

세계적인 커뮤니케이션 기업 에델만Edelman은 17년간 매년 '신뢰도 지표 조사'를 실시해 28개국 3만 명 이상을 대상으로 각종 기관에 대한 신뢰 수준을 조사했다. 2017년 여론조사 결과의 제목은 의미심장하게도 '위기에 처한 신뢰'였다. 결과만 살펴보자. 네 가지 주요 기관인 정부, 미디어, 기업, 비정부기관NGO에 대한 신뢰가 모두 역대 최저치를 기록했다.[3] 가장 심각하게 타격을 입은 기관은 미디어로, 조사 국가의 82퍼센트에서 주요 불신 대상으로 꼽혔다. 영국에서 미디어를 신뢰한다고 응답한 사람은 2016년 36퍼센트에서 2017년 24퍼센트로 감소했다. 에델만의 회장이자 CEO인 리처드 에델만Richard Edelman은 이렇게 말했다. "사람들은 미디어가 엘리트 집단에 속한다고 생각한다. 그 결과 자기관계적self-referential인 미디어와 또래 집단에 의존하는 성향을 보인다. 다시 말해서, 우리는 종종 아는 사람들로부터 우리가 이미 믿고 있는 것을 강화하려고 한다."[4]

영국이 유럽연합을 탈퇴하기로 결정한 브렉시트Brexit 국민투표 결과와 미국에서 도널드 트럼프가 대통령으로 선출된 결과는 역사상 가장 큰 '신뢰 이동trust shift(거대한 단일 조직에서 개별적인 영역으로의 이동)' 현상이 나타났다는 첫 번째 증거다. 이제 신뢰와 영향력은 엘리트 집단과 전문가, 정부 당국보다는 가족과 친구, 동료, 심지어 낯선 사람 같은 '사람들'에게로 향한다. 개인이 기관보다 중요하고, 개별 고객이 사회적 영향력을 행사하면서 브랜드를 정의하는 시대다.

결함 있는 제도의 구조와 규모, 그리고 제도를 운영하는 주체에 관해 질문을 던지다 보면 또 하나 중요한 문제가 드러난다. 소수에 의해 비공개로 유지되고 작동하는 제도적 신뢰는 디지털 시대에 적합하지 않다는 것이다.

위키리크스WikiLeaks나 크립토미Cryptome 사건에서 볼 수 있듯, 제도적 신뢰는 정치인과 CEO가 투명한 유리창 안에서 일해야 하는 오늘날의 급진적인 투명성의 시대와는 어울리지 않는다. 무엇이든 숨기려는 태도는 위험 부담이 큰 도박 같다. 과장 광고로는 추악한 비밀이나 어리석은 행태를 무마할 수 없다. 이제는 더 이상 그 무엇도 숨길 수 없다. 최근에 세계 각지에서 '사적인' 문제가 흘러나온 예를 살펴보자. 혼외 만남 사이트인 애슐리 매디슨Ashley Madison 이용자들의 개인정보, 튜링 제약회사Turing Pharmaceuticals의 약탈적 가격 책정, 사이언톨로지의 비밀스러운 설명서, 힐러리 클린턴의 이메일뿐만 아니라 영국 여왕과 런던 경찰청장이 사적인 공간인 왕궁 정원에서 중국 관료들의 무례함에 관해 나눈 사적인 대화도 누출됐다.[5]

이제 개인이 에어비앤비Airbnb와 엣시Etsy, 알리바바Alibaba 같은 플랫폼에서 직접 거래할 수 있는 시대다. 앞으로 10년 안에 노동력의 절반이 '독립 노동자', 즉 프리랜서나 외주 인력, 비정규직으로 일할 것이다. 또한 지금은 '네트워크의 독점'과 플랫폼 자본주의를 대표하는 페이스북과 구글 같은 기술 기업에 의존하는 시대다. 은행 계정부터 데이트 상대까지 모든 것을 클릭이나 탭tab, 스와이프swipe로 직접 통제할 수 있는 시대다.

그러면 이제는 신뢰가 사라져버렸다고 애도해야 할까? 그렇기도 하고 아니기도 하다. 주요 뉴스 매체에서 뭐라고 떠들든 간에 지금은 불신의 시대가 아니다. 사회를 연결하는 접착제로서의 신뢰는 사라지지 않았다. 단지 이동했을 뿐이다. 이런 변화가 베이비시터를 고용하는 일부터 사업체를 경영하는 일까지 모든 분야에 주는 함의는 엄청나다.

나는 지난 10년간 기술 발전으로 신뢰에 대한 태도가 얼마나 급격히 달라졌는지 연구해왔다. 2008년 출간한 나의 첫 책《위 제너레이션What's Mine is Yours》에서는 이른바 '협업'과 '공유경제'에 관해 알아보았다. 기술 발전으로 자동차와 집, 전동 드릴, 재주, 시간과 같은 유휴자산이 어떻게 가치를 창출했는지를 다뤘다. 그러다가 기술이 발전하면서 예전에는 조금 이상하거나 위험해 보이던 행동을 사람들이 아무렇지 않게 하게 된 데는 신뢰가 중요하게 작용했다는 것을 깨달았다. 그때부터 신뢰라는 주제에 매달렸다.

그때만 해도 나는 낯선 사람을 자신의 집에 머물게 해준다는 발상으로 시장을 구축하려는 시도를 터무니없다고 생각했다. 숙박 공유 사이트인 에어비앤비는 현재 기업가치가 310억 달러로 평가받을 정도로 세계에서 두 번째로 가치 있는 숙박 브랜드로 부상했다.[6] 2008년만 해도 생판 모르는 사람을 믿고 그 사람의 차를 얻어 타려면 온라인 프로필을 얼마나 자세히 올려야 할지 짐작도 가지 않았다. 현재 기업가치가 680억 달러 정도인 우버Uber는 페덱스, 도이체방크Deutsche Bank, 크래프트푸즈Kraft Foods보다 규모가 커져서, 세계 최대 기업의 대열에 올랐다.[7] 온라인 데이트 애플리케이션도 폭발적으로 증가했다. 틴더Tinder는 하루 평균 스와이프 수가 14억 회 이상이고 일일 매칭matching(커플 연결) 수는 2,600만 회에 이른다.[8]

그런데 한번 생각해보자. 사람들은 왜 은행가나 정치인은 믿을 수 없다고 성토하면서 모르는 사람은 차를 함께 탈 만큼 신뢰할까? 한

가지 해석으로 사람들이 여론조사에 항상 솔직히 응답하지는 않는다는 것이 있다. 꽤 일리 있는 해석이기는 하지만, 신뢰의 역설을 이해하려면 좀 더 많은 설명이 필요하다. 보다 깊은 차원에서 일련의 현상이 일어나는 듯하다. 에너지처럼 신뢰도 완전히 사라지는 게 아니라 단지 형태만 바뀐 게 아닐까?

이 책《신뢰 이동》은 과감한 주장을 펼치고자 한다. 우리는 인류 역사상 세 번째로 중대한 신뢰 혁명의 출발점에 서 있다.

신뢰의 측면에서 인간의 역사는 크게 세 부분으로 나눌 수 있다. 첫 번째는 **지역적 신뢰**local trust의 시대로, 모두가 서로를 아는 소규모 지역 공동체에서 살던 시대다. 두 번째는 **제도적 신뢰**institutional trust의 시대로, 신뢰가 계약과 법정과 상표 형태로 작동해서 지역 공동체 안의 교환을 벗어나 조직화된 산업사회로 발전하기 위한 토대가 구축된 일종의 중개인 신뢰의 시대다. 세 번째는 **분산적 신뢰** distributed trust의 시대로, 우리는 아직 그 시대의 초기 단계를 지나고 있는 데 불과하다.

이렇듯 신뢰가 시대의 흐름에 따라 다른 모습을 보인다고 해서 이전 양식이 새로운 양식으로 완전히 대체되는 것은 아니다. 그보다는 새로운 양식이 지배적으로 확산된다고 봐야 한다. 예를 들어, 소규모 농경 사회에서는 수백 년 전부터 내려온 지역적 신뢰에 의존해서 문제를 해결했다면, 소도시에서는 주로 법정에서 문제를 해결했다. 과거에는 신뢰가 판사와 규제기관으로, 당국과 전문가로, 감시단체와 게이트키퍼로 올라갔지만, 이제는 신뢰가 수평으로 향하면서 같은 인간에게로, 때로는 프로그램이나 봇bot으로 흐른다. 근본적으로 전복된 것이다. 더 이상 과거처럼 권력과 전문성과 권위가 에이스 카드를 모두 쥐고 있지 않다. 혹은 트럼프 카드 자체를 쥐고 있지 않다. 좋든 싫든 이런 현상을 과소평가해서는 안 된다.

공유경제의 폭발적인 성장은 분산적 신뢰가 작동하는 대표적인 예다. 분산적 신뢰의 논리를 이해하면 다크넷darknet처럼 평범한 소비자가 마리화나부터 구 소련의 자동소총 AK-47까지 '신뢰 가지 않는' 판매자의 물건에 평점을 매기는 플랫폼이 빠른 속도로 발달한 이유를 어느 정도 이해할 수 있다. 언뜻 보기에 사람들이 디지털 앱을 통해 서로 가까워지는 새로운 시대의 현실과 다크넷 사이에는 공통점이 없는 것 같지만, 사실 이들은 같은 원리로 작동한다. 바로 사람들이 기술을 통해 타인을 신뢰한다는 원리다.

분산적 신뢰를 이해하면 우리가 왜 음식점과 챗봇chatbot(메신저에서 일상 언어로 대화할 수 있는 채팅 로봇-옮긴이)에 점수를 매기고 우버 기사는 물론 승객까지 모든 것에 열심히 평가를 남겨서 각종 비즈니스의 성패에 거의 즉각적으로 영향을 미치는지, 또 한편으로는 한 번의 실수나 잘못이 지워지지 않는 **평판의 흔적**으로 남게 되는지 이해할 수 있다.

나아가 비트코인과 이더ether 같은 디지털 암호화폐cryptocurrency가 미래의 화폐로 꼽히는 이유도 알 수 있다. 그리고 어떻게 암호화폐의 기본 원장 기술인 블록체인을 활용해서 식품 재료나 블러드 다이아몬드를 추적하고 부동산 중개인 없이 집을 거래할 수 있는지 이해할 수 있다. 분산적 신뢰를 이해하면 잘 훈련된 봇이 우리에게 인간관계에 관해 조언하거나 주차 위반 딱지를 해결하거나 초밥을 주문하거나 우리가 암에 걸렸다고 알려줄 때 우리가 이를 신뢰하는 이유와 과정을 설명할 수 있다.

사실 나는 붕괴의 진정한 원인은 기술 자체가 아니라 기술 발전에 따른 대대적인 신뢰 이동에 있다고 생각한다.

▲

분산적 신뢰는 단순히 기술 자유주의의 새로운 이상이 아니다. 이 책에서는 차별과 절도와 죽음에 이르기까지 분산적 신뢰로 인해 나타나는 부정적이고 음울하고 파괴적인 결과를 구체적인 사례를 통해 소개할 것이다. 물론 기술은 신뢰의 범위를 확장해 서로 모르는 사람들끼리 협업하고 소통할 수 있게 해주지만, 한편으로는 사람들 사이에 벽을 쌓고 그 벽을 공고하게 만들기도 한다. 평점을 매기고 평가를 하면서 사람들에게 더 큰 책임감을 느끼고 조금이나마 더 친절해질 수도 있지만, 평점과 평가에 집착하다가 영원히 명예가 실추되어 디지털 연옥으로 떨어질 수도 있다. 낡은 것을 거부하고 새로운 것을 수용해야 한다는 조급한 마음에 엉뚱한 상대를 지나치게 빨리, 지나치게 많이 신뢰하기도 한다.

제도의 타락에 관한 뉴스가 진실이든 날조된 것이든 간에 사람들은 이런 뉴스를 접하면 위험할 수도 있는 대안을 성급히 수용하고 미심쩍지만 새로운 방법을 무턱대고 믿는 경향을 보인다. 분산적 신뢰라고 해서 실패할 염려가 없는 것은 아니다. 중요한 문제는 윤리적이고 도덕적인 측면에 있지, 기술에 있지 않다.

이 책에서는 처음 두 장에 걸쳐 '우리는 어떻게 여기까지 왔는가?' 라는 단순한 질문을 바탕으로 신뢰가 왜 중요한지 다룬다. 이어지는 세 장에 걸쳐 분산적 신뢰가 가능한 세 가지 조건으로, 새로운 개념에 대한 신뢰, 플랫폼에 대한 신뢰, 타인이나 봇에 대한 신뢰를 탐색한다. 새로운 시대에 신뢰를 구축하는 방법과 신뢰를 잃을 경우 어떻게 대처해야 하는지에 관해서도 설명한다. 무엇보다 신뢰가 한곳으로 집중되지 않고 분산될 때 누구에게 책임이 돌아가는지 알아본다.

이어 다크넷을 깊이 파헤쳐서 마약상에게도 평판이 중요한 이유를 알아본다. 그리고 현재 중국에서 사람들의 직업부터 열차나 비행기 탑승 자격에 이르기까지 일상의 모든 영역을 평가하는 조지 오웰식 신뢰 점수 제도에 관해 알아본다.

마지막 몇 장에서는 인공지능에 대한 신뢰가 급속히 확산되는 현상을 중심으로 디지털의 미래를 내다본다. 컴퓨터를 신뢰하다 보면 사람들과 신뢰를 쌓는 것이 어려워질까? 최근에 사람들이 열광한 블록체인의 앞날도 전망해본다. 열렬한 지지자들의 주장처럼 블록체인이 '가치 인터넷Internet of Value'으로 자리 잡을까? 대형 은행들은 결국 중개인이 없어도 되는 블록체인 기술을 '인수'할 수 있을까?

새로운 기술로 가능해진 분산적 신뢰는 인간관계의 규칙을 다시 쓰고 있다. 분산적 신뢰는 세계와 서로를 바라보는 우리의 관점을 바꿔 오래된 마을의 신뢰 모형으로 되돌아가게 한다. 다만 마을이 전 세계로 확장되고, 인터넷 거물들의 보이지 않는 고삐에 묶인 채 끌려다닌다는 점만 다를 뿐이다. 지금은 그 어느 때보다도 새로운 신뢰의 시대가 주는 함의를 이해해야 한다. 누구에게 혜택이 돌아가고 누가 실패하고 어떤 불리한 결과가 나올지 파악해야 한다.

왜일까? 신뢰하지 않는 사회는, 그리고 신뢰를 쌓고 관리하고 상실하고 복구하는 과정을 이해하지 못하는 사회는 결국 살아남지도, 번창하지도 못할 것이기 때문이다. 신뢰는 거의 모든 행위와 관계와 거래의 근간을 이룬다. 새로운 신뢰 이동은 현기증 날 정도로 발전하는 과학기술의 이야기도 아니고, 새로 출현한 비즈니스 모델의 이야기도 아니다. 사회 혁명이자 문화 혁명이다. 우리에 관한 이야기다. 그리고 중요한 이야기다.

차례 CONTENTS

WHO CAN YOU
TRUST

1장

어떻게 낯선 판매자를
신뢰할 수 있을까?

신뢰 도약을 이루면 할 수 있는 일의 범위가 넓어지고 우리가 창조할 수 있는 것과 창조자가 될 사람의 범위가 확장된다. 협업과 창조의 범위가 확장되어 새로운 기회가 열린다. 이런 이유에서 신뢰가 그렇게 중요하고, 미지의 대상을 신뢰하는 과정이 혁신과 경제 발전에 있어 중요한 요소가 되는 것이다.

▌ 알리바바, 중국의 '관시'를 깨뜨리다

2014년 9월 19일 금요일은 월스트리트에 있어 역사적인 날이었다. 동부표준시EST로 오전 9시 30분 장이 열리자마자 한 회사의 주가가 치솟기 시작했다. 바로 '알리바바'라는 회사였다. 이날 마감시간, 중국 전자상거래의 거물인 알라바바의 시가총액은 무려 2,310억 달러를 기록했다.[1] 뉴욕증권거래소에 상장된 국제 주식 가치로 사상 최고치였다. 이보다 앞서 페이스북과 알리바바의 주요 경쟁사인 아마존의 기록을 압도한 금액이었다. 알리바바의 설립자이자 회장인 50대 중국인 사업가 마윈馬雲, Ma Yun은 하룻밤 사이에 엄청난 부자가 되었다.

마윈의 얼굴을 보겠다고 나온 사람들이 뉴욕증권거래소 앞에 줄을 서고 거래소 안에도 가득 들어찼다. 마윈은 록스타처럼 환영받았다. "오늘 여기서 치솟은 것은 돈이 아니라 사람들의 신뢰입니다." 마윈이 열렬히 환호하는 1,000여 명의 사람들을 향해 외쳤다.[2]

게다가 마윈은 뉴욕증권거래소 상장식의 상징적인 행사에서 다섯 명의 여성을 포함해 알리바바 고객 여덟 명을 연단에 세워 개장의 종을 울리게 하며 거래 첫날을 개시했다. '고객이 제일이고, 직원이 두 번째고, 주주가 세 번째'라는 알리바바의 모토에 충실한 행사였다. 연단에 오른 한 사람은 알리바바 사이트에서 거래하는 수백만 중소 사업자 중 한 사람으로, 올림픽 다이빙 금메달리스트이자 알리바바 사이트에서 나무 구슬 팔찌를 판매하는 라오리시Lao Lishi였다. 알리바바의 체리 판매 분야에서 최고 매출을 올린 미국인 농부 피터 버브루게도 그 자리에 있었다.[3]

뉴욕증권거래소에서 개장의 종을 울린 알리바바의 고객들은 마윈에게 중요한 무언가를 상징했다. 이들은 알리바바를 통해 다양한 규모의 중국 사업체가 의류와 기저귀, 좋은 품종의 유산양과 냉동 닭발, 공기 주입식 섹스 인형, DIY 낙태 키트에 이르기까지 각양각색 상품을 세계 각국 사람들과 거래하는 방식이 어떻게 달라졌는지 보여주었다. 마윈의 성공담은 단순히 무일푼에서 벼락부자가 된 뚝심 있는 기업가에 관한 흥미진진한 이야기가 아니다. 신뢰를 쌓는 섬세한 영역에서 엄청난 개가를 올린 성공담이다.

양측이 서로 신뢰해야 하는 온라인 시장을 구축하는 과정은 매우 복잡하다. 마윈의 성공담이 특별한 이유는 세계의 다른 어느 나라도 아닌 바로 중국에서 이런 엄청난 과업을 이뤘기 때문이다. 중국은 전통적으로 관시關係, 다시 말해 '관계'에 기반을 둔 사회다. 사업에서든 사생활에서든 관시로 얽힌 사람들 사이에는 신뢰가 존재한다. 이들은 가족일 수도 있고, 친구일 수도 있고, 마을 사람일 수도 있다.

오랜 시간 지켜봐서 서로를 잘 아는 이런 관계의 사람들은 인터넷이라는 동떨어진 행성의 낯선 사람들과 다르다. 실제로 중국에서는 개인적인 인맥으로 얽힌 사람 이외에 다른 사람들은 모두 **불신**하는 경향이 있다. 중국인들은 인맥이 없는 곳에서는 새로운 관계를 맺지 않으려는 성향이 강하다. 이런 특성은 문화적으로도 사업적으로도 걸림돌이 될 수밖에 없다.

나는 스물다섯 살 때 처음 상하이로 출장을 갔다. 아시아 지역으로의 사업 확장을 모색하던 유명 브랜드의 컨설팅 프로젝트를 위한 출장이었다. 처음 일주일간 중국 클라이언트와 매일 함께 식사를 했다. 커다란 테이블 중앙에 회전판이 돌아가는 가운데 점심과 저녁으로 산해진미를 먹고 연신 맥주잔을 부딪쳤다. 훈훈하고 즐거운 식사자리였지만 사흘쯤 지나자 '진짜' 일은 언제 할 생각인지 슬슬 궁금해지기 시작했다. 그때는 중국 사업가들에게 시간을 충분히 투자해 함께 어울리면서 관계를 돈독히 하는 과정이 얼마나 중요한지 미처 몰랐다. 컬럼비아 경영대학원에서 소셜 네트워크를 연구하는 폴 잉그램Paul Ingram 교수는 "서양에서는 가족과 친구를 가슴으로(정서로) 신뢰하고 사업 파트너를 머리로(인지로) 신뢰하는 경향이 있다. 하지만 중국에서의 사업은 정서와 인지의 신뢰가 긴밀히 얽혀 있다"라고 말했다.[4] 특히 중국에서는 오랜 시간 함께하면서 자기를 솔직히 보여줌으로써 자기 스스로 믿을 만한 사람이라고 입증해야 상대의 신뢰를 얻을 수 있다.

이것이 바로 당시 마윈이 처한 사회 분위기였다. 그리고 그가 깨트리려 한 공고한 신뢰의 관습이었다.

마윈은 마오쩌둥 문화혁명기에 상하이에서 남서쪽으로 약 160킬로미터 떨어진 항저우에서 삼 남매 중 둘째로 태어났다. 학업 성적이 우수한 편은 아니었지만 매우 영리한 학생이었다. 어릴 때부터 그는 영어를 배워야겠다고 생각했다. 1972년 닉슨 대통령이 항저우를 방문한 뒤 이 도시의 아름다운 호수와 사찰과 정원을 보려고 관광객들이 몰려들었다. 마윈은 매일 새벽 5시에 알람을 맞춰놓고 일어나 자전거를 타고 항저우호텔에 가서 호텔 손님들과 영어로 대화를 나누고 공짜로 시내 관광 가이드가 되어주겠다고 제안했다. 이 일을 9년 넘게 했다. 마윈은 이렇게 말했다. "서양 관광객들을 만나면서 생각이 트였습니다. 그들이 하는 말은 제가 학교나 집에서 배운 내용과 많이 달랐습니다."[5]

마윈은 관광객들과 금세 친해졌다. 그중 어느 젊은 미국인 여성이 마윈에게 영어 이름을 만들라고 권했다. 그 여성은 남편 이름이 잭이고, 아버지 이름도 잭이라고 했다. 그래서 마윈은 잭 마Jack Ma가 되었다.

잭 마는 2014년 195억 달러를 보유하며 중국 최대 부자가 되었다. 실패해도 좌절하지 않는 불굴의 의지와 순수한 열정, 그리고 또 하나의 핵심 요소인 신뢰(자기에 대한 신뢰)가 적절히 어우러진 덕분이었다.[6] 그는 하버드 대학교에 열 번 지원했지만, 매번 고배를 마셨다. (같은 대학에 열 번이나 지원하는 사람이 또 어디 있을까?) 중국 대입시험에도 두 번 낙방했다. 결국 1988년에 영어 전공으로 대학을 졸업하고 교사가 되었다.[7] 하지만 교사 임금이 주급 3달러 정도밖에 되지 않아서 항저우 거리에 나가 플라스틱 카펫을 팔았다. 한마디로 마윈은 장사꾼 기질을 타고난 사람이었다.

중국 경제가 서서히 성장하고 1990년대 초반 세계적으로 이념의 장벽이 무너지자 마윈은 교사직을 그만두었다. 이후 서른 번도 넘게 여러 곳에 이력서를 넣었지만 번번이 떨어졌다. 경찰에 지원했을 때는 단번에 "자네는 별로야"라는 말을 들었다. 다보스 세계경제포럼에서 마윈은 당시를 이렇게 회고했다. "KFC가 중국에 처음 들어왔을 때도 지원했습니다. 24명이 지원했는데 23명이 붙었어요. 저 하나만 떨어졌지요."[8]

마윈이 처음 미국 땅을 밟은 것은 1995년이었다. 1년 전 항저우에서 하이보라는 번역 회사를 차린 그는 중국 기업과 미국 거래처 사이에 발생한 재무 분쟁을 해결하기 위해 미국을 방문한 것이다. 이 출장은 아찔한 여행이 되었다. 그가 만나기로 한 미국인은 사기꾼이었고 그에게 총을 겨누기까지 했다. 그 일이 있고 난 후 마윈은 시애틀로 가서 미국 최초의 인터넷 제공업체 중 하나인 VBN을 경영하던 친구 스튜어트 트러스티Stuart Trusty와 같이 지냈다.[9] 마윈이 친구의 책상에 있던 정체 모를 회색 상자와 모니터가 대체 어디에 쓰는 물건인지 궁금해 물었을 때, 트러스티가 설명했다. "잭, 이건 폭탄이 아니야. 컴퓨터야. 아무거나 검색해봐."

마윈은 검색창에 천천히 'beer'라고 입력했다. 곧 독일과 미국과 일본 맥주 리스트가 화면에 죽 올라왔다. 아무리 살펴봐도 중국 맥주는 보이지 않았다. 다음으로 'beer'와 'China'를 입력했다. 아무것도 나오지 않았다. 이때는 1995년이었다. 넷스케이프Netscape가 그즈음 생겼고, 야후는 아직 초기 단계였다. 구글은 3년 뒤에 생겼다. 아직은 느려터진 다이얼업 인터넷 시대였다. 그러나 마윈은 거대한 무언가가 다가오고 있음을 직감했다.

중국으로 돌아온 마윈은 중국 기업을 위한 온라인 전화번호부 차이나페이지China Page를 제작했다. "인터넷이 처음 연결된 날, 집으로 친구들과 텔레비전 관계자들을 불렀습니다. 세 시간 반 정도 기다려서야 한 페이지의 절반을 다운받았습니다. 다들 술을 마시고 텔레비전을 보고 카드를 치면서 마냥 기다렸지요. 그래도 무척 뿌듯했습니다. 저희 집에 모인 손님들에게 인터넷이란 것을 보여줄 수 있었으니까요."[10] 마윈은 차이나페이지를 국영기업인 항저우텔레콤에 100만 위안(약 14만 8,000달러)에 매각했다. 당시로선 상당한 금액이었다. 이후 베이징의 대외무역 및 경제협력부에 찾아가 중국 기업이 '전자상거래'를 시작할 방법을 조언했다.[11] "상부에서는 인터넷으로 중소기업을 통제할 방법을 알고 싶어 했지만, 저는 인터넷으로 중소기업을 지원하고 싶었습니다."[12] 마윈의 가장 큰 바람은 회사를 설립해서 키우는 것이었다.

마윈의 혁신적인 비전은 중국 수출 경제의 체질을 바꿔서 중소기업을 서양 고객들과 연결해주고 서양 기업을 중국의 수많은 공장과 연결해주는 것이었다. 미국에는 아마존과 이베이eBay가 있었지만 중국에는 아직 이런 유형의 비즈니스가 없었다.

현재 중국에서 온라인으로 거래되는 모든 상품의 80퍼센트 이상이 알리바바의 여러 온라인 시장을 거친다.[13] 알리바바 본사는 마윈의 고향 항저우의 15만 제곱미터가 넘는 부지에 서 있다. 수만 명의 직원이 이곳에서 근무한다. 마윈이 설립한 다른 회사들도 이 건물에 있다. 2003년에 설립된 타오바오Taobao('보물찾기'라는 뜻) 역시 항저우 본사에 있다. 타오바오는 이베이처럼 이용자가 물건을 직접 판매할 수 있는 사이트다. 지역 벼룩시장에서처럼 가격을 흥정하고, 살아 있는 전갈이나 판매자가 직접 짠 모유로 만든 비누를 살 수도 있다. 중국 전역에는 타오바오 플랫폼에서 지역 특산물을 파는 상인들이 지역경제의 주축을 이루는 '타오바오' 마을이 수백 개 있다. 이후 2008년 티몰Tmall이 설립됐다. 거대하고 화려한 백화점을 온라인으로 옮겨놓은 것 같은 티몰에서는 디즈니부터 버버리까지 세계적인 브랜드 상품을 중국인들에게 직접 판매하고 있다. 알리바바그룹의 적극 구매자는 연간 4억 3,000만 명 정도로, 중국인 3명 중 1명은 알리바바 시장에서 물건을 구입한 적이 있는 셈이다.[14]

▌ 신뢰란 무엇인가?

알리바바의 기업공개Initial Public Offering, IPO가 있던 2014년 9월, 마윈은 알리바바그룹의 역사적인 행사에서 패기만만한 모습을 보였다. 그는 인터뷰에서 다음과 같은 인상적인 말을 했다. "신뢰하세요. 저희를 신뢰하고 시장을 신뢰하고 청년들을 신뢰하세요. 새로운 기술을 신뢰하세요. 세계는 나날이 투명해지고 있습니다. 지금 여러분이 우려하는 것은 모두 제가 지난 15년간 우려해온 것들입니다." 그는 쉬지 않고 말을 이었다. "반드시 신뢰를 얻어야 합니다. 신뢰하면 모든 것이 단순해집니다. 신뢰하지 않으면 모든 것이 복잡해지니다."[15] 그는 1분 동안 '신뢰'라는 말을 여덟 번이나 반복했다.

마윈은 특히 중국 문화에서 신뢰를 쌓는 일이 얼마나 중요한지 일찌감치 간파했다. 그래서 신뢰라는 말을 여러 번 반복한 것이다. 앞으로 마윈이 어떻게 사업을 시작했는지 알아볼 것이다. 그전에 우선 신뢰의 개념부터 살펴보자. 마윈도 우리처럼 신뢰를 정의하는 것이 쉽지는 않았을 것이다. '신뢰'란 정확히 무슨 뜻인가? 신뢰는 어떤 문을 열어주는가?

신뢰는 우리가 살면서 추가로 선택하는 사치가 아니다. 누구나 신뢰를 기반으로 일상의 이런저런 활동을 한다. 남을 신뢰하지 못하면 어떻게 먹고 운전하고 일하고 쇼핑하고 비행기를 타고 병원에 가고 비밀을 털어놓을 수 있겠는가? 정치학자 에릭 우슬래너Eric Uslaner는 "'신뢰'란 사회생활의 닭고기 수프"라고 말했다.[16]

초밥을 주문할 때 나는 그 식당이 신선한 재료를 쓰고 주방을 청결히 유지하고 내 신용카드 정보를 빼돌리지 않으며 배달원이 내가 주문한 음식을 가지고 도망치지 않을 거라고 믿어야 한다. 신뢰가 바탕이 되어야 경제적 효율성을 높이는 크고 작은 협력 행위가 가능해진다. 미국의 노벨 경제학상 수상자 케네스 애로Kenneth Arrow는 이렇게 말했다. "사실 모든 상거래는 그 자체로 신뢰를 내포한다. 일정 기간에 걸쳐 진행되는 거래에서는 특히 그렇다. 세계적으로 경제 후진성은 주로 상호 신뢰의 부족으로 설명된다."[17]

신뢰가 바탕이 되면 위험을 무릅쓰고 자신을 드러낼 만큼 자신감이 생긴다. 구체적으로 어떤 결과가 나타나고 상대가 어떻게 나올지 확인하지 않아도 사람들을 믿고 일할 수 있다. 초밥을 주문하는 사소한 일이든, 짝을 찾아 결혼하는 중대사든 마찬가지다. 물건을 사기 전에 사기를 당하거나 바가지를 쓸 거라고 미리부터 걱정하면 아무 일도 할 수 없다.

사회과학자, 심리학자, 경제학자, 그 밖에 많은 전문가가 신뢰를 경제의 마법 같은 묘약이자 사회를 통합하고 경제가 돌아가게 만드는 접착제라고 말한다. 이 점에는 다수가 동의한다. 하지만 신뢰의 정의에 관해서는 오래전부터 의견이 분분했다. 실제로 사회학에서 신뢰의 정의만큼 논문이 많이 나온 개념도 없다.

신뢰는 건축물이 아니고, 악수나 계약서 이외에 물리적 실체가 있는 것이 아닌데도 신뢰를 설명할 때 **쌓는다**거나 **무너진다**는 표현을 쓴다. '행복'이나 '사랑'처럼 신뢰도 보편적인 개념으로 간주된다. 신뢰에는 사랑처럼 다채로운 얼굴이 있다. 매뉴얼에 따라 구체적인 방식으로만 작동하는 예측 가능한 엔진과는 다르다. 신뢰는 상황마다 관계마다 다른 양상으로 나타난다. 한마디로 신뢰는 주어진 상황에 좌우된다.

"신뢰라는 말은 당신에게 어떤 의미인가요?" 내가 지난 5년간 수백 명의 사람들에게 던진 질문이다. 그중에는 사업가, 정치인, 대기업 경영자, 과학자, 경제학자, 은행가, 디자이너, 학자, 학생, 그리고 다섯 살짜리 꼬마도 있었다. 흥미롭고 제각각인 대답이 나왔다. 이 질문을 던지면 다들 일단 "음, 잠시 생각 좀 해볼게요"라는 식으로 뜸을 들였다. 그러고는 "그건 한마디로 정의하기 어렵지 않나요?"라고 되물었다. 맞다. 어렵다. 사람마다 신뢰의 의미를 다르게 생각하기 때문이다. 내가 들어본 가장 솔직한 대답은 얄궂게도 보험중개인의 말이었다. "통화 내역을 지우지 않고 아내한테 휴대폰을 주는 겁니다! 그런 게 신뢰죠."

많은 사람이 상대를 믿고 의지하는 것을 신뢰라고 생각한다. 여기서 신뢰는 구체적인 누군가에게, 주로 가까운 사람에게 속하는 어떤 속성을 의미한다. 어떤 사람과 오래 자주 소통할수록 그 사람이 어떻게 행동할지, 그 사람이 믿을 만한지에 대한 확신이 생긴다. 이런 신뢰를 **개인적 신뢰**personalized trust라고 한다.[18]

일반적 신뢰generalized trust는 어떤 사람인지 어떤 대상인지는 알아도 직접적으로는 알지 못하는 관계인 집단이나 사람을 향하는 신뢰를 뜻한다. 옥스퍼드 대학교 사이드 경영대학원에서 내 수업을 들은 MBA 학생의 말처럼 "신뢰는 결과를 보장하는 계약 같다." 이를테면 나는 우체국에서 내 우편물을 정확히 배달해줄 거라고 신뢰한다. 대체로 이 두 가지 신뢰는 혼합되어 나타나는 양상을 보인다. 가령 개인적으로 은행 매니저는 신뢰하지만, 금융기관인 은행에 대한 신뢰는 그만큼 굳건하지 않을 수도 있다.

신뢰에 대한 다양한 정의 가운데 내가 가장 좋아하는 것은 다섯 살짜리 아들의 친구가 해준 말이다. 그 아이가 우리 집에 놀러왔을 때였다. 내 아들 잭이 음료수를 마시다가 친구에게 내가 책을 쓴다고 말했다. 아이들은 내가 쓰는 책이 《스타워즈》나 《해리포터》가 아니라서 실망한 눈치였다. 나는 이야기가 나온 김에 아이들에게 신뢰가 무슨 뜻이냐고 물어봤다. 아들의 친구는 단숨에 답을 쏟아냈다. "신뢰는 아이스크림 아저씨가 나한테 아이스크림을 주겠다고 말하면 진짜로 주고 싶어서 주고, 나는 아저씨가 아이스크림을 주지 않을까

봐 걱정하지 않는 거예요." 와우, 어린애 입에서 이런 말이 나오다니. 독일의 저명한 사회학자 니클라스 루만Niklas Luhmann의 정의와 놀랄 정도로 비슷하다. "신뢰는 기대치에 대한 확신이다."[19]

나는 오스트레일리아에서 가장 신뢰받는 브랜드 중 하나인 NRMANational Roads and Motorists' Association 이사회에 소속되어 있다. NRMA는 미국의 AAA와 영국의 RAC처럼 차량 고장 신고를 받으면 어디든 달려가 차를 고쳐주는 회사다. 최근에 어떤 여자가 NRMA 콜센터로 전화를 걸었다. 그의 목소리는 몹시 불안했다. 숨소리는 거칠고 금방이라도 울음을 터트릴 것 같았다. 고속도로를 달리다가 몇 년 전 아들이 차에 치여 죽은 곳을 지나쳤다는 사실을 깨달았다고 했다. 공황발작을 일으킨 여자는 갓길에 급히 차를 댔다. 여자가 처음 누른 번호는 NRMA였다. 몇 분 만에 긴급출동대원이 도착했다. 대원은 두 시간 넘게 여자 곁을 지켜주었다. 여자와 함께 라디오를 듣고, 여자의 죽은 아들에 관해 이야기를 나누었다. 여자가 다시 운전대를 잡을 수 있을 때까지 대원은 자리를 떠나지 않았다. 무척 감동적인 이야기다. 그런데 나는 여자가 왜 NRMA에 전화했는지 궁금했다. 사실 차에는 아무런 문제가 없었다. 어째서 경찰이나 구급대나 남편이나 동료에게 전화하지 않았을까? "NRMA라면 와줄 줄 알았어요." 여자가 대원에게 한 말이다. 신뢰란 이런 것이다.

내가 조사한 신뢰에 대한 수백 가지 정의는 하나의 단순한 개념으로 수렴된다. 신뢰는 결과에 대한, 그러니까 주어진 상황이 얼마나 잘 풀릴지에 대한 평가다. 바람직하지 않은 결과가 나올 가능성이 적을 때 신뢰는 굳건해진다. 다섯 살짜리 꼬마가 옳았다. 다섯 살짜리 아이는 어른들보다 남을 잘 믿는다. 실망하거나 의외의 결과가 나올까 봐 걱정해본 경험이 훨씬 적기 때문이다. 하지만 어른이 되면서 신뢰는 복잡해진다. 신뢰는 가슴만이 아니라 머리로도 작동한다. 사회심리학자 모튼 도이치Morton Deutch는 이를 적절히 표현했다. "신뢰는 상대에게서 두려운 결과보다 바람직한 결과를 찾을 수 있다는 믿음이고, 우리의 가장 강한 희망과 가장 깊은 걱정이 혼재된 결과다."[20]

'신뢰'라는 단어와 관련된 이미지를 검색하면 다양한 그림이 나온다. 특히 위험이 도사린 그림이 많다. 가령 공중그네를 타는 사람들의 이미지. 서로 잡으려고 손을 내밀지만 아슬아슬하게 닿지 않는 이미지. 추락하면서 상대가 두 팔을 내밀어 붙잡아주기를 바라고 의지하는 사람의 이미지. 잠자는 사자의 코에서 불과 몇 센티미터 떨어진 곳에서 활보하는 쥐의 이미지. 이런 이미지들의 공통된 요소는 틈새, 곧 미지의 상황이 벌어질 회색지대다. 신뢰의 강력한 두 가지 요소인 취약성과 기대를 보여준다.

당신과 미지의 대상 사이에 틈새가 있다고 상상해보자. 그 대상은 당신이 의지해야 할 낯선 사람일 수도 있고, 한 번도 가본 적 없는 식당일 수도 있고, 자율주행차에 처음 시승하는 경험일 수도 있다. 흔히 아는 것과 모르는 것 사이의 틈새를 위험이라고 한다. 위험은 문제가 될 만한 불확실성에 대한 관리라고 정의할 수 있다. 물론 위험과 무관한 불확실성도 있다. 가령 내가 영국 농부라면 영국에서 폭우가 쏟아질 가능성은 내 생계와 관련된 불확실성이다. 하지만 내가 중국에서 의류 공장을 운영한다면 영국 날씨의 불확실성은 나와 무관

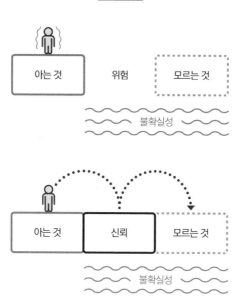

신뢰 도약

하다. 미지의 상황이 없고 결과가 보장된다면 위험은 사라진다. 우리가 아침에 해가 뜨는 것을 확실히 아는 것처럼 말이다.

신뢰와 위험은 남매 같다. 신뢰는 우리를 확실성과 불확실성 사이의 틈새로 끌어당기는 놀라운 힘이다. 나이키의 모토 "Just do it(그냥 해버려)"처럼. 쉽게 말해, 신뢰는 아는 것과 모르는 것을 연결해주는 다리다. 신뢰에 대한 내 정의는 단순하다. 신뢰는 미지의 대상과의 확실한 관계다.

이런 관점으로 신뢰를 바라보기 시작하면, 신뢰가 구축된 상태에서 어떻게 취약성에 대처하거나 낯선 사람을 믿거나 앞으로 나아갈수 있는지 설명할 수 있다. 나아가 신뢰가 혁신이나 마원 같은 사업가의 성공에 결정적인 역할을 하는 이유도 알 수 있다. 애플, 아마존, 넷플릭스 같은 기업들은 끊임없이 한계에 도전하고 영리하게 위험을 감수하며 직원들에게 미지의 영역에 뛰어들어 새로운 아이디어를 창조해내도록 부추긴다. 또한 새로운 것을 시도하는 위험이 무관한 위험으로 보이게 만드는 법을 알아서 고객들이 두려움 없이 새로운 상품을 신뢰하게 만든다.

┃ 시스템에 대한 신뢰로 관계의 신뢰를 뛰어넘다

마윈은 인터넷이 공산주의에 억눌려 있던 중국의 기업가 정신을 해방시켜줄 것임을 일찌감치 간파했다. 기술을 이용해서 신뢰를 끌어낼 가능성, 쉽게 말해 낯선 판매자를 친숙하게 보이게 만들 가능성이 있다는 사실도 간파했다. 그런데 **관시** 중심의 중국 사회에서 어떻게 모르는 사람들 사이에 새로운 유형의 신뢰를 구축할 수 있었을까?

관시 전통이 지배하는 사회적 분위기는 둘째치고라도 알리바바가 설립될 당시 중국의 인터넷 이용자는 전체 인구의 1퍼센트도 되지 않았다. 그중 인터넷으로 물건을 구입할 의향이 있는 사람은 극소수였다. 전자상거래는커녕 인터넷이라는 개념조차 낯선 시절이었다. 전자상거래를 이용한 경험이 전무하고, 온라인 결제 시스템도 없고, 심지어 물건을 빠르고 안전하게 배송할 수단도 없었다. 알리바바는 이런 환경에서 어떻게 신뢰 문제를 해결했을까?

인터넷으로 물건을 거래할 때 대개 양쪽은 서로를 모른다. 사기꾼을 만날까 봐 경계하고 물건이 약속대로 배송되지 않을까 봐 불안해하는 것이 당연하다. 가령 내가 이베이 판매자에게 웨어러블 건강장비 핏비트Fitbit를 구입한다면 이런 걱정이 들 것이다. 정말 새 제품이 배달될까? 반품된 물건은 아닐까? 위조품이나 도난당한 물건은 아닐까? 무언가 잘못될 가능성은 수없이 많다. 원치 않는 결과가 나오거나 위험에 처할 가능성은 언제든지 있다. 마윈은 기술을 활용해서 불확실성을 줄이거나 위험 수준을 떨어뜨려 온라인 구매자와 판매자 사이에 신뢰를 구축해야 거래를 성사시킬 수 있다고 생각했다. 마윈은 신뢰 문제가 커질수록 사업적인 기회도 커진다는 사실도 알아챘다.

어찌 보면 마윈은 스티브 잡스와 닮았다. 마윈은 다른 사람이 문제를 해결해줄 때까지 기다리지 않았다. 시장에 놓인 장애물을 직접 해결하면 막대한 이익을 얻을 거라고 믿었다. 결제 시스템을 예로 들어보자. 당신이 정말로 결제할지 어떻게 알겠는가? 또 내가 결제하면 당신이 물건을 보내줄지 어떻게 알겠는가? 닭이 먼저냐, 달걀이 먼저냐의 오랜 신뢰 문제다.

마윈은 이렇게 말했다. "알리바바는 3년 동안 단지 정보용 전자상거래에 불과했습니다. 당신은 무엇을 가졌나? 나는 무엇을 가졌나? 한참 이런 식의 대화를 나누지만 거래는 성사되지 않았습니다. 결제할 수 없었으니까요. 그래서 은행에 문의했습니다. 어느 한 곳도 나서지 않았습니다. 은행들이 '안 됩니다, 그런 건 절대 안 될 겁니다'라고 말하는데, 도대체 어디서부터 어떻게 시작해야 할지 모르겠더군요." 중국의 엄격한 금융법상 허가 없이 결제 시스템을 운영한다면 심각한 상황에 처할 게 분명했다. 감방에 들어갈 수도 있었다. 그러나 한번 시도해보기로 했다. 왜 그렇게 결심했을까? "중국 사람들에게 이런 시스템을 신뢰할 수 있다는 것을 보여주는 것이 무엇보다 중요했습니다."[21]

2004년 알리바바는 온라인 결제 시스템 알리페이支付宝, Alipay('지불의 보물'이라는 뜻)를 출시했다. 페이팔PayPal 같은 직접 결제 방식이 아니라 알리페이에서 구매자에게 돈을 받아 에스크로 계정(두 거래 당사자 대신 제3자가 돈을 예치하는 펀드)에 돈을 예치했다. 판매자가 물건을 보내면 구매자가 물건을 확인하고 만족한다고 확인해야 에스크로 계정에 묶인 돈이 풀리는 방식이었다. 이로써 결제와 관련된 불확실성을 간단히 줄일 수 있었다.

마윈은 알리페이에 관해 여러 사람과 이야기를 나눠봤지만 다들 '아주 어리석은 생각'이라고 말했다. 규제가 심한 중국 금융업계의 발가락을 밟는 짓이라는 반응도 있었다. 마윈은 다들 위험하다거나 어리석다고 아무리 경고해도 "사람들이 이용하기만 하면" 문제될 게 없다고 판단했다. 그리고 사람들은 정말로 그 방법을 이용하기 시작했다. 현재 중국에서는 4억 명 이상이 알리페이로 결제한다.[22] 알리페이는 독립 사업체로, 기업가치가 500억 달러 이상으로 추산된다.[23] 2015년 중국 온라인 결제의 약 70퍼센트가 (물건이든 월세든, 공과금이든 전화요금이든, 과외비든) 알리페이를 통해 이뤄졌다.[24] 결제 시스템은 그렇다고 해도 마윈은 온라인상에 존재하는 미지의 중소업체나 개인 판매자를 대중이 신뢰할지 어떻게 알았을까?

알리바바 기업공개의 날, 개장의 종을 울린 판매자들 중 한 명인 서른여덟 살의 왕지창은 농촌에서 올라와 어렵게 생계를 이어가던 사람이었다. 길거리 좌판에서 채소를 팔고 공사판에서 막노동을 하고 음식을 배달하는 일도 했다. 그는 교육을 많이 받은 것은 아니지만 컴퓨터와 인터넷에 관심이 많았다. 중국의 실리콘밸리로 알려진 베이징의 중관춘에서 6년 넘게 온갖 허드렛일을 해서 모은 돈으로 2006년 컴퓨터를 구입한 뒤, 고향인 중국 산시성 북부의 작은 농촌 마을로 돌아갔다. 집에 인터넷을 연결하는 난관을 극복하고 온라인 쇼핑몰을 열고 쌀이나 콩 같은 지역 농산물을 몇 가지 판매하기 시작했다. 가족과 친구들은 그가 무슨 일을 하려는 건지 이해하지 못했다. 베이징 올림픽으로 중국 전역이 뜨거웠던 2008년, 드디어 왕지창이 간절히 바라던 기회가 찾아왔다. 그는 지역 농민들이 재배한 신선한 농산물을 판매하는 온라인 쇼핑몰 '팜빌Farmville'을 열었다. 곧 매출이 급증해서 하루에 200건이 넘는 주문이 이뤄졌다. 현재는 월 순이익이 8만 위안(약 1만 3,000달러)을 넘는다.[25] 그런데 사람들은 어떻게 어딘지도 모르는 시골 구석의 얼굴도 모르는 낯선 판매자를 신뢰하게 되었을까?

그 답은 알리바바에서 2001년 시작한 트러스트패스TrustPass라는 서비스에 찾을 수 있다. 판매자가 트러스트패스 인증을 받으려면 제3자의 신분증명서와 은행 계정을 확인하는 절차를 거쳐야 한다. 알리바바는 판매자들이 공식 업체라는 이미지를 얻을 수 있도록 브랜드를 만들고 가상의 매장 진열대를 꾸미는 작업을 지원했다. 예를 들어 왕지창은 시골 농장의 일상과 농산물 재배 과정을 담은 사진을 쇼핑몰에 올렸다. '농촌' 분위기가 물씬 풍기는 쇼핑몰을 만들어 소비자에게 공급자와 연결된 느낌을 주고 싶어 했다.

트러스트패스는 신뢰 문제를 해결했을 뿐만 아니라 수익 면에서도 알리바바에 돌파구가 되었다. 트러스트패스 인증을 받은 판매자는 인증을 받지 않은 판매자보다 주문 문의를 평균 6배 더 많이 받았다. 이는 알리바바에 소규모 업체에도 비용을 청구할 수 있는 완벽한 근거가 되었다. 사실 그전에는 대부분의 서비스가 무료였다. 마윈의 친한 친구이자 알리바바의 오랜 직원인 포터 에리스먼Porter Erisman은 이렇게 말했다. "비용을 지불하고 인증을 받은 판매자는 더 믿을 만해 보입니다. 무료 계정만 고집하는 판매자는 신뢰도가 **떨어지는 것처럼** 보이지요. 그러니 건실한 사업체를 운영한다면 돈을 조금 내더라도 인증을 받고 싶지 않을까요?"[26]

알리바바의 가장 중요한 자원은 온라인 쇼핑몰이 아니라 신뢰다. 그래서 신뢰를 심각하게 깨트린 사건이 발생했을 때 마윈이 격분한 것이다. 2011년 2월, 알리바바의 최강영업팀 소속 5,000명 가운데 100여 명이 리베이트를 받고 검증 과정을 생략한 채 부적격한 지원자에게 계정을 내준 사실이 발각됐다. 이런 사기 행각이 2년 넘게 지속된 터였다. 결과는 어땠을까? 품질이 떨어지는 상품이나 가짜 상품을 대량 유통한 판매자 2,326명이 '황금 공급자Gold Suppliers' 인증을 받았다.[27]

마윈은 심각한 신뢰 문제가 발생했다고 판단했다. 신속히 대응해야 했다. 기업의 명예를 실추시키지 않기 위해 확실한 메시지를 전달해야만 했다. 그래서 편법으로 계정을 내준 영업사원과 비리를 눈감아준 관계자를 전원 해고했다. 이 사건에 직접 연루되지 않은 CEO 데이비드 웨이David Wei와 COO 엘비스 리Elvis Lee도 사임했다. 스스로 책임지고 물러난 것이다. 마윈은 말했다. "우리의 가장 중요한 가치는 진실성입니다. 우리는 직원들의 진실성과 온라인 시장의 진실성을 바탕으로 소규모 사업체에 믿을 만하고 안전한 공간을 마련했습니다. 이 같은 우리 문화와 가치관을 훼손하는 행위는 결코 용납할 수 없다는 메시지를 강력하게 전달해야 합니다."[28] 마윈의 대처가 얼마나 효과적이었는가는 명백한 결과로 나타났다. 2016년 알리바바는 월마트를 뛰어넘어 세계 최대 소매업체로 성장했다.

마윈은 중국인들에게, 나아가 전 세계 사람들에게 개인적으로 친밀한 관계가 형성되어야만 거래가 성사되는 것이 아님을 분명히 보여주었다. 물론 낯선 사람들이 우리를 배신하지 않는다는 것도 증명했다.

▎ 신뢰 도약으로 무엇을 이룰 수 있는가?

알리바바는 전 세계 수많은 사람들에게 기술을 통해 어떻게 **신뢰 도약**trust leap을 이룰 수 있는지 보여준 훌륭한 사례다. 신뢰 도약은 위험을 감수하고 근본적으로 새로운 방식을 시도할 때 일어난다.

신뢰 도약을 이루면 새로운 가능성을 창출하고, 벽을 허물어 새로운 관계를 맺고, 개념과 밈meme(유전자가 아니라 모방을 통해 다른 세대로 전달되는 비유전적 문화 요소)을 예상치 못한 방식으로 융합하고, 알리바바처럼 전에는 상상도 하지 못한 새로운 시장과 새로운 네트워크와 새로운 동맹의 가능성을 열 수 있다. 신뢰 도약은 또한 공포의 틈새, 다시 말해 우리와 미지의 대상 사이의 틈새를 메워준다.

물물교환을 하던 사람들이 지폐를 사용하기 시작한 상황을 생각해보자. 물물교환은 직관적이다. 쇠 솥을 받고 닭을 주는 식이다. 돈을 사용하려면 얇은 종잇조각에 실질적인 가치가 있다고 믿고, 그 믿음을 유지해야 한다. 돈을 발행하는 정부와 은행이 돈의 가치를 정당하게 결정할 거라고 믿어야 한다. 이것이 바로 신뢰 도약이다. 처음으로 인터넷에 신용카드 정보를 입력한 때를 기억하는가? 이것도 하나의 신뢰 도약이다.

나는 열여덟 살 때 아버지와 열띤 논쟁을 벌였다. 나는 이베이에서 네이비블루 색상의 중고 푸조Peugeot를 봐둔 상태였다. 부모님이 내 첫 차의 가격으로 정해둔 금액과 얼추 맞는 차였다. 사진으로는 상태가 꽤 괜찮아 보였다. 공인회계사였던 아버지는 내게 '레몬 시장'을 아느냐고 물었다. 나는 모른다고 답했다. 그날 점심 식탁에선 상품 품질의 불확실성에 관한 조지 애컬로프George Akerlof의 경제 이론에 관한 짤막한 강의가 이어졌다.[29] 간단히 말해서 애컬로프의 주장에 따르면 시장에는 좋은 중고차('복숭아')와 결함이 있는 중고차('레몬')가 섞여 있다. 구매자는 자신이 본 게 멀쩡한 차인지 아닌지 미리 알 수 없다. 아버지는 이베이에서 차를 살 때는 시운전을 해보거나 꼼꼼히 살펴볼 수 없으니 이베이에는 '레몬'이 더 많을 거라고 주장했다. 게다가 판매자의 아이디가 '보이지 않는 마법사'라니 썩 믿음이 가지 않는다고도 했다. 그러니 이베이에서 사지 말고 집에서

신뢰 도약

말과 마차　열차　자동차　비행기　함께 타기　자율주행차　미지의 방식

• 개인 운송

물물교환　현금　명목화폐　신용카드　디지털 결제　디지털 화폐　미지의 방식

• 결제 방식

가까운 자동차 대리점에서 사자고 했다. 아버지가 삼촌 차를 사주고 그 뒤로도 세 번이나 더 차를 산 단골 대리점이었다. 아버지에게 이베이는 비합리적인 거래 방식으로 보였던 것이다. 1999년의 아버지는 아직 신뢰 도약을 시도할 준비가 되지 않은 상태였다.

처음 신뢰 도약을 시도할 때는 조금 이상하고 위험해 보이기도 하지만 얼마 지나지 않아 새로운 개념이 평범하게 느껴지는 순간이 온다. 이런 때가 오면 우리 행동은 매우 빠르게 변화한다. 충분히 많은 사람이 도약하고도 살아남아서 혜택을 누리면 다른 수많은 사람들이 뒤따른다. 요즘 아버지는 이베이 중독자라 해도 될 정도가 되었다. 이베이에서 차를 구입할 생각도 있을 것이다(물론 아닐 수도 있다).

신뢰는 새로운 개념이 흐르는 전선이라고 할 수 있다. 신뢰는 변화를 끌어낸다.

역사적으로 인간은 은행, 거래, 여행, 소비, 학습, 데이트 등 행동 양식을 끊임없이 바꿔왔다. 우리가 신뢰 도약을 얼마나 잘 해낼 수 있는지 알아보기 위해 잠시 과거로, 인터넷이나 인쇄기가 발명되기 한참 전으로 돌아가보자.

▎ 마그레브 상인들, '정보 비대칭'을 극복하다

1005년 어느 날, 편지 한 통이 지중해를 건넜다. 시칠리아에 사는 상인 섬헌 벤 다우드Sumhun ben Da'ud가 불만과 걱정을 잔뜩 토로한 편지였다. 다우드는 동업자 요셉 벤 아칼Joseph ben 'Awkal에게 하루 빨리 이집트의 채권자들에게 수백 디나르를 갚으라고 여러 번 요청했지만 상대가 들은 척도 하지 않아 몹시 화가 난 상태였다. 당시 이집트 중산층 가정의 한 달 생활비가 3디나르를 넘지 않았던 것으로 볼 때 상당한 금액이었다. 그 지역의 다른 상인들에게도 소문이 나서 양쪽 모두 신용을 잃었다. 섬헌은 편지에 "내 평판이 무너졌다"고 개탄했다. 섬헌과 요셉은 '마그레브의 상인들', 즉 10세기 정치적 혼란 때문에 바그다드를 떠나서 북아프리카 해안가의 마그레브에 정착한 유대인이었다.

지금으로부터 약 150년 전에 이집트 푸스타트의 고대 유대교 회당 보관실에서 1,000통 이상의 개인적인 편지가 거의 완벽히 보존

된 상태로 발견되었다.[30] 이 편지들은 당시 상인들의 삶과 그들이 원거리 무역의 변화에 어떤 역할을 했는지 보여주는 흥미로운 창이 되었다. 예를 들어, 고대 카이로의 상인이 시칠리아 팔레르모에 직물과 향신료를 팔고 싶어 한다. 직접 배를 타고 멀리까지 항해할 수도 있지만 뱃길은 위험하고 시간이 많이 든다. 이런 경우 직접 가지 않고 해외 중개상을 통할 수도 있다. 중개상이 물건을 하역하는 일부터 현지 시장에서 판매하고 관리들에게 뇌물을 주는 일까지 대행하는 것이다.

지금은 비교적 단순한 개념처럼 들리지만 당시로선 엄청난 신뢰 도약이 필요한 방법이었다. 당시 사람들의 시각에서 볼 때 사기와 부패에 취약할 수밖에 없는 구조였다. 중개상이 가격을 속여 팔거나 판매 대금을 빼돌리거나 물건을 훔쳐갈 수도 있었다. 게다가 문제가 발생해도 바다 건너 상인들에게 전해지기까지 몇 달이 걸릴 수도 있었다. 공식적인 무역 규제나 합법적인 계약도 없는 시대였다. 마그레브의 상인들은 난관에 봉착했다. 중개상들이 지중해 너머에서 무슨 짓을 꾸밀지 알 길이 없었기 때문이다.[31]

경제학에서는 한쪽의 정보가 다른 한쪽보다 적은 경우를 '**정보 비대칭**information asymmetry'이라고 부른다. 경제학자 케네스 애로는 1963년 의료 상황에 빗대 이 개념을 설명했다. 의사는 대개 환자보다 어떤 치료법의 가치나 효과를 더 많이 안다. 그러다 보니 의사는 강력한 '전문가'의 입장에 서고, 환자는 의사의 권고를 따라야 한다. 애로는 의사가 간혹 이런 비대칭적 관계를 이용해서 자기 이익을 위해 불필요한 고가의 약이나 수술을 권하는 경우가 있다고 지적했다.

사실 정보 비대칭은 흔히 볼 수 있는 현상이다. 어떤 거래든 양쪽이 완벽히 공평하게 정보를 보유하는 경우는 드물다. 생명보험 설계사는 복잡한 보험증서의 221항이 어떤 의미인지 알고, 알리바바의 앙고라염소 판매자 라크주크 크프트는 최상품 앙고라염소가 광고에 나온 그대로 '기생충이 없고' '정력 넘치고' '잘 자란' 훌륭한 상품인지 알고, 중고차 판매자는 작고 귀여운 피아트 500의 진짜 이력을 알고, 케이프타운의 에어비앤비 호스트는 그 집에 정말로 방이 두 칸이 있는지(아니면 방 하나는 주방에서 위태로운 나무 사다리를 타고 올라가야 하는 다락방인지) 전면으로 해변이 내다보이는지(아니면 발코니 오른쪽 끝으로 몸을 내밀어 쌍안경으로 봐야 겨우 우표만한 푸르스름한 뭔가가 보이는지) 알고, 해외 중개상은 의뢰한 상인의 유향이나 올리브오일 가격이 적절한지 안다. 정보 비대칭으로 미지의 상황이 발생하는데, 이럴 때일수록 신뢰는 더욱 절실해진다.

그러면 마그레브의 상인들은 멀리 떨어진 곳의 중개상을 직접 관리할 수 없었는데, 어떻게 그들이 거짓말을 하거나 속이거나 물건을 훔치지 못하게 만들 수 있었을까? 이들이 고안한 기발한 제도 덕분에 서로 모르는 사람들이 원거리 거래를 할 수 있는 새로운 시대가 열렸다.

마그레브의 상인들은 같은 종교를 믿고 혈연으로 연결되며 무엇보다 중개상들이 제대로 일하게 만들어야 한다는 동일한 동기가 있었다. **지역적 신뢰**의 시대에 산 덕분에 높은 수준의 **사회적 자본**을 보유했던 셈이다. 훗날 수세기에 걸쳐 피에르 부르디외Pierre Bourdieu, 로버트 퍼트넘Robert Putnam, 제임스 새뮤얼 콜먼James

Samuel Coleman 같은 사회학자들의 관심이 집중된 개념이기도 하다. 퍼트넘은 2000년에 출간한 저서 《나 홀로 볼링Bowling Alone》에서 이렇게 설명했다. "물리적 자본은 실제 물건을 의미하고, 인적 자본은 개인의 자질을 의미하고, 사회적 자본은 개인들 간의 연결, 이를테면 **사회적 연결망과 상호 호혜의 규범**, 그리고 여기에서 생기는 신뢰성을 의미한다."[32] 퍼트넘은 또한 주민들끼리 가깝게 지내는 교외 주거지가 '준準 교외'와 '주변 도시'에 밀려나면서 그 사이에 거대한 익명의 공간이 생기고, 출퇴근 시간과 사무실에 앉아 있는 시간과 혼자 텔레비전 보는 시간이 길어지고, 친구와 이웃과 지역 모임, 심지어 가족과 만나는 시간마저 줄어들었다고 지적했다.

공동의 가치관과 유대와 지지 같은 사회적 자본은 모든 유형의 네트워크와 지역사회에서 찾아볼 수 있다. 예를 들어, 이웃끼리 서로의 집을 지켜볼 수 있는 동네는 거리가 안전하다. 이런 곳에선 학교에서 벼룩시장을 열어 수익금을 노숙자 쉼터에 기부하고, 버스에서 지갑을 주우면 경찰서에 가져다준다. 옛 직장 동료가 새로운 직장을 찾을 수 있도록 도와주기도 한다. 프랜시스 후쿠야마Francis Fukuyam는 1995년에 출간한 저서 《신뢰Trust》에서 이렇게 설명했다. "공동의 가치관에서 신뢰가 생긴다. 신뢰는 거대하고 측정 가능한 경제적 가치를 지닌다."[33]

결론만 말하면, 마그레브의 상인들은 집단적 제재 체제를 갖춘 연합체를 형성했다. 긴밀히 연결된 연합체에서 자주 서신을 교환하거나 대화를 나누면서 좋은 중개상과 뒤에서 못된 짓을 꾸미는 중개상에 관한 정보를 공유했다. 물론, 사기꾼에게 망신을 주는 방법에만 의지할 순 없었다. 사기꾼을 솎아낸다고 해서 부정이 근절되는 것도 아니었다. 그보다는 정직하고 책임 있는 행동을 보상해주는 장려책으로 눈앞의 이익을 노리는 사기 행각을 예방하는 편이 효과적이었다.

마그레브의 상인들은 가장 신뢰성 높은 중개상이 가장 많은 거래를 따내는 방식의, 평판에 기반을 둔 단순한 제도를 고안해냈다. 어느 중개상이 마그레브의 상인에게 사기를 치면 그 사람은 조직 전체에서 배척당했고, 모든 상인이 그 사기꾼과 거래하지 않겠다고 집단적으로 맹세했다. 중개상들은 장기적으로 보면 거래를 성실히 유지해야 크게 성공할 수 있다는 사실을 깨닫게 됐다. 양쪽 모두가 정직하면 보상이 돌아온다는 인식을 공유했기에 상인들은 중개상에게 사기당할까 봐 불안해하지 않을 수 있었다(그래서 섬헌 벤 다우드가 상대에게 그토록 격분한 것이다).

마그레브의 상인들이 중개상의 부정을 일일이 파악하지 못해도 상관없었다. 부정이 발각될 수 있다는 위협만으로도 중개상들이 정직하게 거래하도록 유도할 수 있었다. 사람들은 누가 자신을 지켜보고 심판한다고 생각하면 실제로 계속 감시당하지 않아도 정직하게 행동하려고 애쓰는 경향이 있다.

1,000년 뒤에 마윈이 한 것처럼 마그레브의 상인들은 미지의 요소를 줄이는 제도를 고안해 사람들이 위험을 감수하고 새로운 방식에 도전하게 만들었다. 그 결과, 책임이라는 단순한 장치로 지역에서 벗어나고 지리적, 언어적, 문화적 경계를 뛰어넘어 국제 거래망을 구축할 수 있었다.

신뢰 도약을 이루면 할 수 있는 일의 범위가 넓어지고 우리가 창조할 수 있는 것과 창조자가 될 사람의 범위가 확장된다. 협업과 창조의 범위가 확장되어 새로운 기회가 열린다. 이런 이유에서 신뢰가 그렇게 중요하고, 미지의 대상을 신뢰하는 과정이 혁신과 경제 발전에 있어 중요한 요소가 되는 것이다. 아무것도 할 줄 아는 게 없다는 말을 들었던 소년, 자신을 믿고 폐쇄적인 국가를 설득해서 함께 도약하게 만든 사람, 마윈에게 물어보라.

WHO CAN YOU
TRUST

2장

그들은 우리와
한배를 타지 않았다

파나마 페이퍼스로 시작된 대중의 환멸은 단지 돈 문제에 국한된 것이 아니었다. 이는 공정성과 평등의 문제였다. 부자와 권력자와 엘리트 집단은 왜 규칙을 따르지 않았을까? 이 사건으로 사회적 계약이 무너졌다. 누구나 열심히 일하고 세금을 내는 등 '모두 한배를 탔다'는 암묵적인 인식이 와해된 것이다.

터스커기 연구, 신뢰 붕괴의 상처는 지워지지 않는다

진 헬러Jean Heller라는 이름을 아는 이는 드물 것이다. 헬러는 대학원을 졸업하고 2년 만에 미국 정부가 40년 이상 숨겨온 추악한 비밀을 파헤친 젊은 기자다. 비밀은 이렇다. 1932년부터 1972년까지 앨라배마주에서 가장 가난한 카운티이자 미국에서 매독 발병률이 가장 높았던 터스커기 카운티의 아프리카계 미국인 600명이 미국공중위생국United States Public Health Service에 의해 인간 기니피그로 이용당했다. 미국에서 발각된 가장 비윤리적인 의학 실험 중 하나인 이 실험은 그 실체에 비하면 지나치게 평범한 이름인 '터스커기 연구Tuskegee Study'로 알려졌다.

이 실험에 이용된 사람들은 대부분 문맹이던 흑인 농부들로, 고통스러운 요추천자(척추 아래 부분에 바늘을 꽂아 골수를 뽑는 시술 – 옮긴이)를 받고 매일 피를 뽑히다 사망하면 해부까지 당했다. 실험에 참여한 대가로 이들에게는 고작 무료 점심과 병원에 오가는 교통편, 무료 약

처방과 무료 장례식이 제공되었을 뿐이었다.[1] 이 가난한 농부들은 자신들을 고통스럽게 하는 병의 원인과 심각성에 관해 그 어떤 설명도 듣지 못했다. 600명 중 399명은 매독 환자였지만 201명은 매독에 걸리지 않은 통제 집단이었다. 의사들은 이들에게 '나쁜 피'를 치료한다고만 알려줬다.[2] 남을 잘 믿고 가진 것도 없고 조종당하기 쉬운 이들은 제임스 H. 존스James H. Jones가 《나쁜 피Bad Blood》라는 책에서 "의학 역사상 인간에게 가해진 최장 기간의 비非치료적 실험"이라고 부른 실험의 마루타가 되었다.[3]

충격적이게도 농부들은 심각한 매독 증상을 고스란히 겪으면서 실명, 청력 상실, 치매, 심장병, 마비를 거쳐 결국 사망에 이르렀다. 게다가 매독에 걸린 줄도 모른 채 아내와 자녀에게 전염시켰다. 헬러는 1972년 7월 26일자 〈뉴욕타임스〉에 이렇게 밝혔다.

터스커기 연구는 페니실린이 매독 치료제로 알려지기 10년 전, 그리고 페니실린이 널리 배포되기 15년 전에 시작되었다. 하지만 페니실린이 널리 사용되면서 피험자들 중 상당수를 치료해서 살릴 수 있었는데도 이들에게는 페니실린이 처방되지 않았다.[4]

왜 그랬을까? 연구의 목적이 매독 환자를 치료하지 않는 데 있었기 때문이다. 매독의 장기적 증상을 관찰하고 사망자를 해부해서 매독을 치료하지 않을 경우 흑인에게 미치는 영향이 백인에게 미치는 영향과 동일한지 알아보는 것이 이 실험의 진짜 목적이었다. 실험에 참가한 한 의사는 이렇게 말했다. "우리는 환자들이 죽기 전에는 그들에게 관심이 없었습니다."[5]

언론의 표지를 장식한 헬러의 기사는 공분을 일으켰다. 국회의원들은 충격적이라는 반응을 보이며 이런 일이 자행되고 있는 줄 몰랐다고 주장했다. 실험은 즉각 중단되었지만 이런 끔찍한 실험이 40년이나 자행될 수 있었던 이유는 오랜 세월 많은 사람이 눈감아주었기 때문이다.

격렬한 항의가 빗발치자 의회 조사단은 인간연구보호국Office for Human Research Protections을 설립해 윤리 강령을 마련했다. 임상연구심의위원회Institutional Review Board에 임상연구를 감독하고 연구 참가자를 적절히 보호하도록 요구하는 연방법도 제정되었다.

그로부터 20년이 지난 뒤에도 정부 최고위층은 터스커기의 '도덕적이고 윤리적인 악몽'에 대해 사죄했다. 빌 클린턴 대통령은 1997년 한 기자회견에서 터스커기 연구에서 살아남아 노인이 된 여덟 명과 나란히 서서 이렇게 말했다. "미국이 국가의 이상에 맞게 살지 않았던 시절, 민주주의의 근간인 국민과의 신뢰를 저버린 시절이 있었습니다. 연방정부가 아프리카계 미국인 국민에게 이런 인종차별적 연구를 자행한 데 대해 깊이 사죄 드립니다. 다시는 이런 일이 되풀이되어서는 안 됩니다. …… 사과는 그 첫걸음일 뿐입니다. 깨진 신뢰를 복구하기 위해 최선을 다하겠습니다."[6]

의학 연구 역사의 부끄러운 한 페이지로 인해 이후로도 오랫동안 미국 국민들 사이에, 특히 흑인 환자와 의료기관 사이에 신뢰 기반이 흔들렸다. 그러나 신뢰가 얼마나 추락했는지 수량화하려는 시도는 최근에야 나왔다.

현재 미국 흑인 남자 집단의 건강 상태는 모든 주요 인종과 민족과 인구통계학적 집단 가운데 최하 수준이다. 45세 흑인 남자의 기대수명은 동일한 연령의 백인 남자보다 3년이나 짧다.[7] 물론 소득과 식생활, 의료기관 접근성의 양극화를 비롯한 여러 요인에서도 원인을 찾을 수 있다. 그런데 이런 현상이 터스커기 연구로 촉발된 의료기관에 대한 흑인 사회 전반의 불신과도 관련 있지 않을까? 있다면 어느 정도일까?

스탠퍼드 의과대학의 마르셀러 앨선Marcella Alsan과 테네시 대학교의 경제학자 매리앤 워너메이커Marianne Wanamaker가 바로 이 질문에 관심을 가졌다. 두 연구자는 미국 전역의 다양한 인구 및 건강 조사 자료를 검토해서 2016년 터스커기 연구가 폭로된 후 수십 년 동안 흑인 남자들의 불신 수준이 높았다는 가설을 검증했다.[8] 앨선과 워너메이커는 터스커기 연구가 삶과 죽음에 미치는 영향을 정확한 수치로 도출했다.

의사를 믿지 못하면 건강검진이나 필요한 치료를 받으러 병원에 가지 않는다. 두 연구자는 이런 행동의 결과로 45세 이상 흑인 남자의 기대수명이 1.4년 감소했다고 추정했다.[9] 무엇보다 놀라운 결과는 45세 이상 흑인 남자와 백인 남자의 기대수명 격차의 원인 중 3분의 1 이상은 터스커기 실험 폭로의 여파에 있다는 것이었다. 폭로의 여파는 엄청났다. 복합적인 불신으로 앨라배마주에 살지도 않고 터스커기 연구와 무관한 사람들의 기대수명까지 감소한 것이다. 신뢰가 무너진 결과는 심각했다.

조셉 래버넬Joseph Ravenell 박사는 2016년 TED 강연에서 지금도 영향을 미치고 있는 이 문제를 다루었다. 그는 고혈압이 50세 이상 흑인 남성의 주요 사망 원인이지만 사실 고혈압은 제때 진단받고 적절한 치료를 받으면 예방할 수 있는 질환이라고 지적했다. 그런데 왜 흑인 남성에게 고혈압이 치명적인 질병으로 꼽히는 걸까? 래버넬은 이렇게 설명했다. "흑인 남자들은 고혈압 치료를 받지 않거나 받더라도 충실히 받지 않는다. 어느 정도는 1차 건강관리제도가 미비한 데도 원인이 있지만 흑인 건강에 관한 초기 연구에서는 다수의 흑인이 병원을 공포와 불신, 무례, 불필요한 불쾌함과 연관 짓는 것으로 나타났다."[10] 쉽게 말해 흑인 남성들은 몸이 심하게 아프지 않으면 병원에 가지 않았다. 래버넬의 연구에서는 다수의 흑인 남성이 의사보다 이발사를 훨씬 더 신뢰한다는 결과가 나왔다.

규제 조치와 윤리 기준이 마련된 뒤에도 상황은 좀처럼 달라지지 않았다. 터스커기 실험의 여파가 계속 남아서 일부 사람들의 판단에 영향을 미친 것이다.[11] 래버넬의 연구는 이보다 중요한 점을 지적했다. 신뢰를 깨트리는 사건 하나가 한 세대 전체에 상처를 입혀서 이를 치유하는 데 수십 년이 걸릴 수도 있다는 점이다. 때로는 상처가 깊어서 영구히 치료되지 않을 수도 있다.

터스커기 연구처럼 신뢰를 깨트리는 사건은 모두 과거의 일이고, 앞으로는 이런 사건에서 얻은 교훈을 바탕으로 적절한 조치를 취하면 된다고 생각하면 마음이 놓일 것이다. 하지만 오늘날 제도에 대한 신뢰는 과거 그 어느 때보다 더 큰 위기에 처했다. 평범한 국민들은 엘리트 집단과 권력자들에게 과거 어느 때보다 더 큰 배신감을 느끼고 있다. 이처럼 엘리트 집단에 대한 신뢰가 추락하는 이유를 이해하기 위해 파나마 페이퍼스라는 충격적인 사건을 살펴보자.

▌ 파나마 페이퍼스, 제도적 신뢰를 뒤흔들다

모든 일은 하나의 익명 메시지에서 시작됐다. "안녕하세요. 저는 존 도John Doe입니다. 자료에 관심이 있습니까?" 이 메시지의 수신자는 독일의 신문사 〈쥐트도이체 자이퉁Süddeutche Zeitung〉의 탐사기자 바스티안 오베르마이어Bastian Obermayer였다. 그의 노트북에 의문의 메시지가 뜬 건 2014년 하반기였다. 오베르마이어는 당시 뮌헨의 한적한 동네에 위치한 자신의 아파트에 있었다. 그는 곧바로 "관심 많습니다"라고 답장을 보냈다.

존 도는 암호화 채팅으로 '일찍이 본 적 없는 방대한 규모의' 고급 기밀 자료를 넘기겠다고 제안했다. 그리고 자기는 돈이 아니라 정의를 원한다는 점을 명백히 했다. "제가 이런 행동을 하는 이유를 설명하려면 신분을 노출할 수밖에 없습니다. …… 그래도 범죄를 만천하에 드러내고 싶습니다."

이후 2015년까지 훗날 '파나마 페이퍼스'라는 이름으로 유명해진 1,150만 건 이상의 자료가 전송되었다. 파나마의 법률 회사 모색 폰세카Mossack Fonseca 서버에서 유출된, 40년간의 디지털 기록이었다. 자료의 양은 어마어마했다. 2.6테라바이트 용량으로 이메일 480만 통, PDF 파일 210만 개, 데이터베이스 파일 300만 개, 이미지 100만 개를 비롯해 비밀 계약서, 편지, 은행 기록, 재산권 기록이 들어 있었다.[12] 저널리즘 역사에서 한번에 받은 제보 자료로는 최대 규모였다. 2010년 위키리크스가 전 세계 270개 영사관과 대사관이 미국으로 보낸 기밀 외교 전문電文 25만 건 이상을 공개한 케이블게이트Cablegate의 2,000배에 달하는 규모다. 당시 케이블게이트로 공개된 문서에는 부패 혐의와 관련된 자료가 들어 있었다. 미국 대사관 직원이 블라디미르 푸틴을 '알파독alpha-dog'이라고 부르고, 아프가니스탄 대통령 하미드 카르자이Hamid Karzai를 '편집증 환자'라고 부르고, 이란 대통령 마무드 아마디네자드Mohmoud Ahmadinejad를 아돌프 히틀러에 비유하는 등, 문제의 소지가 될 만한 무수한 발언이 걸러지지 않은 채 그대로 공개되었다.

파나마 페이퍼스 사건에서는 모색 폰세카가 1977년부터 2015년까지 전 세계 조세피난처에서 20만 개 이상의 해외 페이퍼컴퍼니가 설립된 사실과 함께 러시아 대통령 블라디미르 푸틴과 UN 전 사무총장 코피 아난의 아들 코조 아난Kojo Annan 같은 세계적인 지도자들과 그들의 가족, 축구 선수 리오넬 메시 같은 유명인, 그 밖에 다수의 세계 최상류층이 연루된 사실이 폭로됐다. 폭로된 기밀뿐만 아니라 폭로 과정 자체에서 신뢰에 관한 흥미로운 이야기를 찾아볼 수 있다. 당신이 방대한 기밀문서가 담긴 장치를 받았다고 해보자. 어떻게 할 것인가?

오베르마이어는 두 달이 넘도록 쉴 새 없이 조사한 끝에 그가 일하는 신문사의 소수 인력으로는 도저히 감당하지 못할 자료임을 인정했다. 그만큼 방대한 양이었다. 도움이 필요했다. 그것도 아주 많이. 그래서 그는 전 세계 수백 명의 기자들과 파일을 공유하는 예외적인 과정을 거쳤다.

오베르마이어는 먼저 평소 존경하는 기자이자 룩셈부르크와 HSBC 누출 사건을 함께 취재한 제라드 라일Gerard Ryle에게 연락했다. 아일랜드 출신의 라일은 산전수전 다 겪은 베테랑으로 나무란 나무는 다 흔들어보고, 굴이란 굴은 다 파헤쳐서 기어이 진실을 찾아내는 탐사기자의 모범이다. 라일은 워싱턴 D.C. 소재의 비영리단체인 국제탐사보도언론인협회International Consortium of Investigative Journalists, ICIJ 회장이기도 했다. 1997년에 창립된 ICIJ는 전 세계 언론인 네트워크를 조직해서 국제적인 스캔들을 터트린 단체다. 일례로 조지 W. 부시의 대선 자금으로 거액을 기부한 기업이 이라크와 아프가니스탄의 전쟁 계약을 부당하게 따낸 사건을 폭로하기도 했다.

2015년 6월, 라일과 오베르마이어는 워싱턴 내셔널프레스클럽 13층에서 비밀회의를 소집했다. BBC, 〈가디언〉, 〈존탁스자이퉁 SonntagsZeitung〉, 〈르몽드〉 등 경쟁 미디어의 기자들이 회의실의 긴 테이블에 둘러앉았다.[13] 이 프로젝트에 붙일 암호명이 필요했다. 기자들은 그리스신화 중 신들에게서 불의 비밀을 훔쳐낸 타이탄족 프로메테우스Prometheus의 이름을 암호명으로 쓰는 데 합의했다. 기자들은 자료를 보기 전에 기밀유지 협약에 서명해야 했고, 다음의 두 가지 규정을 준수해야 했다. '첫째, 각자 발견한 정보를 모두 공유한다. 둘째, 찾아낸 사실은 한날 한시에 발표하고, 발표할 날짜는 라일이 정한다.'

유출된 문서는 블랙라이트Blacklight라는 검색 가능한 데이터베이스 프로그램에 모두 저장되었다. 특정 이름, 가령 '이언 캐머런Ian

Cameron'에 관한 정보를 찾고 싶으면 데이터베이스를 검색해서 몇 분 만에 모든 관련 문서가 담긴 CSV 파일을 받을 수 있었다. 다만 모색 폰세카가 각별한 비밀유지를 요하는 고객들에게 '곰돌이 푸'나 '해리포터' 같은 암호명을 붙여놓았는데, 이들에 관해서는 파악하기 힘들었다.

아이슬란드부터 나이지리아, 러시아 등 각국 기자들이 힘을 모으자 어느 한 국가의 한 신문사에서는 불가능했을 방법으로 사건이 꿰맞춰지기 시작했다. "어떤 기자가 인도 관련 자료를 살펴보다 보면 사건이 브라질이나 프랑스로 연결되기도 합니다. 이럴 때 인도 기자는 프랑스 기자와 정보를 공유하는 신뢰 구축 단계를 거치는 식으로 진행됐습니다." 라일의 설명이다.[14]

방대한 자료의 바다에서 허우적댄 지 9개월쯤 지나자 기자들은 점점 지치고 스트레스를 받고 조급해졌다. 라일은 불법 행위를 발견하면 당장 보도하고 싶어지는 기자 본능 때문에 갈수록 조급해하는 기자들을 진정시켜야 했다. "모든 기자가 선을 지키게 만드는 게 힘들었습니다." 기자들은 사회적, 정치적 환경은 물론 시간대마저 제각각인 여러 국가에서 각기 다른 언어로 일했다. 라일은 그들의 상관이 아니므로 그들이 원하지 않는 일을 강요할 수도 없었다. 어쨌든 법적으로는 누구나 스스로 적절하다고 판단한 정보를 자신의 의지에 따라 보도할 수 있었다. 그러나 놀랍게도 1년 가까이 모든 자료가 기밀로 유지됐다.

라일은 기자들을 움직이는 한두 가지 요소를 잘 알았다. "기자의 가장 큰 약점은 좋든 싫든 그들의 자아입니다. 사실 이 프로젝트에서는 이기적으로 행동할 수 있는 여지가 컸습니다. 저는 기자들에게 그들 개인적 사명보다 대의를 위해 중요한 역할을 하고 있다는 소속감을 심어주려고 노력했습니다." 라일은 모두가 협력하면 보다 의미 있고 보다 심층적인 기사가 나올 수 있다는 가능성을 당근으로 내밀었다. 물론 채찍도 필요했다. "ICIJ는 한 번 신뢰를 깨트린 사람과는 두 번 다시 같이 일하지 않을 거라고 못 박아두었습니다."

약속된 엠바고embargo(보도 시점 유예)가 만료되기 10분 전, 트위터에 예상치 못한 메시지가 떴다.

데이터 저널리즘 역사상 가장 큰 유출 사건이 준비되었다. 부패에 관한 내용이다.

에드워드 스노든Edward Snowden이 트위터에 올린 메시지였다. 이 트윗이 떴을 때 〈가디언〉의 줄리에트 가사이드Juliette Garside는 신문사 사무실에서 상사와 파나마 페이퍼스 팀 동료 기자들과 함께 있었다. "우리는 자판에 손을 올린 채 기사를 올릴 준비를 마쳤지만 엠바고 해제 시점을 기다리고 있었습니다. 그러던 중 스노든이 트윗을 올리자 한바탕 난리가 났죠. 그 자리의 모두가 '가자, 가자, 가자!'라고 외쳤습니다."

2016년 4월 3일 일요일, 독일 시간으로 오후 8시, 전 세계 수십 개 뉴스매체에서 파나마 페이퍼스를 1면 톱기사에 올리기 시작했다. 기사가 나온 지 몇 시간 만에 아이슬란드의 수도 레이캬비크 거리에 격분한 시민 수천 명이 쏟아져 나와 총리에게 사임을 요구했다.

아이슬란드의 총리 시그뮌뒤르 다비드 귄뢰이그손Sigmundur Davið Gunnlaugsson이 영국령 버진아일랜드에 윈트리스Wintris Inc.라는 비밀 역외탈세 계정을 만들어 아내와 함께 거액의 투자금을 보유한 사실이 밝혀진 것이다. 5억 아이슬란드크로나(약 400만 달러) 이상의 재산세를 피하려 한 정황이 드러났다. 게다가 총리가 이 계정을 개설한 2007년에 아이슬란드는 재정 붕괴 직전이었다. 귄뢰이그손은 이 사건으로 사임했다.[15]

내부고발자가 최초로 접촉한 오베르마이어는 자료에서 푸틴의 연루 사실을 처음 발견한 사람들 중 하나였다. 러시아의 첼리스트 세르게이 롤두긴Sergei Roldugin의 이름이 자료에 반복해서 나왔다. 롤두긴은 푸틴과 10대 시절부터 친구로, 푸틴의 딸 마리야의 대부였다. 롤두긴은 모스크바에서 방크 로시야Bank Rossiya라는 은행을 소유하고 있었는데, 이 은행을 통해 역외기업과 수십억 달러의 거래를 한 것으로 드러났다.

파나마 페이퍼스에는 〈포브스〉의 세계 500대 부자 명단에 오른 억만장자 29명과 전·현직 세계 지도자 12명, 정치인 140명의 이름이 나온다. 사우디아라비아 왕과 영국의 전 총리 데이비드 캐머런의 아버지 고故 이언 캐머런, 영국 상원의원 여섯 명, 파키스탄 총리 나와즈 샤리프Nawaz Sharif, 이라크 전 부통령 아야드 알라위Ayad Allawi, 우크라이나 대통령 페트로 포로셴코Petro Poroshenko가 연루된 정황도 드러났다.

물론 이름이 언급되었다고 해서 이를 곧 범죄를 저지른 증거라고 단정할 순 없다. 다른 합법적인 이유로 역외기업이나 트러스트에 돈을 보유하고 있을 가능성도 많다. 예를 들어, 외국인이 별장을 구입할 때 현지에 페이퍼컴퍼니를 만들어 부동산을 매입할 수 있다. 실제로 모색 폰세카는 그들의 고객 중 많은 사람이 법을 위반한 적이 없다고 강력히 부인했다. 그럼에도 불구하고 유출된 방대한 자료에는 부자와 권력자들이 어떻게 역외 세금제도를 악용해서 국가에 내야할 세금을 해외로 빼돌렸는지 그 실상이 여실히 드러나 있었다.

뉴스를 접한 대중의 분노는 극에 달했다. 부자들이 국민이라면 누구나 내야 하는 세금을 내지 않고 재산을 불렸다. 국가 지도자들이 그들이 통치하는 국가의 이익을 위해 마땅히 내야 할 세금을 아끼려했다. 이것이 사회 최상류층 사람들, 공공의 선에 봉사해야 할 사람들이 할 수 있는 행동인가?

파나마 페이퍼스로 시작된 대중의 환멸은 단지 돈 문제에만 국한되지 않았다. 이는 공정성과 평등의 문제였다. 부자와 권력자와 엘리트 집단은 왜 규칙을 따르지 않았을까? 이 사건으로 사회적 계약이 무너졌다. 누구나 열심히 일하고 세금을 내는 등 '모두 한배를 탔다'는 암묵적인 인식이 와해된 것이다.

파나마 페이퍼스는 평범한 대다수 사람들에게 세상의 배후에서 벌어지는 현실을 폭로하면서 제도적 신뢰가 급속히 무너지는 중요한 이유 하나를 확인시켜주었다. 사람들은 승승장구하는 엘리트 집단과 권력자들이 비윤리적으로 행동하는 모습을 지켜보면서 실망하고 좌절하고 뒤처진 기분에 사로잡혔다. 노벨 경제학상을 수상한 조지프 스티글리츠Joseph Stiglitz의 책 제목을 빌리자면 신뢰는 '거대한 불평등Great Divide'에 직면했다.[16]

┃ 제도적 신뢰는 왜 추락하는가?

18세기 이탈리아의 정치철학자 지암바티스타 비코Giambattista Vico
는 제도란 본질적으로 많은 사람이 오랜 세월에 걸쳐 수용하고 이
용하는 관행과 가치관과 법으로 이루어진 사회 구조라고 정의했
다.[17] 기관이나 제도를 뜻하는 'institution'이라는 단어는 대개 전자
의 의미로, 그러니까 대학 건물이나 고대 석조 교회, 런던 의회당 등
물리적 실체가 있는 대상을 떠올리게 하지만 개념이나 제약이나 사
회적 규준規準을 가리킬 수도 있다. 예를 들어, 결혼은 제도다. 가족
이나 영국 왕실 역시 제도다. 종교나 재산권이나 기타 법적 규약도
제도다. 역사가 니얼 퍼거슨Niall Ferguson은《위대한 퇴보The Great
Degeneration》에서 이렇게 말했다. "간단히 말해서 인간에게 제도는
벌의 벌집 같다. 제도는 우리가 집단을 이루고 사는 배경의 구조다.
벌이 벌집에 있어야 할 때를 알듯이, 우리는 제도 안에 있어야 할 때
를 안다. 제도에는 경계, 주로 벽이 있다."[18] 다시 말해, 구체적이든
추상적이든 제도는 사회의 토대가 되는 규칙과 반복의 구성 요소로
서 가치를 지니며, 우리의 행동과 서로 소통하는 방식에 영향을 미
친다.

제도에 대한 신뢰는 스캔들이나 불황, 전쟁, 정권 교체에 따라 단
단해지거나 허물어지기도 한다. 과거에는 터스커기 연구처럼 몇 년
혹은 몇십 년에 걸쳐 부정을 은폐할 수 있었다. 그러나 지금의 디지
털 시대에는 제도나 지도자, 책임 있는 자리에 있는 엘리트 집단이
부정을 저지르면 금방 발각되어 신뢰를 잃고 다시는 회복하지 못할

가능성이 크다.

은행이나 정부, 언론, 교회, 기타 엘리트 집단에 대한 뿌리 깊은 불신은 결코 새로운 현상이 아니다. 과거를 돌아봐도 이런 사례를 쉽게 찾을 수 있다. 1872년의 크레디트 모빌리에Crédit Mobilier 스캔들은 가짜 회사를 세워서 의원들에게 뇌물을 주고 건축 사업으로 돈을 끌어모은 사건으로, 미국 남북전쟁 이후의 부패상을 보여주는 상징적인 사건이다. 그로부터 3년 후인 1875년에 발각된 위스키 링Whisky Ring 사건에는 주류 판매량을 줄여 신고해서 탈세를 공모한 정치인과 양조장과 유통업자 수백 명이 연루되었다. 그러나 요즘처럼 시민과 제도, 평범한 사람과 상류층 사이에 불신의 골이 깊었던 적은 없었다. 놀랍게도 여러 국가와 다양한 연령 집단을 대상으로 설문조사를 했을 때도 비슷하게 우울한 결과가 나왔다.

워터게이트 사건 후 베트남전쟁이 한창이던 1970년대에 정부와 군대에 대한 신뢰가 추락했을 때, 갤럽은 미국인들을 대상으로 은행과 언론, 공립학교, 종교기관, 의회를 비롯한 주요 제도에 대한 신뢰도 조사를 시작했다. 미국인 10명 중 7명이 주요 제도가 대체로 옳은 일을 할 것으로 신뢰하는 것으로 나타났다.[19]

40년 이상 지난 후 갤럽은 같은 설문조사를 실시했다. 2016년에는 14개 제도에 대한 신뢰도가 평균 32퍼센트에 불과했다. 중소기업과 군대를 제외한 모든 주요 제도에 대한 신뢰도가 사상 최하 수준으로 떨어졌다.[20] 갤럽의 설문조사가 처음 실시됐을 때는 워싱턴 연방정부가 국제 문제를 해결하는 방식을 응답자의 75퍼센트가 '대단히 혹은 상당히' 신뢰한다고 응답했고, 연방정부가 국내 문제를 처리하는 방식은 응답자의 70퍼센트가 신뢰한다고 답했다. 현재 이 두 항목의 수치는 각각 49퍼센트와 44퍼센트로 떨어졌다.[21] 의회에 대한 신뢰도는 1973년 42퍼센트에서 현재 9퍼센트로 크게 떨어졌다.[22] 사회에서 신뢰의 최후 보루로 여겨지는 대법원에 대한 신뢰도는 1973년 45퍼센트에서 현재 36퍼센트로 떨어졌다.[23] 신뢰도가 떨어진 영역은 정부기관만이 아니다. 은행(60퍼센트에서 27퍼센트)[24], 대기업(26퍼센트에서 18퍼센트)[25], 교회(65퍼센트에서 41퍼센트)[26], 신문(39퍼센트에서 20퍼센트)[27]의 신뢰도도 크게 하락했다.

연령별로는 밀레니엄 세대(1980년대에서 2000년대 사이에 태어난 세대)가 신뢰에 가장 회의적인 태도를 보였다. 2015년 하버드 대학교 정치학 연구소가 실시한 설문조사에 따르면, 밀레니엄 세대의 86퍼센트가 금융기관을 불신하는 것으로 나타났다. 밀레니엄 세대 4명 중 3명은 연방정부가 옳은 일을 하는가 하는 질문에 '가끔' 신뢰하거나 '전혀' 신뢰하지 않고, 무려 88퍼센트가 미디어를 '가끔' 신뢰하거나 '전혀' 신뢰하지 않는다고 답했다.[28]

신뢰도 하락 현상은 미국만의 문제가 아니다. 서유럽과 영국의 사정도 마찬가지다. 유명 여론조사기관 입소스 모리Ipsos MORI는 영국에서 정치인, 미용사 등 24가지 직업에 대한 대중의 신뢰를 30년 이상 추적했다. 간호사에 대한 신뢰도는 무려 93퍼센트로, 간호사는 가장 신뢰받는 직업 1위에 올랐다. 이런 여론조사 결과에서 가장 눈여겨볼 부분은 수치가 가장 급격히 하락한 영역이다. 이런 영역을 들여다보면 굳건한 제도가 얼마나 쉽게 무너지는지 알 수 있다. 입소스에 의하면 이 조사에서 신뢰도가 가장 크게 떨어진 직업은 성직자였다. 입소스의 여론조사가 처음 실시된 1983년에는 응답자의 85퍼센트가 성직자가 진실을 말한다고 믿었다. 당시 성직자는 가장 신뢰받는 직업이었다. 그러나 2016년 1월 성직자에 대한 신뢰도는 18퍼센트나 떨어져서 가장 신뢰받는 직업 8위로 하락했다.[29] 쉽게 말해, 오늘날 평범한 영국인은 버스나 슈퍼마켓에서 만나는 낯선 사람이 고해실의 성직자보다 더 진실을 말할 거라고 믿는다는 뜻이다.

다양한 엘리트 집단에 대한 신뢰가 동시다발적으로 추락한 이유는 무엇일까? 매우 중요하면서도 공통된 세 가지 이유가 있다. 책임의 불평등(부정 행위로 처벌받는 사람도 있고, 부정 행위를 저지르고도 빠져나가는 사람도 있다), 격리된 반향실(각자의 문화적 게토 안에 머물러 다른 사람들의 목소리를 듣지 못한다)가 엘리트와 권위자의 쇠퇴기(디지털 시대는 계층 격차가 좁아지고 전문가와 부자와 권력자에 대한 신뢰가 하락한다)가 그것이다.

▎ 연이은 금융 스캔들, 썩은 사과가 아닌 상자의 문제

제도가 사람들에게 신뢰를 받고 이를 유지하려면 규칙을 어긴 사람에게 권력이나 지위 상실, 벌금 부과 등 엄격한 처벌이 가해져야 한다. 공정한 처벌이 없으면 규칙은 무의미해진다. 교통법규를 예로 들어보자. 일주일 정도 수백 대의 차량이 정해진 교통법규와 반대 방향으로 운전해도 아무런 문제가 생기지 않는다면 교통법규의 위력은 곧바로 사라질 것이다. 마찬가지로 제도 안에서 범법자는 벌금을 내거나 처벌을 받아야 한다. 이런 사람들이 처벌 받지 않고 교묘히 빠져나간다면 제도에 대한 신뢰가 무너지게 마련이다. 그런데 최근 들어 사회 지도층이 범죄를 저지르고도 무사히 빠져나간 사례가 나타나고 있다. 대공황 이후 최대의 경제난인 2008년 금융위기로 투자 은행가 한 명만 감옥에 들어가고 월스트리트를 최소한 개혁하는 데 그친 것이 어떻게 가능했을까? 이 일은 사람들의 신뢰에 어떤 영향을 미쳤을까?

지난 20년 동안 금융계의 치마가 걷히고 더러운 속옷이 여실히 드러났다. 앤론Enron에서 아서앤더슨Arthur Anderson까지, 프레디맥 Freddie Mac에서 패니매Fannie Mae까지, 리먼브러더스에서 베어스턴스Bear Stearns까지, AIG에서 노던록Northern Rock까지, 닉 리슨Nick Leeson에서 버니 매도프Bernie Madoff까지, BHS 연금기금 대실패에서 리보Libor 스캔들까지 신뢰에 막대한 타격을 입힌 사건이 끝없이 이어졌다. 그러나 가장 큰 타격을 준 것은 '금융계의 선장'으로 금융위기를 초래한 CEO들 가운데 어떤 형태로든 처벌을 받은 사람이 소수라는 사실이었다. 게다가 뱅크오브아메리카의 켄 루이스Ken Lewis, 리먼브러더스의 CEO 딕 펄드Dick Fuld는 수백만 달러의 황금 낙하산을 가지고 멀쩡히 걸어 나가기까지 했다. 이런 사실들이 던지는 메시지는 명백하다. 돈과 권력만 있으면 큰돈을 벌기 위해 규칙을 어겨도 된다. 그러다가 문제가 생겨도 실질적인 책임을 지지 않을 수도 있다.

매도프와 리슨 같은 금융가들은 신뢰할 수 없는 사람들로 입증되었다. 물론 은행에서 일하는 사람들이 모두 나쁜 건 아니다. 그보다는 그들이 비윤리적 행동과 어긋난 이해관계를 허용하거나 심지어 조장하기까지 하는 왜곡된 인센티브 문화에서 일한다고 보는 편이 옳을 것이다. 물론 그들도 이런 사실을 잘 알고 있다.

미국의 유명 법률사무소 라바톤 서처로Labaton Sucharow는 설문 조사를 통해 금융계 종사자들이 동종업계의 다른 전문가들을 어떻게 평가하는지 알아보았다. 절반 이상의 응답자가 경쟁자들이 불법적이고 비윤리적으로 행동한다고 생각했다. 4분의 1 가까이는 발각되지만 않으면 내부자 거래를 할 용의가 있다고 인정했으며, 3분의 1에 조금 못 미치는 응답자가 금융계에서 성공하려면 불법적이거나 비윤리적인 행동을 해야 할 수도 있다고 답했다.[30] 잉글랜드은행의 은행장 마크 카니Mark Carney는 스캔들이 끊이지 않는다는 것은 더 이상 썩은 사과 몇 개의 문제가 아니라 사과가 들어 있는 상자 자체에 문제가 있다고 봐야 한다고 말했다.[31]

요크셔 출신의 떠오르는 스타 은행가 앤디 홀데인Andy Haldane은 현재 잉글랜드은행의 수석 경제학자로, 카니 은행장과 함께 일하고 있다. 그는 금융 규제에 관한 논쟁에서 '개혁'을 요구하는 주요 인물 중 한 사람이다. 〈타임〉은 2014년에 홀데인을 세계에서 가장 영향력 있는 인물 100인으로 선정하면서 "거침없고 직설적인 중요한 금융인"[32]이라고 평했다. 홀데인은 라바톤의 설문조사 결과를 보고 이렇게 말했다. "정확한 수치는 아니지만 이 조사 결과는 매우 충격적이다. 근본적으로 금융권이 스스로를 어떻게 바라보는지 보여준다. 금융의 사회적 정체성을 비춰주는 거울 같다. …… 은행과 은행가의 사회학과 심리학이 금융 자체만큼이나 달라져야 한다는 뜻이다." 문제는 업계의 문화를 규제할 수 있느냐 하는 점이다.

　금융기관에 대한 신뢰는 금융계의 태도가 바뀌지 않는 한 회복되지 않을 것이다. 우리는 썩은 상자에 들어 있는 사람들이 제대로 처벌받기를 기대한다. 금융기관에 대한 신뢰가 무너진 이유는 사람마다 규칙을 다르게 적용했기 때문이다. 미국의 정치평론가이자 작가인 크리스토퍼 헤이즈Christopher Hayes는《똑똑함의 숭배Twilight of the Elites》라는 책에서 이렇게 말했다. "소득, 부, 정치인에 대한 접근성 등 우리가 서서히 익숙해진 불평등에 더해 이제는 근본적인 책임의 불평등에 직면했다. 힘 없는 사람들에게는 책임의 원칙이 적용되고, 힘 있는 사람들에게는 용서의 원칙이 적용되는 사회에서 살 수는 없다."[33]

　2015년 폭스바겐의 차량 1,100만 대 이상에 정부의 배기가스 배출 검사를 속이기 위한 '임의 조작 장치'라는 소프트웨어가 설치된 사실이 드러나자 마틴 빈터콘Martin Winterkorn은 CEO에서 물러났다. '디젤게이트'로 불리는 이 사건이 발생한 직후, 빈터콘의 배당금은 무려 1,590만 유로였다.[34] 비슷한 예로 2016년 영국 존 칠콧Sir John Chilco 조사위 보고서에서 세계무역센터 테러 이후 이라크 침공을 정당화하기 위해 대량살상무기에 관한 정보가 왜곡된 사실이 밝혀진 이후에도 심각한 타격을 입은 개인이나 기관은 없었다. 2003년 '테러와의 전쟁'이 발발했을 때 폭탄이 터지는 불빛에 바그다드 스카이라인이 번쩍거리며 드러나던 뉴스 화면을 본 기억이 아직도 생생하다. 그 뒤로 10년 이상 군사 개입이 이어지면서 무수한 인명이 살상되고 경제적으로도 막대한 대가를 치러야 했다. 칠콧 조사위가 오랜 조사 끝에 2016년 6월, 260만 자 분량의 보고서를 발표하자 명백한 판결이 나왔다. 이라크 침공의 법적 근거가 "결코 충분하지 않다"는 판결이었다. 칠콧 보고서에서는 사담 후세인이 보유했다고 알려진 대량살상무기는 "결함이 있고" 과장되었다고 확인했다.[35] 이에 대한 영국 총리의 변명은 영국 유권자들의 신뢰를 깨트렸는데도 토니 블레어와 부시 대통령을 비롯해 정치인들 중 어느 한 사람도 제대로 책임지지 않았다. 두 지도자가 뻔뻔하게 사과하지 않고 넘어간 것은 이 사건을 이해하는 데 아무런 도움도 되지 않았다.

앨선과 워너메이커 교수가 터스커기 연구에서 보여준 것처럼, 어느 한 사건이 전체 제도에 대한 걷잡을 수 없는 불신을 불러일으킬 수도 있다. 정치인들이 거짓 주장으로 우리를 전쟁으로 끌어들였다면, 정부의 전반적인 의사결정 과정을 어떻게 믿어야 할지 의문스럽기만 하다. 국제축구연맹의 전 자문위원인 척 블레이저Chuck Blazer가 뇌물을 받았다면 다른 스포츠 조직에도 부패가 퍼져 있지 않으리라고 확신하기 어렵다. 은행가의 행동을 믿을 수 없다면 금융제도 자체가 잘못됐다고 생각하는 것이 당연하다. 기자가 금융위기나 이라크 전쟁이나 대통령 선거전에 대해 정확히 보도할 거라고 믿을 수 없다면, 언론이 우리에게 진실을 정확히 전달하는 주체로 기능할 것이라고 기대하기 어렵다. 가톨릭 성직자가 부당한 학대 사례를 발견하고도 밝히지 않을 거라고 의심된다면, 성직자들은 오직 가톨릭 교회에만 충실할 뿐 그들이 진정 봉사해야 할 사람들에게는 충실하지 않다고 생각할 수 있다.

한때 우리가 의지했던 안전망, 쉽게 말해 보다 폭넓은 사회와 홀

룡한 제도에 대한 신뢰가 무너지면서 신뢰는 급속히 추락하고 있다. 단지 부패한 개인이 잘못을 저지르고도 무사히 빠져나가서만 그렇게 된 것이 아니다. 파나마 페이퍼스 사건에서도 알 수 있듯, 사회 지도층의 윤리 의식이 방향을 잃었기 때문이다.

█ 개인의 반향실에서 반대 목소리는 울리지 않는다

기존 제도에 대한 '신뢰 상실'이 우리 시대의 유행어이자 진정한 위기가 된 이유를 알아내는 것은 어렵지 않다. '생각이 같은' 사람들끼리 모여서 같은 메시지만 반복해서 듣는 현상에 의해 문제는 더욱 심각해진다.

2016년 6월 29일, 페이스북은 이용자의 뉴스피드 알고리즘을 변경하겠다고 발표했다. 페이스북의 기술책임자 라르스 뵈크스트룀 Lars Bäckström은 이렇게 적었다. "앞으로 몇 주간 뉴스피드 업데이트를 실시해 개인의 뉴스피드에서 관심 친구들의 게시물이 상단에 올라가게 만들 것입니다."[36] 별로 문제될 것 없는 말처럼 들리지만 사실 여기에는 중요한 의미가 담겨 있다. 이제 친구들의 게시물이 뉴스매체보다 눈에 더 잘 띌 거라는 뜻이기 때문이다.

뉴스사이트로 진입하는 트래픽의 41.4퍼센트 이상이 페이스북에서 나온다는 점을 감안할 때 페이스북의 이 같은 조치로 뉴스매체의 범위와 영향력이 크게 줄어들 것으로 보인다.[37] 무엇보다도 페이스북의 새로운 알고리즘으로 인해 우리가 접하는 의견과 뉴스의 다양성과 우리 생각에 반박하거나 우리의 세계관을 넓혀주는 정보에 대대적인 변화가 일어날 것으로 보인다.

비슷한 사람들끼리 연결하고 소통하는 인간의 본능적인 성향을 사회학에서는 '동종선호homophily'라고 부른다. 동종선호는 민족성과 연령, 성별, 교육, 정치 성향, 종교, 직업, 거주지에도 적용될 수 있다. 이 밖에도 사람들은 퍼그(개의 품종 중 하나)나 태국 음식, 체스처럼 특이한 관심사 때문에 모이기도 한다. 인터넷에서 동종선호 현상이 심화되면서 사람들은 트위터와 레딧Reddit, 페이스북 같은 소셜 채널에서 온라인 동네를 형성하고 있다. 온라인에서는 오프라인보다 서로 비슷하게 생각하고 비슷하게 생활하고 비슷하게 투표하는 사람들이 모이기가 훨씬 쉽다.[38] 건설적인 합의나 논쟁이나 계몽이 일어날 여지가 적은, 요란하고 양극화된 그들만의 반향실이 구축되는 것이다.

퓨리서치센터Pew Research Center가 최근 조사한 바에 따르면 미국인의 3분의 2 가까이가 소셜미디어로 뉴스를 접하고 있다. 페이스북은 이용자의 3분의 2에게 가장 중요한 뉴스매체로 간주된다. 이는 미국 인구의 절반에 가까운 수치다.[39] 페이스북이 알고리즘을 바꾸면 대통령 선거든 기후 변화든 백신의 안전성이든 ISIS든 다양한 쟁점에 관한 반대 의견에 노출되는 빈도가 제한된다는 뜻이다. 대안이나 반박 자료가 개인의 반향실로 비집고 들어오기가 어려워져서 대체로 자신이 동의하는 의견이나 뉴스만 접하게 된다.

트럼프의 대선 승리나 브렉시트 투표 결과에 놀란 사람이라면 바이럴 영상 사이트 업워시Upworthy에 글을 쓰는 저자이자 공동설립자인 엘리 패리서Eli Pariser가 2011년 '필터 버블filter bubble(인터넷 정보 제공자가 이용자 맞춤형 정보를 제공해서 이용자에게 필터링된 정보만 도달하는 현상-옮긴이)' 효과라고 정확하게 표현한 현상의 영향을 받았다고 할 수 있다.[40] 버락 오바마 대통령은 2017년 1월 10일 저녁 고별 연설에서 이렇게 말했다. "노골적인 당파성이 부흥하고, 경제와 지역의 계층화가 깊어지고, 미디어가 각자의 취향에 맞는 채널로 분열되었습니다. 이 모든 거대한 분열이 자연스럽고 나아가 불가피하게 보이기까지 합니다. 우리는 점점 더 각자의 안전한 버블 속에서 세상의 증거를 토대로 의견을 내기보다는 진실 여부를 떠나 우리 견해에 맞는 정보만 받아들이고 있습니다."[41]

브렉시트 국민투표 이후 영국의 인터넷 운동가이자 마이소사이어티mySociety 설립자인 톰 스타인버그Tom Steinberg는 필터 버블 현상의 인상적인 사례를 소개했다. "페이스북에 브렉시트 승리를 기뻐하는 분을 찾는다고 올렸습니다. 그러나 아무도 나타나지 않았습니다." 페이스북 알고리즘이 그가 관심 없을 거라고 가정한 정보를 필터링했기 때문이다. "필터 버블이 강력해지고 페이스북 커스텀 서치Custom Search(맞춤 검색)가 확장된 탓에 이 나라 국민의 절반 이상이 기뻐하고 있을 텐데 저는 그들이 무슨 말을 하는지 들어보고 싶어도 그런 사람들을 찾을 수조차 없었습니다."

사람들은 '나와 같은 사람'을 가장 신뢰할 만한 정보원으로 간주한다. 에델만 신뢰도 지표조사에 따르면 사람들은 친구나 페이스북 친구를 정부 지도자보다 2배 더 신뢰할 만한 대상으로 간주한다.[42] 리처드 에델만은 "대다수의 사람들이 신문이나 잡지에 의존하기보다는 자기 확신적인 온라인 공동체를 선택한다"라고 했다.[43] 페이스북 알고리즘은 새로운 '자기 참조의 세계'를 보여주는 증거다. 우리는 자기 편견의 피해자가 될 뿐만 아니라 분노에 불을 붙일 이야기를 찾는 게 쉬워졌다. 제도에 대한 불신은 더 큰 불신을 낳고, 급기야 공포의 밈이 전염병처럼 퍼져 나간다.

도널드 트럼프가 기존 권위에 대한 신뢰가 무너질 위기에 처한 2016년 미국 대선에서 승리하고 대통령으로 선출된 것은 결코 우연이 아니다. 선거전에서 '오물을 청소하고' 기존 정치계를 정리하겠다고 약속한 워싱턴의 '아웃사이더'가 등장했다. TV 리얼리티쇼 〈어프렌티스Apprentice〉를 진행했고 충동적으로 거짓말을 퍼트리는 트위터 이용자인 트럼프는 유권자들에게 '세상을 뒤흔들고' 이슬람교도의 미국 입국을 금지하는 정책부터 건강보험개혁법Affordable Health Care Act(일명 오바마케어)을 폐기하는 정책까지 모든 일을 이전과 다르게 추진하겠다고 약속했다. 그는 오늘날 미국을 이끄는 '아주, 아주 멍청한 사람들'과 정반대로 일하겠다고 약속했다. 그리고 선거 기간 내내 일관되게 한 가지를 내세웠다. "미국을 다시 위대한 나라로 만들자Make America Great Again." (브렉시트 지지자들도 이와 비슷하게 귀에 꽂히는 구호를 외쳤다. "통제권을 되찾자Take Back Control.")

트럼프의 "있는 그대로 말하라"라는 주장은 사람들에게 위험한 투명성을 의미했다. 니콜로 마키아벨리Niccolò Machiavelli는 위대한 일을 하는 군주들은 사소한 문제에서 약속을 지키려 하고 약삭빠르고 교묘한 말로 사람들의 마음을 현혹시킨다고 했다.[44] 말하자면 트럼프가 선거 기간에 거짓말을 했을 수도 있지만 미국의 토크쇼 진행자

스티븐 콜베어Stephen Colbert가 시청자들에게 말했듯이 트럼프는 '진실'을 상징했고, 그의 진실은 사람들에게 '옳다고 느껴졌다.'

▎ 전문가보다 보통 사람을 믿는다

크리스토퍼 헤이즈의 말에 따르면, 실력 중심 사회의 꿈이 서서히 죽어가는 현상에 대한 인식에는 공공기관의 신뢰 하락과 권위의 위기가 얽혀 있고, 사람들은 아메리칸 드림의 기본 전제를 불신하기 때문에 모든 분노와 회의적인 전망을 그 꿈이 이룬 제도의 몰락에 쏟아붓는다.[45] 이런 면에서 트럼프의 등장은 고통의 산물이라고 할 수 있다.

2016년 민주당 전당대회에서 오바바 대통령은 전 영부인이자 상원의원이자 국무장관인 힐러리 클린턴이 '가장 자격을 갖춘' 대통령 후보라고 연설했다. 선거도 경쟁이라는 점에서 결국 이는 신뢰 문제로 귀결되었다.

본격적인 논의에 들어가기에 앞서 우선 내가 3년 가까이 클린턴 재단에서 일했음을 밝혀야겠다. 나는 클린턴 상원의원을 존경한다. 그러나 힐러리 클린턴이 사람들이 더 이상 신뢰하고 싶어 하지 않는 권위의 상징이 되었음을 인정한다. 상원의원 시절에 이라크전쟁을 찬성한 사건, 벵가지 공격을 처리한 방식, 클린턴재단과의 불분명한 연관성, 개인 이메일 서버 사용(과 서버를 파괴한 수상쩍은 조치), 월스트리트를 규제하기로 약속하고는 월스트리트 금융인들에게 수만 달러의 강연료를 받은 사건. 이 모든 사건을 통해 힐러리는 구시대 정치인으로 비춰지고 내부자라는 치명적인 이미지를 얻었다. 다큐멘터리 감독 마이클 무어는 대선이 치러지기 12개월 전에 블로그에서 트럼프의 승리를 예상하면서 뛰어난 선견지명을 보여줬다. "까놓고 말해보자. 지금 가장 큰 문제는 트럼프가 아니다. 힐러리다. 힐러리의 인기는 바닥에 떨어졌다. 유권자의 70퍼센트 가까이가 힐러리를 믿을 수 없고 정직하지 않은 사람이라고 생각한다. 힐러리는 낡은 정치를 대표한다. 그는 선거에서 이기는 방법 말고는 아무것도 믿지 않는다."[46]

브렉시트도 비슷한 맥락에서 이해할 수 있다. 2016년 6월 3일, 영국 〈스카이뉴스Sky News〉의 저널리스트인 파이살 이슬람Faisal Islam과의 열띤 인터뷰에서 영국 법무장관이자 유럽연합 탈퇴 운동을 주도한 마이클 고브Michael Gove는 "이 나라 국민들은 전문가들에게 질린 것 같습니다"라고 말했다.[47] 이 충격적인 발언은 내 마음에 깊이 박혔다. 고브는 또한 유럽연합에서 탈퇴하기로 한 결정에 관해 국민들에게 경고하는 편지에 서명한 노벨 경제학상 수상자 열 명을 1930년대에 히틀러에게 충성하고 물리학자 앨버트 아인슈타인을 비난한 나치 과학자들에 비유했다.[48] 뜨거운 논쟁을 불러일으킬 만한 시각이다. 이는 '탈진실post-truth의 세계'라는 개념으로 요약할 수 있다. 이는 여론을 형성하는 데 있어 객관적 사실이 감정과 개인적 믿음에 호소하는 것보다 덜 영향을 미치는 상황에 관련되거나 이 같은 상황을 나타내는 것을 말한다.[49] 옥스퍼드 사전이 2016년 올해의 단어로 선정한 개념이기도 하다. 스위스 출신 영국인 철학자 알랭 드

보통은 2016년 11월 15일 트위터에 "새로운 이중화법 사전: 엘리트 = 형편없는, 교육받은 = 어리석은, 회의적인 = 징징대는, 애석해하는 = 반동분자, 전문가 = 바보"라고 적었다.[50]

"왜 아무도 알아채지 못했습니까?" 2008년 경제위기의 혼란을 보고받는 자리에서 영국 여왕이 런던정경대학 교수와 학자들에게 던진 질문이다. 그로부터 10년 가까이 지난 후 같은 질문이 과학자뿐 아니라 여론조사원과 경제학자 등 일반적인 전문가들에게 던져졌다. 브렉시트 국민투표 기간에 영국의 시장조사기관 유고브YouGov가 설문조사한 결과, '탈퇴'에 투표한 사람들의 절반 이상이 학자도 경제학자도 믿지 않는다고 응답했다. 탈퇴 지지자의 3분의 2는 (잔류 지지자의 4분의 1에 비해) '전문가'를 지나치게 믿는 것은 잘못이라며, 차라리 '보통 사람'을 믿는 편이 낫다고 응답했다.[51] 그런데 사람들은 왜 전문가를 신뢰하지 않는 걸까? 우리는 전문가가 정직하고 진실하고 공공의 이익을 우선할 거라고 믿어야 한다. 전문가들이 때로 기후 변화나 경제나 담배 같은 문제에 관한 '불편한 진실'을 말하기 때문에 기득권자들은 전문가를 믿지 말라고 종용한다. 브렉시트와 트럼프는 역사상 가장 큰 신뢰 이동 사건의 첫 징조였다. 이제 신뢰와 영향력은 제도보다 개인에게 존재한다.

▌ 분산적 신뢰의 시대, 신뢰의 독점이 무너지다

"모든 창작은 파괴에서 시작된다." 파블로 피카소의 명언이다. 미술뿐만 아니라 신뢰에도 적용되는 말이다. 제도에 대한 신뢰가 무너지면 새로운 제도가 출현할 공간이 생긴다. 기술 발전으로 사람과 조직과 컴퓨터의 거대한 네트워크로 신뢰가 분산되면 기존 신뢰의 계층 구조가 해체된다. 분산적 신뢰의 징후는 이미 나타나고 있다. 예를 들어, 블록체인 기술이 나오면서 개인이 삭제하거나 변경하지 못하는 디지털 기록을 생성할 수 있게 되었다. 블록체인은 새로운 신뢰 모형을 제공한다. 정부나 은행 같은 중앙집권적 권위가 신뢰를 중재하지 않아도 되고, 서로 신뢰하지 못할 법한 사람들이 단일한 진실이나 공동의 사건 기록에 합의할 수 있는 신뢰 모형이다.

에어비앤비와 우버처럼 모르는 사람들 사이에 신뢰를 구축하는 작업이 성공의 열쇠인 수십억 달러 규모의 기업들이 출현하면서 오늘날 네트워크와 시장에서 신뢰가 어떻게 이동하는지 명확히 알 수 있다. 테슬라는 스마트자동차 기업처럼 보이지만, 사실 테슬라의 설립자이자 CEO인 엘론 머스크Elon Musk의 원대한 계획의 근간에는 분산적 신뢰가 있다. "스마트폰의 테슬라 앱에서 버튼만 누르면 테슬라의 공유 자동차 함대에 당신의 차를 추가할 수 있습니다." 머스크의 설명이다. 차 주인이 직장에서 일하거나 휴가를 떠나거나 그밖의 여러 가지 이유로 차를 쓰지 않는 동안 자율주행차가 승객을 태우고 다니면서 돈을 벌 수 있게 된 것이다.

아직 초기 단계이지만 이미 킥스타터Kickstarter와 패트리온Patreon 같은 크라우드펀드 사이트, 소셜미디어 플랫폼, P2P 대여, 깃허브GitHub 같은 오픈소스 프로젝트, 온라인 공개 수업Massive Open Online Course, MOOC, 스택 오버플로Stack Overflow나 위키피디아 같은 정보 공유 사이트, 시민 과학 프로젝트, 그 밖에 기관이나 중개인을 건너 뛰는 다양한 개인간 직접 계약 등 분산적 신뢰 방식의 비즈니스가 다수 출현했다.

분산적 신뢰는 잠재력이 대단하지만 그 안에는 함정이 도사리고 있다. 분산적 신뢰는 기술 자유주의자의 꿈처럼 보일 수도 있다. 세계 각지의 서로 모르는 사람들을 연결해주는 장치는 일견 불안해 보이고 범죄에 악용될 수 있는 것도 사실이다. 정보와 지식이 대중에 다가가는 방식의 중대한 변화, 미디어 과잉의 폐해를 생각해보라.

1962년부터 1981년까지 뉴스 앵커 월터 크롱카이트Walter Cronkite 는 매일 밤 미국의 수백만 가정에 찾아갔다. 친근하고 차분한 목소리와 독특한 콧수염, 편안한 자세와 진지한 태도는 매일 밤 2,000만 명 이상의 시청자들에게 깊은 신뢰를 심어주었다. 그는 CBS 저녁 뉴스를 진행하면서 핵폭발과 시민권 운동, 워터게이트 사건, 이란 인질 사태, 베트남전쟁, 마틴 루터 킹 목사 암살 사건 등 비극으로 점철된 격동의 시대에 미국을 이끌었다. 그가 검은 테 안경을 벗고 눈물을 삼키며 존 F. 케네디의 죽음을 속보로 전하던 장면은 역사적인 그 날을 대표하는 결정적인 이미지가 되었다. 1969년 7월 20일 아폴로 2호의 달 착륙 장면을 보면서 그는 "오, 보이Oh boy!"라는 감탄사만 내뱉었다. 그는 동시대 사람들의 느낌과 생각을 대변했다.

이렇듯 저녁 뉴스가 하루의 규칙적인 일과이자 생활의 중심이었던 시대가 있었다. 크롱카이트의 매력은 단순했다. 많은 미국인이 그를 존경하고 좋아하고 신뢰했다. 그는 객관적이고 공정한 사람이라는 평판을 들었고, 그가 한 말은 진실이 틀림없다는 인식이 형성되었다. 1972년 그는 전국 신뢰지수 조사에서 73퍼센트로 1위를 차지할 만큼 미국에서 가장 신뢰받는 유명인사였다.[52] "세상이 원래 그렇습니다." 크롱카이트가 뉴스를 마무리지으며 늘 하던 말이다. 그날의 뉴스 내용에 따라 유머나 역설, 슬픔을 담아서 이 말을 했다. 오늘날의 뉴스 앵커는 당당히 말하지 못할, 앞으로 그 어떤 앵커도 말하지 못할 명쾌한 클로징멘트였다.

크롱카이트는 사람들이 언론과 권위를 지금보다 훨씬 더 신뢰했던 시대에 뉴스를 진행한 덕분에 이 같은 혜택을 누릴 수 있었다. 그가 전국 뉴스의 목소리를 담당한 19년 동안에는 블로그가 없었다. CBS, NBC, ABC 세 방송사가 미디어를 독점했다. 현재는 미디어 독점이 깨지고 인터넷으로 분산되어 무수한 뉴스 생산자와 정보원이 뷰view와 클릭 수를 놓고 경쟁한다. 페이스북에서는 '주류' 뉴스매체가 스냅챗Snapchat(스마트폰을 위한 사진 공유 애플리케이션)만한 공간을 놓고 친구들의 생일파티 사진이나 저녁식사 메뉴 사진과 경쟁한다. 크롱카이트는 시청자들의 신뢰를 받았지만, 그는 '탈진실' 시대의 진행자가 아니었다. 이제 미디어의 신뢰성에 대한 사람들의 신뢰는 불에 타 사라졌다. 이 불은 미디어에서 일으키기도 했지만 탐사보도 매체의 신뢰를 떨어뜨리려는 권력이나 영향력 있는 사람들이 부채질한 측면도 있다. 게다가 누가 진실을 말하는지에 대한 합의도 거의 이루어지지 않고 있다. 인터넷 시대에는 사실과 거짓을 구분하는 것이 어려워지고 진실을 약화시키는 것이 수월해졌다.

전 세계적으로 하루에 작성되는 블로그 게시물은 300만 건 이상으로 추정된다.[53] 규모가 큰 블로그 사이트 중 하나인 레딧은 2005년에 아직 10대 티를 벗지 못한 스티브 허프먼Steve Huffman이 공동으로 설립했다. 레딧에는 수면, 음악, 정치, 음식 등 일상적인 주제부터 특이한 주제까지 총망라하는 85만 3,824개의 '서브레딧subreddit'이라는 방대한 메시지보드가 있다.[54] 가령, '목 없는 희한한 동물들'이라는 서브레딧에는 목 없는 동물에게 열광하는 3만 168명이 목이 없는 것처럼 보이는 동물 사진을 올린다.[55] 레딧에선 인터넷상에서 가장 여성 혐오적이고, 인종차별적이고, 반유대주의적이고, 혐오스러운 내용을 찾을 수 있다. 심지어 서브레딧 중에는 죽은 아이 사진, 데이트 강간, 미성년자 강간, 여성 폭행, 흑인이 죽는 모습 지켜보기, 뚱뚱한 사람 혐오 같은 주제를 다루는 것도 있다. 결국 모두 폐쇄되기는 했지만 폐쇄되기까지 2년 이상 걸렸다.[56] 레딧이 유명해진 것은 언론의 자유를 보장하고 특이한 신념을 위한 민주적인 웹 포럼이라는 점 때문이었다. 레딧에서는 누구나 거의 모든 것에 관해, 충격적인 것이든 해로운 것이든 거짓이든 뭐든지 말할 수 있다.

허프먼은 버지니아 대학교 동창인 알렉시스 오헤니언Alexis Ohanian과 함께 레딧을 시작했다. 목표는 단순했다. '인터넷의 첫 페이지'가 되는 것이었다. 레딧은 이용자가 가치 있다고 생각하는 항목에 '찬성upvote'을 누르고 가치 없다고 생각하는 항목에 '반대downvote'를 눌러서 이용자가 레딧 첫 화면의 큐레이터가 되도록 설계되었다. 강력한 밈 엔진으로, 여기서 이야기가 시작되고 입소문이 났다. 허프먼은 '인터넷 첫 화면'이라는 꿈을 거의 달성한 것처럼 보인다. 현재 레딧은 미국에서 일곱 번째로 인기 있는 웹사이트로, 매달 고유 방문자가 2억 5,000만 명을 넘어선다.[57] 굉장하다고밖에 말할 수 없는 규모다.

'스페즈spez'는 허프먼의 레딧 계정이다. 그는 인터넷에서 몇 년간 트롤troll(인터넷 토론방에서 남들의 화를 돋우기 위한 메시지를 보내는 사람 – 옮긴이) 활동을 해왔다. 그는 자신이 특정 사이트를 해킹할 수 있다는 것을 굳이 감추려 하지 않았다. 친구들의 여자 친구들에게 가짜 메시지를 보낸 적도 있다. 2016년 11월, 허프먼은 기술과 편집권을 이용해 트럼프 지지 서브레딧인 '/r/The_Donald'에서 'fuck u/spez' 계정으로 레딧 이용자들의 의견에 손을 댔다(/r/The_Donald는 트럼프 선거운동의 비공식 온라인 홈페이지다. AMA(Ask Me Anything, 내게 무엇이든 물어봐) 스레드는 트럼프가 사용한 것으로 유명하다). 허프먼은 그에게 퍼부어진 욕설을 AMA 스레드 관리자에게 재전송하면서 그가 의견에 손 댄 흔적이 남지 않을 것이라고 생각했다. 하지만 '트롤에게 트롤 짓 하는' 것은 현명한 일이 아니라는 것을 깨닫고 한 시간도 안 되어 의견을 원래대로 돌려놓았다.

하지만 이미 때 늦은 행동이었다. 인터넷 세상에서 흔히 그렇듯 속임수는 곧바로 발각되었다. 물론 이를 중압감에 짓눌린 젊은 기업가의 순진한 행동으로 봐줄 수도 있다. 그러나 실제로는 요란하고 격한 반응이 일어났다. 그의 행동은 검열 같은 의미로 받아들여졌다. 이 사건이 발생하고 이틀 후, 허프먼은 'TIFUToday I Fucked Up(오늘 나 망했다)'라는 커뮤니티에 사과문을 올렸다. "사과드립니다. 여러분이 레딧에 보내주시는 신뢰를 저버려서 죄송합니다. 사실 그들과 같은 수준으로 그 커뮤니티(트롤들)를 만나면 서로 공통점을 찾을 수 있을 줄 알았습니다. 그런데 제 생각대로 되지 않았습니다."**58**

다른 이용자의 스레드를 몰래 편집한 사건은 레딧의 기준에서 심각한 윤리 규정 위반이다. 이 사건으로 레딧의 방대한 온라인 커뮤니티에 대한 신뢰가 약화되었다. 레딧 이용자들은 허프먼이 게이트키핑gatekeeping(뉴스 미디어 조직에서 기자나 편집자 같은 뉴스 결정권자가 뉴스를 취사선택하는 과정-옮긴이) 권한을 남용한 데 배신감을 느꼈다. 밴쿠버에 사는 이용자 루카스 슐레진저는 이렇게 적었다. "끔찍한 권력 남용이다. 레딧 관리자들이 또 어떤 의견을 편집했을지 의심스럽다."[59] 문제는 이 행위뿐만 아니라 이런 행위가 품고 있는 가능성이다.

수많은 사람들이 인터넷 서명 사이트 체인지Change.org에서 허프먼이 CEO에서 물러나도록 요구하는 청원에 서명했다.[60] 하지만 은행가와 정치인처럼 허프먼도 자신의 행동에 대한 실질적인 대가를 치르지는 않을 것으로 보인다. 그에 대한 제재는 그저 손목을 찰싹 맞은 정도에 불과했다. 다만 공개적으로 맞았을 뿐이다.

허프먼의 권력 남용은 단편적이고 개별적인 사건일 수도 있지만, 매우 심오한 의미를 담고 있다. 지금 우리는 혼돈과 혼란의 시대의 문턱에 서 있다. 제도적 신뢰가 체계적으로 약화되고, 좋든 싫든 분산적 신뢰가 그 자리를 차지하는 모호한 회색 지대에 있다. 우리가 전통적인 제도와 구시대적 권위의 주체를 무너뜨리는 사이, 초개인적 책임의 새로운 시대가 열리고 있다. 새로운 시대에 게이트키퍼와 심판과 전문가와 권위자가 뒤로 물러서거나 약해지거나 사라진 이후, 무엇이 중요한 요인으로 떠오를지 생각해봐야 한다. 새로운 시대에는 새로운 유형의 경계와 의사결정이 필요하다. 변한 제도의 규모만 봐도 거대한 도전이 될 것임이 분명하다. 가령 우리가 도전하고 추구하기로 선택하는 신뢰에 어떤 공격이 가해질까? 수많은 수상쩍은 블로그와 트롤들은 별 문제 없이 넘어가는데, 어째서 허프먼의 행동은 문제가 되었을까? 개인에게서 권력을 빼앗을 수 있다고 믿는 것은 잘못이다. 그보다는 개인의 행동이 어떤 결과를 낳고 궁극적으로 어떤 책임이 따르는지 좀 더 진지하게 고민해야 한다.

3장

낯선 사람의 차에
올라탈 수 있는 이유

사람들은 이미 아는 것을 신뢰하지만 안다고 생각하는 것, 그러니까 실제로는 완전히 새로운 대상이지만 이상하게 친숙해 보이는 대상도 신뢰한다. 에어비앤비는 이를 영리하게 활용해 크게 성공했다.

▌ 블라블라카, 빈자리를 팝니다

안슐 슈카는 뉴델리 남서쪽 변두리의 빠르게 성장하는 도시, 구르가온에 사는 스물아홉 살의 젊은 의사다. 그는 가족과 친구들을 만나러 자주 인도 서북부 라자스탄주 자이푸르에 간다. 240킬로미터에 이르는 긴 여정으로, 길이 막힐 때는 진회색 현대 차로 네 시간 가까이 달려야 한다. 이런 때 슈카는 혼자 가지 않고 같은 시간에 비슷한 경로로 여행할 사람을 찾아 빈자리에 태운다. 한 사람에 600루피를 받고 자리를 '판매'하는 것이다. 자이푸르에 갈 때마다 슈카는 세계에서 가장 긴 장거리 여행 차량 공유 플랫폼인 블라블라카BlaBlaCar에 빈자리가 몇 개나 되는지 올린다.

슈카는 프로필에 '블라블라BlaBla'라고 자기를 소개한다. 대화를 나누는 것은 괜찮지만 차를 타고 가는 내내 줄기차게 떠들고 싶지는 않은 사람들과 함께 가고 싶다는 뜻이다. 쉴 새 없이 대화하고 싶었다면 프로필에 '블라블라블라BlaBlaBla'라고 올렸을 것이다. 그는 프로필에 음악 감상을 좋아하고 비흡연자이며 강아지나 기타 애완동물을 데리고 다니지 않는다고 올렸다. 슈카의 평점은 5점 만점에 4.7점으로 양호한 편이다. 슈카와 함께 차를 탄 스물여섯 살의 여자 승객 마니샤 바스디는 그에게 '매우 좋다'는 평을 남겼다. "스포츠부터 〈왕좌의 게임〉(슈카는 이 시리즈물을 한 번도 본 적이 없다!), 정치까지 멋진 대화를 나눴습니다. 슈카의 차에 타시길 적극 추천합니다."

블라블라카는 2006년 프랑스에서 설립된 스타트업으로 비교적 단순한 개념에서 시작됐다. 운전자가 여행 계획을 세우고 차량의 빈 자리를 '판매'하는데 연료비와 통행료만 받는다는 개념이다. 수익을 내서는 안 된다(수익을 내면 규칙 위반이다). 모두에게 유리한 조건이다. 승객은 비교적 저렴한 비용으로 이동할 수 있고, 운전자는 여행 경비를 덜 수 있다. 블라블라카는 공동체에 가치 있는 서비스처럼 보인다. 실제로 2017년 이 회사의 가치는 12억 파운드 정도로 평가받았다.[1] 블라블라카는 여행 경비의 15퍼센트 정도를 예약비로 청구하는 방식으로 상당한 수익을 올린다.

블라블라카는 우버와 가격 책정 모델이 다르고 택시의 경쟁자도 아니다. 평균 이동 거리가 320킬로미터 정도 되는 장거리 여행이라 오히려 버스나 기차에 직접적인 위협 요인이 될 것으로 보인다.[2] 게다가 처음 보는 사람과 장시간 함께 차를 타고 가야 하니 운전자로선 심리적 부담도 크다. 한창 운전에 집중하고 있는데 뒷자리에 동승한 사람이 이래라저래라 간섭할 수도 있고, 유머감각이 특이한 사람일 수도 있고, 사이코패스 살인자일 수도 있다.

마흔한 살의 공동창업자 프레데릭 마젤라Frédéric Mazzella가 차량의 빈자리를 거래하는 시장이라는 개념을 처음 구상한 것은 2003년 12월이었다. 파리에서 일하던 그는 가족들에게 크리스마스 때 집에 가겠다고 약속했다. 그의 가족은 파리에서 남서쪽으로 420킬로미터 떨어진 방데 지역에 살았다. 마젤라는 일이 바빠서 크리스마스 직전까지 어떻게 집에 내려갈지 계획을 세우지 못했다. 기차표는 매진됐고, 그에게는 차도 없었다. 할 수 없이 그는 여동생 루시에게 두 시간 거리를 돌아와 자기를 태워달라고 부탁했다.

겨울밤 고속도로를 달리면서 마젤라는 혼자 타고 가는 차가 의외로 많은 것을 보았다. 운전자만 있을 뿐, 동승자가 없었다. "이런 생각이 들었습니다. 저건 말도 안 돼. 완전 낭비네. 검색엔진 같은 데다 저런 빈자리를 올려서 열차 좌석을 알아보듯 간단히 자리를 검색하고 예약할 수 있게 하면 어떨까?"[3] 마젤라의 말이다.

알아보니 그런 웹사이트는 존재하지 않았다. 물론 크레이그리스트Craigslist(미국의 지역 생활정보사 사이트에서 시작되어 전 세계로 퍼져나간 온라인 벼룩시장 - 옮긴이)에 간간이 여행 광고가 올라오기는 했지만 그게 전부였다. 하지만 머릿속 아이디어를 밖으로 꺼내지는 못했다. 한동안 바빠서 아이디어를 구체화하는 작업을 시작할 수 없었던 것이다. 그로부터 3년이 지난 2006년, 마젤라는 드디어 차량 공유 회사를 시작할 기반이 갖춰졌다고 판단했다. 구매자와 판매자를 연결해주는 엣시나 이베이 등 온라인 시장이 출현했고, 유튜브와 페이스북 등 소셜네트워크가 탄력을 받기 시작해서 시기적으로도 적절해 보였다. 사람들이 사진과 음악과 일상의 생각을 공유하기 시작했으니 차의 빈자리를 공유할 수도 있지 않을까?

마젤라는 친한 친구이자 프로그래머인 프란시스 나페즈Francis Nappez에게 연락했다. 두 사람은 함께 웹사이트를 만들었다. 처음에는 코부아투아주CoVoiturage라고 이름 지었다.[4] 프랑스어로 '카풀'이라는 뜻이다. 처음 선보인 사이트는 초보적인 형태로, 디자인이 조잡했다. 이용자 프로필도 없고 이용자 평가나 평점도 없었다. 여느 온라인 광고처럼 운전자가 간단히 이메일과 전화번호만 올려놓을 수 있었다. 서로 직접 연락해서 가격을 흥정하고 나머지 필요한 부분을 조율해야 했다. 자연히 마찰이 생길 수밖에 없었다. 당연히 이용자의 시간과 노력이 필요했다. 무엇보다 낯선 사람이 계속 낯선 사람으로 남았다.

하지만 이론상으로 차량 공유 개념은 확실히 성공할 것으로 보였다. 프랑스에서만 매년 주요 도시를 오가는 차량의 빈자리가 10억 개나 되고 150킬로미터 이상 달리는 장거리 여행이 7억 번 이상 이뤄졌다.[5]

물론 서비스를 시작한 초기에는 마젤라가 구상한 대로 이뤄지지 않았다. 사실 이 플랫폼의 매력이 받아들여지기까지는 10년 이상 걸렸다. 사람들이 새로운 형태의 여행을 받아들이는 데 필요한 신뢰 도약을 할 준비가 되어 있지 않았던 것이다. 그리고 초기 모형은 핵심 요소, 곧 지극히 인간적인 요소를 간과했다. 회사가 운전자와 승객을 연결해주는 문제를 해결하는 데 집중하느라 신뢰 문제는 해결하지 못한 것이다.

2007년 마젤라는 인시아드INSEAD 경영대학원 MBA 과정에 들어갔다. 그곳에서 현재 블라블라카의 COO인 니콜라스 브루손Nicolas

Brusson을 만났다. 두 사람은 코부아투아주로 인시아드 비즈니스 벤처 대회에 출전했다.[6] 하지만 성적은 실망스럽게도 4위에 그쳤다. 심사위원들이 제기한 가장 중요한 질문은 신뢰 문제였다. 히치하이킹 시장과 어떻게 다르냐는 것이었다.

마젤라는 이렇게 말했다. "아직 아이폰이 없던 때였습니다. 사람들은 디지털 시대에 진입했다는 사실을 이제 막 이해하는 정도였습니다. 이런 상황에서 여행을 계획하는 사람이 같은 길을 가는 운전자와 연락하는 시스템을 구상한 겁니다. 세상이 이 개념을 받아들이기까지는 시간이 꽤 걸렸습니다." 우리가 어렸을 때 귀가 닳도록 들은 말, 곧 낯선 사람의 차를 타지 말라는 말을 이겨낼 방법을 찾아야 했다.

▎ 신뢰 더미 오르기, 개념-플랫폼-개인

서로를 신뢰할 만큼 충분히 오래 만나지 못한 사람들이 같은 차를 타게 만드는 방법을 찾는 일은 결코 쉽지 않았다. 그야말로 돈을 내고 계획해서 히치하이킹을 하고 생전 처음 본 사람을 신뢰하는 새로운 경험을 재창조해내야만 했다. 개인적인 신뢰, 즉 사람들이 서로 믿게 만든다고 해서 해결될 문제가 아니었다.

회사 이름을 블라블라카로 바꾼 후 사람들에게 이런 개념을 받아들이도록 만드는 데 오랫동안 엉뚱한 방향으로 접근했다. 환경 면에서 얼마나 큰 절약인지, 말하자면 차를 함께 타면 지구에 얼마나 도움이 되는지를 부각시킨 것이다. 하지만 이런 전략은 통하지 않았다. 사람들이 이런 서비스를 이용할 만한 충분히 괜찮은 이유가 아니었다. 다음으로 직원들에게 카풀 서비스를 제공할 만한 기업을 찾아다니며 카풀 서비스 소프트웨어를 팔아보려 했다. 어느 정도 성공 가능성 있는 접근이었다. 같은 회사 직원들은 생판 모르는 사람이 아니고, 이미 어느 정도 신뢰가 쌓여 있게 마련이기 때문이다. 그런데 기업들이 저마다 다른 세부적인 기능을 요구해왔다. 마젤라는 이렇게 말했다. "각각의 기업들에 맞는 다채로운 플랫폼을 만드는 데 막대한 시간과 자원과 인력이 들어갔습니다. 모든 기업에 적용 가능한 솔루션은 없었습니다. 시간이 갈수록 B2B(기업 간 거래) 버전은 성공하지 못할 것이 명백해졌습니다."

전환점이 찾아온 건 마젤라가 지금 생각하면 당연한 문제, 곧 벌금을 부과하지 않으면 이용자들이 예약했다가 취소하는 문제가 자주 발생할 수도 있음을 인식하면서부터였다. "이용자들이 약속한 시간보다 한 시간이나 세 시간 전쯤 전화해서 '죄송해요, 못 갈 것 같아요. 할머니가 아프세요'라고 말합니다. 이런 경우, 실제로 편찮으신 할머니가 있는 사람보다 그렇지 않은 사람의 비율이 평균을 훨씬 웃돌았습니다." 마젤라는 농담처럼 말했다.[7] 이용자들은 온라인으로 차량을 여러 대 예약해서 운전자가 막판에 취소할 위험에 대비하기도 했다. 운전자는 운전자대로 못 미더운 승객을 만날 경우에 대비해 예약을 많이 받아놓고 약속 시간에 나가지 않았다. 당연히 약속은 지켜질 수 없었고 모든 과정이 비효율적으로 흘러갔다.

블라블라카는 돌아보면 황당할 정도로 단순한 해결책을 실행에 옮겼다. 2011년 온라인에서 선불로 결제해야 하는 기능을 도입한 것이다. 승객이 예약하면 곧바로 비용 청구서가 나왔다. 선불로 계약이 이뤄진 덕분에 차에서 현금을 주고받는 어색한 상황이 사라졌다. 그리고 취소율이 35퍼센트에서 3퍼센트 미만으로 뚝 떨어졌다. 이를 계기로 블라블라카는 본격적으로 도약했다. 온라인 결제로 **신뢰 방해물**Trust Blocker이 제거된 것이다. 사람들이 새로운 개념을 받아들이거나 서로를 믿어야 할 때 도중에 방해하거나 거래를 깰 수 있는 요인이 사라졌다.

블라블라카는 2017년 4월 현재 22개국에서 매 분기 1,200만 명 정도를 실어 나른다.[8] 이해를 돕자면 유로스타Eurosta(분기당 250만 명)나 브리티시 항공British Airways(분기당 1,000만 명)보다 더 많은 승객을 실어 나르고 있는 셈이다.[9] 마젤라는 프랑스 소설가이자 시인이자 극작가인 빅토르 위고를 인용해서 이렇게 말했다. "시기를 탄 아이디어만큼 강력한 것은 없습니다."

블라블라카는 기술이 어떻게 사람들에게 어떤 개념에서 신뢰 도약을 이루고, 문화적 규범을 무시하고 이전 방식과 다르거나 새로운 행동을 하게 만드는지 잘 보여주는 예다.

나는 지난 10년 동안 가치 있는 무언가, 즉 제품이나 서비스나 정보가 사람들에게 다가가는 방식을 재창조하는 수백 가지 네트워크와 시장, 시스템을 연구해왔다. 신뢰가 작동하는 방식에는 미묘한 차이가 있다. 이 책 전반에 걸쳐 그 차이를 살펴볼 것이다. 그 차이의 근간에는 사람들이 신뢰를 형성할 때 수반되는 공통된 행동 양식이 있다. 이것을 '**신뢰 더미 오르기**'라고 부르겠다.

위의 그림을 보라. 신뢰 더미는 이런 식으로 형성된다. 우선 개념을 신뢰하고, 다음으로 회사를 신뢰하고, 마지막으로 다른 사람, 경우에 따라 기계나 로봇을 신뢰한다.

블라블라카를 예로 들어서 신뢰 더미가 어떻게 작동하는지 알아보자. 첫 번째 단계에서는 차량 공유 **개념**이 안전하고 시도해볼 만한 가치가 있다고 신뢰할 수 있어야 한다. 이해와 확신이 충분히 쌓이거나 불확실성이 감소해서 새로운 개념을 시도해보고 싶어야 한다. 다음으로 플랫폼과 회사를 신뢰할 수 있어야 한다. 블라블라카의 경우, 이용자가 차량에 탑승하기 전에 회사에서 나쁜 사과를 골라내고 문제가 생기면 고객을 도와줄 거라는 인식이 형성됐다. 세 번째 단계에서는 다양한 정보를 참조해서 상대가 믿을 만한 대상인지 판단할 수 있어야 한다. 이는 실제로 신뢰가 형성되는 마지막 단계다. 하지만 앞의 두 단계를 거치지 않고 마지막 단계에 이를 순 없다.

처음 신뢰 더미에 오를 때는 다소 낯설고 위험하게까지 느껴진다.

그러나 새로운 개념이 익숙해지고, 더 나아가 꼭 필요해 보이는 시점이 온다. 그러면 신뢰 도약을 편안하게 받아들일 수 있게 된다. 일단한 번 도약하면 이후의 행동은 순식간에 달라진다.

그렇다면 새로운 개념을 신뢰하게 만드는 요인은 무엇일까? 새로운 개념이 얼마나 멀리, 얼마나 빨리, 얼마나 영구히 퍼져 나가는지에 가장 강력히 영향을 미치는 요인은 신뢰다.

새로운 발명품에 대한 신뢰는 우연히 생기지 않는다. 우선 몇 가지 보편적인 심리적, 정서적 장애물을 극복해야 한다. 이것을 가능하게 해주는 조건은 세 가지 핵심적인 개념으로 요약된다. 캘리포니아롤 원리, WIIFMwhat's in it for me?(나한테 무엇이 좋은가?) 원리, 신뢰 인플루엔서trust influencer가 그것이다.

▎ 캘리포니아롤 원리 : 이상하지만 친숙한 것

초밥이 미국에 유입된 것은 1960년대다. 당시는 오락, 음악, 패션, 음식 같은 취향에 대대적인 변화가 일어나던 시기였다. 하지만 미국 사람들은 초밥에 선뜻 손을 대지 않았다. 당시 미국의 평범한 저녁 식탁은 커다란 고기 조각과 그레이비소스에 으깬 감자로 채워졌다. 날 생선을 먹는 것은 대다수 사람에게 황당하고 위험해 보이기까지 했다. 그러던 중 로스앤젤레스 시내에서 작은 초밥집, 도쿄 카이칸Tokyo Kaikan을 운영하던 요리사 마시타 이치로真下一郎가 기발한 아이디어를 생각해냈다. '생소한 재료가 오이와 게살, 아보카도 같은 익숙한 재료와 결합되면 어떨까?'[10] 그는 미국인들이 일반적인 김초밥의 모양과는 반대로 밥이 겉에 드러나고 김이 속으로 들어간 모양을 선호한다는 것을 알아냈다. 초밥의 '겉과 속이 바뀌면' 더 친숙하게 느껴질 것 같았다. 이런 생각을 현실화하자 곧 수요가 폭발하기 시작했다.

캘리포니아롤은 사람들이 일본 요리를 알기 시작하는 관문이 되었다. 현재 미국인들은 연간 22억 5,000만 달러어치의 초밥을 먹는다.[11] 《훅Hooked》의 저자 니르 에얄Nir Eyal은 이렇게 말했다. "캘리포니아롤이 주는 교훈은 단순하다. 사람들은 완전히 새로운 것을 원하지 않는다. 친숙한 것을 다르게 표현한 것을 원한다."

캘리포니아롤은 새로운 것과 친숙한 것을 결합시켜서 '이상하지만 친숙하게' 만드는 기본 원리를 따랐다. 바로 심리학자 로버트 B. 자욘스Robert B. Zajonc가 '단순 노출 효과mere-exposure effect' 혹은 '친숙성의 법칙Law of Familiarity'이라고 이름 붙인 현상이다. 인간은 본래 낯익은 사람이나 사물이 주위에 있을 때 편안해한다. 인간의 이런 타고난 성향에서 비롯된 두 가지 방법이 있다.

애플은 스티브 잡스가 '스큐어모피즘skeuomorphism'이라고 이름 붙인 디자인을 시도했다.[12] 스큐어모피즘이란 일상적인 사물이나 요소에서 디자인 단서를 착안하는 방법을 일컫는 두루뭉술한 표현이다. 아이폰을 들여다보면, 달력 앱 디자인은 실제 달력과 비슷하다. 노트 앱은 노란색 리갈패드와 비슷하다. 맥Mac의 첫 번째 휴지통은 철제 휴지통과 똑같은 모양이었다. 아이북스iBooks는 베니어판 책장과 비슷하게 생겼다. 새로운 특성을 도입하는 데 친숙한 요소가 반드시 필요한 것은 아니지만 이렇게 하면 우리의 기억 저장소를 이용할 수 있다. 친숙한 요소는 우리 뇌가 경험한 적 없는 대상을 쉽게 이해하도록 도와준다. 애플의 유명 디자이너 조너선 아이브Jonathan Ive가 말하길, 자신은 "이상하게 친숙한 것을 구축하는"데 목표를 둔다고 했다.

나는 옥스퍼드 대학교 학부에서 순수미술을 전공하면서 현대철학과 비판이론을 필수 과목으로 수강했다. 우리는 고풍스러운 옥스퍼드 건물 대강당에서 데카르트와 볼테르, 루소 같은 철학자에 대해 공부했다. 교수님들은 우리에게 이런 식으로 말했다. "예술은 삶을 깊이 고민하는 사유의 형태다." 솔직히 내게는 현학적이고 괴로운 강의였다. 당시 나는 추상적으로 생각하는 법을 몰랐다. 이런 내가 흥미롭게 생각한 강의가 있었다. 임마누엘 칸트 수업이었다. "인간의 이성은 본래 건축적이다." 칸트의 《순수 이성 비판》에 나오는 이 말은 생각이 명료하게 구성되고 정의된 구조를 따른다는 의미다.[13] 스티브 잡스가 스큐어모피즘을 생각해내기 오래전에 칸트는 사람들이 새로운 개념을 이해하게 하려면 일종의 체계 혹은 친숙한 도식 schema이 필요하다고 보았다.

새로운 개념을 신뢰하려면 찾기 쉽고 건너기 쉬운 다리가 필요하다. 미지의 대상을 마음으로 이해할 수 있을 만큼 축소해야 한다. "알겠어. 그러니까 이건 마치……"라는 식이다. 쉽게 말해, 생소한 김을 속에 넣고 익숙한 밥을 겉으로 빼야 한다. 사람들이 아는 것에서 모르는 것으로 넘어가기 위한 다리를 성공적으로 만들어낸 회사의 이야기를 소개하고자 한다. 바로 에어비앤비라는 회사다.

서른여덟 살의 사회심리학자 저드 앤틴Judd Antin의 공식 직함은 에어비앤비 연구책임자다. 그는 숙박 플랫폼 에어비앤비를 이용하는 게스트와 호스트가 속으로 무슨 생각을 하고 실제로 어떤 일을 벌이는지 알아내는 일을 한다.

UC 버클리에서 정보관리와 시스템으로 박사학위를 받은 앤틴은 사람들이 다양한 온라인 환경에서 특정한 방식으로 행동하는 이유를 연구한다. 예를 들어, 사람들은 여러 개의 디지털 ID를 어떻게 관리할까? 위키피디아에서 남자와 여자의 편집 방식이 다를까? 실제로 다르다. 앤틴은 한 가지에 꽂히면 강박적으로 파고드는 사람이다. 어떤 질문이든 어리석은 질문은 없고 다만 다르게 질문할 뿐이라고 말해줄 사람이다. 실제로 스카이프Skype를 이용해 화상통화로 인터뷰할 때 그가 내게 몇 번 해준 말이다.

그는 그가 연구하는 사람들을 절대로 '피험자'나 '참가자'라고 부르지 않는다. '이용자'라고도 부르지 않는다. 오직 '게스트'와 '호스트'라고만 부른다. 그리고 '공간'이 아니라 '집'이라고 말한다. 그는 자신의 연구를 '섹시하다'고 말한다. 내가 섹시한 연구라고 말할 때 그것은 연구 주제가 풍부한 내용을 담고 있다는 뜻이다. 앤틴은 이렇게 설명했다. "일면식도 없는 낯선 사람을 자신의 집 안에 들이는 개념에는 여러 가지 복잡한 일이 얽혀 있어서 모두 파헤치는 데 몇 년이 넘게 걸릴 수도 있습니다. 내가 연구하는 것은 문제를 깊이 이해하고 결과를 디자인과 제품, 커뮤니케이션 솔루션으로 도출할 방법을 찾는 것입니다."[14]

앤틴의 경험연구팀에서는 사람들이 에어비앤비의 개념을 편안하게 신뢰하도록 만들 수 있는 방법을 찾아야 했다. 에어비앤비 사이트에 처음 방문한 게스트는 자신이 휴가를 보내고 싶은 건지 그냥 지낼 곳이 필요한 건지 알고 있다. 하지만 실제로 에어비앤비 서비스를 이용하기까지는 수많은 '만약'과 미지의 상황을 거쳐야 한다. 이를 해결하기 위해 첫 번째로 던지는 가장 기본적인 질문은 '주택 공유란 어떤 개념인가?'이다.

투자자들도 처음에는 이 개념을 이해하느라 애를 먹었다. 실제로 많은 투자자가 에어비앤비 설립자들을 비웃으면서 이를 위험한 사업 제안이라고 깎아내렸다. 유능한 사업가이자 로워케이스 캐피털Lowercase Capital 대표이자 미국 벤처 자본의 선두주자인 크리스 사카Chris Sacca를 예로 들어보자. 사카는 남보다 일찍 사업 기회를 포착하기로 유명한 사람이다. 그것도 아주 빨리 포착하는 편이다. 트위터와 우버와 인스타그램에 가장 먼저 투자한 사람 중 하나다. 또한 에어비앤비의 창업자인 브라이언 체스키Brian Chesky, 네이선 블레차르지크Nathan Blecharczyk, 조 게비어Joe Gebbia가 2008년 에어비앤비의 첫 페이지를 제일 먼저 보여준 투자자들 중 한 명이기도 하다. 하지만 그때 사카는 투자를 거절했다.

사카는 이렇게 말했다. "나는 그 친구들을 한쪽으로 불러 조용히 말했습니다. 이보게들, 이건 정말 위험해. 남의 집에서 방을 빌리는데 집주인도 그 집에 같이 있는다고? 강간이든 살인이든 뭐든 손에 피 묻히는 일이 생길 거야. 이런 사업이 성공할 리 없어."[15]

투자자들은 거래를 평가할 때 '만약에' 시나리오를 점검한다. 특히 '이 제품이나 서비스를 사용할 때 벌어질 최악의 상황은 무엇일까?'라고 묻는다. 에어비앤비 사업은 많은 일이 일어날 수 있고 실제로 많은 일이 일어났다.

이제 와 돌이켜보고 사카처럼 에어비앤비 투자를 거부한 사람들을 가리키면서 그들의 생각이 얼마나 잘못됐는지 지적하기는 쉽다. 하지만 그들이 그렇게 생각한 까닭도 충분히 이해할 수 있다. 에어비앤비의 성공 여부는 사람들에게 엄청난 신뢰 도약을 이루게 하고 낯선 사람은 위험하다는 본능적인 편견을 극복하게 만들 수 있느냐에 달려 있었다.

간단한 실험을 하나 해보자. 모르는 사람에게 1분만 휴대전화를 서로 바꾸자고 말해보라. 당신은 그 사람의 전화기를 들고 있고, 그 사람은 당신 전화기를 들고 있는 것이다. 그리고 상대에게 이렇게 말하라. "어떻게 하든 당신이 하고 싶은 대로 하세요."

나는 금융자문가부터 학생, 부동산 중개인까지 다양한 사람들을 대상으로 이 실험을 해보았다. 만찬장, 회의석상, 강의실에서도 해보았다. 실험 결과는 내가 예상한 대로였다. 노골적으로 거부하는 사람이 있는가 하면 신경질적으로 웃는 사람도 있었다. 우물쭈물 전화기를 건네면서 엎어놓는 사람도 있었다. 몇몇은 적극적인 모습을 보이며 메시지와 사진과 트위터를 보기도 했다. 트위터나 인스타그램에 게시물을 올리는 사람도 있었다. 하지만 대다수의 사람이 몹시 불편해했다. 그저 남의 전화기를 1분도 안 되는 시간 동안 들고 있었을 뿐인데도 말이다.[16]

에어비앤비는 우리 삶에서 가장 내밀한 것들 중 하나인 잠 자는 장소를 교환하기 위해 신뢰를 구축해야 했다. 앤틴은 이렇게 말했다.

"우리는 한 번도 만난 적 없는 사람들 사이에 올림픽 수준의 신뢰가 쌓이게 만들어야 했습니다."[17] 신뢰를 구축하는 문제로 인해 앤턴의 업무는 흥미로우면서도 어려워졌다. "회사 규모가 커져도 대다수 사람이 에어비앤비가 뭐하는 곳인지 모를 테고, 더 많은 사람이 대충은 알아도 제대로 이해하지 못할 겁니다." 에어비앤비의 제안을 들었을 때 사람들의 머릿속에 처음 떠오르는 생각은 "대체 뭐하자는 소리야?"였을 것이다.[18]

에어비앤비 사이트를 처음 방문한 사람들은 에어비앤비가 사이트에 올라온 집을 모두 소유하고 사람들에게 집을 빌려주는 건가 궁금해했다. "어리석은 말처럼 들리지만 어리석은 게 아닙니다. 대개 사람들이 생각하는 휴가 개념이 그렇습니다." 앤턴의 말이다.

사람들이 에어비앤비의 개념을 어떻게 '이해하는지'에 관해 많은 연구가 이루어졌다. 특이하게 에어비앤비 사이트에는 '에어비앤비는 어떻게 운영될까요?'라는 제목의 동영상이 없다. 실제로 어떤 회사의 홈페이지를 처음 방문하면 '회사 소개'나 '신뢰와 안전' 같은 항목을 찾아보는 사람들이 있다. 이런 항목은 대개 페이지 맨 아래 있다. 에어비앤비의 맨 앞 페이지 한가운데에 있어서 가장 먼저 눈에 들어오는 항목은 방문자의 흥미를 부추기는 단순한 질문이다. "어디로 가십니까?"

앤턴은 이렇게 말했다. "우리의 개념을 사람들에게 이해시키는 가장 효과적인 방법은 사람들이 이미 아는 것과 연관시키는 것입니다. 우리 사이트에 처음 들어오는 사람은 대개 교육 자료 메뉴를 먼저 찾지 않습니다. 아니, 그런 자료는 거들떠보지도 않거나 전혀 관심이 없어요. 곧장 검색창으로 가서 자기가 사는 지역을 검색합니다. 잘 아는 곳이니까요."

런던에 사는 사람이 뉴욕에서 머물 곳을 위해 에어비앤비를 처음 방문했더라도 바로 뉴욕을 검색하지 않고 우선 런던부터 검색한다는 것이다. 다음으로 집에서 더 가까운 곳, 가령 캄덴 같은 동네를 검색한다. 앤틴은 말했다. "그리고 검색한 결과 뜨는 지도를 보고는 '아, 아, 알겠다. 여기는 우리 집 근처네. 저기 강가에 있는 집이구나. 원하면 이런 데서 묵을 수 있겠군. 이제 감 잡았어, 아하'라고 생각합니다. 대개 이런 순서죠."

에어비앤비는 처음부터 이런 식의 행동을 유도하는 방식으로 사이트를 설계했다. 드롭다운 메뉴를 넣어서 게스트가 리스트에서 목적지를 선택하도록 설계할 수도 있었다. 하지만 이런 방식은 지나치게 지시적이라고 생각했다. 처음 들어오는 이용자가 그들이 아는 것을 쉽게 찾아볼 수 없을 뿐더러 그들이 사는 집 근처의 다른 집을 빌릴 수 있다는 사실을 알아낼 수도 없다. 사람들은 이미 아는 것을 신뢰하지만 안다고 생각하는 것, 그러니까 실제로는 완전히 새로운 대상이지만 이상하게 친숙해 보이는 대상도 신뢰한다. 에어비앤비는 이를 영리하게 활용해 크게 성공했다.

그런데 새로운 개념을 신뢰하게 만드는 데 중요한 요인은 친숙성만이 아니다. 캘리포니아롤 원리에 대해 감을 잡았으면 다음으로 넘어야 할 장벽은 WIIFM 요인이다.

▎ WIIFM 요인 : 무엇을 얻을 수 있는가?

1796년 5월 14일, 영국 의사 에드워드 제너Edward Jenner는 정원사의 여덟 살짜리 아들 제임스 핍스James Phipps를 대상으로 실험을 했다. 제너는 아이의 팔 두 군데를 살짝 긁고 우두cowpox(사람에게도 옮을 수 있는, 소의 바이러스성 질병 – 옮긴이) 수포에서 추출한 미량의 액체를 문질렀다. 핍스는 예상대로 열이 약간 올랐지만 며칠 만에 완전히 회복됐다. 두 달 후 제너는 소년에게 다시 예방접종을 실시했다. 이번에는 천연두 병변에서 추출한 물질을 사용했다. 다행히 제너의 예상대로 소년은 천연두에 걸리지 않았다. 추후 검사한 결과, 소년에게 천연두 면역력이 생긴 것으로 나타났다. 라틴어로 소를 뜻하는 '바카vacca'에서 이름을 따온 백신 접종vaccination의 개념이 탄생한 과정이다.[19] 그런데 제너는 이 개념을 어디서 착안했을까?

제너는 대부분의 사람이 농장에서 소를 치고 농사를 짓는 글로스터셔의 농촌에서 의학 수련을 받았다. 의과대학에 다니던 시절, 그는 우유 짜는 한 여성이 비교적 경미한 질병인 우두에 걸렸지만 수백만 명의 목숨을 앗아간 치명적인 전염병인 천연두에는 걸리지 않았다는 사실을 발견했다. 당시는 천연두가 창궐해 시급히 치료법을 찾아내야 하는 급박한 상황이었다.

1797년 제너는 실험 결과를 설명한 짧은 논문을 왕립학회에 보냈다. 논문을 거부당하고 동료 연구자들에게 경멸 받았지만, 제너는 책을 출간해서 우두가 천연두를 예방한다는 이론을 자세히 설명했다. 하지만 그의 주장은 대대적인 논쟁과 비난만 불러일으켰다. 반대하는 이유는 종교적인 것에서 과학적, 정치적인 것까지 다양했다. 성직자들은 신의 모상模像인 사람에게 하찮은 생명체인 소에게서 추출한 감염 물질을 접종하는 방법이 역겹고 '기독교도답지 않은' 발상이라고 비난했다. 의사들은 제너의 연구를 '비윤리적'이라고 일축했다. 천연두 치료제를 팔아 떼돈을 벌던 사람들은 단순한 이기심에서 제너의 성공을 바라지 않았다. 1802년에 발표된 풍자만화 〈우두 - 혹은 - 새로운 접종의 놀라운 효과!〉에는 당대의 이런 심리가 담겨 있다. 만화에는 겁에 질린 젊은이들에게 백신을 접종하자 접종받은 사람들의 몸 여러 부위에서 소가 튀어나오는 모습이 그려져 있다.[20]

제너의 이론은 지나치게 급진적이고 증거가 부족하다는 비판을 받았다. 하지만 제너는 사람들의 조롱에 굴하지 않고 11개월 된 아들과 다른 아이들에게 우두에서 추출한 소량의 물질을 피부에 문지르는 방식으로 계속 실험했다. 그의 실험에 참여한 모든 아이가 천연두에 면역력을 보였다.

시골의 젊은 의사인 제너가 면역 개념을 처음 발견한 것은 아니지만(이미 오래전에 중국과 아프리카에서 면역 개념이 발견됐다) 의도적으로 백신을 접종해서 과학적으로 전염병을 통제하려고 한 사람은 제너가 최초였다. 훗날 그는 '면역학의 아버지'로 불리게 되었다. 제너가 사망한 지 30년이 지난 1853년에 영국 정부는 잉글랜드와 웨일스에서 우두 접종을 의무화했고 1980년 5월 8일, 세계보건총회World Health Assembly는 천연두가 퇴치되었다고 선포했다.[21] 사실 제너가 제안한 방법은 수십 년 동안 사람들의 관심을 받지 못했다. 왜 그랬을까? 사람들이 백신의 위험과 효과를 제대로 이해하지 못해서 백신의 개념을 수용하기 위한 신뢰 도약을 시도할 준비가 되어 있지 않았기 때문이다. 사람들은 자신에게 무엇이 유익한지 몰랐다.

오늘날에도 이런 의심은 여전히 남아 있다. 제너가 처음 치료법을 발견한 이래 백신 반대 운동은 꾸준히 계속돼왔다. 1990년대 후반에 일련의 사건이 이미 들끓던 공포와 의심을 건드리면서 백신 반대 운동이 부활하기도 했다. 우선 영국의 의학 학술지 〈란셋The Lancet〉에 1998년 발표된 논문에서 앤드루 웨이크필드Andrew Wakefield 박사와 동료들이 홍역, 볼거리, 풍진MMR 백신과 자폐증의 관련성을 암시한 사건이 있다. 웨이크필드는 고작 아동 12명을 대상으로 한 실험을 토대로 논문을 작성했다.[22] 연구에 참여한 아이들은 신중히 선정되었을 뿐 아니라, 연구비는 주로 백신 제조사를 상대로 소송을 준비하던 부모들이 고용한 변호사들에게서 나왔다. 결국 이 논문은 취소되었지만 피해는 이미 발생한 뒤였다. 캘리포니아 대학교 사회의학부 학장 섀런 카우프먼Sharon Kaufman 박사는 의학 지식의 발견에 대한 개인의 신뢰와 불신을 중심으로 폭넓은 연구를 진행했다. 카우프먼 박사는 이렇게 말했다. "부모들은 백신 접종 그 자체를 반대하지 않는다. 그보다는 우리와 마찬가지로 위험에 대한 인식과 정부기관과 제약업계에 대한 불신이 커지고 의혹을 '확인할' 기회가 늘어난 시대에 살고 있을 뿐이다."[23] 백신이 자폐증 같은 심각한 부작용을 일으킬 거라고 믿지 않더라도 백신 접종을 반대하는 주장의 힘은 공포의 정서를 자극해서 우리가 이성적으로 어떻게 생각하든지 상관없이 우리의 신뢰를 깎아내린다.

1926년 태어난 미국의 유명 사회학자 제임스 새뮤얼 콜먼은 다양한 주제를 다뤘지만, 특히 우리가 어떻게 결정을 내리는지에 관심이 많았다.[24] 그중에서도 그는 사람들이 새로운 개념을 신뢰할지 여부를 어떻게 결정하는지에 주목했다. 그가 살던 시대에는 텔레비전과 비디오레코더부터 여객기까지 수많은 위대한 신기술이 발명되었다. 그의 연구 결과, 사람들은 장점과 단점에 대한 평가를 기준으로 신기술을 신뢰할지 여부를 결정하는 것으로 나타났다. 어떤 개념을 신뢰하면 삶이 어떻게 향상될지 계산하는 것이다.

당연한 결과 아닌가? 하지만 임계 수준이 있다. 사람들은 새로운 발명품을 만족할 만큼 **이해하기** 전까지는 사용하고 **싶어 하지 않았** 다. 그렇다고 당시의 연소기관이든 오늘날의 블록체인이든 모든 사람이 어떤 기술이 어떻게 작동하는지 정확히 이해해야 한다는 뜻은 아니다. 하지만 새로운 기술로 무엇을 할 수 있고, 그 기술이 우리에게 무엇을 줄 수 있는지는 알아야 한다. 그 전에는 기존의 기술을 버리지 않을 것이다.[25]

텔레비전에 대한 신뢰를 구축하는 유형의 문제는 제쳐두자. 우리에게 해롭거나 우리를 죽일 수도 있는 힘을 가진 기술에 대한 신뢰를 구축하는 문제는 어떨까? 최근 불거진 자율주행차를 둘러싼 논쟁을 살펴보자. 일부 기술자들은 2040년에는 자율주행차가 도로를 달리는 차량의 75퍼센트까지 차지할 거라고 예측한다.[26] 사람들이 기계에 운전대를 맡길 만큼 기계를 신뢰하게 만들려면 어떻게 해야 할까? 이 문제에 대해 경험적으로 연구한 전문가로 브라이언 래스롭 Brian Lathrop 박사가 있다.

래스롭은 2004년부터 폭스바겐 전기연구실험실 Electronics Research

Lab에서 연구해왔다. 그는 인간 인터페이스 설계로 인지심리학 박사 학위를 받았고, 폭스바겐 자율주행차 연구 및 개발 책임자로 일했다. 자동차 회사에서 일하기 전, 항공기 조종사들이 처음 자율주행 방식을 채택하던 시기에 NASA에서 일하기도 했다. 그는 '모드 혼란mode confusion'이라는, 다소 우려할 만한 현상에 관심을 가졌다. 그는 이렇게 설명했다. "모드 혼란이란 조종사들이 항공기가 조종하는지 자기가 조종하는지 헷갈릴 때 나타나는 현상을 말합니다. 자율주행차도 이와 똑같은 난관에 부딪칠 겁니다."[27]

2015년 3월, 미국자동차협회American Automobile Association, AAA에서 대규모 설문조사를 실시해서 협회 회원들이 자율주행차를 얼마나 신뢰하는지 알아보았다. 미국의 운전자 4명 중 3명은 자율주행차를 타기가 "두렵다"고 답했다. 5명 중 1명만 운전자 없는 차를 믿고 탈 수 있다고 답했다.[28] 응답자들은 다음과 같은 이유를 들었다. "자율주행 기술보다 내 운전 실력을 더 믿는다."(84퍼센트) "너무 앞서간 기술로, 아직 충분히 검증되지 않은 것 같다."(60퍼센트) "자율주행 기술에 관해 잘 모른다."(50퍼센트)

자율주행차와 관련, 유튜브에 일흔 살의 셜리가 테슬라 모델 S 자율주행차를 처음 타고 놀라는 반응을 찍은 동영상이 올라와 있다. 차가 차선을 따라 이동하고 내비게이션으로 길을 찾아가자 셜리는 이렇게 외쳤다. "어머, 저기 차가 오잖니! 오 맙소사. 아, 아, 오, 오, 어디로 가는 거니?" 보기 괴로운 장면이었다. 영상에는 셜리의 아들 빌이 자율주행장치를 켜놓고 셜리의 반응을 보며 웃는 소리가 들렸다. "아이고, 나 죽는다." 셜리는 심장마비가 올 것 같은 표정으로 비명을 질렀다.[29] 사실 셜리는 그냥 운전대를 잡으면 다시 기계에서 통제권을 가져올 수 있었다. 하지만 셜리는 정신이 다른 데 팔려 그런 생각을 떠올리지 못했다.

나는 래스롭에게 사람들에게서 자율주행차를 탈 만큼 신뢰를 끌어내는 것이 얼마나 어렵냐고 물었다. 질문과 동시에 그가 영리한 설계로 사람들이 공포를 극복하게 할 것인지 설명해줄 줄 알았다. 안전 통계치를 줄줄이 열거할 거라고도 생각했다. 그런데 그는 내 예상과는 전혀 다른 이야기를 꺼냈다. "사람들은 차를 아주 쉽게 신뢰해요."

물론 래스롭도 사람들이 처음 자율주행차를 타면 얼마나 놀라는지 잘 알고 있다. 하지만 이런 사람은 소수다. 대개는 경이로워한다. 그러다 흥미로운 현상이 나타난다. 몇 킬로미터쯤(차로 약 20분 거리) 달리면 그 경험이 이내 평범해지고 지루하게 느껴지기까지 한다. 컴퓨터가 대신 운전하는 차를 타는 경험은 그렇게 신나는 일이 아닌 것이다. 래스롭은 오히려 사람들이 졸까 봐 걱정된다고 했다. '사람들이 자율주행차를 타고 잠들면 어떻게 해야 하나?' 이것이 래스롭의 가장 큰 걱정거리였다. 그는 이런 문제가 아직 충분히 논의되지 않았다고 말했다. "신뢰의 방정식에는 좋지 않은 사실이죠!" 래스롭은 반쯤 농담처럼 인정했다.

사람들이 차를 너무 쉽게 믿어버린다는 래스롭의 말은 내게 약간 의외였다. 나는 래스롭을 조금 더 밀어붙였다. 아무리 그래도 일단 사람들이 자율주행차를 타게 하려면 우선 거대한 신뢰 도약이 일어나야 하지 않을까? 그는 내 질문에 이렇게 답했다. "생각해보세요.

대다수의 사람이 승객으로 차에 타는 걸 더 편하게 생각해요. 동료나 친구가 운전하는 차를 타는 데 익숙하죠." 그러니까 자율주행차에 탄다는 개념은 이처럼 남이 운전해주는 차를 타는 친숙한 경험을 이용한다는 뜻이다. "우리가 사람들에게 요구하는 도약은 새로운 경험이 아니라 기계의 운전을 신뢰할지 사람의 운전을 신뢰할지에 관한 문제입니다. 그렇게 엄청난 문제가 아니에요." 앞서 말한 이상하게 친숙한 현상이다.

물론 래스롭은 사람들이 자율주행차를 타기 전에 질문을 던질 거라고 인정했다. 대부분 예측 가능한 질문이다. "이 차는 새치기를 당하면 어떻게 대응할까?" "이 차는 차선을 변경할 수 있을까?" 가장 흔한 질문은 "이 차가 나만큼 운전을 잘할까?"이다. 래스롭은 예상치 못한 상황에 대해 물어보는 사람은 거의 없었다고 말했다. 사슴이나 개가 갑자기 차 앞에 뛰어들면 어떻게 될까? 스포츠 경기가 있는 날, 주차장에서 어떻게 길을 찾아갈까? 연구자들은 아직 이런 질문의 답을 알아내지 못했다. 어떤 상황은 시뮬레이션하거나 예상하기조차 어렵다. 의외의 상황이나 래스롭의 표현대로 '1퍼센트의 특별한 상황'은 그의 연구팀이 풀어야 할 숙제다. 다만 자율주행차를 처음 타는 사람들의 호기심이 금세 무뎌지는 것은 사실이다. 사람들은 그냥 차에 타고 차에 운전을 맡긴다.

자율주행차의 궁극적인 성공, 곧 자율주행차를 타는 것이 일상이 되는 상태는 공학 기술의 성공에 좌우되지 않는다. 자율주행 기술이 작동하는 방식을 사람들이 이해하는지 여부도 중요하지 않다. 사람들이 자율주행 개념을 신뢰하게 만드는 두 번째 원칙, 곧 WIIFM 요인이 관건이다. 우리는 그 기술을 통해 실제로 무엇을 얻을 수 있는지 알고 싶어 한다. 기계가 인간의 일을 대신해서 얻는 혜택이 위험을 능가할까?

미국의 경우, 매일 통근하는 사람들은 하루 평균 52분 이상 교통 체증에 갇혀 있다. 미국에서만 모두 40억 시간 이상을 허비하는 셈이다. 이렇게 길에 버리는 시간을 더 나은 일에 쓸 수도 있다.[30] 래스롭의 말이다. "사람들은 운전하는 시간에서 해방되면 무엇을 할 수 있을지 궁금해합니다." 영화를 보고 전화 통화를 하고 일하고 식사하는 것을 상상한다. "교통신호에 걸려서 차가 서 있을 때 주위를 둘러보세요. 이런 행동이 낯설지 않을 겁니다. 저는 사람들이 이미 하고 있는 행동을 훨씬 안전하게 할 수 있게 해주고 싶습니다." 실제로 자율주행차의 가장 큰 혜택은 안전이다.

세계보건기구에 따르면 인간의 실수와 제멋대로인 운전 습관이 자동차 사고의 90퍼센트 이상을 일으키고, 연간 120만 명 이상의 생명을 앗아간다.[31] 자율주행차는 21세기 중엽까지 교통사고 사망률을 90퍼센트까지 줄일 것으로 추정된다. 미국에서만 10년마다 30만 명 이상이 목숨을 건지고, 사고와 관련된 건강보험 비용이 매년 1,900억 달러 절약되는 셈이다.[32] 회계법인 KPMG는 자율주행차의 도입으로 영국에서는 2014~2030년 교통사고 사망자가 2,500명 감소할 것으로 추정했다.[33] 그런데도 자율주행차에 관해서는 아직 회의적인 시각이 지배적이다. 카네기 멜론 대학교 컴퓨터과학부 학장인 앤드루 무어Andrew Moore는 〈애틀랜틱The Atlantic〉에서 이렇게 말했다. "자율주행차가 사람이 운전하는 차보다 100배쯤 안전하다고 입증되지 않는 한 누구도 이런 차가 돌아다니기를 원하지 않을 것이다."[34]

인간에게는 '위기 상호성'의 속성이 없다. 말하자면 우리는 일이 잘 풀리는 상황과 일이 잘 풀리지 않는 상황에 같은 무게를 두지 않는다. 예컨대 내가 평소 아끼던 남색 체크무늬 코트를 잃어버리고 느끼는 상실감은 똑같은 새 코트를 발견하고 느끼는 즐거움보다 크다. 우리는 새로 얻는 것보다 잃어버린 것을 더 뼈아프게 생각한다. 이것을 '손실회피성향loss aversion'이라고 하는데, 이스라엘의 두 심리학자 대니얼 카너먼Daniel Kahneman과 애모스 트버스키Amos Tversky가 처음 발견한 개념이다. 인간은 손실을 회복시킬 수 있을 줄 알면서도 현상을 유지하는 것을 더 편하고 기분 좋게 느낀다.[35]

물론 우리는 새로운 물건을 좋아한다. 새로운 물건은 대개 우리가 이미 편안하게 느끼는 개념을 향상시킨 결과물이다. 전선으로 연결되고 리모컨으로 조정하는 덩치 큰 컬러 텔레비전보다 고화질 무선 평면 텔레비전이 좋다. 이런 물건이라면 돈을 더 주더라도 기꺼이 바꿀 것이다. 하지만 미디어는 자율주행차가 인간보다 안전하다는 개념을 심어주는 데 아직 별다른 역할을 하지 않는다. 오히려 정반대 이미지, 자율주행차가 사람을 죽일 수 있다는 이미지를 심어주고 있다.

2016년 5월 7일, 테슬라 모델 S 한 대가 18륜 트레일러 트럭과 충돌하는 사고가 발생했다. 이 사고로 운전자 조슈아 브라운이 사망했다. 충돌 당시 테슬라 자동차는 자율주행 모드였다. 경찰이 현장에 도착해보니 차 안의 휴대용 DVD 플레이어에서 〈해리포터〉가 재생되고 있었다. 테슬라는 사고가 보도된 그날 자신의 블로그에 올린 게시물에서 이렇게 밝혔다. "자율주행장치도 운전자도 밝은 하늘과 트랙터 트레일러의 흰색 차체를 구분하지 못해서 브레이크가 작동하지 않았다." 그러니까 차는 완벽하지 않았고, 운전자는 어린 마법사에게 정신이 팔려 있었다는 뜻이다.

래스롭은 이렇게 말했다. "미디어는 이런 얘기를 좋아해요. 이런 얘기를 선정적으로 다루죠. 왜 그러는지 잘 압니다. 그러나 사실 이런 사고는 극히 드물어요." 실제로 이 사고는 테슬라 고객들이 자율주행 모드로 운전한 2억 1,000만 킬로미터 가운데 처음 알려진 사망 사고였다.[36] 미국에선 1억 5,000만 킬로미터에 한 번씩 사망 사고가 일어난다.[37] 자율주행차가 6,000만 킬로미터 더 안전한 셈이다.

래스롭은 자율주행차에 관한 세상의 수많은 메시지가 도움이 되지 않는다고 지적했다. "우리는 자율주행차가 완벽할 거라는 기대를 낮추어야 합니다. 그리고 사람들에게 단점보다는 장점이 상당히 크다는 사실을 상기시켜야 합니다."

래스롭의 말에서 흥미로운 부분은 완벽을 약속해야 신뢰를 구축할 수 있는 게 아니라는 점이다. 사실 결과를 100퍼센트 보장한다면 재앙으로 향할 뿐이다.

메리어트나 힐튼 같은 유명한 호텔보다 에어비앤비를 이용하기로 결정할지, 혹은 컴퓨터를 신뢰하기로 결정할지 여부는 동일한 차원, 곧 가치와 확신의 차원을 맴돌 것이다. 그리고 어떤 개념이든 결국 같은 질문이 제기된다. 어떤 경험이 내 삶에서 가치를 창출할까? 그리고 그 가치를 얼마나 확신할 수 있을까?

▌신뢰 인플루엔서 : 의외의 인물이 신뢰의 방아쇠를 당긴다

'얼리어답터early adopter'라는 말을 들어봤을 것이다. 새로운 제품이나 기술을 남보다 먼저 써보는 개인 혹은 업체를 지칭하는 말이다. 얼리어답터는 새로운 물건을 찾아내 직접 써보고 그 물건의 전도사가 된다. 이들은 대개 자신이 발견한 새로운 물건을 열정적으로 강력히 추천한다. 아는 체하지 않으면서 많이 아는 사람 정도로 이해하면 된다. 그런데 이들은 혁신적인 물건이 대중적으로 유행하는 데는 비판적이다. 얼리어답터는 사실 새로운 물건에 회의적인 느림보들마저 신뢰 더미의 첫 단계를 오르게 하는 데 큰 역할을 하지 않는다. 그러기 위해선 세 번째 요인, 내가 신뢰 인플루엔서라고 부르는 사람들이 필요하다.

신뢰 인플루엔서는 어떤 일을 하는 방식에 중요한 변화를 일으키는 데 강력한 영향을 미치는 사람들을 말한다. 이들은 새로운 사회적 규준을 정한다. 신뢰 인플루엔서는 모든 분야에서 활약하고 있지만 쉽게 찾을 수 있는 것은 아니다. 이들은 때로 의외의 분야에서 나타나기도 한다. 그다지 흥미롭지 않은 개념이지만, 해외로 돈을 송금하는 개념에서 신뢰 인플루엔서의 좋은 예를 발견할 수 있다.

잘나가는 스타트업 뒤에는 거의 언제나 개인적인 좌절에 얽힌 사연이 있다. 트랜스퍼와이즈TransferWise라는 스타트업도 마찬가지다. 타벳 힌리쿠스Taavet Hinrikus는 에스토니아가 소비에트연방USSR에 속해 있던 시대에 태어났다. 그는 척박한 환경에서 어린 시절을 보냈다. 힌리쿠스는 누구나 진실로 책임감 있게 창조적으로 문제를 해결해야만 뭐든 해낼 수 있다고 말했다.[38] 2002년 스무 살이 된 그는 젊은 사업가인 니클라스 젠스트룀Niklas Zennström과 야누스 프리스 Janus Friis를 만났다. 이들은 사업 아이디어를 놓고 고민하고 있었다. 사람들이 디지털로 목소리와 말을 전송할 수 있으면 어떨까? 전화와 비슷하지만 전화기가 없어도 된다. 전화요금도 낼 필요없다. 훗날 스카이프로 알려진 서비스에 대한 초기 설명이다. 힌리쿠스는 이 팀에서 처음 고용한 직원들 중 한 사람이었다.

스카이프는 빠른 속도로 성장했다. 2006년에는 사업을 확장하기 위해 에스토니아의 힌리쿠스를 런던으로 불러들여야 했다. 힌리쿠스의 급여는 에스토니아 은행 계좌에 유로로 입금되었다. 그는 2주에 한 번씩 에스토니아의 계좌에서 영국의 계좌로 돈을 이체해서 집세와 식비와 생활비를 내야 했다. 그런데 환율과 수수료 때문에 예상보다 훨씬 적은 금액이 런던의 통장에 찍혔다. 힌리쿠스는 이렇게 번거로운 과정을 거칠 필요가 있을까 하는 생각이 들었다.

힌리쿠스의 고향 친구 크리스토 카르만Kristo Käärmann도 방향은 반대였지만 같은 문제를 안고 있었다. 그는 다국적 컨설팅 그룹인 딜로이트Deloitte에서 컨설턴트로 일하면서 급여를 파운드로 받았고 융자를 갚기 위해 에스토니아로 돈을 보내야 했다. "돈을 이체할 때마다 금액의 5퍼센트가 빠져나갔습니다." 카르만의 말이다. 눈에 보이지 않는 수수료와 유리하지 않은 환율로 새나간 돈은 은행에 수익을 올려줄 뿐이었다.

힌리쿠스와 카르만은 단순하고도 기발한 아이디어를 냈다. 힌리쿠스는 이렇게 말했다. "우리가 그냥 돈을 '교환'할 수도 있다는 생각이

들었어요. 내 에스토니아 계좌에서 친구의 에스토니아 계좌로 돈을 이체하고, 친구는 그의 런던 계좌에서 내 런던 계좌로 돈을 이체하는 거죠. 이렇게 해서 부당한 환율과 은행 수수료를 제한 결과, 순식간에 수천 파운드가 절약됐습니다." 엄청난 기회를 발견했다고 생각한 두 사람은 2011년 런던에서 트랜스퍼와이즈TransferWise를 설립했다. 트랜스퍼와이즈는 기업가치를 11억 달러 이상으로 평가받았으며, 현재 영국의 해외 송금시장에서 5퍼센트를 점유하고 있다.[39]

트랜스퍼와이즈는 자금 순환에 적합한 P2P 기술을 기반으로 설립됐다. 런던의 은행에서 파리의 은행으로 1,000파운드를 송금하고 싶다면 트랜스퍼와이즈 시스템에서 유로를 파운드로 바꾸고 싶은 사람을 찾으면 된다. 결과적으로 돈은 국경을 넘지 않는다. 그러나 은행을 통해 송금할 때보다 과정이 더 신속하고 용이하고 저렴해진다. 이는 결국 신뢰와 행동을 바꾸는 문제로 귀결된다.

한 국가에서 다른 국가로 송금할 때는 보통 은행이나 우체국, 웨스턴유니언Western Union 같은 유명한 송금기관을 이용한다. 2015년에는 이런 방식으로 6,010억 달러 이상이 송금됐다.[40] 그런데 사람들이 처음 들어보는 디지털 스타트업을 믿고 송금하도록 설득하려면 어떻게 해야 할까? 의외의 사람들이 새로운 방식을 신뢰하는 모습을 보여주면 된다. "어머, 이런 개념이 그렇게 위험한 건 아니네"라고 생각하게 만들 만한 사람들 말이다. 바로 이들이 신뢰 인플루엔서들이다. 그렇다면 트랜스퍼와이즈의 신뢰 인플루엔서로는 어떤 사람이 적합할까?

힌리쿠스와 그의 팀은 이들의 이상적인 신뢰 인플루엔서는 핀테크fintech(finance와 technology의 합성어 - 옮긴이)에 능통한 사람도 아니고 최신형 애플워치를 찬 사람도 아니라고 판단했다. 위험을 감수하면서 트랜스퍼와이즈처럼 유명하지 않은 회사를 이용할 것으로 보이지 않는 사람을 찾아야 했다. 이들이 찾아낸 신뢰 인플루엔서는 연금 수급자였다. 스페인 같은 나라에서 지내면서 정기적으로 파운드를 유로로 송금 받는 은퇴한 영국인들 말이다. "연금 수급자들은 전체 연금에서 수수료가 꽤 큰 부분을 차지해서 신뢰 도약을 시도하려는 열의가 강했습니다." 힌리쿠스의 설명이다.

다른 초기 이용자들은 연금 수급자들이 트랜스퍼와이즈를 좋게 평가한다는 이야기에 영향을 받아 새로운 개념을 신뢰하기로 결정했다. 실제로 신뢰 인플루엔서가 신뢰 도약을 감행하고도 살아남은 사례가 충분히 쌓이면 많은 사람이 신속히 그 뒤를 따른다. 이런 식으로 변화가 퍼져 나간다.

제임스 서로위키James Surowiecki는 《대중의 지혜The Wisdom of Crowds》라는 책에서 집단 영향력의 좋은 예를 소개했다. 이 책에서는 주로 대중 설득의 과학, 곧 집단이 어떻게 다른 개인에게 "예스"라고 말하도록 영향을 미칠 수 있는지를 다루었다. 주요 개념 중 몇 가지는 로버트 치알디니Robert Cialdini 교수의 '사회적 증거social proof' 이론에서 나왔다. 치알디니는 이렇게 적었다. "많은 사람이 같은 일을 하면 사람들은 분명 우리가 모르는 뭔가를 알 거라는 생각이 든다. 특히 확신이 서지 않을 때 우리는 대중의 집단 지식을 크게 신뢰한다."[41] 한마디로 우리는 특히 확신이 서지 않을 때 남들이 하는 대로 따라하는 경향이 있다.[42]

다양한 실험에서 사회적 증거의 타당성이 입증됐다. 가장 눈에 띄는 실험으로 '길모퉁이 실험'이 있다.[43] 1968년 사회심리학자 스탠리 밀그램Stanley Milgram, 레오나르드 비크만Leonard Bickman, 로렌스 버코위츠Lawrence Berkowitz가 설계한 실험이다. 이들은 우선 한 사람을 길모퉁이에 세워놓고 60초 동안 아무것도 없는 하늘을 쳐다보게 했다. 지나가는 사람들 중 일부만 걸음을 멈추고 그 사람이 무엇을 보는지 보려고 했다. 이튿날에는 다섯 명에게 같은 자리에서 하늘을 쳐다보게 했다. 4배나 많은 사람이 뭘 보는지 보려고 걸음을 멈췄다. 이어서 15명에게 하늘을 쳐다보게 하자 지나가던 사람의 45퍼센트가 멈춰 서서 고개를 들고 그들이 뭘 보는지 보려 했다. 달리던 차가 멈추더니 운전자가 아무것도 없는 하늘을 보기도 했다. 서로위키의 지적처럼 이 연구의 시사점은 '대중은 규모가 커질수록 영향을 더 많이 받는다'는 것이다.[44]

특히 결과에 대한 확신이 없을 때는 사회적 증거가 새로운 개념에 관한 신뢰를 구축한다. 각종 인터넷 사이트가 이용자 평가나 이용자 수를 내세우는 것은 바로 이런 이유에서다. 트랜스퍼와이즈는 홈페이지 맨 앞 한가운데에 '행복한 평가'(3만 5,000명)와 고객 수(100만 명 이상)를 띄워놓는다.[45] 실제로 페이스북의 '좋아요'든, 별 5개짜리 평점이든, 트위터와 인스타그램의 팔로어든 높은 수를 내세워 설득하는 것이 효과적인 방법으로 여겨지는 세상이다.

사회적 증거와 그로 인해 높아지는 신뢰가 꼭 규모가 큰 대중에게서만 나오는 것은 아니다. 영향력 있는 고유의 힘을 가진 소수에게서 나올 수도 있다. 눈에 띄는 제목이나 유명인사, 신뢰할 만한 '전문가'

일 필요는 없다. 따르는 사람이 많아야 하는 것도 아니다. 대중에게 가까운 사람일 필요도 없다. 그저 스페인에서 지내는 영국인 연금 수급자처럼 신뢰 도약을 감행할 가능성이 누구보다 낮아 보여서 남들이 느끼는 불확실성에 변화를 줄 수 있는 사람이면 된다.

캘리포니아롤 원리와 WIIFM 요인과 신뢰 인플루엔서, 달리 말하면 "그것이 무엇인가?", "내가 무엇을 얻는가?", "또 누가 그것을 하는가?"는 터무니없는 생각으로 치부된 개념이 어떻게 이상하게 친숙한 개념으로 바뀔 수 있는지를 보여준다. 또한 새로운 개념에 대한 신뢰가 어떻게 확산될 수 있는지를 보여준다. 벤처기업이나 신제품이나 새로운 개념을 신뢰해본 사람이라면 알든 모르든 이런 과정을 거친 셈이다.

새로운 개념을 만든 사람들은 사람들에게 버거워 보이는 암벽을 오르도록 요구해야 한다. 우선 암벽에 도전하는 사람들에게 몇 가지 익숙한 동작과 잡는 지점을 알려주면서 미지의 부분을 충분히 줄여서 첫 발을 내딛게 해야 한다. 불확실성을 줄일 수는 있지만, 완벽을 약속할 순 없다. 위험이 여전히 남아 있기 때문이다. 또한 암벽을 오르면 무엇이 주어지는지 설명해야 한다. 마지막으로 먼저 암벽을 오른 사람들이 그 경험을 좋아했다는 사실을 알려야 한다. 이런 과정을 성공적으로 해내면 머지않아 회의적인 사람들까지 암벽에 오를 것이고, 땅에서 한참 올라가면 땅에 서 있던 시절은 이내 까마득한 옛일이 될 것이다.

이 과정의 영향력은 매우 강력하다. 이런 과정을 거쳐 한때 위험하고 무서운 것으로 거부당했던 개념, 낯선 사람과 함께 차에 타고 장거리 여행을 하거나 모르는 사람의 집에서 머물거나 자율주행차를 타는 게 평범하고 보상을 주는 개념이 될 수 있다.

　지금까지 신뢰 더미의 위로 올라가는 과정에서 '개념'에 관해 알아보았다. 다음은 플랫폼에 대한 신뢰를 구축하는 단계다.

WHO CAN YOU
TRUST

4장

내가 신뢰하는 대상은
누구인가?

낯선 사람의 차를 탈 때 내가 신뢰하는 대상은 그 차를 운전하는 사람일까? 내 신뢰 중 어느 정도가 우버라는 회사와 그 팀으로 향할까? 나는 우버라는 브랜드를 얼마나 신뢰할까? 나는 플랫폼, 앱, 결제 시스템, 평가 제도, 정체 모를 가격 책정 알고리즘을 얼마나 신뢰할까?

▌ 우버 기사가 벌인 최악의 총격 사건

2016년 2월 20일 미시간주 칼라마주에서 광란의 총격 사건이 일어났다. 마흔다섯 살의 우버 기사 제이슨 브라이언 달튼Jason Brian Dalton이 살인마로 돌변해 여섯 명을 총으로 쏴 죽이고 두 명에게 심각한 부상을 입힌 것이다. 그는 두 차례에 걸쳐 유혈 사태를 일으켰는데, 도중에 평소처럼 승객을 태우러 가기도 했다.

토요일 저녁 동부표준시로 오후 5시 40분경 총격이 시작됐다. 첫 피해자는 스물다섯 살의 티애나 캐러서스였다.[1] 캐러서스가 어린 딸 등 다섯 명의 자녀를 데리고 주차장을 가로지를 때 달튼이 몰던 은색 셰비(쉐보레) 에퀴녹스가 그쪽으로 방향을 틀었다. 달튼은 창문을 내리고 캐러서스에게 이름이 메이지냐고 물었다(그가 우버에 태우려고 그 단지를 빙빙 돌면서 찾던 승객의 이름은 매시였다). "아뇨, 전 그 사람이 아니에요." 캐러서스가 대답했다.

운전자가 어딘가 수상해 보였던 캐러서스는 아이들에게 도망치라고 소리쳤다. 달튼은 급히 차를 출발시켰다가 재빨리 차를 돌려서 겁에 질린 캐러서스 일가족을 향해 돌진했다. 달튼은 글록 9밀리미터 반자동권총을 꺼내 캐러서스에게 열 발을 쐈다. 총알이 그의 팔과 다리에 맞고 마지막 한 발은 간에 박혔다. 캐러서스는 기적적으로 살아났다.

총격이 벌어진 그날 이전까지 달튼은 어느 모로 보나 평범한 남자였다. 이웃들은 그를 '조금 특이하고 별나기는' 해도 그럭저럭 어울려 지낼 만한 사람이라고 평했다. 그는 그 지역 보험회사에서 손해사정사로 일했다. 결혼한 지 20년 가까이 된 그는 열다섯 살짜리 아들과 열 살짜리 딸을 두었다. 달튼이 우버 기사가 된 건 총격 사건이 일어나기 한 달 전쯤인 2016년 1월 26일이었다.[2] 가족들과 함께 디즈니랜드에 놀러 갈 돈을 마련하기 위해 여가 시간에 아르바이트로 우버 기사를 시작한 것이다. 참극이 벌어진 그날 저녁까지 그는 우버로 100번 이상 승객을 태웠고, 별 5개 만점에 평균 4.73으로 승객들에게 꽤 좋은 평을 받았다.

사건이 벌어진 그날, 달튼은 지역 총기 매장에 다녀온 것을 비롯해 몇 가지 일을 했다. 특이한 일은 아니었다. 그는 총을 좋아해서 소형화기를 16자루나 소유하고 있었다. 오후 4시쯤 우버 앱을 열고 매트 멜런이라는 젊은 남자를 선택했다. 평소처럼 운전하던 달튼은 아들의 전화를 받고부터 갑자기 기분이 달라졌다. 거칠게 속도를 높여서 멜런의 머리카락이 휘날릴 정도로 달렸다.

멜런은 나중에 경찰에게 이렇게 진술했다. "차가 중앙분리선을 넘어 잔디밭으로 돌진했어요. 그런데도 계속 속도를 높였어요."[3] 달튼은 다른 차를 옆에서 들이받았지만 전혀 동요하지 않았다. "차를 세우려고 하지도 않았어요. 그는 '친구 집에 가고 싶지 않습니까?'라고 묻는 듯한 얼굴로 저를 돌아봤고, 저는 '살아서 돌아가고 싶어요'라는 표정을 지었죠." 끼익 소리를 내며 차가 멈추자마자 멜런은 도망치듯 차에서 뛰어내렸다.

멜런과 지나가던 사람이 911에 전화해서 달튼과 달튼이 모는 차에 관해 설명했다. 멜런은 911에 달튼이 우버 기사라고 정확히 알렸다. "누군가 다치는 걸 원하지 않아요." 멜런이 911에 남긴 말이다. 그런데 911은 심각하게 받아들이는 것 같지 않았다. 그래서 멜런은 우버에 연락해 그 차가 돌아다니지 못하게 하려고 했다. 우버는 앱의 GPS 추적 장치로 달튼의 위치를 간단히 찾아낼 수 있었는데도 멜런의 신고 전화를 중요하게 받아들이지 않았다.[4] 그날 간과한 수많은 경고 신호 중 첫 번째 신호였다.

이어서 멜런의 약혼녀가 페이스북에 달튼의 차량 사진을 올리고 경고 메시지를 길게 남겼다. "칼라마주 시민 여러분 조심하세요! 제이슨이라는 이 우버 기사는 은색 셰비 에퀴녹스를 모는데, 매우 위험하게 운전해요! 빨리 이 남자가 체포되기를 바랍니다. 무슨 병 때문에 이러는 거라면 얼른 병원에 가보셨으면 좋겠네요." 하지만 달튼은 아무런 저지도 받지 않고 멜런을 태운 광란의 질주에서 캐러서스 일가에게 총격을 퍼붓는 단계로 넘어갔다.

첫 번째 총격 이후 달튼은 아내의 검정색 쉐보레로 바꿔 탔다. 그의 아내 캐럴 달튼은 나중에 경찰에 남편이 조금 '불안해' 보였다고 말했다. 또 남편이 직장에 돌아가지 말고 아이들을 데리고 집에 들어가 문을 걸어 잠그고 있으라고 말했다고도 진술했다. 이후 달튼은 평소처럼 우버 승객을 태우러 나갔다. 트위터의 @IamKeithBlack 계정 이용자는 저녁 8시 달튼의 차를 탔다고 트위터에 올리며 운전자가 또렷이 나온 사진을 첨부했다. 그는 차에서 내린 후 달튼에게 별 5개를 주었다. 나중에 총격 뉴스를 듣고는 트위터에 "운 좋게 살아남았다"고 적었다.[5]

하지만 다른 사람들은 그만큼 운이 좋지 않았다. 그날 밤 10시쯤 조명을 훤히 밝힌 인근의 한 자동차 영업소에서 열일곱 살의 타일러 스미스와 그의 아버지 리치가 차를 둘러보고 있었다. 타일러의 여자친구 알렉시스는 차에서 기다리고 있었다. 달튼은 영업소로 들어와 차를 세우고 아버지와 아들에게 걸어가 두 사람을 모두 총으로 쏘아 죽였다. 겁에 질린 알렉시스는 달튼이 차를 몰고 떠날 때까지 숨어 있었다.

15분 후 달튼은 마지막 총격으로 노부인 네 명을 죽이고 열네 살짜리 소녀에게 심각한 부상을 입혔다. 희생자는 남자, 여자, 백인, 흑인, 아이, 노인 등 아무런 연관성도 없었다. 모두 아무런 이유도 없이 달튼의 표적이 된 것이다.

토요일 늦은 밤은 우버가 가장 바쁜 시간대다. 놀랍게도 달튼은 여섯 명을 죽이고 난 뒤 집에 가서 총을 바꿔 들고 우버 택시를 신청한 사람들을 태우러 다시 밖으로 나갔다. 그때는 이미 총격 사건이 텔레비전에 보도되어 뉴스가 퍼져나가고 있을 때였다. 사람들은 달튼이라는 우버 기사가 칼라마주에서 대량 살상 사건을 저지르고 도주하는 중이라는 뉴스를 듣고도 여전히 우버 앱을 이용해서 목적지에 가려고 했다. 그날 달튼이 자신의 차에 태운 승객 중 한 명인 마크 던튼은 심지어 달튼에게 "당신이 사람들을 죽이고 돌아다니는 그 사람은 아니겠죠?"라고 묻기까지 했다. 그러자 달튼은 "와, 미친 짓이네요. 설마요. 저 그 사람 아니에요"라고 답했다.

오직 젊은 여자 승객 한 사람만 일찍 눈치채고 그의 차에 타는 참사를 피할 수 있었다. 아버지가 딸에게 문자를 보내고 몇 번이나 전화해서 경고한 덕분이었다. 그 여자 승객은 새벽 12시 30분에 우버를 신청했다. 스마트폰에 제일 가까운 운전자로 '제이슨. 셰비 에쿼녹스'가 떴다. 그는 당장 승차 요청을 취소했다. 이어서 다시 시도했는데 같은 이름이 떠서 재차 취소했다. 몇 분 후 달튼은 칼라마주 시내의 한 술집 주차장에서 체포됐다. 경찰이 범행 동기를 묻자 "별다른 이유는 없어요"라고 대답했다.

경찰의 심문을 받던 달튼은 어느 날 우버 로고가 동방의 별 같은 종교적 상징이란 사실을 알았다고 말했다. 뿔 달린 '악마 형상'이 스마트폰 앱에 나타나 그에게 주문을 걸었다고 덧붙였다. "그게 제게 과제를 내주고 육신을 지배했습니다."[6] 왜 아무에게나 총을 쏘았는지 묻자 그는 차분하게 "우버 앱이 시킨 거라니까요. 놈이 날 지배했어요"라고 주장했다. 이후 그는 살인 6건, 살인미수 2건, 소총류 소지 8건으로 기소되었다.

총격 사건이 일어난 다음 날, 우버는 언론에 공식 발표했다. 우버의 최고보안책임자 조 설리번Joe Sullivan은 이렇게 말했다. "저희는 칼라마주에서 일어난 무분별한 폭력 사태에 큰 충격을 받았습니다. 참담한 심정입니다. 진심 어린 기도로 끔찍한 범죄 희생자 유가족 여러분과 함께하겠습니다." 며칠 후 우버는 그날의 충격은 예견할 수 없는 불행한 사건이라고 주장했다. 설리번은 이렇게 말했다. "위험을 예고하는 신호가 없었습니다. 범인의 평가는 5점 만점에 4.73점으로 꽤 높았습니다." 그는 달튼의 신뢰도 평가를 언급한 것이 바람직한 방어가 아니란 건 깨달았는지 나중에 이렇게 덧붙였다. "이 사건에서도 드러났듯, 어떤 사람의 과거 행동으로 그 사람이 어떻게 행동할지 항상 예측할 수 있는 것은 아닙니다."

실제로 달튼이 평범한 우버 기사에서 사이코패스 대량 총기 살인마로 돌변할 거라고 예측할 방법이 없었을 수도 있다. 하지만 첫 번째 살인이 벌어지기 한 시간쯤 전에 멜런이 우버에 처음 신고했을 때 어째서 긴급 상황에 대처하려는 의지를 보이지 않았을까? 나중에 밝혀진 바로는 우버의 고객대응팀은 멜런의 신고를 진지하게 받아들이지 않았다. 명백한 폭력 사태가 발생하지 않았다는 이유에서였다. "신고자는 그 남자가 난폭하게 운전한다고 말했습니다. 저희 앱에서 하루 300만 번의 탑승이 성사된다는 점을 기억해주십시오. 그런 반응에 일일이 대응하기는 사실상 어렵습니다. 게다가 어떻게 그런 일이 일어날 거라고 생각하겠습니까?"[7] 하지만 대량 살상은 제쳐두더라도 다른 차를 치고도 속도를 계속 높이고 중앙분리선을 넘어간 행위만으로도 이미 승객을 실어 나르는 기사의 자격에 관해 몇 가지 경고가 있었던 셈이다. 이런 비극을 누가 예상할 수 있었겠는가? 이런 일에 대응하고 조치를 취하는 것은 누구의 책임일까?

▍알고리즘의 시대, 누구에게 책임을 물어야 하는가?

참혹한 총격 사건을 계기로 우버는 적절하고 안전한 기사를 선정하기 위한 검증 절차를 강화했다. 지원자의 신원조사 절차에 매년 막대한 자금을 투입한다고 주장했다. 그러나 샌프란시스코 지방검사 조지 가스콩George Gascón을 비롯해 우버에 비판적인 사람들은 지문 확인을 거치지 않는 신원조사는 "아무런 의미가 없다"고 비판했다.[8] 달튼도 우버의 신원조사를 통과했다. 전과도 없었다. 그는 아주 무해한 사람처럼 보였다.

우버는 택시와 리무진 업체가 실시하는 지문 확인 절차를 거치지 않는다. 그런데 이런 절차를 도입하는 게 정말 도움이 될까? "평등고용기회위원회Equal Employment Opportunity Commission, EEOC에서 강조하듯, 신원조사의 예측치는 제한적일 뿐 아니라 소수민족 운전자들에게 불공평한 영향을 미칠 수 있다." 템플 대학교 법학과 부교수로 우버의 사회적 비용을 연구하는 브리셴 로저스Brishen Rogers의 지적이다.[9] 설령 그렇더라도 지문 확인 절차를 거쳤다면 적어도 달튼이 총을 16자루나 소유한 사실이 드러났을 것이고, 그에게 연방 총기 면허가 있다고 추정할 수는 있었을 것이다.

달튼의 범죄는 우버 기사가 저지를 수 있는 범죄로는 단연 최악이지만, 그밖에도 우버와 관련해서 많은 심각한 사건들이 일어났다. 보스턴에서 로스앤젤레스까지, 델리에서 시드니까지 우버 기사들은 성추행과 강간, 납치, 절도, 음주운전 등으로 체포됐다. 2016년 4월에는 한 우버 기사가 승객의 목을 벤 혐의로 체포됐다. 2016년 5월

23일에는 다른 우버 기사가 주차장에서 학생의 목을 졸라 살해한 죄로 기소됐다.[10]

2017년 2월에는 성희롱 혐의로 타격을 입었다. 유해하고 성차별적 문화를 조장한다는 혐의로 직원들에게 고발당한 것이다. 미국의 우버 기사인 포지 카멜이 본사에서 가격과 임금을 떨어뜨린다고 불평하자 우버의 전 CEO 트래비스 칼라닉Travis Kalanick이 그에게 폭언을 퍼붓는 영상이 온라인상에 공개되기도 했다. 카멜은 이렇게 말했다. "사람들은 더 이상 당신네를 믿지 않아. 당신네 때문에 난 9만 7,000달러나 손해를 봤다고. 당신네 때문에 망했어." 칼라닉은 카멜에게 그에게 생긴 문제는 그의 잘못 때문이라고 쏘아붙였다. "웃기고 있네. 잘못을 저질러놓고 스스로 책임지지 않는 사람들이 있지. 자기 인생의 모든 문제를 남 탓으로 돌린다니까."[11] 격분한 칼라닉은 문을 쾅 닫고 갔다. 그는 나중에 이런 행동에 대해 사과했다.

뒤이어 우버가 그레이볼Greyball이라는 소프트웨어로 지역 법규를 위반하는 우버 기사들을 잡으려고 함정수사를 벌인 시 공무원들을 색출하려던 일이 발각됐다. 구글의 자율주행차 회사 웨이모Waymo가 자체 자율주행차 연구를 위해 기술 영업 비밀을 훔쳐갔다고 우버를 고발하는 사건도 터졌다. 일련의 스캔들로 우버 회장 제프 존스Jeff Jones와 중역 여섯 명이 사임했다. 오만한 태도로 오명을 뒤집어쓴 칼라닉은 2017년 6월에 사임했다.

우버는 기업가치가 680억 달러에 이를 정도로 스타트업으로선 사상 최고의 평가를 받으며 크게 성공한 반면, 신뢰를 깨트린 심각한 사건도 여러 번 일으켰다.[12] 그런데도 여전히 매일 500만 명 이상이 우버 앱을 켜고 단 몇 분 만에 별 고민 없이 낯선 사람의 차에 올라타고 있다.[13] 어떻게 보면 우리는 신뢰하는 기능을 알고리즘에 아웃소싱했고, 이미 편의에 익숙해져서 알고리즘에 대한 신뢰를 깨기 어려워진 것처럼 보인다. 문제는 우버가 져야 할 책임의 시작과 끝이 어디냐는 것이다.

물론 세상에는 우버가 아니더라도 위험한 택시 기사가 있다. 어떤 분야든 위험한 사람들은 있게 마련이다. 그러나 차이가 있다. 우버의 서비스 조건에는 제3자인 우버 기사(우버의 '독립 계약자')가 우버 플랫폼에서 어떻게 활동하든 일절 책임지지 않는다고 명시되어 있다. 우버는 승객을 태우고 싶은 사람들의 요구를 **들어줄 뿐**이고, 이용자들은 우버의 회사 차가 아니라 **그 사람들의** 차를 타는 것이라고 설명한다. "당신의 하루는 당신 것입니다." 우버 기사가 되려는 사람들에게 회사 측에서 강조하는 말이다.

우버는 전체 요금의 최대 25퍼센트를 서비스 비용으로 챙기고 양측을 중개하는 역할을 한다.[14] 우버는 기본적으로 앱 자동 시스템으로 기사와 소통하기 때문에 기사가 일하는 방식을 통제할 수 없다고 주장한다. 하지만 우버는 단순히 수요와 공급을 연결하는 전화선 같은 중립적인 플랫폼이 아니다. 일시적으로 치솟는 가격 책정 방식을 통제하고, 승객을 충분히 받지 않거나 승객 평점이 낮은 기사들을 정직시킬 수 있다. 우버는 미국에서만 170건이 넘는 소송에 계류돼 있다. 안전 문제에 관한 집단소송부터 바가지요금과 데이터 장애, 개인정보 보호, 그리고 가장 큰 소송으로 기사들의 분류 오류에 관한 소송까지 그 양상은 다양하다.[15]

특히 오늘날 책임 문제는 매우 복잡해졌다. 플랫폼이 직접 자산을 보유하거나 제공업체를 고용하지 않고도 유명 브랜드의 서비스를 제공할 수 있는 시대이기 때문이다. "우버는 세계 최대의 택시 회사이지만 차량은 한 대도 보유하고 있지 않다. 알리바바는 기업가치를 최고로 평가받은 소매업체이지만 창고가 없다. 에어비앤비는 세계 최대의 숙박업체이지만 부동산이 없다. 흥미로운 현상이 나타나고 있다."[16] 하바스 미디어Havas Media 상무인 톰 굿윈Tom Goodwin의 말이다. 이런 상황에서 칼라마주 총격 사건 같은 대형 참사가 발생하면 책임 소재가 어디에 있는지에 관한 질문이 제기될 수밖에 없다.

기존 브랜드의 경우 신뢰가 깨지면 어디에 책임을 물어야 할까? 2013년 1월에 발생한 테스코 말고기 사건을 보자.[17] 쇠고기 제품에서 말고기가 소량 발견되자 모든 테스코 슈퍼마켓에서 햄버거를 비롯한 육류 제품이 1,000만 개 넘게 회수됐다. 이 사건으로 영국 전역에서 강력한 항의가 터져 나왔다. 이 사건은 21세기 최대 식품 스캔들이 되었다. 해결을 위해 총리까지 나설 정도였다. 데이비드 캐머런 총리는 모든 수단과 방법을 총동원해서 '충격적인 범죄'의 진상을 밝히겠다고 약속했다.[18]

이 사건으로 테스코는 '진심 어린 사과'를 전하며 강력한 DNA 검사 제도를 도입해서 고객에게 상품 설명과 일치하는 제품을 제공하기로 약속했다. 그런데 애초에 어떻게 '순 쇠고기'로 표시된 테스코 햄버거에 말고기가 29퍼센트나 들어갈 수 있었을까? 테스코는 엄청난 실수에 대한 책임을 공개적으로 인정하면서도 ABP식품그룹이 소유한 공급업체 실버크레스트Silvercrest에서 "회사의 신뢰를 깨트렸

다"며 책임을 전가하는 태도를 보였다.[19]

▍플랫폼에서 신뢰는 어디로 향하는가?

테스코에서 물건을 살 때 고객은 당연히 테스코 브랜드를 믿고 매장에서의 체험과 그곳에서 구입하는 제품을 신뢰한다. 따라서 테스코는 고객이 그들과 그들이 파는 제품을 신뢰할 수 있도록 신뢰할 만한 태도를 보여야 한다. 그런데 플랫폼에서는 신뢰가 궁극적으로 어디로 향할까?

낯선 사람의 차를 탈 때 내가 신뢰하는 대상은 그 차를 운전하는 사람일까? 내 신뢰 중 어느 정도가 우버라는 회사와 그 팀으로 향할까? 나는 우버라는 브랜드를 얼마나 신뢰할까? 나는 플랫폼, 앱, 결제 시스템, 평가 제도, 정체 모를 가격 책정 알고리즘을 얼마나 신뢰할까? 이 질문의 답은 사람과 회사와 브랜드 사이에서 형성되는 신뢰의 역사에서 찾을 수 있다.

100명이 넘지 않는 작은 공동체를 이루고 살던 시대가 있었다. 누구나 서로 아는 사이일 정도로 사람들의 관계는 긴밀했다. 누가 신뢰할 만하고 누가 못 미더운지 바로 알 만큼 가까이 붙어살았다. 작은 공동체가 마을이 되고 마을이 다시 소도시가 되는 사이, 인구는 '던바의 수Dunbar's Number'로 알려진 범위를 한참 뛰어넘었다. 옥스퍼드 대학교의 유명한 심리학자이자 인류학자인 로빈 던바Robin Dunbar는 인간의 뇌에서 사회집단으로 감당할 수 있는 사람의 수는 평균 150명 정도라고 했다. 물론 한 사람이 500명과도 친구가 될 수 있다. 심지어 페이스북에서는 5,000명과도 친구가 될 수 있다. 하지만 온라인이든 오프라인이든 안정적이고 의미 있는 관계를 유지할 수 있는 대상의 수는 150명을 넘지 않는다. 150명 가운데 핵심 집단 15명은 한 개인이 살면서 타인에게 가장 많이 의지해야 하는 순간에 믿고 기댈 수 있는 사람들이다. 이 중요한 인간관계 집단은 유동적이다. 이번 주에 어떤 친구에게 비밀을 털어놓았다고 해서 다음 달에도 또 그 친구를 찾아가란 법은 없다. 우리 뇌는 던바의 '지인 수준 acquaintance level'[20], 곧 이름과 얼굴을 알아볼 수 있는 정도라면 최대 500명까지 감당할 수 있다.

그러나 던바의 수를 한참 넘는 사람들이 모여 큰 마을을 이루고 살면서 직접적으로 아는 관계를 중심으로 한 친밀한 신뢰 집단을 유지하는 게 힘들어졌다. 이제는 평판이 중요한 자산이 되었다. 제빵사가 좋은 빵을 만들면 그 빵을 사 먹은 사람들이 다른 사람들에게 빵이 맛있다는 말을 퍼뜨린다. 마찬가지로 동네 대장장이가 일을 못하거나 어떤 사람이 빌린 돈을 갚지 않아도 금방 소문이 난다. 이런 역학 관계에서 대부분은 계속 사람들의 기대에 부응하려고 노력한다. 진화생물학자 로버트 액설로드Robert Axelrod는《협력의 진화The Evolution of Cooperation》라는 책에서 '미래의 그림자'[21]라는 개념으로 사람들이 만나거나 다시 만날 가능성이 있고(한 번의 만남으로 끝날 때와 반대로) 이전의 행동을 기준으로 평가받을 수 있다고 인지할 때 보다 우호적이고 협조적으로 행동하는 현상을 설명했다.[22] 이처럼 지역 사회에서 일하거나 장사하는 사람들은 현재의 행동이 미래의 기대에 영향을 미칠 수 있다는 것을 안다. 마그레브의 상인들처럼 꾸준히 협조하면 공동체 안에 계속 머물 수 있다는 약속이 주어지는 것이다.

오늘날 '브랜드'라고 부르는 개념의 초기 형태도 개인의 평판에 좌우되었다. 유명한 농기계 회사인 존 디어John Deere는 혁신적인 쟁기를 발명한 일리노이주 출신의 젊은 대장장이 사업가가 1830년대에 설립한 회사다. 식품 회사 마스Mars는 프랭크 C. 마스Frank C. Mars가 워싱턴주 터코마에 있는 자신의 집 주방에서 버터크림 캔디를 만들어 팔기 시작하면서 소박하게 시작한 회사다. 이런 초기 브랜드는 제품과 서비스가 주로 특정 인물이나 이름이나 얼굴을 연상시키지, 대기업을 연상시키지 않는다.

1800년대 후반, 도시가 커지고 대량생산이 확산되자 신뢰도 산업화의 속도와 규모에 보조를 맞춰 변해야 했다. 지역 상인들이 대규모 회사로 발전하면서 개인과 개인의 신뢰는 더 이상 확실한 보증이 되지 않았다. 이런 상황에선 우리가 구입한 제품이나 서비스의 품질을 어떻게 확인해야 할까? 물을 타서 희석하기 쉬운 상품인 맥주를 예로 들어보자.

1777년 윌리엄 바스William Bass가 설립한 바스 브루어리Bass Brewery는 영국 최대의 맥주 회사 중 하나로 성장했다. 19세기 산업이 호황을 맞으면서 1876년 바스 브루어리는 특유의 빨간색 삼각형 로고와 브랜드를 등록해서 사람들에게 품질에 대한 믿음을 심어주었다.[23] 이는 영국 상표등록법Trade Mark Registration Act상 최초로 등록된 상표이기도 하다. 새로운 브랜딩brainding(광고와 홍보를 통한 지속적인 노력으로 상품의 이미지를 형성해서 이미지만으로 상품과 회사를 알리는 마케팅 방법 – 옮긴이)의 탄생이었다.

뉴욕시립대학교 퀸즈칼리지의 미디어 이론 교수이자 작가인 더글러스 러시코프Douglas Rushkoff는 이렇게 말했다. "브랜드는 산업시대의 비인간화를 보완하기 위한 방법으로 출현했다. 제품 이면의 사람을 믿어야 하는 필요성이 큰 제품일수록 출처와 신뢰성의 상징으로서 브랜드가 더 중요해졌다."[24]

이제 신뢰는 중앙에 집중되고 하향식이 되었으며 불투명해지고 통제되고 제도화되었다. 규칙과 규제, 회계 감사원, 시장분석가, 거래개선협회Better Business Bureau, BBB 같은 보험사가 번창하면서 사람들은 직접적인 신뢰 집단에서 벗어나 거래할 수 있게 되었다. 그러다 20세기 중반에 기업들은 새로운 난관에 부딪혔다. 표준화된 제품과 서비스 환경에서, 무수한 제품과 서비스 중에서 어떻게 소비자의 눈길을 사로잡을 수 있을까?

처음에는 브랜드 정체성을 개발해서 상표와 로고, 포장, 고객에게 약속하는 표어로 눈에 띄는 방법에 기댔다. 옥소OXO의 스톡큐브는 "요리가 쉬워진다"고 약속했고, 라바Lava 비누는 "어떤 비누와도 다른 깨끗함"을 약속했다. 그런데 1950년대에 프록터앤갬블Procter and Gamble, 유니레버Unilever, 제너럴푸즈General Foods는 이런 실용적인 약속만으로는 부족하다고 판단했다. 문제는 모든 세제와 냉동 콩이 거의 비슷한 기능을 한다는 데 있었다.

소비자가 다른 제품보다 특정 제품을 선택하게 만드는 이유를 설명할 수 있을까? 여러 가지 요인 가운데 허영과 궁핍, 상태 불안, 열망, 향수, 희망이 두드러졌다. 마케팅 담당자들은 달라진 소비자 심리를 이용하기 시작했다. 거창한 브랜드 제안으로 기능적인 혜택과 정서적 가치를 혼합한 것이다. 이른바 "이 브랜드를 사거나 이용하면 나는……"이라는 접근법이었다. 코카콜라는 설탕이 든 음료를 만드는 게 아니라 우리에게 '상쾌함'을 주는 제품을 만들었다. 디즈니는 영화를 만드는 게 아니라 꿈을 찬미하는 역할을 했다. 나이키는 운동화를 파는 게 아니라 우리에게 영감을 불어넣었다. 브랜드가 고객에게 자신의 무언가, 무형의 무언가를 표출하게 해준다는 개념은 당시로선 혁신이었다. 결정적으로, 다소 인위적이기는 해도 브랜드는 소비자와 다국적기업 사이에 친밀감과 연결성을 끌어냈다. 소비자들이 '와, 저 사람들이 내게 관심을 가져주네'라고 생각하게 만든 것이다. 결과적으로 근사한 포장과 눈길을 끄는 슬로건을 내건 브랜드들은 우리 삶에서 엄청난 힘과 영향력을 발휘할 수 있었다.

하지만 21세기 소셜미디어가 출현하면서 모든 것이 달라졌다. 마케팅 담당자들은 신뢰가 소비자에게 영향을 주는 방식에 일어난 지각 변동에 직면했다. 사람들은 이제 아무런 제약 없이 상품평과 피드백, 평가와 평점, 사진 게시물과 '좋아요'를 나누면서 자신의 경험을 대대적으로 공유하기 시작했다. 전에는 '고분고분한 소비자'였지만 이제는 참가자이자 홍보대사가, 호락호락하지 않고 실망하면 가차 없이 비판하는 주체가 된 것이다. 캘로그의 시리얼 브랜드인 라이스 크리스피Rice Krispies가 정말로 아이의 면역력을 키워줄까? 뉴발란스의 토닝toning 운동화가 정말로 오금과 종아리를 움직이는 숨은 보드 기술로 칼로리를 태워줄까?

기업들이 거창한 광고를 제작하려고 해도 과장 광고나 허황된 주장을 넣는 게 훨씬 어려워졌다. 기업들은 이제 진실한 경험을 전달하고 투명성을 추구해야 한다. 고객의 말에 귀를 기울이고 고객과 소통하고 고객의 요구를 실시간으로 반영해야 한다. 기업들은 중앙에서 신뢰를 구축하고 통제할 수 있었던, 직접 통제하던 시대에 안녕을 고해야 했다.

그러면 시계를 빨리 돌려서 현재로 와보자. 이제 신뢰를 구축하고 관리하고 상실하고 회복하는 방식은 다시 하향식으로 바뀌었다. 플랫폼이 사회적 촉진자 역할을 하는 시스템을 구축한 것이다. 이런 시스템은 우리를 상품, 탑승, 만남, 여행, 추천과 연결해준다. 고객이 공동체를 이루고, 이런 공동체가 그 자체로 브랜드의 성공과 실패에 영향을 미치는 플랫폼이 된다. 최근 닐슨Nielsen에서 실시한 설문조사 결과에 따르면 가장 신뢰할 만한 광고는 우리가 알고 믿는 사람들에게 직접 들은 내용이었다. 응답자의 80퍼센트 이상이 친구와 가족의 추천을 전적으로 혹은 어느 정도 신뢰한다고 답했다. 그리고 3분의 2가 온라인의 고객 상품평을 신뢰한다고 답했다.[25]

메리어트 호텔과 에어비앤비를 비교해보자. 과거에 사람들은 호텔 체인을 신뢰했다. 사람들은 호텔 브랜드를 보고 그곳에 숙박하면 안전할 거라고 생각했다. 에어비앤비를 이용하려면 플랫폼과 호스트와 게스트 사이의 연결성을 믿어야 한다. 달리 말하면, 신뢰가 플랫폼에도 있고 공동체 사람들 사이에도 있어야 한다. 이것이 바로 분산적 신뢰의 새로운 패러다임과 제도적 신뢰의 낡은 패러다임을 가르는 중요한 역학 중 하나다.

▎ 분산적 신뢰의 성공, 신뢰장벽에 달려 있다

서른여섯 살의 조 게비어는 에어비앤비 공동창업자이자 최고제품책임자다. 게비어는 엔지니어가 아니라 디자이너로, 로드아일랜드 디자인 대학교에 다닐 때 훗날 에어비앤비의 공동창업자가 될 브라이언 체스키를 만났다. 나는 2009년 첫 책《위 제너레이션》을 쓸 때 그를 만났다. 에어비앤비의 시장이 막 형성되기 시작한 때로, 에어비앤비가 수십억 달러 가치의 기업이 되기까지는 아직 한참 남은 때였다. 샌프란시스코에서 만난 두 사람은 공기 매트리스에 앉아 회사를 창업한 과정을 열심히 들려주었다. 지금은 널리 알려진 이야기다.

게비어, 체스키와 마찬가지로 공동창업자인 네이선 블레차르지크는 좋은 의도로 에어비앤비를 시작했다. 그때만 해도 에어비앤비가 이렇게 거대해지리라고는 누구도 짐작하지 못했다. 1만 6,000제곱미터 넓이의 번드르르한 사무실을 갖추고 에어비앤비로 숙박을 예약하는 게스트가 하룻밤 평균 200만 명에 달하는 지금, 이 같은 성공으로 인해 의도치 않은 결과도 우후죽순처럼 나타났다. 일례로 해당 지역의 집세가 왜곡되고, 특히 저소득층의 주택난이 심각해지는 현상에 에어비앤비가 어느 정도 기여했다는 주장이 있다. 그럼에도 불구하고 신뢰 구축 면에서 에어비앤비는 독보적인 행보를 보이고 있다.

게비어는 에어비앤비의 설계와 기술과 사람들을 연결하는 역량을 열심히 소개하면서도 에어비앤비는 기술 회사가 아니라 '신뢰 사업'이라는 점을 누구보다 먼저 인정했다. 게비어는 TED 강연에서 에어비앤비가 신뢰를 얻기 위해 어떻게 설계하는지 설명했다.[26] "우리는 적절히 설계하면 사람들이 낯선 사람은 위험하다는 편견에서 벗어날 거라는 희망에 회사의 명운을 걸었습니다. 다만 이런 편견을 떨쳐낼 준비가 된 사람이 정확히 얼마나 될지는 몰랐습니다."

게비어는 에어비앤비의 사업 모델에 위험 요인이 있다는 데 동의했다. "물론 문제가 발생할 수도 있습니다. 게스트가 허락도 없이 파티를 열기도 하고, 집을 엉망으로 만들어놓기도 합니다. 호스트가 게스트를 빗속에 세워둔 일도 있었습니다. 초기에는 제가 직접 고객 서비스를 담당했는데, 휴대폰으로 이런 불만 전화를 끊임없이 받았습니다. 신뢰가 깨지는 현장의 최전선에 있었던 셈이죠. 그런 전화를 받는 일만큼 고역도 없을 겁니다. 생각만 해도 속이 쓰린 경험이었죠."

게비어는 에어비앤비가 '양쪽을 다 아는 친구'로서 새로운 친구들과 새로운 집을 소개하고 새로운 경험을 전하는 역할을 한다고 설명했다. "우리는 서로 만난 적 없는 두 사람이 관계를 맺을 수 있도록 조건을 만들어주어야 합니다. 두 사람을 소개하고 난 다음에는 옆으로 빠져줘야 하고요."[27] 에어비앤비의 역할은 우버의 역할과는 약간 다르다. 에어비앤비에서는 호스트나 게스트가 직접 신뢰 대상을 선택한다. 이용자들이 플랫폼에 원하는 요구 사항은 비슷하다. 나쁜 일이 일어날 위험을 줄여주고 문제가 생기면 나서서 해결해주기를 원한다. 게비어는 이렇게 말했다. "사람들이 에어비앤비에 바라는 가장 큰 역할은 문제가 발생하거나 계획에 차질이 생겼을 때 그들을 지지해주는 겁니다. 그것만 잘해내도 80퍼센트는 된 겁니다."

신뢰의 욕구 위계

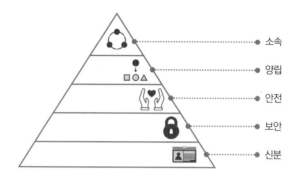

서른세 살의 알록 굽타Alok Gupta는 월스트리트에서 초단타 매매 high-frequency trade 전문으로 거래하고 옥스퍼드 대학교 수학과에서 연구원으로 일하던 사람이다. 그는 방대한 데이터 세트에서 일정한 양상을 찾아내 결과를 예측하는 일을 좋아했다. 3년 전 에어비앤비에 합류한 굽타는 데이터과학 관리자로 일하면서 새로운 문제, 곧 온라인과 오프라인의 신뢰 문제에 그의 재능과 생각을 적용하고 있다. 이를테면 사람들이 디지털 도구를 통해 직접 만날 때 발생하는 문제에 관심이 있다. 굽타는 이렇게 말했다. "에어비앤비는 개인을 신뢰하는 문제에 있어 고객을 대신해 어려운 일을 맡아 처리하는 역할을 자처하는 것 같습니다. 한 번도 본 적 없는 사람을 신뢰하는 데는 장벽이 있게 마련입니다. 에어비앤비는 공간을 메워서 고객이 그 장벽을 넘도록 도와줍니다."[28]

굽타는 에어비앤비가 불확실성을 줄이기 위해 개발한 '방어 장치'

에 대해 설명했다. 예를 들어, 2011년 한 호스트가 샌프란시스코의 아파트를 빌려줬다가 집이 난장판이 된 'EJ 사건'을 계기로 에어비앤비는 재산 피해에 대해 예약 1건당 최대 100만 달러를 보상해주는 '호스트 보장' 제도를 도입했다. 2013년에는 '에어비앤비 검증 ID' 제도를 도입해 개인의 온라인 ID가 그 사람의 운전면허나 여권 같은 오프라인의 개인정보와 일치하는지 확인하는 방법을 마련했다.[29] 에어비앤비는 블로그에 이 제도의 도입을 공지하면서 이렇게 밝혔다. "신뢰성 있는 공동체에는 익명성이 들어설 여지가 없습니다. 신뢰와 검증, 이 둘은 함께 갑니다." 굽타와 그의 팀 앞에는 집을 빌려서 매매춘하는 게스트부터 구태의연한 차별 문제까지 갖가지 난관이 놓여 있다.

한편, 에어비앤비와 관련, 2014년 1월 하버드 경영대학원 연구자들이 발표한 연구 보고서 한 편이 논란을 일으켰다. 이 보고서에 따르면 에어비앤비 호스트 중에는 비非흑인이 흑인보다 평균 12퍼센트 요금을 더 청구했다. 1박에 비흑인은 144달러, 흑인은 107달러를 받은 것으로 나타났다.[30] 2016년 9월에 같은 연구에서 6,000개의 리스트를 검토한 결과, '태니샤 잭슨' 같은 아프리카계 미국인으로 보이는 이름이 '앨리슨 설리번'같이 백인으로 보이는 이름보다 에어비앤비 호스트로 승인받을 가능성이 16퍼센트 낮았다. 특히 논란이 된 결과는 일부 에어비앤비 호스트가 흑인으로 확인된 사람에게 집을 빌려주느니 그냥 집을 비워두는 쪽을 선택했다는 사실이었다.[31]

미국에서는 1964년 제정된 시민권법Civil Rights Act 제2장에 따라 식당, 극장, 모텔, 호텔 같은 '공공장소'의 인종차별을 명시적으로 금지하고 있다.[32] 다만 시민권법에는 본인 소유의 집에서 방 5개 미만을 빌려주는 경우에 관한 예외 조항이 있다. 에어비앤비 호스트 다수가 여기에 해당한다. 미국시민자유연맹American Civil Liberties Union 워싱턴 법제실의 전 의장 로라 W. 머피Laura W. Murphy는 말했다. "에어비앤비 플랫폼에는 상대가 어떤 사람이라거나 외모가 어떻다는 이유로 차별당하는, 용납할 수 없는 사례가 지나치게 많습니다." 머피는 에어비앤비가 현장에서 차별에 맞설 방법에 관한 청사진을 제시하는 역할을 맡고 있다.[33]

이와 관련, 격렬한 항의가 터져 나오면서 에어비앤비 이용자들은 소셜미디어에 '#AirbnbWhileBlack'이라는 해시태그를 달고 인종 때문에 예약을 거부당하거나 취소된 사연을 공유하기 시작했다. 예를 들어 @MiQL라는 트위터 이용자는 이렇게 올렸다. "아내와 함께 휴가로 w/@Airbnb에 예약하려고 했습니다. 분명 '빈 방 있음'으로 표시되어 있던 호스트가 '빈 방 없음'이라는 답변을 보내더군요. 백인 친구는 '빈 방 있음'이라는 연락을 받았습니다."[34] 이용자가 신뢰성을 입증하기 위해 입력한 신상정보와 사진이 차별의 도구가 된 것이다. 사실 분산적 신뢰가 항상 공정하거나 평등하게 분산되는 것은 아니다.

하버드 경영대학원 연구자들 중 한 사람인 벤 에델먼Ben Edelman은 에어비앤비가 그의 연구 결과에 보내온 첫 반응은 '일종의 부정'이었다고 말했다.[35] 차별에 관한 연구가 실시된 지 9개월이 지나고 점점 압박이 커지자 에어비앤비는 편견과 편협성을 근절하기 위한 차별 반대 정책과 약속을 담은 개략적인 보고서를 발표했다. 에어비앤비는 이용자 사진이 부각되는 정도를 최소로 줄이고 호스트의 사전 승인 없이 예약 가능한 '즉시 예약'의 비율을 늘리는 등 보완 조치를 취했다.[36]

그런데 왜 그전에는 플랫폼에서 발생하는 차별을 인지하지 못했을까? 사각지대가 있었기 때문이다. 게비어와 체스키, 블레차르지크는 젊은 백인 남자다. 에어비앤비의 이용자 다수가 겪을 법한 차별을 경험해본 적이 없는 부류라는 뜻이다. "에어비앤비에는 차별이 들어설 자리가 없습니다. 차별은 우리가 지향하는 가치를 거스릅니다." 게비어의 말이다. 2016년 3월에 에어비앤비는 미국 국무부에서 다양성 부문에서 중요한 역할을 담당했던 데이비드 킹 3세David King Ⅲ를 다양성과 소속감에 관한 첫 번째 책임자로 고용했다. 킹은 유능한 엔지니어와 데이터 과학자로 구성된 팀에서 호스트의 행동 양상을 확인하고 폭넓은 플랫폼을 만들기 위한 솔루션을 찾아내는 일을 맡았다.

그런데 무의식적 편견을 어떻게 몰아낼 수 있을까? 오프라인의 편견이 온라인으로 이전되는 현상을 바로잡기란 대단히 어렵다. 알다시피 온라인은 아직 미지의 영역이다. 게비어는 차별을 줄이거나 없애는 환경을 조성하려면 새로운 시스템, 새로운 구조가 필요하다고 보았다.

게비어는 20세기 초 자동차를 타는 사람의 수를 혁신적으로 끌어올린 초창기 포드 모델 T를 예로 들었다. "포드 모델 T는 에어비앤비와 유사점이 많습니다. 초창기 모델 사진을 보세요. 문이 없습니다. 깜빡이도 없고요. 안전한 승차에 필요하다는 이유로 지금까지 포드가 추가해온 모든 요소가 없습니다. 가끔 에어비앤비가 포드 모델 T와 비슷하다는 생각이 듭니다. 우리는 아직 깜빡이를 달지 않은 차와 비슷합니다."

1865년 영국 정부는 '기관차량조례Locomotive Act'를 통과시켰다. 보행자와 마차에 자동차가 가까워질 경우 알리도록 규정한 법이다. 이 조례에 따르면 기관차나 자동차는 운전사, 기관원과 함께 차량보다 최소 55미터 앞에서 붉은 깃발을 들고 걸어가는 사람까지 세 명 이상 고용해야 했다. '적기 조례Red Flag Law'라고 불린 이 조례로 인해 도시에서는 자동차가 시속 3킬로미터 이상으로 달리지 못해서 신문물인 자동차의 활용도가 제약되었다. 역사적으로 자동차는 신뢰 도약을 가능케 하는 새로운 기술로 인해 새로운 '위험한' 행동을 초래하기도 하고(예를 들어 기계적으로 속도를 높이는 행동), 입법자들에게 성가신 과제를 부여하기도 하는 선례를 남겼다. 선례가 없다면 어떤 정책과 제약이 공공의 이익에 도움이 될지 어떻게 알겠는가?

▎ 신뢰 기술자들이 조율하는 세상

UC 버클리 정보대학의 부교수인 사회심리학자 코이 체셔Coye Cheshire는 10년 이상 인터넷으로 인한 위험과 신뢰가 어떻게 변화했는지 연구했다. 체셔는 인간이 불확실성 앞에서 어떻게 위험을 감수하는지 이해하고 싶어 했다. 그가 2011년에 쓴 〈온라인 신뢰인가 신뢰도인가 확실성인가?〉[37]라는 논문은 주목할 만하다. 이 논문에서 그는 개인적 신뢰(인간 대 인간)와 시스템 신뢰(인간 대 시스템) 사이에는 차이가 있다고 주장했다. 그는 여전히 사람과 기술 사이에 이런 차이가 유효하다고 생각할까?

"당시 시스템은 전화나 컴퓨터를 의미했습니다. 사실 기계를 매우 단순한 관점으로 바라봤기 때문에 지금처럼 시스템이 우리를 배신할 수 있을 거라고는 생각하지도 못했습니다." 예를 들어 감정과 기분을 표현하는 챗봇은 단순히 전자레인지로 음식을 조리하는 것과는 크게 다르다. "오늘날 시스템에는 사람들이 이용하는 온라인 플랫폼부터 기계의 정의에 대한 생각을 모호하게 만드는 방식으로 인간의 역할을 대신하는 자동 에이전트에 이르기까지 모두 포함되어 있습니다."[38]

체셔는 이제 신뢰가 훨씬 복잡한 비즈니스가 되었음을 인정한다. "우리는 복잡한 알고리즘으로 정보를 관리하고 결정하는 시스템을 사용합니다. 하지만 시스템이 워낙 복잡해서 우리 머리로는 이해하기 어렵습니다." 가령 1969년 인간을 달에 착륙시키는 데는 14만 5,000개의 명령행이 필요했다.[39] 오늘날 구글 인터넷 서비스를 실행하는 데는 20억 개 이상의 명령행이 필요하다. 이는 6,200만 개 이상이 필요한 페이스북을 압도하는 수준이다.[40] "저는 원래 인간과 인간 사이의 신뢰와 온라인 플랫폼에 대한 신뢰를 비교하는 것은 터무니없다고 생각했습니다. 그런데 인지 능력의 일부를 이런 플랫폼에 맡긴 지금은 제 생각이 맞는지 확신이 서지 않습니다."

과거의 기술자들은 도로, 철도, 가스관, 다리 같은 물리적 기반시설을 건설했다. 오늘날의 기술자들은 새로운 사회적 기반시설을 설계한다. 친구와 가족과 낯선 사람들을 연결해주는 온라인 다리를 설계하는 것이다. 이런 사람들을 '**신뢰 기술자**trust engineer'라고 한다. 이들의 목표는 우리가 스스로 위험을 감수하는지도 모르는 지점으로 우리를 밀어넣는 데 있다. 이들은 마치 마법처럼 그렇게 한다. 우리는 가장 가까이 있는 차량이나 가장 잘 어울리는 데이트 상대를 추천받으면서 갖가지 번거로운 과정이나 극적인 사건을 겪지 않아도 된다. 그러나 맹목적인 믿음이 지나치다 보면 문제가 발생할 수도 있다. 믿어서는 안 되는 사람들을 지나치게 믿어버리게 될 수 있는 것이다. 술집에서 친구들과 어울리다가 총격 사건의 범인인 달튼의 우버 택시에 탄 마크 던튼이 그랬다. 던튼은 미친 듯이 총을 쏘고 돌아다니는 사람이 있다는 뉴스를 듣고 잠시 달튼을 의심했지만 설마 아무에게나 총질하는 사람이 아직 우버 앱에 뜨고 승객을 태울까 싶었다고 했다.

얄궂게도 현재 우리가 당면한 문제는 우리가 너무 빠르고 쉽게 믿어버린다는 데 있다. 비단 우버 같은 차량 공유 플랫폼만의 문제가 아니다. 데이트를 원하는가? 틴더나 범블Bumble, 해픈Happen, 팅글Tingle을 다운로드해서 간단히 몇 가지만 설정하면 된다. 스마트폰 앱에 누군가의 프로필이 뜨고 그 사람의 외모가 마음에 들면 선택하면 그만이다. 사진 몇 장과 몇 마디 말로 신뢰 과정이 신속히 진행된다. 이처럼 신뢰 과정에 속도가 붙으면 충동적이 되기 쉽다. 이럴 때일수록 의식적으로 속도를 늦추고 심사숙고해서 결정해야 한다.

뉴스는 어떤가? 기사를 읽거나 동영상을 보지도 않고 링크를 공유한 적이 있는가? 컬럼비아 대학교와 프랑스국립연구소French

National Institute 컴퓨터 과학자들이 실시한 최근 연구에 따르면 트위터에 공유된 링크의 59퍼센트가 클릭하지도 않은 채 공유된 것으로 나타났다.[41] 이 연구의 공동저자인 아르노 르구Arnaud Legout는 이렇게 말했다. "사람들은 기사를 읽기보다 공유하고 싶어 한다. 현대인의 전형적인 정보 소비 방식이다. 사람들은 자세히 알아보려 하지 않고 요약이나 요약의 요약만 보고 자기 의견을 정한다."[42]

2017년 1월 29일, 백악관 언론 담당 비서 숀 스파이서Sean Spicer는 '디 어니언The Onion'이라는 풍자 사이트의 동영상을 강조해서 개인 계정에 리트윗했다. "트럼프 행정부에서 @SeanSpicer의 역할은 미국 국민들에게 오보를 강렬하고 선명하게 표현해서 전달하는 것이다." 디 어니언의 장난스러운 트윗이었다. 한 시간쯤 지난 뒤 스파이서는 이 게시물을 리트윗하면서 "정곡을 찔렀네요"라고 덧붙였다.[43] 사실 이 동영상에는 스파이서에 관한 미심쩍은 '사실들'이 담겨 있었다. 과거 NPR 내셔널 데스크 선임기자로서의 행적(거짓)이나 그가 정장 재킷 가슴 주머니에 꽂은 하얀 손수건이 0.6센티미터로 보인다거나, 그의 '방어적인' 말투를 문제 삼거나, 고의로 언론에 거짓말했다는 내용이었다. 스파이서가 유머 감각을 발휘해 이 동영상을 비꼬는 반응을 보인 것일까? 그보다는 동영상을 보지 않았거나 제목을 제대로 보지 않아서 자기를 조롱하는 영상이란 걸 모른 채 공유했을 가능성이 높다. '가짜 뉴스'와 미디어 선동의 시대인 요즘, 이런 일은 과거 어느 때보다 많은 문제를 일으키고 있다.

효율성은 신뢰의 적이 될 수 있다. 신뢰는 약간의 마찰을 요한다. 시간이 투입해야 하고, 투자와 노력도 필요하다. 작가 사이먼 사이넥

Simon Sinek은 이렇게 말했다. "신뢰는 하루아침에 어느 한 사건으로 생기는 게 아닙니다. 신뢰는 서서히 일관된 과정을 거치면서 쌓이므로 우리는 이런 사소하고 무해한 소통이 일어날 수 있는 장치를 마련해야 합니다."[44] 물론 시스템이 완벽하게 그럴듯해서 우리가 위험을 감수하거나 거짓을 공유하는지 알아채지 못할 때도 있다.

코이 체셔는 이렇게 말했다. "문제는 결국 사회적 반투명성으로 귀결됩니다. 우리의 행동과 소통이 일어나게 하는 기본 장치인 사회적 소통이 얼마나 많이 일어나고 그중에 어느 정도가 보이는가?" 현재로서는 투명성이 높아 보이지 않는다고 체셔는 지적했다. 인터넷 거물들의 '블랙박스'를 깨트려서 우리가 날마다 소통하지만 아는 것이 거의 없는, 그래서 과도하게 신뢰하게 되는 시스템의 배후 조작을 파헤쳐야 한다.

사회적 반투명성이 현실에서 어떻게 작용하는지 보여주는 단적인 예가 있다. 우편으로 보내야 할 중요한 물건이 있다면 우체국에 직접 가지, 그냥 상자에 넣어 길가에 놓아두고 요행히 전해지기를 바라지는 않을 것이다. 소포를 우체국 직원에게 건네고 요금을 지불하면 직원이 배송 추적 영수증을 주는데, 영수증에는 온라인으로 소포의 배송 단계를 추적할 수 있는 번호가 적혀 있을 것이다. 이것이 사회적 반투명성이다. 무슨 일이 벌어지는지 알려주는, 눈에 보이는 단서가 존재한다. 체셔는 이렇게 지적했다. "온라인 시스템에서는 이런 반투명성이 깨집니다. 인터넷 사이트에 신용카드 정보를 입력하는 과정을 예로 들어봅시다. 사이트에 정보를 넘긴 뒤 정보는 한 방향으로만 흐릅니다. 우리는 우리의 자세한 개인정보를 안전하게 보관할 거라고 생각하며 무작정 시스템을 신뢰합니다."

온라인 시스템은 오즈의 마법사처럼 마법을 부리는 것처럼 보인다. 우리 눈에는 외곬의 수학 천재들이 대부분일 인간 집단이 보이지 않는다. 사람과 장소, 사물과 개념에 등급을 매기고 대신 선택해주고 짝을 맺어주는 시스템 속 유령들은 우리에게 보이지 않는다. 우리가 이렇게 무지한 데는 우리가 자처한 측면도 있다. 사람들은 자기 삶이 얼마나 지속적으로 알고리즘의 메시지에 통제받는지 알아보려 하지 않는다. 그저 모든 것이 공명정대할 거라고 무작정 믿어버린다.

몇 년 전 사회심리학자이자 데이터 과학자인 애덤 D. I. 크레이머 Adam D. I. Kramer가 세계에서 가장 규모가 큰 인간 행동 실험실인 페이스북을 이용한 실험을 설계했다. 코넬 대학교와 크레이머의 페이스북 연구팀이 공동으로 '감정 전염' 현상을 연구한 것이다. 친구가 온라인 소셜네트워크에 표현한 감정이 우리의 기분에 영향을 미칠까? 다시 말해서 온라인상의 감정이 타인에게 전달될까? 전달된다면 어떻게 전달될까?

연구자들은 2012년 일주일간 페이스북의 알고리즘을 수정하는 방법으로, 무작위로 선정된 68만 9,003명의 뉴스피드에 뜨는 정서적인 내용을 당사자 모르게 조작했다. 사용된 단어를 기준으로 게시물을 '긍정적(끝내준다!)'이거나 '부정적(실망이다)'인 내용으로 분류한 것이다. 한 집단에는 뉴스피드의 긍정적인 내용을 줄이고, 다른 집단에는 부정적인 내용을 줄였다. 크레이머는 설명했다. "우리가 이런 연구를 실시한 이유는 페이스북의 정서적 영향을 알아보기 위해서였습니다. 흔히 친구들의 긍정적인 게시물을 보면 부정적이거나 소외된 감정이 생길 거라고 우려하는데 이를 연구해볼 필요가 있다고 생각했습니다. 더불어 친구들의 부정적인 게시물에 노출되면 이용자들이 페이스북에 들어오고 싶어 하지 않는지도 알아보고 싶었습니다."[45]

게시물을 조작한 결과, 이용자의 감정 상태에 변화가 일어났을까? 연구 결과로는 그랬다. 조작된 게시물에 노출되자 일부 이용자의 행동에 변화가 일어났다. 뉴스피드에서 긍정적인 단어를 제거한 집단의 이용자들은 긍정적인 게시물을 적게 올리고 부정적인 게시물을 많이 올렸다. 반대로 조작한 집단에서는 반대 결과가 나왔다. 사람들이 무작정 따라하는 현상의 온라인 버전일 수도 있고, 단순히 뱁새가 황새 따라가는 현상일 수도 있다. 크레이머와 연구자들은 2014년 〈미국국립과학원회보Proceedings of the National Academy of Science〉에 실린 논문에 이렇게 적었다. "연구 결과, 친구들이 온라인 소셜네트워크에서 표현한 감정이 우리 기분에 영향을 미치는 것으로 나타났습니다. 이 결과는 소셜네트워크에서 발생하는 대규모 감정 전염에 관한 첫 번째 증거입니다."[46]

이 같은 연구 결과가 발표되자 대대적인 논란이 일어났다. 이 연구가 주목받은 이유는 실험 결과 때문이 아니었다. 연구자들도 인정하듯, 연구 결과는 관찰된 변화의 1퍼센트의 10분의 1에 불과할 정도로 미미한 수준이었다(물론 페이스북의 규모를 감안하면 미미한 효과라 해도 온라인 따돌림 같은 대규모 사회적 결과를 야기할 수 있다). 사람들이 분노한 이유는 윤리 문제 때문이었다. 연구자들은 '인간 피험자 연구'를 감독하는 내부심사위원회Internal Review Board, IRB나 이 연구의 조작 대상인 수많은 페이스북 이용자에게 사전 동의를 구하지 않았다. 논란이 거세지자 페이스북은 18억 6,000만 이용자들이 페이스북에 가입할 때 서비스를 제공하는 조건으로 개인정보를 수집하고 보관하는 조항에 동의하면서 이런 연구에 포괄적으로 동의한 셈이라고 주장했다. 페이스북은 데이터 이용 정책을 통해 고객들에게 "페이스북이 수집한 고객 정보는 …… 문제 해결, 데이터 분석, 점검, 연구, 서비스 향상을 비롯한 내부 조작에 이용할 수 있다"[47]고 경고한다. 우리가 페이스북에 로그인한 대가는 생각보다 클 수 있다.

페이스북에서든 다른 플랫폼에서든 이용자들이 '동의' 상자에 기꺼이 표시하는 것은 방대한 개인정보를 생각 없이 넘겨주는 행동에 불과하다. 노스캐롤라이나 대학교의 사회학자이자 《트위터와 최루가스Twitter and Tear Gas》의 저자인 제이넵 투펙치Zeynep Tufekci는 이렇게 말했다. "이런 행동 덕분에 21세기 들어 사람과 거대 기관 사이의 큰 권력 이동이 일어났다. 대기업과 정부와 정치운동가들은 새로운 도구와 은밀한 방법으로 우리의 성격과 약점을 파악하고, 우리의 관계망을 알아내고, 우리의 생각과 욕구와 꿈에 효과적으로 영향을 미치고 있다."[48]

페이스북은 이 사건으로 오명을 남겼다. 그런데 페이스북이 이용자들에게 행복해지거나 슬퍼지도록 조작당하기를 바라는지 여부를 '상자에 표시'해달라고 명확히 요청해야 했을까? 소셜미디어에 온갖 의견이 쏟아졌다. "페이스북 관계자들의 뇌에선 '이건 아주 섬뜩한 짓거리야'라고 생각할 만한 영역이 사라진 걸까?" 페이스북의 연구 결과가 발표된 지 며칠 후 @sarahjeong이라는 트위터 계정에 올라온 의견이다. @Tomgara라는 트위터 이용자는 이런 트윗을 올렸다. "가장 디스토피아적인 악몽 같은 기술 회사라는 명성을 얻기 위한 페이스북의 인상적인 성과."[49] 사람들은 실험쥐 취급을 당했다는 불쾌한 느낌을 받았다.

그러나 학자와 연구자들은 사람들이 느끼는 충격과 분노의 정도에 놀라워 했다. 사람들은 이런 플랫폼이 수상적은 알고리즘을 통해 우리 눈에 보이는 정보를 엄청난 수준으로 통제한다는 사실을 정말 몰랐단 말인가? 페이스북은 버즈피드BuzzFeed와 업워시 같은 콘텐츠 사이트처럼 끊임없이 알고리즘에서 하나의 손잡이를 돌리고 다른 손잡이를 비틀어보면서 눈에 잘 띄는 광고 배치를 고민하고 우리가 게시물을 더 많이 읽고 더 많이 올리게 만들 방법을 찾는다. 통계적으로 페이스북 이용자가 페이스북 실험의 실험쥐가 될 가능성은 얼마나 될까? 페이스북에 따르면 100퍼센트다. 페이스북의 데이터 과학자 댄 퍼렐Dan Ferrell은 "어느 한순간에 어느 한 페이스북 이용자는 페이스북에서 실시하는 열 가지 실험의 피험자가 된다"라고 말했다.[50]

기업은 스플릿 테스팅split testing을 실시하면서 표면상으로는 이용자의 만족도를 개선하기 위한 방안이라고 말한다('스플릿 테스팅'이란 앱이나 웹페이지의 두 가지 버전을 비교해서 어느 쪽의 성능이 나은지 판단하는 방법이다). 우리는 알고리즘이 넷플릭스와 스포티파이Spotify 추천 리스트를 결정하고, 구글 검색에서 가장 관련성 높은 결과를 제시하고, 나아가 우리의 신용점수를 평가해줄 거라고 믿는다. 그런데 왜 그리 야단스러운 반응을 보인 걸까? 캐시 오닐Cathy O'Neil은《대량살상 수학무기Weapons of Math Destruction》라는 책에서 "기계는 단지 중립적인 중재자처럼 보인다"라고 했다. 2013년 일리노이 대학교 컴퓨터공학과 부교수인 캐리 캐러핼리오스Karrie Karahalios의 페이스북 알고리즘에 관한 연구 결과, 이용자의 62퍼센트가 페이스북이 뉴스 피드에 손대는 줄 몰랐다고 답했다.[51] 페이스북 이용자 17억 2,000만 명 중 10억 명은 그들이나 그들의 친구들이 어떤 내용을 올리든 페이스북 시스템에서 당장 공유해주는 줄 알았다는 얘기다.

이 연구 결과는 사람들의 깊은 불안감을 건드렸다. 인터넷이 어떻게 작동하고, 실제로 권력이 어디에 있는지 일깨워준 것이다. 디지털 꼭두각시놀음에서 조종하는 사람, 곧 신뢰 기술자들이 우리의 데이터를 끊임없이 조작하고 다양한 방식으로 우리 삶을 통제한다는 사실이 드러난 것이다. 많은 이용자들이 그들에게 놀아났다는 생각에 사로잡혔다. 페이스북의 이 같은 행동은 중대한 신뢰의 배신으로 간주됐다.

이 연구는 심오한 질문을 제기한다. 페이스북이 알고리즘을 약간 수정해서 개인의 기분을 조작할 수 있다면, 페이스북 플랫폼은 또 무엇을 통제할 수 있을까? 오닐은 이렇게 말했다. "미국 성인의 3분의 2 정도가 페이스북 계정을 가지고 있다. 이들은 페이스북에서 하루 평균 32분을 보내는데, 직접 사람을 만나는 시간보다 4분밖에 적지 않은 시간이다." 퓨리서치센터의 보고서에 따르면 페이스북 이용자의 절반 가까이가 페이스북을 통해 자신이 접하는 뉴스의 일부를 전달받는다.[52] 따라서 이런 질문이 제기된다. 페이스북이 알고리즘을 수정하면 또 어떻게 우리 생각을 바꿀 수 있을까? 우리가 투표할 대상도 바꿀 수 있을까?

▍ 판단의 주체는 누구인가?

"프란치스코 교황이 전통과 결별하고 트럼프를 미국 대통령으로 명백히 지지했다." "위키리크스에서 힐러리가 ISIS에 무기를 판매한 사실이 **확인**됐다." "힐러리가 피자집에서 아동 인신매매 조직망을 운영하고 있다." 많은 페이스북 이용자가 뉴스피드에서 이런 게시물을 비롯해 다양한 게시물을 접했을 것이다. 2016년 미국 대통령 선거가 치러지기 며칠 전, 나는 뉴스피드 상단에 뜬 황당한 기사를 보고 한 달간은 페이스북에 들어가지 않기로 다짐했다. 기사에는 힐러리 클린턴의 이메일 유출 사건에 연루된 것으로 의심되는 FBI 요원이 숨진 채 발견됐는데, 그가 아내를 살해하고 스스로에게 총구를 겨눈 것으로 보인다고 적혀 있었다. 두 가지 생각이 연이어 떠올랐다. 이 '뉴스'가 진짜일까? 진실을 알려면 누구 혹은 어떤 뉴스매체를 찾아야 할까? 물론 이 괴상한 뉴스는 모두 거짓이었다. 2016년 대선 때 만연한 가짜 뉴스와 음모론의 전형적인 사례다.

버즈피드가 실시한 최근 연구에서는 이글라이징Eagle Rising 같은 극우 페이스북 페이지 세 곳의 모든 게시물 중 38퍼센트가 진실과 거짓이 뒤섞인 내용이거나 대부분 거짓인 데 비해 '민주당을 점령하라Occupy Democrats' 같은 극좌 페이스북 페이지 세 곳에서는 게시물 중 19퍼센트가 가짜 뉴스인 것으로 나타났다. 이런 페이지의 구독자

수는 갈수록 막대하게 늘어나고 있다. 대선 직전 몇 주간 가장 주목 받은 가짜 뉴스 다섯 가지는 모두 클린턴 진영에 부정적인 내용이었다. 페이스북 알고리즘이 한쪽을 선택한 것이다. 게다가 가짜 뉴스의 전파력은 좌파보다 우파에서 훨씬 더 강하게 나타났다. 버즈피드는 이렇게 설명했다. "이런 사실은 골치 아픈 결론을 시사한다. 바로 세계 최대의 소셜네트워크에서 사람들에게 정치적 동의를 구하고 지지자를 늘리기 위한 최선의 방법은, 사실에 근거한 보도를 피하고 사람들이 듣고 싶어 하는 말만 들려주는 가짜 뉴스나 오해의 소지가 있는 정보를 이용해서 편 가르기를 하는 것이라는 점이다."[53]

그런데 사태는 역설적인 방향으로 흘러갔다. 2016년 5월, 페이스북은 공화당 지지자와 비판자들로부터 페이스북의 인간 편집자로 구성된 소규모 집단이 뉴스 섹션에서 보수적인 기사를 억압하고 있다는 비난을 받았다. 페이스북은 정치적으로 편향되었다고 비난받은 편집자들을 소프트웨어로 대체했는데, 이런 조치는 실패로 돌아갔다. 페이스북의 상위 20위에 오른 선거 관련 날조 기사가 주류 언론의 사실에 근거한 기사보다 더 관심을 끈 것이다.[54]

트럼프가 대선에서 예상 밖 승리를 거둔 여파로 페이스북의 가짜 뉴스와 필터 버블이 선거 결과에 영향을 미쳤는가에 관한 다양한 질문이 제기됐다. 처음에 마크 저커버그Mark Zuckerberg는 혐의를 부인했다. 대선을 치른 지 며칠 후 그는 "개인적인 의견이지만, 페이스북의 가짜 뉴스가, 전체 콘텐츠에서 극히 미미한 부분을 차지하는 뉴스가 선거에 영향을 미쳤다고 보는 것은 터무니없다고 생각합니다"라고 입장을 밝혔다.[55] 그러나 몇 달 후 그는 처음의 '누구, 우리?'라는 반응에서 입장을 바꾸었다. 2017년 2월에 그는 자신의 페이스북 페이지에 5,700자 분량의 선언문을 올렸다.[56] 대통령 연두교서처럼 거창하게 '우리가 더 가까워질' 것을 강조하면서 테러부터 기후 변화까지, 세계적인 유행병부터 온라인 안전까지 오늘날 세계가 직면한 중대한 과제들에 관해 설명했다. "해마다 세계는 더 긴밀히 연결되고, 이것은 긍정적인 추세로 보였습니다. 그러나 한편에는 세계화에 뒤처진 사람들이 있고, 세계적인 연결에서 철수하자는 운동이 일어나고 있습니다. 우리가 우리 모두에게 도움이 되는 세계적인 공동체를 건설할 수 있을지, 그리고 우리 앞에 놓인 이 길이 더 연결하는 길인지 연결을 되돌리는 길인지에 대한 의문이 제기됩니다."

저커버그는 약 1,000자를 할애해 페이스북이 어떻게 가짜 콘텐츠의 온상이 되었는지, 그로 인해 어떻게 양극화가 심화되었는지 그 이유를 설명했다. "이런 일이 계속되어 우리가 공동의 이해를 잃어버린다면 우리가 모든 오보를 제거하더라도 사람들은 그저 자신의 극단적인 세계관에 맞는 사실만 부각시키려 할 것입니다. 이런 이유로 제가 미디어의 선정주의를 우려하는 것입니다." 이어서 저커버그는 페이스북이 플랫폼 문제를 어떻게 해결할지에 관해 다소 모호한 계획을 소개했다. 인터넷 거대 기업이 과연 오보와 전쟁을 벌이고 거짓 밈을 진압할 수 있을까?

앞으로 페이스북은 사람들이 기사를 읽고 공유하는지 확인할 것이다. 읽고 공유하는 기사가 뉴스피드에 더 많이 노출될 것이다. 이용자는 거짓이거나 의심스러운 게시물에 표시하고 덕분에 노골적인 게시물이 페이스북에서 걸러질 것이다. 인공지능과 알고리즘 분석을 동원해서 콘텐츠에 깃발 표시를 하고 위험한 거짓말을 감지할 것이다. 그런데 어떤 것이 의도적인 허위 정보이고, 어떤 것이 약간 과장된 정보인지 어떻게 판단할 수 있을까? 진실이 무엇인지 판단하는 주체는 과연 누구인가? 이런 판단의 주체가 페이스북이 된다면 그들에게 의제를 설정하는 중대한 권한을 넘겨주는 셈이 된다.

"정보의 정확성은 매우 중요합니다. 우리도 페이스북에 잘못된 정보가 있고, 공공연한 거짓이 있다는 것을 압니다." 저커버그의 이어지는 메시지다. "자유 사회에서는 남들이 틀렸다고 말하든 말든 누구나 자신의 의견을 말할 수 있습니다." 그는 끝으로 이렇게 덧붙였다. "우리는 잘못된 정보를 막기보다는 팩트체크팀을 통해 게시물의 정확성에 이의를 제기하는 방식으로 추가적인 관점과 정보를 표면으로 드러내는 방법에 집중할 것입니다."

분명히 밝히지만 나는 페이스북의 데이터 과학자와 연구자와 기술자들이 의도적으로 정치권에 영향력을 발휘하려고 했다고는 보지 않는다. 허위 정보에 대한 책임이 페이스북에 있지 않더라도 가짜 뉴스가 내 친구의 아이 사진이나 웃긴 동영상이나 진실한 뉴스보다 눈에 더 잘 보이게 배치되도록 코드를 작성한 주체는 페이스북인 게 사실이다. 어떤 기사의 출처 정보를 강조하고 그 기사를 제공할지 결정하는 주체는 페이스북 아닌가? 가짜 뉴스를 게시하는 데 페이스북이 더 많은 역할을 했을까? 미끼 기사에 의존하는 페이스북 비즈니스 모델이 문제인가? 이 질문의 답은 모두 "그렇다"이다. 물론 시스템 자체의 문제일 수도 있다. 세계 인구의 3분의 1 가까이가 거짓인 줄 알면서도 제대로 확인하거나 균형 잡힌 시각으로 바라보거나 바로잡으려고 노력하지 않은 채 소문을 퍼트리고 불평하고 공유하며 '좋아요'를 누르기 쉬운 시스템 말이다.

온라인 환경에는 사람이 많지만 정작 '책임지거나 필요할 때 의지할 사람이 없는 경우가 태반이다. 학창 시절 부모님이 집을 비웠을 때 친구들을 불러 파티를 여는 것과 같다. 처음에는 짜릿한 자유에 취하지만 테킬라를 퍼마시고 창문을 깨고 문을 박살내는 친구들이 하나둘씩 나오면 슬슬 책임져줄 어른이 집에 있으면 좋겠다는 생각이 든다.

페이스북은 자기네는 사람들의 연결을 촉진하는 가치중립적인 기술 경로일 뿐, 언론 매체가 아니라고 주장한다. 잘못된 생각이고 위험한 태도다. 페이스북은 잘못된 정보가 퍼져나가는 과정을 통제하고 사람들이 누구를 신뢰할 수 있는지 판단하는 데 중대한 영향력을 행사하는 매체다. 페이스북에 얽힌 문제는 칼라마주 총격 사건 이후 제기된 문제와 다르게 들릴 수도 있지만 알고 보면 상당히 비슷한 맥락이다. 지금처럼 분산적 시스템을 신뢰하는 시대에 우리는 제품이나 서비스나 뉴스에서 누가 진실을 말하는지, 또 신뢰가 깨질 때 누구에게 책임을 물어야 할지 알아야 한다.

누구에게 책임이 있는가? 새로운 시대에 사람들은 여전히 이 질문의 답을 찾고 있다. 기존 제도에서는 그 답이 좀 더 선명했다. 예를 들어, 바클리즈 은행 계정이 해킹당하면 은행에서 변제해줬다. 하지만 분산자율조직Decentralized Autonomous Organization, DAO 같은 온라인 암호화폐 펀드에 문제가 생기면 중앙의 옴부즈맨이나 의지할 수 있는 기관이 없다(대신 10장에서 살펴볼 대혼란의 규칙이 있다). 우리는 지도에도 없는 영토에서 제도적 신뢰를 대체할 장치를 찾아 헤매는 동시에, 책임의 영역에서 지난 세계의 단점을 개선할 방법을 찾고 있다. 플랫폼은 이런 와중에 나름의 역할을 찾으려 한다. 플랫폼이 사람들을 연결해주는 단순한 촉진자의 역할을 할 것인가, 아니면 그 이상의 무엇을 할 것인가?

초창기 자동차에 비유하면, 신호등과 정지 표지판과 차선의 개념 같은 단순한 기준이 생기기까지 수십 년이 걸렸다. 게비어는 이렇게 말했다. "우리는 어느 날 과거를 되돌아보고 웃으면서 '깜빡이가 없는 차를 상상해봐'라고 할 겁니다. 그러면서 새로운 신뢰의 시대에서 얼마나 멀리 왔는지 깨달을 겁니다."[57] 그때쯤이면 분산적 신뢰의 세계에서 우리의 공존을 통제하는 보다 명확한 지침이 생겼을 테지만 이따금 서로 충돌하는 일은 여전히 일어날 것이다. 오류가 전혀 없는 시스템은 존재할 수 없다. 다만 가벼운 충돌이 일어날 뿐, 치명적인 사고는 없기를 바랄 뿐이다.

5장

하지만 엄마는
그 부분을 보았다

"믿음직해 보이는 사람이었어요." 사람을 잘못 믿었다가 문제에 직면한 뒤 흔히 하는 말이다. 당신 역시 누군가에게 "당신을 믿어요"라는 말을 들으며 신뢰를 받아본 적이 있을 것이다. 이런 말은 무슨 의미일까? 다시 오늘의 관점으로 돌아가보자. 신뢰의 근거를 어디에서 찾아야 할까?

▎ 정보를 착각하는 것이 더 위험하다

1983년 봄, 내가 다섯 살 생일을 맞고 얼마 지나지 않아 낯선 여자가 우리 집에 도우미로 왔다. 20대 후반인 여자의 이름은 도리스였다. 글래스고 출신으로 스코틀랜드 억양이 강했다. 부드럽고 경쾌하고 노래하는 것 같은 말씨였다. 칙칙한 갈색 머리를 빗자루처럼 길렀고, 얇은 금속 테 안경을 썼다. 통통한 몸매에 낯빛이 불그레했다. 추운 날 산책하고 돌아와 차 한 잔과 쇼트브레드 비스킷을 들고 폭신한 소파에 앉아 있는 사람이 떠오르는 외모였다.

도리스는 우리 집에 들어설 때 '살보스Salvos'(자선기금 마련을 위한 중고 상점 – 옮긴이)' 유니폼을 입고 있었다. 옷깃에 은색으로 큼직하게 S 자가 수놓아진 짙은 남색 상의에 보닛 모양의 모자를 쓰고 있었다. 도리스는 남을 돕는 일이 좋아서 구세군에서도 일한다고 했다. 짐은 많지 않았지만 침대 옆에 늘 놓여 있던 탬버린이 기억난다.

엄마가 도리스를 찾은 곳은 〈레이디The Lady〉라는 잡지였다. 〈배니티 페어vanity Fair)의 창간자이기도 한 토머스 깁슨 볼스Thomas Gibson Bowles라는 젊은 귀족이 1885년에 창간한 잡지다. 왕족을 비롯한 상류사회 사람들이 정원사부터 집사와 유모까지 집안일을 돌볼 사람을 구하던 매체였다. '품격 있는 고상한 여성을 위한'이라는 문구를 내건 이 잡지는 유명인에 관한 루머나 성 스캔들 따위는 신지 않았다. '왕에게 구애하는 스타일 포착'이나 '활짝 핀 블루벨이 있는 곳' 같은 기사가 주요 기사로 실렸다. 티타임용 베이크웰 타르트 조리법 같은 기사도 있었다. 대충 어떤 느낌인지 알 것이다.

우리 집은 상류층도 아니고 상류사회와도 거리가 멀었다. 엄마가 대체 왜 〈레이디〉에 구인광고를 냈는지 알 수 없다. 오랜 시간이 지난 후 엄마는 이렇게 말했다. "그때 사업을 시작해서 널 돌봐줄 사람이 필요했어. 왕족들이 〈레이디〉에서 사람을 구한다니까 믿을 만하다고 생각했지."

도리스는 엄마가 낸 광고를 보고 연락해 왔다. 일자리를 구할 때 정식으로 편지를 보내고 사진을 동봉하던 시대였다. 면접도 보았다. 도리스가 스코틀랜드에 살고 있어서 전화로 면접을 보았다. "스코틀랜드 억양이 강했던 게 생각나. 바른 소리만 하더구나. 구세군에서 일하고 네 또래 아이들을 돌본 적이 있다고 했어. 솔직히 '여보세요' 하는 첫마디부터 그 친구한테 마음이 갔어." 면접이 끝난 후 엄마는 도리스가 알려준 추천인들에게 전화를 걸었고, 모두에게 좋은 평을 들었다.

도리스가 우리 집에서 지낸 기간은 10개월이 조금 넘는다. 그는 대체로 좋은 유모였다. 항상 활기차고 믿음직스럽고 도움이 되었다.

의심할 만한 구석이 전혀 없었지만 딱 하나 마음에 걸리는 일이 있었다. 매주 수요일 학교가 끝나면 도리스는 나를 차에 태워서 에드먼턴의 공영아파트로 갔다. 진회색 콘크리트 고층 건물에 있는 그 집에는 머리가 벗어진 이상한 50대 아저씨가 있었다. 아기도 있었다. 우중충한 집 안에는 잡동사니가 어지러이 널려 있었다. 촌스러운 벽지와 눅눅한 곰팡이 냄새가 아직도 생각난다. 도리스는 그 집에 머무는 내내 아기를 안고 있었다.

나는 부모님에게 그 이상한 집에 가서 그 이상한 아저씨를 만나고 싶지 않다고 말했다. 그러나 도리스는 런던에 있는 유일한 가족인 삼촌을 꼭 만나러 가야 한다고 고집했다. 도리스의 '삼촌'은 우리에게 맛있는 차를 타주었고, 아기랑 노는 건 재미있었다. 수요일 방과 후 방문은 매주 계속됐다.

그러던 어느 날, 나는 그 집 테이블에 값비싸 보이는 향수병이 잔뜩 놓여 있는 걸 보았다. 엄마가 욕실에 두고 쓰는 것과 똑같았다. 부모님한테 그 얘기를 했는데, 뜻밖에도 부모님은 내 말을 믿어주지 않았다. 부모님이 나를 믿어주지 않은 최초의 기억이다. 부모님은 상상 친구도 있고 혼자서 정교한 놀이도 만들곤 했던 내게 도리스에 대한 이야기를 지어내지 말라고 했다. 착한 아이가 할 만한 행동이 아니라고 했다. 그 일이 있기 전까지는 아무도 그를 의심하지 않았다.

도리스가 우리 집에 온 지 9개월째 되던 어느 밤, 도리스가 집에 돌아오지 않았다. 나중에 와서는 오빠 찰리가 심장마비로 갑자기 죽어서 장례식에 참석하러 급히 에든버러에 다녀왔다고 해명했다. 그런데 우연히 도리스의 엄마가 그날 오후 우리 집에 전화를 걸어왔다.

부모님은 당연히 애도의 말을 건넸다. 아버지는 나중에 이렇게 말했다. "그 애 어머니가 어리둥절해 하는 거야. 도리스네 오빠는 멀쩡히 살아 있다면서. 자기 옆 안락의자에 앉아서 차를 마시고 있다고 하더구나."

아버지는 도리스를 다그쳤다. 도리스는 자기 어머니가 충격을 받아서 혼란스러워하는 것 같다고 둘러댔다. 아버지가 아들이 죽은 걸 잊어버리는 어머니가 어디 있느냐고 다그치자 도리스는 결국 다이애나 왕세자비를 보러 대일 전승 기념일 퍼레이드에 다녀왔다고 실토했다. 부모님은 찜찜했지만 있을 법한 일쯤으로 여기고 넘어갔고 도리스는 그 뒤로도 계속 우리와 같이 살았다. 그런데 얼마 뒤 도무지 믿기지 않는 일들이 벌어졌다.

그 당시 옆집에 룩셈부르크라는 이웃이 살고 있었다. 그 집에도 내 또래 아이들이 있어서 오페어au pair(외국 가정에 입주해서 아이를 돌봐주는 등 집안일을 하고 약간의 보수를 받으며 언어를 배우는 젊은 여성 – 옮긴이)가 있었다. 도리스는 그 집 오페어와 자주 어울렸다. 도리스의 거짓말 사건이 있고 한 달쯤 지난 어느 늦은 밤에 룩셈부르크 씨가 우리 집 문을 두드렸다. 그는 방금 오페어를 쫓아냈다고 말했다. 아버지는 그때의 일을 이렇게 이야기했다. "룩셈부르크 씨가 자기네 오페어가 도리스랑 같이 북런던의 마약 조직과 연루된 사실을 알아냈다고 했어. 무장 강도 사건에도 가담했다더구나. 도리스가 도주 차량을 운전했고 말이야." 나중에 밝혀진 바에 의하면 그 차량은 우리 집 은색 볼보 에스테이트였다.

부모님은 도리스의 방을 뒤졌다. 신용카드 명세서와 수천 파운드의 미지불 청구서가 잔뜩 든 비닐봉지가 나왔다. 침대 아래 숨겨놓은 신발 상자에는 부모님 서재에서 훔친 외국 지폐가 잔뜩 들어 있었다. 그날 밤 아버지는 야구방망이를 들고 밤새 현관 앞을 지켰다. 그러나 도리스는 돌아오지 않았다.

이튿날 아침, 아버지는 경찰서로 달려갔다. 그리고 경찰과 함께 우리가 수요일마다 갔던 아파트를 찾아갔다. 부모님은 그제야 그곳의 실체를 알게 되었다. 우리에게 차를 태워주던 '삼촌'이라는 이상한 남자는 도리스의 남자 친구였고, 아기는 두 사람의 자식이었다. 남자는 테이블에 커다란 쇠파이프를 올려놓고 있었다. 도리스는 두 번 다시 우리 집에 오지 않았다.

엄마는 이렇게 말했다. "그 일을 생각하면 지금도 속이 울렁거려. 내가 너를 그런 험악한 범죄자의 손에 맡겼다니. 그 여자가 어떤 사람인지 그렇게 오랜 시간이 지나서야 눈치채다니. 도리스한테 질문을 더 많이 할 걸 그랬어. 어떤 사람인지 더 자세히 알아봤어야 했어." 엄마는 도리스의 완벽한 추천인들이 친구나 가족, 심지어 마약 조직의 '동료들'이었을지도 모른다고 생각했다. 물론 구세군은 완전히 꾸며낸 이야기였다. 부모님은 다시는 〈레이디〉를 통해 사람을 구하지 않았다. 대신 지인들에게 추천받았다. 우리 부모님이 이와 달리 어떻게 대처할 수 있었을까?

부모님은 도리스에 관해 올바른 결정을 내릴 만큼 정보를 충분히 수집했다고 생각했지만, 돌이켜보면 도리스에 대해 몰랐던 부분이 **많았다.** 신뢰의 틈새가 있었던 것이다. 이런 틈새는 신뢰에 관해 본질적인 문제를 제기한다. 정보를 착각하는 것이 무지보다 더 위험할 수 있다. 이탈리아의 사회과학자 디에고 감베타Diego Gambetta는 말했다. "신뢰의 적은 하나가 아니라 둘이다. 바로 나쁜 성격과 부족한 정보다."[1]

도리스 같은 사람들이 '조심해. 난 사기꾼이고 지독한 거짓말쟁이야'라고 적힌 꼬리표를 달고 다니면 얼마나 좋겠는가. 하지만 이런 꼬리표를 달고 다니는 사람은 없는 데다, 아이러니하게도 이런 사람들은 자신을 쉽게 믿도록 만드는 재주가 있다. 어쨌든 우리 부모님은 매우 잘못된 결정을 내렸다. 두 분 다 평소에는 똑똑하고 합리적인 분들로 현명한 결정을 내리는 편이었는데, 대체 어디서 문제가 생긴 걸까?

▎ 신뢰와 신뢰성은 다르다

오노라 오닐Onora O'Neill 남작부인은 철학자이자 캠브리지 대학교 교수이고 무소속 영국 상원 의원이다. 오닐은 신뢰와 잘못된 대상을 신뢰하는 과정에 관해 진지하게 고찰했다. 그는 TED 강연에서 이런 주제를 다루면서 사회 전체가 신뢰를 잃었고 신뢰를 회복해야 한다는 지나치게 단순화된 믿음에 이의를 제기했다.[2] 신뢰가 클수록 좋을까?

"솔직히 신뢰를 회복한다는 것은 어리석은 목표다. 그보다는 신뢰성 있는 대상을 더 많이 신뢰하고, 신뢰성 없는 대상을 신뢰하지 않는 데 목표를 두는 편이 낫다. 나 역시 신뢰성 없는 대상을 신뢰하지

않으려고 노력하는 긍정적인 목표를 세워두었다."[3] 오닐은 청중에게 진지하지만 유머러스하게 말했다.

오닐의 논점은 매우 진지하다. 신뢰trust는 신뢰성trustworthiness과 동의어가 아니다.[4] 단순히 더 '잘 믿는 사회'를 만들기 위해 보편적인 신뢰를 부추기는 방법은 의미가 없을 뿐 아니라 위험할 수도 있다. 사람들은 특히 탐욕에 사로잡히면 무턱대고 믿으려고 하는 경향을 보인다. 버니 매도프 스캔들이 대표적인 예다. 많은 투자자가 매도프에게 자산을 맡겼다. 매도프는 수십 년에 걸쳐 자행한 폰지 사기로 고객의 돈 650억 달러를 착복했다.[5] 투자자들은 어떻게 신뢰하기엔 지나치게 그럴싸한 매도프의 말을 믿었을까? 매도프가 매력적인 인물로, 자기네처럼 롱아일랜드와 팜비치의 컨트리클럽과 유대인 사교계에 들어왔기 때문이다. 그는 멀리 내다보고 장기간에 걸쳐 차근차근 명성을 쌓았다. 실제로 그는 너그럽고 자선 활동을 많이 하는 인물로 유명했다. 결국 남의 돈으로 자선한 것이 밝혀졌지만 말이다. 더욱이 그의 가족과 가까운 친구들, 스티븐 스필버그와 뉴욕 메츠의 구단주 프레드 윌폰Fred Wilpon 같은 쇼비즈니스계의 거물들까지 그에게 투자했다. 자, 이 정도면 신뢰할 만한 사람으로 보이지 않는가?

오닐의 지적처럼 매도프 사건은 잘못된 대상을 지나치게 신뢰한 전형적인 사례다. 신뢰에 관한 결정을 내릴 때는 **신뢰성**의 대상과 측면과 이유를 확인해야 한다. 신뢰할 만한 자격을 갖춘 사람이 누구이고, 그의 어떤 면을 신뢰해야 하는가? 오닐은 이렇게 말했다. "똑똑하게 신뢰하고 똑똑하게 신뢰하지 않는 것이 이번 생의 적절한 목표다. 애초에 중요한 것은 신뢰가 아니라 신뢰성이다. 특정 측면에서 얼마나 신뢰할 만한 사람인지 판단하는 것이 핵심이다."[6] 이런 논리적인 목표를 얼마나 잘 실행에 옮길 수 있을까? 물론 이렇게 하는 것이 항상 쉽지만은 않다.

우리 부모님이 도리스를 믿기로 한 결정은 주로 개인적인 판단과 맹목적인 신뢰에서 비롯됐다. 두 분은 도리스의 말이 진실이라고 믿고 싶었고, 또 믿어야 했다. 도리스에 대한 판단은 **신뢰 신호** trust signal에도 영향을 받았다. 신뢰 신호란 상대가 신뢰성 있는 사람인지 판단할 때 우리가 알든 모르든 근거로 삼는 단서나 상징이다. 구세군, 스코틀랜드 억양, 〈레이디〉, 도리스의 쾌활한 겉모습, 추천인, 심지어 금속 테 안경까지 모두 우리 부모님이 판단의 근거로 삼은 신뢰 신호였다. 신뢰 신호는 우리에게 서로를 '읽는' 능력을 부여한다. 누군가를 신뢰할 근거가 되거나 자신의 신뢰성을 입증할 수단이 된다. 그럼에도 불구하고 이는 여전히 도박과 비슷하다. 심리학자 데이비드 디스테노David DeSteno는 《진실에 관한 진실The Truth about Truth》에서 말했다. "다른 모든 도박처럼 신뢰성을 평가하는 시도도 완벽하지 않다. 아무리 노력해도 늘 부족할 가능성이 있다."[7]

어떤 신호는 옷과 얼굴과 억양처럼 그야말로 '발산'된다. 실제로 연구한 바에 따르면 영국에서 스코틀랜드 억양은 가장 신뢰성 있는 말투로 여겨진다(반면 리버풀 억양은 가장 신뢰성이 떨어지는 말투로 간주된다).[8] 그밖에도 고개를 끄덕이는 행동이나 미소나 씰룩거림이나 시선을 회피하는 행동처럼 겉으로 드러나는 비언어적 신뢰 신호가 있다. 책의 표지만 보고 책을 판단하지 말라는 경고에도 불구하고 누군가를 신뢰하는 문제에서는 첫인상이 강력한 영향을 미친다.

존 프리먼Jon Freeman은 뉴욕대학교 심리학과 부교수이자 사회인지신경과학연구소 소장이다. 그는 직접 이름 붙인 '순간 사회 지각split-second social perception' 현상을 연구하고 있다. 우리는 어떤 사람의 얼굴을 보면 10분의 1초 안에 얼마나 신뢰할 수 있는지를 비롯해 그 사람의 특성을 순식간에 판단한다.[9] 프리먼은 우리 뇌에서 이런 정신적 지름길을 이용하는 이유를 알고 싶어 한다.

20대 후반의 프리먼은 학계에서 떠오르는 연구자다. 평소 통 좁은 바지와 네이비블루 색 셔츠를 입고 공부벌레 같은 인상을 주는 귀여운 뿔테 안경을 쓰고 다니는 그는 보자마자 '학자'로 분류할 만한 인물이다. '찰나의' 고정관념에 따라 분류하는 성향을 연구하는 학자인 그는 이런 식의 분류를 마음에 들어 한다. 다만 그의 경우, 이런 분류가 적절하다.

몇 년 전에 프리먼과 동료들은 어떤 사람을 신뢰성 있는 사람으로 보이게 만드는 요인이 있는지 알아보기 위한 실험을 설계했다. 연구자들은 참가자들에게 인종 때문에 생김새가 달라 보이는 남자들의 얼굴 사진을 보여주었다. 그리고 사진 속 남자가 얼마나 신뢰성 있어 보이는지, 혹은 신뢰성 없어 보이는지 평가하게 했다. 결과는 뚜렷했다. 우리의 뇌가 신뢰성 있는 얼굴을 안다고 생각하는 것으로 나타났다.[10] 인간은 이렇게 타고났다. 인류의 조상은 낯선 사람이 다가올 때 신속히 반응할 필요가 있었다. 친구일까, 적일까? 문제는 현대의 일상에서도 원시시대의 신속한 반응 기제가 작동해서 고정관점에 따른 편견으로 신뢰할지 말지 결정한다는 데 있다.

연구자들은 두 번째 실험을 설계했다. 이번에는 참가자들에게 같은 사람의 사진을 '약간 행복한' 모습에서 '약간 화가 난' 모습까지 디지털로 서서히 변형해서 보여주었다. 결과적으로 사람들은 눈썹이 위로 올라가고 광대가 튀어나오고 아기처럼 큰 눈에 입꼬리가 위로 올라간(눈에 띄게 미소를 짓지 않더라도) 사람을 신뢰성 있는 사람으로 판단할 가능성이 높은 것으로 나타났다. 그리고 두 뺨이 꺼지고 입꼬리와 눈썹이 아래로 내려간(눈에 띄게 찡그린 표정이 아니어도) 사람을 믿음직하지 않은 사람으로 판단할 가능성이 높았다. 그러면 믿음직한 사람으로 보이는 방법은 무엇일까? **약간** 행복해 보이면 된다. 도리스처럼. 문제는 '믿음직한' 특징을 갖춘 사람이 실제로 믿음직하다는 증거가 없다는 데 있다.

▌신뢰 신호는 어디에서 오는가?

어떤 사람을 신뢰성 있다고 볼지 여부는 의식적으로 통제되지 않는다. 뇌에서 자동적으로 판단하지만 그 판단이 항상 정확한 것도 아니다. 그리고 사람을 처음 보고 받은 인상은 좀처럼 바뀌지 않는다. 이런 점은 놀랍고 조금 두렵기까지 하다. 그러다 보니 엉뚱한 대상을 무턱대고 신뢰하는 일이 벌어지기도 한다. 실제로 사기꾼이 가장 즐겨쓰는 수법은 상대에게 적절한 신호를 보내고 믿음직한 사람으로 비춰지는 것이다.

물론 신뢰 신호가 외모나 첫인상에서만 나오는 것은 아니다. 흰색 실험복, 경찰 배지 등 지위나 권위를 명확히 드러내는 장치가 누군가에게는 신뢰 신호가 될 수 있다. 그중에서도 제복은 신뢰를 주는 효과적인 수단이 될 수 있다. 가령, 초인종이 울려서 밖을 내다보았을 때 우체국 제복을 입은 낯선 얼굴이 보이면 나는 크게 의심하지 않고 문을 열어줄 것이다. 이때 우체국 제복은 내 결정을 뒷받침하는 가시적인 상징이다. 유명 브랜드도 같은 원리로 신뢰를 얻는다. 식수 상태가 불안한 나라를 여행할 때는 에비앙이나 자신이 아는 브랜드의 생수를 사 마실 것이다. 왜일까? 브랜드와 포장을 보고 그 속에 들어 있는 물이 안전하다고 믿기 때문이다. 그 물을 파는 사람에 대한 신뢰는 필요없다. 브랜드만 있으면 된다.

신뢰 신호는 제3자의 보증에서 나오기도 한다. 도리스는 영국에서 가장 신뢰성 있는 자선단체인 구세군과의 관계를 내세워 신뢰성 있는 사람으로 비춰지려 했다. 우리 부모님을 속이려고 거짓 신호를 보낸 것이다. 잘 생각해보면 다들 도리스처럼 노골적으로 거짓말하지는 않아도 신뢰를 얻기 위해 믿을 만한 브랜드나 기관과의 연관성을 내세워본 적이 한 번쯤은 있을 것이다. 나도 새로운 사람을 만날 때는 거의 그렇게 한다. "아, 전 옥스퍼드 대학교에서 강의해요"라거나 "〈이코노미스트〉에서 제 연구논문을 보셨을 수도 있겠네요"라고 말한다. 잘난 체하려는 게 아니라 상대에게 신뢰를 얻기 위해 일부러 이런 신호를 보낸다. 신뢰에 대한 정의로 돌아가서 설명하자면 〈이코노미스트〉와 옥스퍼드는 사람들이 나를 볼 때 느끼는 불확실성을 줄여준다. 미지의 대상에 대한 확신을 심어주는 것이다.

우리는 제도적 신뢰와 관련된 신호를 이용해 일상생활에서 갖가지 결정을 내린다. 예를 들어 문제를 해결하기 위해 두 명의 변호사

중 한 명을 선택해야 한다고 가정해보자. 한 사람은 캘리포니아의 휘터 로스쿨(미국에서 최하위권 로스쿨 중 하나)에서 법학 학위를 받았고, 다른 사람은 하버드 로스쿨에서 학위를 받았다. 가격 요인을 제거한다면 누구나 하버드에서 공부한 변호사를 선택할 것이다. 마찬가지로 예전부터 경영자들 사이에 오가는 말로 세계 일류 컨설팅 회사인 맥킨지에 의뢰해야 하는 이유로 "맥킨지를 고용해서 해고될 일은 없다"는 것이 있다. 두 사례 모두 개인의 신뢰성이 아니라 최상위 기관의 명성을 신뢰한 것이다.

분산적 신뢰의 시대에는 신뢰 신호도 달라진다. 직업 면허를 예로 들어보자. 1950년대 미국에서는 면허를 받아야 해당 직종에서 일할 수 있는 노동자가 5퍼센트 미만에 불과했다. 오늘날 미국에서는 1,000여 가지 직종(전체 직업의 약 3분의 1)에서 면허를 요구한다. 일부 주에서는 나무 치료 전문가, 점술가, 플로리스트, 말 마사지사, 메이크업 아티스트, 흰담비 사육사, 매를 부리는 사람, 심지어 머리 땋는 사람도 면허를 받아야 한다.[11] 물론 생명을 맡겨야 하는 고위험 직업군의 경우, 기준을 강화하기 위해 직업 면허가 필요하다. 비행기 조종사나 병원 의사는 제대로 면허를 받고 적절한 규제에 따라 업무에 임해야 한다. 그러나 직업 면허 규정이 지나치게 남용되는 것은 신뢰할 대상을 선택하는 데 전혀 도움이 되지 않는다. 미용사가 1년에 2,500달러를 내고 세면대 5개 이상과 자리 10개 이상 갖췄는지 알아야만 자신의 머리카락을 맡길 수 있을까? 그보다는 고객들이 남긴 평점이나 평가가 더 도움이 되고, 적어도 미용사의 솜씨를 말해주는 지표가 되지 않을까?

간혹 새로운 신뢰 신호가 제도적 신뢰와 함께 사용되는 경우가 있다. 변호사를 예로 들어보자. 법학 학위나 법정 변호사 면허가 물론 중요한 신뢰 장치이긴 하지만 나름의 문제도 있다. 일단 면허를 받으면 비윤리적 행동으로 법정에서 퇴출당하지 않는 이상, 변호사의 **실적**에 따라 자격이 달라지지 않는다. 전문가의 실력은 누가 판단할까? 실제로 나는 아이비리그 로스쿨 출신에 일류 법률 회사에 소속된 변호사를 고용했다가 그것이 매우 잘못된 결정이었음이 드러난 경험이 있다. 친구의 추천으로 의뢰했는데, 그 변호사는 질문에 잘 답해주지 않는 데다 실력도 형편없었다. 지금은 변호사를 고용할 일이 있으면 전문 분야와 수임료와 가용성을 기준으로 고객과 변호사를 연결해주는 온라인 시장 업카운슬UpCounsel에서 찾아본다. 버튼 하나만 누르면 우버 택시를 부를 때처럼 간단히 나에게 필요한 변호사를 구할 수 있다.

업카운슬의 모든 변호사 프로필에는 변호사 면허증과 경력과 전문 분야가 기재돼 있다. 고객은 변호사가 얼마를 청구하고 비용 항목이 무엇인지 실시간으로 확인할 수 있다. 거래가 끝나면 이베이처럼 별 1개에서 5개 사이에서 평점을 주고 자세한 평가를 적는다. 업카운슬의 유명 변호사로 컬럼비아 로스쿨 출신이며 대도시 법률 회사를 떠나서 단독으로 개업한 세스 와이너Seth Weiner는 "고객 평가는 제 온라인 프로필에서 가장 중요한 요소 중 하나입니다. 250명이 제게 만족했다면 다음번 고객도 만족할 거라고 미루어 짐작할 수 있지요"라고 말했다.[12] 업카운슬은 온라인 평판을 신뢰 문제를 해결하는 수단으로 삼는다. 실시간 평점의 매력은 어느 직업군에 속한 사람의 실력을 평가하는 데 유용하다는 데 있다. 하버드 학위나 근사한 사무실 같은, 실제 실력이나 작업 수준과 일치하지 않는 허울 좋은 '장점'을 넘어서 그 이상을 확인할 수 있다.

기술 발전으로 사람들이 더 큰 책임감을 떠안게 될 수도 있다. 그런데 누구를 신뢰할 수 있고 누구를 신뢰할 수 없는지에 대한 평가는 어느 정도까지 향상될 수 있을까? 우리 부모님이 요즘 같은 디지털 시대에 유모를 선택했더라도 도리스 같은 사람을 신뢰했을까? 이 질문에 답해줄 적임자가 있다.

▌ 온라인 사회적 연결의 위력

마흔세 살의 린 퍼킨스Lynn Perkins는 인터넷으로 가정과 베이비시터를 연결해주는 업체 어번시터UrbanSitter의 공동창업자다. 그는 2008년에 쌍둥이 아들을 낳고 투자은행과 부동산 개발 분야의 잘나가던 직장에 휴직을 신청했다. 긴 근무 시간이 다른 엄마들과 어울리는 시간으로 대체된 것이다. 이런 자리에선 주로 어느 정도 예측 가능한 대화가 오갔다. 애들을 많이 재우려면 어떻게 할까요? 애들이 왜 이렇게 편식을 할까요? 애들이 왜 엄마 말을 듣지 않을까요? 퍼킨스는 엄마들이 아이를 믿고 맡길 사람을 찾기 어렵다고 불만을 토로하는 것을 많이 들었다. "마음에 드는 베이비시터를 친구가 먼저 차지해서 금요일 밤에 남편과의 외출을 포기해야 한다는 말을 들었어요. 엄마들이 무엇을 원하고 현재 무엇을 구할 수 없는지 알게 된 홍미로운 대화였지요."

퍼킨스도 막판에 약속을 취소하는 베이비시터 때문에 곤란했던 적이 있었다. "그즈음 식당을 추천하는 오픈테이블OpenTable 같은 회사와 에어비앤비가 유명해지기 시작했어요. 그런데 베이비시터와 유모를 위한 시장은 없더군요." 어째서 식당은 30초면 예약할 수 있는데 베이비시터는 예약할 수 없는지 의문이 들었다. 그리고 이는 결국 신뢰의 문제에 귀결된다는 데 생각이 미쳤다.

어번시터를 창업한 초창기에 퍼킨스는 단순하지만 영리하게 접근했다. 부모들이 이미 신뢰하는 기관에서 신뢰를 빌려온 것이다. 지역 음악 교실, 빅시티맘즈Big City Moms, 초등학교 학부모 모임을 비롯한 여러 모임을 찾아다니면서 부모들이 고용하고 있는 베이비시터를 모두 만났다. 그리고 이런 모임에서 알게 된 최고의 베이비시터들을 설득해서 어번시터에 프로필을 올리게 했다. 하지만 이것으로는 충분하지 않았다. 2011년 어번시터를 시작했을 때 친구들과 투자자들은 절대로 성공하지 못할 거라고 장담했다. "제정신이야?"가 공통된 반응이었다.

"아이 돌봐줄 사람을 온라인으로 구하는 서비스를 이용한다는 건 다들 상상도 못 하더군요." 사람들은 온라인으로 베이비시터를 구하는 게 어떻게 친구들에게 직접 추천받는 것보다 더 효과적이고 안전할 수 있는지 의아해했다. "모두가 궁금해하는 점은 우리 회사가 베이비시터를 일일이 만나서 면접했느냐는 거였어요. 신뢰하려면 꼭 거쳐야 할 과정이라는 뜻이죠."

그때까지도 사람들은 소셜네트워크가 단순히 중요한 정보를 전달하는 것이 아니라 더 잘 전달할 수 있으리라고는 상상도 못 했다. 현재 다른 여러 온라인 서비스처럼 어번시터도 페이스북이나 링크드인LinkedIn을 통해야 가입할 수 있다. '친구들'이 다섯 명 미만이면 사기 계정일 수 있다는 위험 신호다. 페이스북 로그인의 실질적인 위력은 개인의 기존 인맥을 보여주다는 데 있다. 우리가 사람들과 어떻게 연결되어 있는지 페이스북을 통해 알 수 있다. 페이스북에서 직접 연결된 친구든 친구의 친구든 학교 동문이든 직장 동료든 당신은 내가 아는 누구를 아는가? 한 집단과 상황에서 쌓인 신뢰는 다른 사람에게 이동하고 확산될 수 있다.

어번시터에 예약하러 들어가면 어떤 베이비시터를 먼저 예약한 페이스북 '친구'가 얼마나 되는지, 혹은 얼마나 많은 친구들이 그 베이비시터와 어떤 식으로 연결되어 있는지 확인할 수 있다. 이런 연결을 확인하면서 안심하고 자신 있게 결정할 수 있다. 이런 과정을 거치면서 미지의 정보가 감소한다. 대중의 집단 지혜가 '친구들'의 지혜로 강화되는 것이다.

켈로그 경영대학원 사회과학부 교수였던 고故 존 키스 머니건John Keith Murnighan은 우리가 모르는 사람들을 신뢰하게 되는 이유를 연구했다. 구체적으로 말하면 낯선 사람에 대한 신뢰를 높이는 데 '친구'가 어떤 역할을 하는지에 관심이 있었다.[13] 그는 1995년 행동경제학자들이 설계한 유명한 '신뢰 게임'을 이용해서 일련의 실험을 실시했다. 익명의 서로 모르는 두 참가자가 보내는 사람과 받는 사람 역할을 한다. 양쪽 모두 실험자에게 일정 금액을 받는다. 100달러라고 하자. 첫 번째 참가자는 만난 적 없는 두 번째 참가자에게 100달러의 일부를 보내거나 돈을 전혀 보내지 않을 수 있다. 실험자는 첫 번째 참가자에게 돈을 보내면 상대에게 보낸 금액의 3배가 간다고 말해준다. 다음으로 돈을 받은 사람은 3배로 불어난 돈에서 얼마를 다시 상대에게 보낼지 결정해야 한다. 따라서 참가자 A는 수익을 올릴 수도 있고 돈을 모두 잃을 수도 있다. 이 실험의 핵심은 보내는 금액이 클수록 신뢰 수준이 높다는 데 있다.

신뢰 게임을 시작하기 전에 연구자들은 참가자들에게 그들이 평소 신뢰하는 사람과 신뢰하지 않는 사람의 이름과 그렇게 생각하는 이유를 물었다. 그리고 이렇게 수집한 이름을 잠깐 띄워서 참가자들의 잠재의식을 자극했다. 알아채지 못할 정도로 아주 잠깐 보여주는 식이었다. 참가자들은 신뢰 게임을 시작했다. 결과는 놀랍도록 명백했다.

잠재의식 차원에서 평소 신뢰하는 사람들의 이름을 본 참가자는 신뢰하지 않는 사람의 이름을 본 참가자보다 익명의 상대에게 평균 50퍼센트 가까이 많은 돈을 보냈다. "우리는 사람들이 인지하지 못하게 낯선 사람에 대한 신뢰를 자극할 수 있다는 결과를 얻었다." 머니건은 그가 발견한 결과가 "흥미로우면서도 두렵다"고 적었다. "엘비스 프레슬리의 광팬을 생각해보라. 어떤 사람이 엘비스의 광팬이라는 사실을 알아내면 은근슬쩍 엘비스의 이름을 말해서 신뢰를 끌어낼 수 있다. 이렇듯 명백하게 조작의 위험이 도사리고 있다."[14]

신뢰 게임의 결과를 살펴보면 매도프 같은 사람이 어떻게 그렇게 많은 사람들을 속일 수 있었는지 알 수 있다. 매도프의 고객 명단에는 부자와 유명인과 그의 친구와 가족(동생, 아들, 며느리)까지 있었다.

신규 투자자는 투자자 명단에서 매도프의 가까운 친척의 이름을 보고 그가 믿을 만한 사람이라는 강력한 신뢰 신호를 받았다. 매도프가 고의로 친구와 가족을 이용한 건지, 어쩌다 보니 그렇게 된 건지는 중요하지 않다. 문제는 이런 관계의 단서가 자동으로 신뢰를 끌어내고 위험한 상황을 초래할 수도 있다는 점이다. 특히 매도프 사건처럼 시간이나 전문지식이 부족해서 신중히 평가하지 못할 경우에는 더 위험해진다.

머니건의 실험은 또한 온라인 사회적 연결의 위력을 보여준다. '친구들'의 지혜는 자동으로 모르는 사람을 신뢰하는 능력을 끌어올린다.

흥미롭게도 린 퍼킨스는 처음에 부모들 사이의 연결을 가장 중요한 사회적 연결이라고 잘못 전제했다. 사실 그보다는 베이비시터들 사이의 연결이 더 중요했다. "부모들은 갈수록 어번시터에서 베이비시터들의 연결에 가치를 두더군요. 마음에 드는 베이비시터의 친구들을 예약하고 싶어 했어요." 생각해보면 이는 믿을 만한 사람을 추천해주는 일반적인 방식의 변형임을 알 수 있다. 만약 어떤 사업가가 나한테 믿을 만한 디자이너를 추천해달라고 부탁한다면 나는 오랫동안 나와 같이 일한 에이미 글로버스를 소개해줄 것이다. 그런데 그가 바빠서 그 사람의 일을 맡지 못한다면 그 사업가는 내게 다시 추천해달라고 부탁하기보다는 에이미에게 다른 디자이너를 추천해달라고 부탁할 가능성이 높다. 비슷한 요구를 가진 집단(부모)보다는 전문성이 같은 집단(베이비시터)을 더 신뢰하는 것이다.

소셜그래프social graph(온라인 소셜네트워크에서 나와 내가 소통하는 사람들과 장소와 대상의 연결)는 신뢰에 관한 한 하늘이 내려준 정보다. 현재 우리는 디지털 도구를 활용해서 과거의 추천인이나 가까운 인맥에 의지해 신뢰할 만한 사람을 찾던 방법과 유사하면서도 전례 없는 방식과 규모로 접근하고 있다. 제이슨 탠즈Jason Tanz는 〈와이어드WIRED〉에 실린 디지털 신뢰에 관한 훌륭한 기사에 이렇게 적었다. "산업사회를 규정하던 이웃들 사이의 소통이 디지털로 새롭게 창조되었다. 다만 현재의 이웃은 페이스북 계정을 보유한 모두가 될 수 있다."[15]

소셜그래프의 특이하고 근사한 특징은 두 사람 사이의 거리를 좁혀준다는 데 있다. 사람들 사이의 임의의 관계를 연결해주는 끈이라고 생각하면 된다. 1929년 헝가리의 작가 프리제스 카린시Frigyes Karinthy는 '6단계 분리 이론Six Degrees of Separation'을 제시했는데, 이후 이 이론은 존 궤어John Guare의 연극에서 여섯 명만 거치면 지구상의 누구나 다 아는 사이라는 대사가 나오면서 유명해졌다. '케빈 베이컨 놀이Kevin Bacon game'도 같은 맥락이다. 평범한 사람이 최대 여섯 명만 거치면 배우 케빈 베이컨과 연결된다는 것이다. 요즘은 이 숫자가 크게 줄었다. 적어도 페이스북에 속한 18억 명은 더욱 크게 줄었다. 2016년 페이스북은 소셜 그래프가 축소되어 분리의 단계가 3.57이라고 확인했다.[16] 다시 말해서 페이스북 이용자는 3.5명만 거치면 모두 연결된다는 뜻이다. 그래서 페이스북이 그렇게 방대한데도 친밀감이 드는 모양이다. 현실의 공동체와 이웃에게서 얻던 연결감과 신뢰가 페이스북에서도 생긴 셈이다. 다만 페이스북은 규모가 유용성의 중요한 요인인 게 다를 뿐이다.

내 부모님은 도리스를 신뢰하기로 결정할 때 믿음을 근거로 삼았다. 부모님은 도리스와 도리스를 추천한 사람들의 주장을 믿었다. 과거에는 이렇듯 맹목적인 신뢰나 개인적인 경험을 토대로 다양한 결정을 내려야 했지만 현재는 집단의 경험, 이를테면 다른 사람들의 평가와 소셜네트워크를 통해 공유하는 경험을 토대로 판단을 내린다.

가령 내가 어번시터에서 베이비시터를 고용한다면 그 사람을 개인적으로 알아야 믿을 만한 사람인지 판단할 수 있는 것은 아니다. 다른 사람의 경험을 활용할 수도 있다. 흔히 **간접적 상호성**indirect reciprocity이라고 부르는 방법이다. 이렇게 하면 신뢰 과정에 속도가 붙는다. 현재 어번시터의 베이비시터들은 평균 3분 이내에 응답한다. 5년 전의 23시간보다 크게 줄어들었다. 부모가 구인 광고를 올리거나 베이비시터를 검색하는 순간부터 자녀를 맡길 사람을 만날 때까지 채 10분도 걸리지 않는다. 어번시터가 처음 서비스를 시작했을 때만 해도 23시간이 걸렸다. 온라인에서는 신뢰에 관한 문의가 신속히 해결되는 듯하다. 앞으로 이 과정은 분 단위에서 초 단위로 더 빨라질 것이다.[17]

이렇게 신속하고 효율적인 새로운 세계에서도 간간이 사소한 문제들이 발생한다. 린 퍼킨스 같은 기업가들은 플랫폼에서 벌어지는 크고 작은 불미스러운 사고가 정확히 얼마나 되는지 확인해줄 수 없다. 나 역시 실질적인 자료를 찾아봤지만 두루뭉술한 답변만 들었을 뿐이다. 퍼킨스는 "그런 일이 일어나기는 해도 극히 드물어요"라고 말했다. 2016년 5월 어느 날 밤, 시애틀에서 웬디가 6개월 된 딸을 돌봐줄 베이비시터를 구했다. 이튿날 은행에서 전화가 와서 수표의 서명이 의심스럽다고 말했다. 알고 보니 베이비시터가 웬디의 서랍장을 뒤져서 1,300달러짜리 수표를 훔쳐간 것이다. 퍼킨스는 그 이야기를 듣고 시스템에서 그 베이비시터를 차단했다. 시스템에 상한 사과가 섞여 들어가는 것은 불가피한 일이다. 심지어 상한 사과가 예상보다 더 자주 나타날 수도 있다.

"믿음직해 보이는 사람이었어요." 사람을 잘못 믿었다가 문제에 직면한 뒤 흔히 하는 말이다. 당신 역시 누군가에게 "당신을 믿어요"라는 말을 들으며 신뢰를 받아본 적이 있을 것이다. 이런 말은 무슨 의미일까? 다시 오닐의 관점으로 돌아가보자. 신뢰의 근거를 어디에서 찾아야 할까?

▌ 신뢰의 근거는 어디에 있는가?

신뢰성에는 "그래도 그 사람, 눈이 착해 보였는데"라거나 "그 여자는 그 일에 잘 어울렸어요"라는 말 이상의 단순한 공식이 있다. 부동산 중개업자를 구하든, 변호사를 구하든, 베이비시터를 구하든 신뢰성의 세 가지 특징은 동일하다. 능력 있는 사람인가? 믿을 만한 사람인가? 정직한 사람인가?[18]

능력은 어떤 사람이 어떤 일을 얼마나 잘할 수 있는가를 의미한다. 그 사람이 어떤 역할이나 작업을 하기 위한, 이를테면 내 머리카락을 자르든 내 아이를 돌보든 내가 탄 비행기를 우즈베키스탄까지 조종하든 그 일에 맞는 기술과 지식과 경험을 갖추었는가?

신뢰는 상대가 내게 해주기로 한 일을 일관되게 해줄 것임을 의미한다. 궁극적으로 "이 사람에게 의지할 수 있을까?"를 판단할 수 있게 해준다. 이 사람이 과연 끝까지 해낼 수 있을까?

정직에서는 진실성과 의도가 중요하다. "상대가 내게 보내는 관심과 동기는 무엇일까?" 기본적으로 상대의 의도가 내 의도와 일치하느냐 하는 문제다. 상대가 거짓을 말하거나 진실을 말해서 무엇을 얻을 수 있을까?[19]

정치학자 러셀 하딘Russell Hardin은 신뢰는 사실 **밀폐형 이해**encapsulated interest라고 했다. 각 당사자의 이해의 폐회로 같다는 의미다. 하딘의 말에 따르면 내가 당신을 믿는 것은 당신이 내 이해를, 그것이 우정이든 사랑이든 돈이든 명성이든 진지하게 생각해줄 거라고 믿기 때문이다. 왜일까? 나를 이용하지 않는 것이 당신에게도 도움이 되기 때문에 당신은 나를 이용하지 않을 것이다. 하딘은 《신뢰와 신뢰성Trust and Trustworthiness》에서 이렇게 말했다. "당신은 우리 관계를 지속시키는 데 가치를 두므로 내 이해를 생각해주는 것이 당신의 이해를 위해서도 바람직하다."[20] 한 예로 나는 최근에 우리 집을 좋은 가격에 팔아준 부동산 중개업자를 신뢰한다. 그 사람이 좋은 사람이고 내게 관심을 보여줘서가 아니라 그 사람이 가져가는 수수료가 판매 금액과 직결되기 때문이다. 이것이 밀폐형 이해다. 경제학자 애덤 스미스Adam Smith의 설명에 따르면, 부동산 중개인이 미래에 가져갈 수익이 그 사람에게 충분히 괜찮은 보상이면 그것이 내가 그 사람을 믿을 만한 충분히 괜찮은 이유가 된다는 뜻이다.

우리는 흔히 마음속으로 누군가에게 '당신을 믿을까?'라고 물어

신뢰성의 특성

능력

신뢰도

정직

본다. 보다 정확한 질문은 '당신이 ×를 할 거라고 믿을까?'이다. 신뢰는 **누군가 무언가를 할 거라고** 믿는 것이다. 예를 들어, 당신은 내가 기사를 쓸 거라고 신뢰할 수 있지만, 내가 화물차를 운전할 거라고 신뢰한다면 큰 실수를 저지르는 셈이다. 내가 20대 대학원생들을 가르칠 거라고 신뢰할 수는 있어도, 나를 다섯 살짜리 아이들이 있는 교실에 들여보내지는 않을 것이다. 아이들에게 읽기와 쓰기를 가르치려다 내가 분통을 터트릴 수도 있다. 어떤 사람이 무엇을 할 수 있을 거라고 믿어주느냐에 따라 신뢰의 세 가지 특성인 능력과 신뢰도, 정직의 마력과 중요성이 달라진다. 신뢰는 상황에 따라 달라진다.

그렇다고 우리가 신뢰해야 하는 모든 사람에게 이런 잣대를 들이대야 하는 것은 아니다. 버스나 기차를 타는 단순한 행위를 예로 들어보면, 이때 굳이 운전기사의 능력을 평가할 필요는 없다. 모든 결정을 신중히 고민해서 신뢰한 뒤에야 내릴 수 있다면 질문하고 점검하다가 날이 샐 것이다. 아예 집 밖에 나서지 못할 수도 있다.

어떤 일자리에 필요한 사람을 고용한다고 해보자. 지원자가 자기에 관해 주장하는 말을 믿을지 말지 어떻게 판단해야 할까? 얼마 전까지만 해도 이력서는 구직 활동에서 중요한 도구였다. 이력서를 작성하면서 자기가 어디서 무엇을 했는지 밝혔지만 증거를 충분히 제시하지는 않았다. 금융 회사를 대신해서 이력서를 심사해주는 업체인 파워첵스Powerchex가 영국에서 실시한 설문조사에 따르면 입사지원서 4,735개 중 18퍼센트에 노골적인 허위 정보가 기재된 것으로 밝혀졌다.[21] 가장 흔한 거짓말은 대학 학위 항목에서 2:2(영국 학사학위 등급에서 하 2등급 – 옮긴이)인데 2:1(상 2등급)로 표시하는 경우였다. 직위(예를 들어 프로젝트 보조자를 프로젝트 책임자로)와 업무를 과장해서 진실을 왜곡하는 것은 흔한 사례다. 이처럼 이력서가 '창작'인 경우가 많지만 고용주들은 계속 이력서를 받을 수밖에 없다.

요새는 이력서를 보내는 대신 링크드인 페이지를 보내거나 온라인 포트폴리오와 소셜 프로필의 링크를 포함시키는 경우가 많다. 잠시 당신의 정보가 올라가 있는 온라인 프로필이 몇 개나 되는지 생각해보라. 내 경우 어림잡아 15개 정도 떠오른다. 아마존, 이베이, 링크드인, 페이스북, 블라블라카, 우버, 유튜브, 트위터, TED, 옥스퍼드대학교 교직원 웹사이트, 개인 웹사이트, 작가 에이전트 웹사이트, 강연 에이전트 웹사이트 등 줄줄이 생각난다. 그나마 스포티파이와 에어태스커Airtasker, 에어비앤비처럼 페이스북 로그인을 요구하는 계정은 포함시키지 않았다. 온라인 프로필은 신뢰 신호의 변화를 보여주는 또 하나의 예다. 과거에 기관이나 소수의 친구나 가족이나 동료가 보유하던 정보는 이제 많은 사람에게 분산되었다. 신뢰 신호가 사회적으로 유동적이 되었다고 볼 수 있다.

어번시터 같은 온라인 서비스에서는 이용자가 구체적인 정보를 상세히 담아 온라인 프로필을 작성해야 한다. 이때 사람들이 스스로 공개하는 정보의 양과 종류는 어마어마하다. 퍼킨스는 이렇게 말했다. "어떤 부모는 미니 돼지에 관해 길게 적어놓았어요. 베이비시터가 그 집에서 기르는 돼지에게 거부감이 없기를 바라는 거죠. 이상한 소리 같지만 실제로 기대 수준을 관리할 수 있는 좋은 방법이에요."[22] 이런 과정을 통해 양쪽 모두 주어진 상황을 파악할 수 있다.

베이비시터가 프로필에 올리는 정보는 온라인의 다양한 확인 장치로 검증된다. 심폐소생술 자격증이 정말 있는가? 사우스탬즈칼리지에서 5등급 보육과정을 정말로 이수했는가? 무사고 운전 기록이 사실인가? 혹은 도리스의 예처럼 정말로 구세군에 소속되어 있는가? 실제로 어번시터에 등록하려는 베이비시터의 25퍼센트만 등록되고 나머지 75퍼센트는 거절당한다.[23]

어번시터는 40가지 기준을 바탕으로 부모에게 적합한 베이비시터를 여섯 명 골라준다. 어번시터 알고리즘은 자녀의 나이, 부모와 베이비시터의 사회적 연결, 거주 지역, 베이비시터가 필요한 시간, 구체적인 선호 사항 따위를 기준으로 삼는다. 어번시터는 또한 이베이처럼 평판 시스템을 이용한다. 거래를 마칠 때마다 부모들이 베이비시터에 관한 평가와 평점을 올리는 식이다.

어번시터의 공동창립자이자 부사장인 안드레아 바렛Andrea Barrett은 이렇게 말했다. "요즘은 어디서든 점수를 매겨요. 우버 기사든 음식 배달원이든. 물론 모든 서비스가 동일한 것은 아니에요. 음식 하나를 배달할 때도 잘하거나 못할 수 있어요.[24] 내 아이를 돌봐주는 분야에서도 잘못될 수 있는 요소가 아주 많아요. 내 아이의 행동을 감당할 수 있는지, 내 아이에게 얼마나 관심을 가져줄지, 얼마나 잘 씻겨줄지, 얼마나 다정할지, 내 마음에 들지, 따져볼 게 한두 가지가 아니에요."

부모의 평가는 베이비시터의 예약률에 중요한 영향을 미친다. 평가가 전혀 달리지 않은 베이비시터는 평가가 하나라도 있는 베이비시터보다 예약을 2배나 적게 받았다. 경험 많은 베이비시터와 부모에게는 '반복 가정'이라는 의미 있는 훈장이 붙는다. 같은 집에 다시 방문했다는 뜻이다.

온라인으로 신뢰도를 증명하는 것도 수월해졌다. 에어비앤비에서 예약해본 적이 있다면 호스트가 얼마나 빨리 응답하는지에 따라 분류돼 있는 것을 보았을 것이다. 내 응답률은 100퍼센트이지만 응답 시간은 24시간 이내다. 말하자면 나는 새 메시지에 모두 응답하지만 에어비앤비의 기준에서 응답 시간이 느린 편이다. 어번시터에서도 얼마나 빨리 응답하는지에 따라 베이비시터를 분류한다. 퍼킨스는 말했다. "급하게 사람을 구한다면 상대가 응답하는 데 걸리는 시간을 미리 알아두는 것이 좋겠죠. 좀 더 깊이 들어가보면 이는 다소 특이한 방식으로 신뢰를 드러내는 지표가 될 수 있어요. 아주 늦게 응답하는 사람이 과연 제시간에 나타날까요? 이 일에 진짜 관심이 있을까요?" 퍼킨스의 말이 옳다. 시간은 훌륭한 신뢰도 지표다.

온라인으로 입증하고 예상할 수 있는 가장 확실한 특성은 물론 정직이다. 누군가의 의도나 진실성을 어떻게 제대로 읽어낼 수 있을까? 퍼킨스는 이것이 가장 시급하게 해결해야 할 문제라고 판단했다. 2014년에는 베이비시터가 아이들에게 얼마나 관심이 있는지 이야기하는 자기소개 동영상을 올리게 하는 방법으로 큰 성과를 거둘 수 있을지 고민했다.

동영상은 대체로 이렇게 시작한다. "안녕하세요. 제 이름은 ○○○입니다. 제 소개를 하려고 해요." 이어서 개인적인 이야기로 들어가 자기가 아이들을 돌보고 싶어 하는 이유를 설명한다. 이런 동영상의 흥미로운 점은 그 사람의 방을 들여다본다는 데 있다. 침대를 정리하지 않은 방에 편하게 앉아 있는 사람도 있고, 깔끔하게 정돈된 거실 소파에 앉아 있는 사람도 있다.

나는 비공식적인 실험 하나를 진행했다. 베이비시터 20명의 프로필을 읽고 내가 받은 첫인상을 요약한 것이다. 그 결과, 내가 '좋은'이나 '다정해 보이는' 같은 모호한 단어를 반복해서 사용한다는 것을 깨달았다. 다음으로 동영상을 보고 같은 실험을 반복했다. 그러자 '사려 깊은'이나 '온화한'이나 '불안한' 같은 구체적인 표현이 사용됐다. 동영상으로 베이비시터의 말을 듣고 주변 환경을 확인하자 그들의 일상을 들여다본 느낌이 들었다. 퍼킨스는 어번시터의 동영상 자기소개는 그 사람의 인간적인 모습을 보여준다고 했다. 그의 말에 따르면 현재 사이트에서는 모든 베이비시터가 39초짜리 자기소개 동영상을 올려야 한다. 물론 이런 경우에도 도리스라면 아주 그럴듯한 동영상을 찍어서 올렸을 것이다. 과연 어번시터는 도리스가 사기꾼인 것을 알아낼 수 있었을까?

▎ 신뢰 시스템은 달라지지 않았다

1993년 7월 5일, 〈뉴요커〉에 피터 슈타이너Peter Steiner의 〈개〉라는 만화가 실렸다. 펜과 잉크로 그린 이 만화에는 개 두 마리가 나온다. 한 마리는 바닥에 앉아 있고 다른 한 마리는 컴퓨터 앞 의자에 앉아 있다. 아래에는 재치있는 글귀가 적혀 있다. "인터넷에서는 아무도 네가 개인지 몰라."[25] 이 만화가 발표된 지 20주년이 된 2013년에는 〈과학기술의 즐거움Joy of Tech〉이라는 제목으로 이 만화를 패러디한 만화가 실렸다. 컴퓨터 모니터로 둘러싸인 국가안보국National Security Agency, NSA 사무실에 선글라스를 쓴 요원 두 명이 서 있다. 그리고 아래 이런 글귀가 적혀 있다. "메타데이터 분석 결과, 놈은 갈색 래브라도가 틀림없습니다. 흰색과 검은색 얼룩이 있는 비글 잡종견과 같이 살고, 둘이 섹스하는 사이로 의심됩니다."[26]

2014년 7월, 캘리포니아주 로스앨토스에 설립된 즉석 신뢰 평가 벤처기업 트룰리Trooly(트룰리는 2017년 6월 에어비앤비에 인수됐다) 회의실에 앉아 있는데, 슈타이너의 그 만화가 생각났다. 이 회사의 공동창업자이자 CEO인 사비 바베자Savi Baveja를 만나러 오기 전에 그의 팀이 내게 제안했다. "레이첼 보츠먼 씨, 당신을 트룰리 시스템으로 돌려보는 건 어떨까요? 결과를 대형 화면에 띄우면 당신도 실시간으로 볼 수 있을 겁니다." 나는 트룰리 관계자 다섯 명과 함께 회의실 테이블에 둘러앉았다. 그들이 뭘 찾아냈을지 조금 불안했다. 40대 후반의 바베자는 글로벌 경영 컨설턴트 회사 베인앤컴퍼니Bain & Company에서 시니어 파트너로 일했던 사람으로, 차분하고 사려 깊은 인상을 주었다. 그는 내가 부쩍 말이 없어지자 가볍게 말했다. "걱정 마세요. 오시기 전에 시험 삼아 한번 돌려봤는데 결과가 꽤 괜찮았습니다."

지구 반대편의 낯선 사람들과 처음 소통할 때 그 사람이 심각한 위험을 초래할지 어떻게 알아낼수 있을까? 바베자는 "다들 평가와 평점 이야기를 합니다. 음, 사실 그건 되돌아보는 방법일 뿐입니다"라고 했다.[27] 트룰리의 목표는 온라인 상거래가 빠른 속도로 발전하는 동안 벌어진 신뢰의 틈새를 메우는 것이다.

즉석 신뢰 소프트웨어에 내 이름과 성을 넣고 이메일 주소를 입력했다. 그게 전부였다. 전화번호도 나이도 생년월일도 직업도 주소도 입력하지 않았다. 이 회사의 공동창업자이자 최고기술책임자인 아니시 다스 사르마Anish Das Sarma가 말하기를, 기계 학습 소프트웨어가 내 신원에 관해 이미 공개되고 허용된 데이터를 모두 검색할 거라고 했다. 사르마는 이렇게 덧붙였다. "감시대상자 명단, 전국 성범죄자 등록부, 소셜미디어 같은 데서 검색할 겁니다. 또 검색엔진에는 잡히지 않아 표면으로 올라오지 않는 딥 웹deep web까지 검색하지요. 구글보다 더 깊이 들어가는 셈입니다."[28] 그는 내 중간 이름을 추가해서 '더욱 강력한 신호'를 보내도 되는지 물었다. 나는 물론 괜찮다고 말했다.

기나긴 30초가 지나가고 결과가 나왔다. 바베자가 화면을 가리키며 말했다. "보세요, 1점이네요. 전체 인구의 15퍼센트 정도만 1점을 받습니다. '아주 좋은 사례'예요."

"그럼 '아주 나쁜 사례'는 얼마나 되나요?" 내가 그 자리의 모두에게 물었다.

바베자가 설명했다. "전체 인구의 1.5~2퍼센트 정도는 5~6점 사이로 나타납니다. 저희가 조사한 사람들 중에는 예외적으로 불쾌한 짓을 하는 부류가 있었습니다. 그 외에 대다수는 2점 정도였어요. 또 미국의 조사 대상자들 중 10~15퍼센트 정도는 디지털 흔적을 충분히 남기지 않았거나 정보를 정확하게 입력하지 않아서 아예 점수를 매길 수 없었습니다."

사실 그들이 검색해서 찾아낸 정보의 수준은 굉장했다. 내 결혼 전 이름을 말하지 않아서 '시먼스Simmons'와 연결된 정보는 나오지 않을 줄 알았다. 그런데 오산이었다. 검색 결과에 내가 옥스퍼드와 하버드에 다닐 때 가입한 클럽의 링크가 올라왔다. (맞다, 나는 다트 동아리에 가입했고, 국민방위군장교훈련협회에서 9개월간 활동했다.) 자료는 다섯 가지 범주로 분류됐다. 지극히 간단한 정보로 내 신원을 확인할 수 있었다. 나는 내가 말한 그 사람인가? 확인. 다음으로 전과 기록과 불법 활동을 확인했다. 깨끗했다. 휴, 스무 살 때 낸 자동차 사고는 법정에서 기각되어 검색에 걸리지 않은 것 같았다. 다음으로 '반사회성' 범주가 있었다. 바베자는 "대다수의 사람이 명백히 옳거나 명백히 잘못된 행동을 하지 않습니다. 그래서 저희는 많은 시간을 들여서 '이 사람이 어떤 사람인가?'를 알아낼 수 있는 세밀한 방법을 찾아냈습니다. 저희는 고객들이 피상적인 점수 이상의 자료를 보고 판단할 수 있도록 합니다"라고 설명했다.

이 테스트에서는 반사회성 범주가 가장 중요하다. 고객들이 트룰리에 의뢰하면서 선별 기준으로 삼는 특징과 반드시 걸러내야 할 나쁜 행동의 예를 알려주기 때문이다. 예를 들어 어번시터라면 증오 표현을 기준으로 베이비시터를 선별하고 싶을 수 있다. 나아가 마약이나 알코올에 관련된 문제가 있었는지, 포르노와 연루된 적이 있는지 확인하고 싶을 수 있다. 주택 공유 사이트는 지원자가 섹스파티를 여는 사람인지 확인하고 싶을 수 있다. 차량 공유 플랫폼은 지원자가 운전을 험하게 하고 교통법규를 위반하는 것을 대수롭지 않게 생각하는 사람인지 알고 싶을 수 있다. 여담이지만, 나는 '반사회성 범주'에서도 1점을 받았다. '친사회적인' 사람이라는 뜻이다. 마음이 놓였다. A+ 신뢰 등급을 받았다는 자부심마저 들었다.

바베자는 베인앤컴퍼니 경영진으로 일했던 당시를 되돌아보며 말했다. "베인에 있을 때 신원조회와 신용조사 절차를 살펴봤습니다. 그러다 얼마나 위험할 정도로 결함이 많은지 깨달았죠. 신원조회는 과거만 살피고 미래를 내다보지 않는 방식입니다. 그런데 꼭 그 방법밖에 없을까요? 더 나은 방법이 있을 것 같았어요."

우리의 행동이 달라졌지만 사회에서 통용되는 신뢰 시스템은 이전과 거의 비슷하다. 우선 미국과 영국과 유럽 여러 국가에서는 신원조회 절차가 여전히 느리게 진행되고 수작업에 의존한다. 대개 저임금을 받는 사무원들이 과중한 업무에 혹사당하면서 일일이 기록을 뒤지는 식이다. 실수가 생기는 게 당연하다. 특히 존스나 스미스나 해리스 같은 흔한 성이면 오류가 더 많이 발생한다. 캘리포니아에 사는 론 페터슨은 이런 문제에 이골이 났다. "플로리다에서 저는 매춘부고, 텍사스에서는 현재 살인죄로 감옥에 들어가 있는 사람이에요. 뉴멕시코에서는 장물아비고 오리건에서는 목격자를 매수한 사람이

더군요. 네바다에서는 이게 참 재밌는데, 성범죄자로 등록되어 있었어요."[29] 이처럼 타인의 흉악범죄와 엉뚱하게 연결되는 경우를 **긍정 오류**false positive라고 한다. 이는 당연히 걱정해야 할 만큼 흔히 발생하는 문제다.

기존 신원조회 시스템에서 '나쁜' 사람으로 분류된 사람들 가운데 실제 범죄자는 얼마나 될까? 2016년 노스웨스턴 대학교 부교수 사이먼 이스파 랜더Simone Ispa-Landa와 펜실베이니아 대학교 교수 찰스 로플러Charles Loeffler의 연구에서는 미국의 성인 3명 중 1명은 사법부와 얽혀 있고, 유죄 판결을 받지 않았어도 법정 관련 기록을 남긴 것으로 나타났다.[30] 미국 법무장관실에서도 최근에 유사한 결과를 얻었다. 신원조회 시스템에 올라온 모든 사건 파일의 절반 정도에는 그 사건이 결국 어떻게 되었는지(유죄인지 무죄인지, 기소되기는 했는지)에 관한 정보가 담겨 있지 않았다. 게다가 잘못된 데이터가 시스템을 방해하는 일이 비일비재했다. 특히 흑인이나 라틴계 집단에서 잘못된 정보가 많이 나왔다. 바베자는 이렇게 말했다. "저희가 하는 일은 궁극적으로 형사사법제도의 모든 편견과 선입견을 찾아내는 것입니다. 그리고 점점 더 많은 판결에서 잘못된 편견을 찾아 걸러내는 장치를 제도화하고 있습니다."

바베자는 신원조회 시스템에 관해 거듭 질문을 제기했다. "신원조회로 찾아낸 정보의 50퍼센트는 교통법규 위반이나 마약 범죄와 관련돼 있었습니다. 그런데 7년 전에 마리화나 한 대를 피운 일이 그 사람에 관해 뭘 말해줄 수 있을까요? 그런 일이 있었다고 해서 그것이 그 사람이 불량 세입자가 될 거라는 뜻일까요?"

나는 반문했다. "그래도 만약 제가 사람을 총으로 쏘고 유죄 판결을 받았다면 신원조회에서 이런 정보에 주목하지 않을까요?"

"아뇨, 기존 신원조회에서 낙제는 그냥 낙제예요. 구체적으로 나오지 않아요."

다른 문제도 있다. 신원조회 시스템에서 범죄자를 놓칠 수 있다는 문제다. 이것을 **부정오류**false negative라고 한다. 매년 수백만 건의 신원조회에서 1~2퍼센트 정도 오류가 발생한다. 사실 나쁜 짓을 한 대다수의 사람이 신원조회를 무사히 통과한다. 바베자는 이렇게 말했다. "구멍이 많은 자료와 시스템에 의지하다 보면 애초에 어떤 직책에 어떤 사람을 채용할지, 어떤 사람이 좋은 세입자가 될지 정확히 판단할 수 없는데 어떻게 본론에 들어갈 수 있겠습니까? 이런 게 중요한 결정 아닐까요?"

나는 트룰리에 그들의 의도는 물론 긍정적으로 보이지만 방법이 마음에 걸린다고 솔직히 말했다. 그러자 바베자가 답했다. "사생활 문제를 지적하실 줄 알았습니다. 다들 그러거든요. 사람들이 사생활 얘기를 하면 저는 웃습니다. 심각한 문제가 아니란 뜻이 아닙니다. 우리가 은행에 얼마나 많은 개인정보를 넘겨주는지 생각해보세요. 청구서를 내든 물건을 사든 신용카드로 결제하든, 전부 당연하게 받아들이지 않습니까?" 트룰리는 미국의 공정신용보고법Fair Credit Reporting Act을 비롯해 사생활과 정보 보호에 관한 관련 법규를 준수한다. 따라서 나는 원한다면 내 점수를 모두 삭제하고 내 프로필 데이터를 확인하고 이의를 제기할 수 있다. 내 보고서는 90일 후 삭제된다. 바베자는 이렇게 말했다. "저희는 음침한 그늘 속에서 일하는 게 아닙니다. 어떤 신뢰 시스템에서건, 심지어 어떤 사람에 관해 친구한테 물어볼 때조차 어느 정도 사생활 침해를 감수해야 합니다. 이때 어떤 과정을 거치는지가 중요합니다. 윤리적으로 할 것인가? 투명하게 할 것인가? 저희는 현재 시중의 다른 어떤 신뢰 시스템보다 훨씬 바람직하고 공정하고 예측 가능한 시스템을 구축하려고 최선을 다하고 있습니다."

이를테면 이런 것이다. 바베자는 분명 유능하고 개방적이고 정직한 사람이다. 나는 그를 신뢰한다. 그리고 그는 심각한 결함이 있는 기존 신원조회 시스템을 개선하려고 한다. 그럼에도 불구하고 현재의 사생활과 개인정보 보호에 관한 법률은 트룰리의 고객들이 우리의 개인정보를 이용해서 수행할 수 있는 작업으로부터 우리를 충분히 보호해주지 못할 것처럼 보인다.

트룰리와의 만남을 마무리하면서 나는 도리스 얘기를 꺼냈다. 도리스가 어번시터에 지원했다면 트룰리의 검색으로 그가 어떤 사람인지 알아낼 수 있었을까? 대답은 물론 '예스'였다. 우리 부모님은 도리스가 구세군에 소속되어 있지도 않고 아이들을 돌본 경험도 없고 전과 기록이 화려하다는 사실을 알아냈을 거라고 했다.

린 퍼킨스는 "트룰리는 우리가 베이비시터를 객관적이고 수량화할 수 있는 방식으로 선별하도록 도와줘요. 하지만 그건 전체 과정의 일부일 뿐이에요"라고 말하면서 중요한 한 가지, 곧 기술이 부모의 직감을 대신할 수 없다는 점을 인정했다. "베이비시터가 문앞에 나타났을 때 느낌이 좋지 않으면 그 사람이 검증 과정을 통과했든, 얼마나 좋은 평가를 받았든, 온라인 프로필을 봤을 때 어떻게 생각했든 상관없이 갑자기 몸이 좋지 않아서 취소하겠다고 말해야 해요. 육감을 믿어야 하는 거죠." 결국 누구를 신뢰할지 정하는 주체는 우리 자신이다.

복잡한 문제다. 물론 직감이 뛰어난 사람도 있다. 하지만 우리는 가끔 능력과 신뢰도와 정직 면에서 분명 좋은 지표가 아닌데도 요란하게 울려대는 신뢰 신호에 주의를 빼앗긴다. 안경을 쓰고 스코틀랜드 억양으로 말하던 도리스가 적합한 예다. 그리고 누군가는 이런 측면에 끌려서 무장 은행 강도와 마약상에게 자녀를 맡긴 사실을 뒤늦게 깨닫기도 한다.

앞으로 온라인 신뢰 과정은 계속 빨라지고 더욱 똑똑해지고 더욱 넓게 확산될 것이다. 좀 더 정보를 기준으로 선택할 수 있다는 점에서는 분명 좋은 일이다. 변호사를 고용하든 집을 팔든 아이들을 돌봐줄 사람을 구하든 말이다. 그러면서도 우리는 우리를 인간답게 만들어주는 부분을 잃어버리고 싶어 하지 않는다.

신뢰를 결정하면서 말도 안 되는 실수를 저지르고 신뢰 도약을 시도하다 보면 간혹 새로운 가능성이 열릴 수도 있고, 흥미로우면서도 위험한 상황에 처할 수도 있다. 이런 식으로 우리는 어떤 결과가 나올지 모른 채 낯선 사람을 신뢰한다. 그런 의미에서 우리 엄마가 도리스를 신뢰한 것이 전적으로 잘못된 선택은 아니었다. 얄궂게도 결국 범죄자로 드러나기는 했지만 도리스는 사실 꽤 괜찮은 유모였다.

WHO CAN YOU
TRUST

6장

마약상도
고객 만족도에
신경을 쓴다

다크넷의 마약 판매자도 에어비앤비의 호스트나 이베이의 판매자들만큼 온라인상의 브랜드와 평판, 고객 만족도에 신경을 많이 쓴다. 판매자 페이지에 이런저런 정보가 올라와 있다. 이를테면 거래 성사 횟수, 판매자의 등록 시기, 판매자의 마지막 로그인 시간, 그리고 가장 중요한 정보로 아이디가 표시된다. 더불어 환불 정책, 배송 선택 사항에 관한 정보도 올라와 있다.

▎ 다크넷, 평범하게 마약을 사고파는 곳

'온라인 거래'라는 용어를 얼마나 엄격히 정의할 것인가에 따라 인터넷으로 처음 거래된 물건은 CD나 피자가 아니라 마리화나라고 주장할 수도 있다. 1970년대 초 스탠퍼드 대학교와 매사추세츠 공대 학생들이 오늘날 우리가 아는 인터넷의 전신인 'ARPAnet'을 통해 마약을 거래했다.[1] 그 뒤로 이른바 '다크넷darknet'이 등장하면서 온라인으로 마약을 거래하는 것이 엄청나게 빨라지고 쉬워졌다.

정상적인 웹브라우저로는 다크넷에 접근할 수 없다. 토르Tor('The Onion Router'의 약어)라는 익명화 소프트웨어로만 접속할 수 있다. 다크넷 URL은 웹 주소가 '.com'이나 '.org'로 끝나지 않고 임의의 문자나 숫자가 무작위로 혼합되고 '.onion'으로 끝난다. 토르는 원래 미 해군연구소US Naval Research Laboratory에서 정부의 통신을 보호하기 위한 용도로 개발한 소프트웨어로, 검색 활동을 은폐하고 신분과 위치를 숨겨야 하는 언론인이나 인권단체에 유용한 사생활 보호 장치였다. 물론 이렇게 비밀스러운 특징은 범죄자들에게도 매력적으로 보였을 것이다. 범죄자들은 이를 이용해 마약 거래를 비롯해 총기부터 아동 포르노까지 온갖 불법적인 물건을 온라인에서 어둠의 경로로 거래하고 있다.

다크넷에 들어가는 것은 어둡고 비밀스러운 평행우주로 들어가는 것과 비슷하다. 이상할 정도로 일반적인 웹사이트와 똑같아 보이지만(그래서 이상할 정도로 친숙하게 느껴지지만), 여기서는 전 주인이 애지중지하던 에르메스 핸드백이나 제이미 올리버 요리책이 아니라 러시아산 반자동소총 AK-47s나 위조 여권이 거래된다. 해커나 컴퓨터의 달인만 다크넷에서 검색할 수 있는 것은 아니다. 불법적인 물건이나 서비스를 찾아내고 구매하는 과정은 의외로 간단하다. 구글에서는 어니언onion 사이트가 검색되지 않고 그램즈Grams라는 검색 엔진에서 검색된다. 참고로 그램즈의 주소는 grams7enufi7jmdl.onion이다. 이 사이트는 화려한 무지개 색상 로고에 'I Feel Lucky'라는 버튼까지 구글 첫 화면과 놀랍도록 비슷하다.

그램즈에 '엑스터시'를 입력해보자. 그램즈 검색 엔진은 블랙뱅크BlackBank, 미스터 나이스Mr Nice, 판도라Pandora, 실크로드4SilkRoad4 같은 암호화 시장을 샅샅이 뒤져서 판매자와 상품 가격, 간단한 설명과 정확한 URL로 된 결과 리스트를 내놓는다. 그램즈를 개발한 사람은 〈와이어드〉와의 익명 인터뷰에서 이렇게 말했다. "여러 포럼과 레딧을 보면 사람들이 항상 '누가 최고의 제품 ×를 보유하고 있는가?' '누가 사기꾼이 아닌 믿을 만한 사람인가?'라고 묻더군요. 저는 사람들이 다크넷에서 원하는 물건을 쉽게 찾아내고 믿을 만한 판매자를

만날 수 있게 해주고 싶었습니다."²

다크넷의 마약 사이트에 관한 자료를 많이 읽어봤지만 이런 사이트가 아마존 같은 일반 전자상거래 사이트와 상당히 비슷하다는 것을 알고 새삼 놀랐다. 평범한 온라인 쇼핑객들은 낯익은 디자인을 보며 안심한다. 여느 소매 사이트처럼 경쟁도 있고, 선택의 폭도 다양하다. 코카인, LSD, 엑스터시, 오피오이드Opioid, 디메틸트립타민DMT, 헤로인, 해시시, 대마초를 비롯해 사람들이 찾을 법한 거의 모든 약물을 다룬 사이트 리스트가 끝없이 나온다. 구매자들은 몇 번 클릭해서 상상을 초월하는 다양한 물건을 둘러보고, 비트코인(중앙은행과 연관되지 않은 화폐)같이 아무런 흔적도 남기지 않는 디지털 화폐로 마약 대금을 지불하고, 우체국 직원을 통해 어떤 물건인지 모르게 포장된 물건을 배달받을 수 있다.

2013년 10월 실크로드Silk Road라는 불법 마약 사이트가 FBI에 의해 폐쇄당하면서 다크넷은 세상에서 악명을 떨쳤다. 실크로드의 소유자이자 관리자인 로스 윌리엄 울브리히트Ross William Ulbricht, 일명 '무서운 해적 로버츠Dread Pirate Roberts, DPR'는 샌프란시스코의 한 공공도서관에서 체포됐다. 그는 돈세탁과 컴퓨터 해킹과 마약 거래 혐의로 유죄 판결을 받고 무기징역을 선고받았다. 울브리히트는《프린세스 브라이드The Princess Bride》라는 책과 영화에 나오는 인물에게 영감을 받아 '무서운 해적 로버트'라는 아이디를 만들었다. 사실 이 작품에서 로버트는 특정 인물이 아니라 해적의 이름과 명성, 사업을 다음 사람에게 넘겨주는 여러 사람 중 하나로, 그에게 꽤 잘 어울리는 아이디였다. FBI는 사이트가 폐쇄될 당시 실크로드에 올라온 마약 리스트가 1만 3,000개이고 매출이 12억 달러에 달한 것으로 보았다.[3] 울브리히트는 모든 거래에 6~12퍼센트 정도 수수료를 청구해서 하루에 2만 달러를 벌어들이는 것으로 추정됐다.[4]

스물아홉 살 청년인 울브리히트는 텍사스주 오스틴에서 어린 시절을 보내고 대학 교육까지 받았다. 자칭 이상주의자인 그는 마약이 개인의 선택 사항이라고 생각했다. 그는 21세기의 디지털 자유주의자였다. 실크로드의 행동 수칙에는 이렇게 명시되어 있었다. "우리는 남에게 해를 끼치거나 남을 속이려는 목적의 물건은 판매하지도 리스트에 올리지도 않는다." 이렇게도 적혀 있었다. "남에게 대접받고 싶은 대로 남을 대접하라." 울브리히트는 폭력과 국가의 법망을 피해 마약을 사고팔 수 있는 믿을 만한 거래 기반을 구축하려고 했다. 사실 그는 단순히 존경만 받은 것이 아니라 실크로드의 판매자와 구매자들에게 신뢰를 얻었다. 그가 체포된 순간, 시스템 전체의 안전에 대한 신뢰가 흔들렸지만 사이트를 폐쇄하는 것으로는 충분하지 않았다. 이후 비슷한 사이트가 하나둘 등장해 실크로드를 대체하기 시작했다.

▌ 평화로운 마약 시장이 유지되는 이유

이런 사이트를 신뢰하게 만들려면 방문자를 어떻게 설득해야 할까? 우선 통제력을 공유하는 방법이 있다. 구매자가 물건을 주문하면 에스크로 계정으로 비트코인이 들어가고 구매자가 물건을 받고 확인해야 판매자에게 계정이 풀린다(알리바바의 계정과 유사한 시스템이다). 구매자와 판매자와 사이트 관리자가 계정을 통제하는 것이다. 세 당사자 중 둘이 거래를 승인해야 비트코인이 전송된다. 판매자와 구매자가 서로 속이기 어려운 구조다. 대체로 무난히 작동하지만 여느 시스템처럼 위험 요인도 있고 썩은 사과도 있다. 가령 부도덕한 관리자가 언제든 시장을 폐쇄하고 사이트의 에스크로 계정에 보관된 이용자의 비트코인을 들고 잠적할 수도 있다.

2015년 3월, 실크로드의 뒤를 이어 나타난 이볼루션Evolution이라는 유명 사이트가 하룻밤새 사라졌다. 당국의 단속과는 무관했다. 단순히 운영자의 탐욕 때문이었다. 사이트 관리자인 베르토Verto와 킴블Kimble이 사이트의 비트코인 금고에서 약 1,200만 달러를 들고 달아난 것이다.[5] 이 사건이 발생하고 며칠 후, 이볼루션의 '홍보' 책임자였다고 밝힌 이용자 NSWGreat가 레딧의 다크넷 시장 포럼에 게시물을 올렸다. "유감스럽게도 베르토와 킴블이 우리 모두의 뒤통수를 쳤습니다. 제 에스크로 계정에도 2만 달러 이상 들어 있었습니다. 손해를 본 모든 분께 죄송합니다. 참담하고 기가 막힙니다. 저도 배신감에 치가 떨립니다."[6]

이볼루션이 폐쇄되고 얼마 후 아브라삭스Abraxas, 아마존 다크Amazon Dark, 블랙뱅크, 미들 어스Middle Earth 등 이볼루션보다 덜 유명한 사이트들도 알 수 없는 이유로 사라졌다. 모두 출구 사기exit scam(물건 주문과 예약금을 모두 받은 후 물건이나 서비스를 납품하지 않고 사라져버리는 행위로, 신원 파악이 힘든 다크넷에서 흔히 발생한다 - 옮긴이)로 보였다. 다크넷의 유토피아적 이상('정부와 과잉 규제에 대항하는 우리')

이 전성기를 맞이한 것처럼 보였다. 물론 판매자와 구매자들은 사기를 당해도 서로 경고하는 것 이상을 해보려는 의지가 없었다. 국가에 민원을 넣어서 LSD가 오지 않았다고 호소하거나 비트코인을 돌려달라고 요구할 수도 없지 않은가. 다크넷을 신뢰한 결과, 이들은 얼마나 큰 손해를 보았을까?

맥쿼리 대학 교수이자 《다크넷의 마약Drug on the Dark Net》의 저자이기도 한 제임스 마틴James Martin은 암호화 시장 전문가다. 마틴은 특히 암호화 시장이 기술을 이용해 국가와 법적 통제에서 탈피해 새로운 자치 방식으로 소통하고 소비자의 참여를 끌어내는 기제에 매료되었다.

"제가 주목한 부분은 지난 40년간 세계적인 마약과의 전쟁으로 짓밟히고 타락한 불법 마약 거래 시장의 체질이 기술에 의해 개선된 측면입니다.[7] 사실 마약 사용자와 마약상처럼 '믿을 수 없는' 부류, 신뢰할 만한 사람이라는 평판을 듣지 못하는 부류는 많습니다. 그런데 이런 사람들이 어떻게 폭력 없이 신뢰를 기반으로 자율적으로 규제되는 시장을 구축할 수 있었을까요?" 마틴은 법 집행기관과 경찰이 다크넷 때문에 크게 놀란 것 같다고 말했다. "범죄자들이 어떻게 위험한 물건을 파는 평화로운 공동체, 대체로 순조롭게 굴러가는 공동체를 만들 수 있는지 목격한 겁니다."

하지만 출구 사기로 다크넷에 대한 신뢰에 크게 금이 가지 않았을까?

"신뢰의 결정적 고비가 온 것은 아니지만 사람들이 좀 더 회의적이 된 건 사실입니다. 사기꾼들이 전체 시스템에 대한 신뢰를 약화시켰습니다. 사실 이런 시장을 파괴한 건 '서슬 퍼런 마약단속국'이 아니라 내부자들입니다. 실제로 이상주의가 조금씩 무너지고 다크넷 공동체에 대한 신뢰가 흔들렸습니다."

마틴은 그의 연구팀에서 군대 탈영 사건과 관련, 탈영병이 남은 부대원들에게 미치는 영향을 조사한 연구를 예로 들었다. 동료 병사가 적의 공격으로 전사하면 제 할 일을 한 것으로 받아들여져 남은 병사들은 더욱 결의를 다졌다. 그러나 어느 한 병사가 탈영하면 모두 함께 싸우는 명분에 대한 신념, 전체 시스템에 대한 신뢰에 금이 갔다. 마틴은 이렇게 말했다. "출구 사기로 나타나는 현상과 비슷합니다."

그럼에도 불구하고 출구 사기는 치명타로 작용하지 않았다. "판매자와 구매자들은 사기 사이트를 건너뛰고 다른 사이트로 넘어갔습니다." 두더지 잡기 게임과 비슷하다. 한 사이트가 문을 닫으면 다른 사이트가 생긴다.

실크로드가 FBI의 단속으로 폐쇄된 후 여러 사이트가 사라졌지만 다크넷의 마약 사업은 여느 전자상거래처럼 계속 번창했다. 2016년 세계마약조사Global Drug Survey에 의하면 영국의 마약 사용자 중 약 22퍼센트가 온라인에서 마약 공급자를 찾아서 구입했다.[8] 세계적으로 응답자 10명 중 1명 정도가 다크넷에서 마약을 구입한 적이 있다고 대답했다. 무엇보다 주목할 만한 사실은 응답자의 5퍼센트가 다크넷 시장에서 구입하기 전에는 마약을 사본 적이 없다고 답했다는 것이다.[9] 다크넷에서는 마약을 구입하는 것이 훨씬 쉽다. 일부 사람들에게는 이런 과정이 덜 위험해 보이기도 한다.

유럽의 싱크탱크이자 세계적인 컨설팅업체인 랜드Rand의 심층 연구에 따르면, 불법 마약 사이트의 거래 수는 2013년 이후 3배나 증가한 것으로 나타났다.[10] 미국을 제외하고 세계 최대의 온라인 마약 시장이 형성돼 있는 영국에서 다크넷 판매자들은 한 달에 2만 1,000번 정도 거래를 한다. 영국의 마약 판매지들은 한 달 평균 5,200파운드의 순수익을 올렸다. 잘나가는 판매자들의 수익은 20만 파운드를 넘어섰다.[11]

마약 시장의 가장 흥미로운 특징은 판매자의 규모가 얼마나 되고 수익을 얼마나 올리는지가 아니라 이들이 어떤 방식으로 원활히 장사하는가에 있다. 이런 사이트로 인해 마약 사용이 늘어날까 봐 우려하는 것은 당연한 결과다. 그러나 한편으로는 이런 사이트의 훌륭한 품질 관리와 효율성에 놀라지 않을 수 없다. 전 세계적으로 사람들, 특히 평범한 사람들이 마약을 신속하게 다량으로 거래할 수 있게 된 것이다.

다크넷은 신뢰에 관해 몇 가지 교훈을 준다. 거리의 마약 거래는 주로 판매상이 아는 사람에게만 판매하는 식으로 거래가 이뤄진다. 판매상은 브로커, 곧 믿을 만한 중개인을 통해서만 새로운 고객을 받는다. "내 친구는 경찰이 아니야. 그 친구한테 마약을 팔아도 신고당할 일은 없을 거야." 브로커가 이렇게 누군가를 보증해주는 셈이다. 기존 마약 거래에서는 이처럼 신뢰가 가장 중요했다. 다만 이는 소규모 인간관계 안에서의 신뢰로, 소수의 사람이 직접 연결된 신뢰라고 할 수 있다. 반면에 다크넷은 열린 네트워크다. 판매상과 아는 사람이나 판매상의 거주지로 선택의 폭이 국한되지 않는다.

마틴은 이렇게 말했다. "암호화 시장은 일종의 슈퍼 브로커입니다. 개인적으로 가능한 수준을 한참 뛰어넘어 다양한 판매자와 구매자 사이에 접촉이 일어날 수 있습니다. 다만 신뢰가 양적인 기준으로 표시됩니다. 마약 거래 역사에서 중요했던 개인적인 신뢰가 평점이나 평가로 대체되는 것이지요. 이것은 그야말로 엄청난 변화입니다."

▎ 다크넷은 어떻게 신뢰를 구축했을까?

마약 시장에서의 신뢰는 원래 지극히 사적인 영역이었다. 친구나 친구의 친구에게 추천을 받았다. 기술 발전으로 신뢰의 범위를 기하급수적으로 확대할 수 있는 방법이 발견되면서 시장과 가능성이 넓어졌다. 다크넷은 익명성이라는 두툼한 망토를 걸치고도 가장 신뢰하기 어려운 사람들 사이에서 신뢰를 구축해냈다.

다크넷에는 흔히 가장 신뢰하지 못할 사람들로 여겨지는, 악질 중에서도 악질인 마약 사용자와 마약상이 무수히 올라와 있지만 매우 효율적인 시장이 형성돼 있는 것도 사실이다. 사실상 신뢰성 제로의 환경에서 신뢰를 구축한 셈이다. 누구도 직접 만나지 않는다. 거래를 규제할 만한 법적 장치도 없다. 일견 구매자가 사기당하기 쉬운 구조로 보인다. 판매자가 품질이 떨어지는 마약을 보내거나 아예 물건을 보내지 않는 것도 가능해 보인다. 그런데 다크넷에서는 이런 일이 매우 드물게 발생한다. 오히려 마약의 품질과 서비스의 신뢰성에 대한 칭찬을 늘어놓는 구매자들을 쉽게 발견할 수 있다.

유럽 마약 및 마약 중독자 감시센터European Monitoring Centre for Drugs and Drug Addiction, EMCDDA에서 2016년 2월에 발표한 보고서에 따르면, 다크넷에서 구입할 수 있는 마약은 거리에서 구할 수 있는 마약보다 순도가 높았다.[12] 스페인의 NGO 단체인 에너지컨트롤 Energy Control의 연구에서도 다크넷에서 판매되는 마약은 품질이 좋은 것으로 확인됐다. 이 연구에서는 자원자들에게 온라인 사이트에서 구입한 마약과 오프라인에서 구입한 마약 샘플을 무작위로 보내 달라고 요청해서 검사를 실시했다. 다크넷에서 취급하는 코카인의 절반 이상에서는 코카인 이외에 아무것도 검출되지 않은 반면, 스페인의 거리에서 구한 마약에서는 코카인만 검출된 비율이 14퍼센트에 불과했다. 실크로드 재판에서 FBI도 실크로드를 폐쇄하기 전에 온라인으로 직접 100번 이상 마약을 구매했는데 모두 "순도가 높았다"고 증언했다.

이런 사례만 봐도 온라인 판매상이 훨씬 정직해 보인다. 이를 통해 범죄 생태계에서 과학기술의 도움(혹은 감독)이 있을 때 사람들이 어떻게 신뢰를 구축하는지 확인할 수 있다. 다크넷은 거래되는 상품의 특성상 이기적인 지하 세계처럼 보일 수도 있지만(물론 일부는 실제로 그렇다), 핵심은 사람과 사람이 연결되는 곳이라는 데 있다. 기술 발전으로 가능해진 새로운 신뢰 구축 방식이 구현된 사례다. 디지털로 관계를 맺는 데도 같은 역동, 같은 원리가 적용된다. 그런 의미에서 황당할 정도로 과거의 방식과 다르지 않다.

사실 다크넷의 마약 판매자도 에어비앤비의 호스트나 이베이의 판매자들만큼이나 온라인상의 브랜드와 평판, 고객 만족도에 신경을 많이 쓴다. 판매자 페이지에 이런저런 정보가 올라와 있다. 이를테면 거래 성사 횟수, 판매자의 등록 시기, 판매자의 마지막 로그인 시간, 그리고 가장 중요한 정보로 아이디가 표시된다. 더불어 그 판매자에게 마약을 구입해야 하는 이유와 환불 정책, 배송 선택 사항, '스텔스' 방법(우편으로 마약을 은밀히 보낼 때 쓰는 방법)에 관한 정보도 올라와 있다. 판매자들이 신뢰성을 입증하려고 열심히 노력하는 모습을 엿볼 수 있다.

원래 '마약상'이라고 하면 폭력을 일삼거나, 제대로 교육을 받지 못하고 사회의 음침한 밑바닥에서 전전하거나, 가죽 재킷을 걸치고 험상궂은 얼굴로 건들거리며 돌아다니거나, 길모퉁이에 음흉하게 숨어 있는 모습이 떠오른다. 한마디로 얽히고 싶지 않은 부류다. 믿거나 말거나 무자비한 협박을 일삼는 이런 부류는 암호화 시장에서 활동하지 않는다. 암호화 시장의 판매자들은 이왕이면 깨끗한 이미지로 비춰지려고 노력한다. 개중에는 로고와 슬로건을 내걸고 브랜드 메시지를 요란하고 선명하게 전달하는 판매자도 있다. "저희는 당신에게 관심이 있습니다." "저희는 고객 만족을 중시합니다."[13]

사실 다크넷의 마케팅 전략은 일반적인 상품의 마케팅 전략과 상당히 유사한 모습을 보인다. 대량 할인도 있고, 로열티 프로그램도 있고, 하나 사면 하나를 덤으로 주는 할인 행사도 있고, 단골에게 공짜 상품을 얹어주는 방법도 있고, 고객이 만족하지 않으면 환불을 보장해주는 정책도 있다. '한정 상품'이나 '금요일 마감' 같은 마케팅 기법으로 매출을 올리는 예도 심심찮게 눈에 띈다. 이런 모습을 보면 내가 지금 자포스Zappos에서 신발을 쇼핑하는 이야기가 아니라 불법 마약 시장에서 마약이 거래되는 이야기를 들여다보고 있다는 사실에 새삼 놀라게 된다.

브랜드 구축에 힘쓰는 판매자들은 마약에 '공정거래'나 '유기농' 표시를 붙여서 '윤리적인' 관심에 호소하기도 한다. 인정 많은 마약 사용자들을 위해서 '분쟁 없는' 공급처가 준비되어 있다. "당신에게 최선의 아편입니다. 이 물건을 구입하시면 폭력적인 마약 카르텔에 자금을 대지 않고 과테말라 산비탈의 농부들을 지원할 수 있습니다." 이볼루션의 한 판매자의 약속이다.[14]

신규 판매자는 무료 샘플을 배포하고 최저가를 보장해서 인지도를 높이려 한다. 다크넷의 블랙프라이데이인 4월 20일 팟데이Pot Day에는 프로모션 광고가 한가득 올라온다(팟데이는 북미에서 마리화나 피우는 것을 일컫는 속어인 4/20에서 유래했다). 《다크넷The Dark Net》의 저자 제이미 바틀렛Jamie Bartlett은 이렇게 적었다. "다크넷 시장에서 미래의 성공을 보장하는 요인은 익명성이나 비트코인이나 암호화가 아니다. 실크로드의 성공 비결은 훌륭한 고객 서비스다."[15]

구매자는 물건을 받으면 별 다섯 개를 기준으로 평점을 남긴다. 카네기 멜론 대학교의 연구 부교수 니콜라스 크리스틴Nicolas Christin은 8개월 동안 실크로드에 올라온 피드백 18만 4,804개의 평점을 분석했다. 평가의 97.8퍼센트가 긍정적이고 별이 4개나 5개였다. 별 1개나 2개인 부정적인 평가는 1.4퍼센트에 불과했다.[16] 그런데 이런 사이트의 긍정적인 평가를 얼마나 믿을 수 있을까?

일각에서는 다크넷에 **평가 인플레이션**이 만연해 있다고 의심한다. 기존 시장 평점 제도를 살펴본 유사한 연구 결과, 대개의 경우 피드백은 지나치게 긍정적인 경향을 보이는 것으로 나타났다. 예를 들어 이베이에서는 모든 평가의 2퍼센트 미만만 부정적이거나 중립적이다. 이런 현상에 대한 해석은 다양하다. 그중 하나를 보면 상품에 불만족한 고객은 아예 평가를 남기지 않을 확률이 높다는 것이다.[17] 그래서 가장 중요한 정보인 부정적인 평판 데이터는 보이지 않는다.

또한 사람들은 사회적 압력 때문에 공개 포럼에 높은 점수를 남기기도 한다. 만약 우버 택시를 이용하고 내릴 때 우버 기사가 "별 5개를 주시면 저도 별 5개를 드릴게요"라고 제안한다면 평점 거래 혹은 등급 인플레이션이 발생할 것이다. 기사가 교통신호를 무시하고 지름길로 험하게 차를 모는 동안 겁에 질린 채 뒷좌석에 가만히 앉아 있었더라도 별 4개 이하의 평점을 주는 것은 꺼려질 것이다. 아마 달튼도 이런 방식으로 평점 4.7을 받았을 것이다. 평점이 4.3 아래로 떨어지면 우버 플랫폼에서 방출된다. 아무 거리낌 없이 우버 기사가 생계수단을 잃어버리는 데 일조할 수 있는 사람은 극히 드물다. 운전사가다소 마음에 들지 않더라도 기사에게 일진이 안 좋은 날일 수도 있다고 생각하는 편이 훨씬 마음 편하다. 그뿐 아니라 그 기사는 내가어디 사는지 안다. 한마디로 두려움과 희망이 복잡하게 얽힌 가운데평가가 나온다. 실명을 쓰든 가명을 쓰든 보복당할까 봐 두려워하는마음도 있고, 한편으로는 작은 친절을 베풀고 보상이 돌아오기를 바라는 마음도 있을 것이다.

이렇게 생각하다 보면 우리가 평가할 때 기준으로 삼는 평점에는대부분 사용자의 경험이 구체적으로 반영되지 않는다고 결론짓고 싫어진다. 하지만 평점을 주면서 서로에게 더 책임감을 느낄 수도 있다. 나는 호텔에 투숙할 때는 욕실 바닥에 수건을 떨어뜨리기도 하지만 에어비앤비로 구한 집에 게스트로 머물 때는 수건을 떨어뜨릴까봐 조심해서 한 번도 그런 적이 없다. 왜일까? 호스트가 나를 평가하고 그 평점이 앞으로 내 예약 요청이 다른 호스트들에게 수용될지 여부에 영향을 미칠 수 있기 때문이다. 온라인 신뢰 장치가 어떻게 상상하지 못한 방식으로 우리의 행동에 영향을 미칠 수 있는지 보여준다.

물론 평점이 과장되거나 날조된 것일 수도 있다. 그래서 일부 사이트는 평점이 긍정적인 쪽으로 치우치는 문제를 방지하기 위한 장치를 마련해놓기도 했다. 예를 들어, 2014년 에어비앤비는 게스트와 호스트의 평가가 한쪽 혹은 양쪽 모두에서 들어온 후 14일의 대기 기간이 지난 뒤에만 평가를 공개하는 **이중맹검** 방식을 도입했다. 결과적으로 평가를 남기는 비율이 7퍼센트 증가하고 부정적인 평가는 2퍼센트 늘어났다. 에어비앤비의 연구 책임자인 저드 앤틴은 이렇게 말했다. "큰 수치로 보이지 않을 수도 있지만 사실 이런 방식이 도입된 결과는 시간이 흐르면서 복합적으로 나타났습니다. 간단한 조치이지만 이후 수백만 명의 여행 경험이 향상됐습니다."[18] 여느 게임처럼 원치 않는 행동이 완전히 사라질 때까지 압력을 가하는 규칙을 마련해야 한다.

다크넷 사이트에서 볼 수 있는 97.8퍼센트의 긍정적인 평가를 바라보는 또 다른 시각도 있다. 콘텐츠 고객을 상대로 대체로 잘 굴러가는 시장의 현실이 정확히 반영된 결과일 수도 있다. 평가 제도는 완벽하지 않고 한쪽으로 치우치는 것이 불가피하더라도 사회 통제의 책임 장치로서 제 기능을 하는 것으로 보인다. 한마디로 평가 제도는 사람들이 더 바람직하게 행동하게 만들어준다.

▌ 신뢰할 수 없는 평가는 시장을 무너뜨린다

나는 혼자 종종 이런 질문을 던져본다. 사람들을 점수나 별점으로 제약하는 방법이 실제로 도움이 될까? 다양한 온라인 시장은 이용자들에게 해당 시장의 구체적인 상황과 관련된 특성을 기준으로 평점을 매기도록 요구한다. 블라블라카의 경우 운전자들은 운전 실력을 기준으로 1점부터 5점까지 평점을 받는다. 에어비앤비의 호스트는 청결도, 정확성, 가치, 의사소통, 체크인, 위치 등의 항목에서 1점부터 5점까지 평가를 받는다.[19] 우버의 경우, 승객이 청결도나 운전, 고객 서비스, 방향 같은 항목에서 낮은 점수나 높은 점수를 줄 때 그 같은 점수를 준 이유를 구체적으로 남겨야 한다. 그런데 마약 시장에서는 판매자의 청결도나 운전 실력이 중요하지 않다. 그렇다면 무엇을 기준으로 신뢰를 측정할까?

신뢰성의 세 가지 주요 특징(능력, 신뢰도, 정직)이 마약상에게도 적용된다. 다크넷에서 마약상들을 평가하면서 신뢰성을 부각시키기 위해 응답 시간과 배송 속도를 언급하는 예가 많았다. 예를 들어, 실크로드 2.0의 한 구매자의 평가를 보자. "어제 오전 11시 30분에 주문했는데 25시간 만에 우리 집 우편함에 물건이 들어 있었어요." 제품의 품질에 주목하는 평가도 많았다. "마리화나가 굉장하네요. 배송도 빨랐고요. 포장도 확실합니다. 이중 밀봉의 진공포장으로 주문해서 시간이 조금 더 걸리기는 했지만 그만한 가치가 있었습니다. 강력히 추천합니다." 기술과 지식을 평가하는 방법으로 판매자의 '스텔스' 배송이 얼마나 괜찮은지, 이를테면 물건이 발각되지 않도록 얼마나 교묘히 위장해서 보내주는지 평가하기도 했다. "스텔스가 너무 훌륭해서 저도 깜빡 속을 뻔했습니다." 알파베이AlphaBay에서 MDMAmethylene dioxy-methamphetamine(흔히 엑스터시라고 부르는 각성제와 구조적으로 유사한 화합물 – 옮긴이)를 구매하고 만족한 어느 구매자가 남긴 평가다. 판매자들은 평범한 소포와 비슷한 모양이나 냄새를 그럴듯하게 만들어낸다. 테이프나 우표가 덕지덕지 붙어 있는 재활용 상자를 사용하고, 냄새를 풍기고, 손으로 주소를 휘갈겨 쓰고, '존 스미스' 같은 흔한 가명을 수신자로 적고, 철자까지 틀리는 것은 좋은 스텔스가 아니다.

판매자가 약속한 물건과 서비스를 일관되게 제공하는 데는 명백한 동기가 있다. 최고의 평가를 받은 판매자가 맨 위로 올라가기 때문이다. 부정적이든 긍정적이든 아무런 평가도 없으면 플랫폼에서 방출되고, 이는 그 사람이 어떻게 장사했는지에 관한 영구적인 기록으로 남는다. 마그레브의 상인들과 알리바바의 판매자들이 알아낸 것처럼, 과거의 행동은 미래의 행동을 예측하는 기준이 된다. 로버트 액설로드Robert Axelrod는 《협력의 진화The Evolution of Cooperation》에 이렇게 적었다. "그리하여 미래가 다시 현재에 그림자를 드리울 수 있다."[20] 달리 말하면, 판매자들은 애초에 문제의 소지가 있는 행동을 하지 않으려고 노력한다.

평판은 신뢰의 가장 가까운 형제로, 남들이 나를 어떻게 생각하는지에 관한 전반적인 의견을 말한다. 나의 평판은 과거의 경험을 토대로 며칠 혹은 몇 달 혹은 몇 년에 걸쳐 형성된 나에 대한 의견이다. 따라서 평판은 좋든 나쁘든 신뢰성의 척도가 된다. 평판은 고객이 여러 가지 중에서 하나를 선택하거나, 운이 좋으면 더 나은 것을 선택하는 데 도움을 준다. 판매자들은 좋은 평판을 얻기 위해 신뢰성 있게 행동한다. 신뢰성이 없는 판매자는 밀려나기 때문이다. 그런데 모든 게 이렇게 단순하지만은 않다. 가격도 평판을 이루는 하나의 요소다. 평판이 가격에 영향을 미칠 수도 있다.

판매자 두 명이 동일한 배송 조건과 환불 조건으로 마리화나를 판매한다고 가정해보자. BlazeKing이라는 판매자는 평가 3개와 평균 4점을 받았고, 마리화나를 1그램당 12.50달러에 판매한다. CandyMan2라는 판매자는 52개의 평가와 평균 4.9점을 받았고, 가격을 조금 높여서 똑같은 마리화나를 1그램당 12.95달러에 판매한다. 어느 쪽을 택하겠는가? 대다수 고객이 CandyMan2를 택할 것이다. 평가가 불확실성을 줄여주기 때문이다. CandyMan2의 평판이 좋아지면 크든 작든 고객에게 제공되는 가격도 올라간다. 위험이 줄어든 대가가 1그램당 0.45달러인 셈이다. 온라인 평판은 이처럼 위험 프리미엄의 기능을 한다.[21]

이번에는 평가를 3개 받고 1그램당 12.50달러에 마리화나를 파는 BlazeKing과 평가 52개에 평균 4.9점을 받았지만 같은 마리화나를 1그램당 16.50달러에 파는 FlyingDynamite 중에서 선택한다고 해보자. 평판 좋은 판매자의 위험 프리미엄이 1그램당 4달러다. 판매자의 평판이 이렇게 큰 가격 차이를 감수할 만한 가치가 있을까? 누군가에게는 그럴 수도 있다. 하지만 그렇지 않은 사람도 있다. 평판이 아무리 중요하더라도 가격 상한선이 존재한다. 고객들이 판매자의 평판을 기준으로 상품이나 서비스에 기꺼이 지불하는 금액에는 한계가 있다.

나는 판매자의 평판이 암호화 시장에 미치는 영향이 얼마나 큰지 궁금했다. 그래서 구매자 한 명을 추적했다. 편의상 그를 알렉스라고 부르자. 알렉스는 '평범한 마약 사용자'라고 자기를 소개하면서 마리화나를 즐겨 피우고 주말에는 가끔 엑스터시를 한다고 말했다. 그는 비교적 가까이 사는 마약상에게 마약을 구입하다가 2014년 말에 다크넷으로 넘어갔다. 왜 구입처를 바꾸었을까? 그의 답변에서 우리가 방금 전 살펴본 모든 내용을 확인할 수 있다. "술집에서 만난 사람의 친구의 친구에게 약을 사는 것보다 서비스 평가 수십 개를 읽어보고 구입할 수 있잖아요. 그 과정에서 내가 돈을 낸 바로 그 물건이 올 거라는 믿음이 생깁니다." 마약에 관한 설문조사에서도 같은 내용이 확인됐다. 응답자의 60~65퍼센트가 평점 덕분에 다크넷을 이용하고 싶어졌다고 답했다.[22]

다시 다크넷의 평가와 평판 제도의 문제로 돌아온다. 평가 제도가 있으면 양쪽 모두 책임감을 더 많이 느낄 수 있지만, 이런 제도에 문제가 전혀 없는 것은 아니다. 다크넷에서 평점을 얻는 방식은 아마존이나 옐프Yelp(대표적인 지역 기반 소셜네트워크. 특정 지역의 식당, 병원 백화점 등에 대한 리뷰를 공유한다–옮긴이), 트립어드바이저TripAdvisor 같

은 사이트와 비슷하다. 평점 조작과 관련, 흔히 피드백 **패딩**padding
이라는 수법이 쓰인다. 판매자가 허위 구매자 계정을 만들어서 자기
가 파는 마약을 직접 구매하는 것이다. 극찬이 올라오는데, 알고 보
면 판매자가 직접 올린 것이다. 투표함에 부정표를 넣는 수법의 온라
인 버전이라고 할 수 있다. 정치인들도 하고 광고주들도 하는 일이
다. 트립어드바이저도 이런 수법에 오염됐다. 그런데 마약상들도 이
렇게 한다.

다크넷에서도 '마케팅' 서비스 산업이 성장하면서 극찬하는 평가
와 게시물을 작성해서 판매자의 평판을 끌어올리는 홍보업자들이
몰려들고 있다. 다크넷의 한 홍보업자는 이렇게 적었다. "안녕하세
요, 저는 Mr420입니다. 저희는 대학에서 홍보를 전공한 사람들이 모
여서 시작한 소규모 홍보팀입니다. 여러분의 제품이나 스레드나 목
록을 포럼 상단에 올려드리는 데 관심이 있습니다." 아마존에서 허
위 리뷰를 올리는 사람은 공짜 책을 받고, 호텔은 트립어드바이저에
긍정적인 평가를 올리는 사람에게 할인 혜택을 준다. 다크넷에서 평
가를 부풀려주는 Mr420 같은 사람에게는 공짜 마약 샘플을 준다. 판
매자들은 이를 단순한 브랜드 관리 정도로 여기고, 자신의 상품을 더
좋아 보이게 만드는 조치를 취했다고 생각한다.

아마존은 바로 이런 관행에 소송을 걸어서 평판과 관련된 대표적
인 재판을 벌였다. 2015년 10월 16일, 아마존은 워싱턴 D.C.에서 아
마존 판매자와 킨들 저자들에게 별 5개의 긍정적인 평가를 판매한
1,114명을 고소했다.[23] 이 사건의 모든 피고들은 프리랜서들이 고
정요금 5달러를 받고 자잘한 일을 대행해주는 온라인 시장 파이버

Fiverr에 서비스를 광고하고 있었다.

아마존이 허위 평가로 얼마나 손해를 보았고 별점이 높은 제품이 얼마나 더 많이 팔렸는지 정확히 파악하기는 어렵다. 하지만 아마존은 현명하게도 허위 평가가 온라인 시장의 신뢰 기반을 침해하므로 이런 수법을 철저히 단속해야 한다고 판단했다. 평가자와 평가를 신뢰할 수 없다면 시스템 전체가 무너질 수도 있다.

▌ 결국 평판이 전부다

그렇다면 경계선은 어디일까? 내가 이 책을 친구와 동료들에게 보내주고 아마존에 좋은 평을 남겨서 매출을 올리는 데 도움이 되어달라고 부탁한다고 해보자. 이런 것도 시스템을 조작하는 행위일까, 아니면 그저 상식적인 수준의 마케팅일까?

제임스 마틴은 이렇게 말했다. "이상한 건 조작이 행해지더라도 이런 일이 반복해서 일어나도 괜찮다고 생각하는 분위기가 조성돼 있다는 점입니다. 새로운 판매자가 시장을 뚫고 들어가려면 어쩔 수 없이 허위 평가를 작성해야 할 수도 있다고 말합니다. 판매자 프로필에 평가가 전혀 없으면 구매자의 관심을 끌지 못하기 때문이지요. 그래서 새로운 시장에 진입하려는 판매자들은 허위 평가를 올려서라도 장사를 시작하려고 합니다." 이는 단지 시장의 생리일 뿐이다. 평가 시스템은 결코 완벽해지지 않을 것이다.

평가 시스템을 조작하는 이 같은 수법은 시장에서 더 많은 지분을 차지하려는 판매자들도 자주 써먹는다. 마약상들이 마약을 팔면서 폭력을 행사하거나 영역 싸움을 벌일 수 없다면 어떻게 경쟁해야 할까? 온라인 전쟁이 벌어진다. 그중 한 가지 전술은 양말 인형 놀이 sock poppetry 혹은 socking라고 불리는, 온라인 아이디 뒤에 숨어서 경쟁자의 평판을 깎아내리는 수법이다. 매우 흔하게 쓰이는 방법으로, 저명한 교수들도 종종 이용하곤 한다. 이와 관련해서 꽤 심각한 사례도 있다.

비평계에서 인정받고 수상 경력도 있는 작가로 책을 8권이나 낸 올랜드 피지스Orland Figes 교수는 2010년 아마존에서 경쟁 학자들의 책에 악평을 올리다 덜미를 잡혔다.[24] 'orlando-birkbeck'과 'Historian'이라는 아이디로(마약상들에게 창의적인 아이디를 짓는 법을 배웠어야 했다) 경쟁 학자들의 저서에 '난해하다'거나 '허세를 부린다'거나 '애초에 왜 출판됐는지 의문인 책'이라는 평을 달았다. 그리고 어리석게도 같은 아이디로 자기 책을 칭찬하는 평가를 길게 남겼다. '훌륭한 글이다. 독자로서 경외감이 든다. 겸손하면서도 고양된 기분이 든다. 모두에게 선물 같은 책이다'라고 'Historian'이라는 아이디로 적은 것이다.

이 사건이 발각되자 피지스는 비겁하게도 변호사인 아내 스테파니 팔머Stephanie Palmer가 쓴 것이라고 책임을 떠넘겼다. 그래도 상황은 해결되지 않았다.[25] 피지스는 결국 그가 혹평한 책의 저자인 역사가 레이첼 폴런스키Rachel Polonsky와 로버트 서비스Robert Service에게 손해배상금을 지급했다. 피지스는 언론에 보낸 사과문에서 이렇게 밝혔다. "옹졸하고 인색한 평가를 남기기는 했지만 피해를 주려는 의도는 없었습니다."[26] 이런 의도적인 흠집 내기는 다크넷에서도 쉽게 찾아볼 수 있다. 판매자들이 구매자인 척하면서 다른 판매자에게 악평을 남기는 것이다.

하지만 이런 식의 조작이 판치는 것도 여기까지다. 이미 허위 평가를 발견해서 삭제하는 기계 학습 시스템이 개발됐다. 코넬 대학교 연구팀에서 평가 스팸을 찾는 소프트웨어를 개발한 것이다. 이 소프트웨어는 트립어드바이저에 올라온 시카고 호텔들에 대한 평가 800개를 대상으로 진행된 테스트에서 허위 평가를 90퍼센트에 가까운 정확도로 찾아냈다.[27] 반면에 코넬 대학교의 인간 피험자들은 허위 평가를 50퍼센트 정도밖에 찾아내지 못했다.

사실 허위 평가를 올릴 때는 유사한 문구나 언어 혹은 문법이나 구두점을 사용하고, 긴 단어를 지나치게 많이 사용하거나 맞춤법 실수를 많이 저지르기 때문에 쉽게 가려낼 수 있다. 실제로 코넬 대학교 연구에서도 허위 평가를 올린 사람들은 진짜 평가를 올린 사람들보다 동사와 긴 단어를 더 많이 사용하고, 진짜 평가를 올린 사람들은 명사와 구두점을 더 많이 사용한 것으로 나타났다.

이렇듯 평가 필터 장치가 점점 정교해지고 널리 확산되고 있으니 우리가 보는 것이 합당한 평가일 거라고 믿어도 괜찮을 듯하다. 하지만 허위 평가에는 확실히 대처해야 한다. 이와 관련해서 간단한 해법이 있는데, 바로 입소문이다. 마약 거래라고 하면 정직한 공동체가 형성돼 있으리라고 생각하기 힘들지만, 사실 다크넷 시장에는 명확한 규범과 규칙과 문화를 공유하는 강렬한 공동체 의식이 존재한다. 다크넷 이용자들은 레딧의 'DarkNetMarkets' 같은 포럼에서 자주 채팅하면서 속임수를 쓰는 판매자 리스트를 공유한다. "이 판매자를 몇 시간 전에 봤을 때는 피드백이 전혀 없었거든요. 그런데 지금은 피드백이 엄청나게 달려 있네요." 한 이용자가 이런 글을 올렸다. 상습적으로 환불을 요구하면서 물건이 오지 않았다고 우기는 고객 역시 망신당할 수 있다.

다크넷의 웹사이트 어벤저스DarkNet Market Avengers는 약사들에게 다크넷에 올라온 마약을 무작위로 검사하게 한다. 이용자들은 공동체의 기부로 운영되는 마약 검사 연구소인 에너지컨트롤에 마약 샘플을 보낸다. 그러면 에너지컨트롤은 제품을 검사하고 이용자에게 결과를 통보한다. 만약 LSD가 '정량 이하'로 밝혀지거나 헤로인에서 카펜타닐Carfentanil(생명을 위협할 수 있는 매우 강력한 합성 오피오이드) 같은 위험 성분이 검출되면 결과가 어벤저스 사이트에 공개되고, 해당 제품을 판매한 판매자에 관한 상세 정보도 함께 뜬다.

결과적으로 판매자와 구매자 시장의 양측 모두에서 사기꾼이 비교적 신속히 발각되어 추방당한다. 마틴은 이를 멋지게 표현했다. "다크넷은 사실 어둡지 않다. 많은 사람이 횃불을 들고 다른 사람들의 행동을 비추기 때문이다. 이제 한 개인에게 의존하지 않고 다크넷 공동체 전체의 집단적 판단에 기댈 수 있다."

다크넷 사이트는 비록 아마존이나 에어비앤비와는 성격이 다르고 심각한 윤리적 문제를 안고 있지만 앞으로 5년 안에 아마존이 지역 서점에 했던 일이나 에어비앤비가 호텔에 했던 일을 거리의 마약상들에게 할 것으로 보인다. 암호화 시장은 더 많은 사람이 마약을 쉽게 접하게 해준다는 의미에서 결코 바람직한 현상은 아니다. 그러나 한편으로는 공급망의 길이가 단축되고 과거 마약 거래에서 발생했던 위험과 범죄 행위가 감소한다는 점에서 다소 긍정적이라고 볼 수도 있다.

어느 쪽이든 이런 시스템이 작동하는 이유는 고객이 그 안에서 혜택을 보기 때문이다. 기술 발전으로 고객은 믿을 만한 판매자를 발견할 수 있게 되었다. 결국에는 이런 판매자만 살아남을 것이다. 전자상거래는 물론이고 다크넷에서도 평판이 전부다.

7장

누군가 당신의 삶을
점수 매기고 있다면

점수가 개인에 대해 말해주는 것이 진실로 굳어진 사회에
서 남들에게 어떤 평가를 받고, 그 평가가 자신의 미래에
어떤 영향을 미칠지 끊임없이 걱정하는 편집증적 삶을 살
게 될까 봐 두렵다. 이런 세상에서 진정한 자기로 살아갈
수 있는 사람이 과연 몇이나 되겠는가.

국가신용점수, "당신은 ○○점짜리 인간입니다."

2014년 6월 14일, 중국 국무원은 '사회신용제도 건설 계획'이라는, 제목부터 불길한 문건을 발표했다.[1] 중국의 정책 문서답게 장황하고 다소 딱딱하지만 급진적인 개념이 담겨 있었다. 당신이 어떤 국민인지 평가하는 **국가신용점수**가 있다면 어떻겠는가?

우리가 일상에서 하는 온갖 활동이 끊임없이 감시당하고 평가받는 세계를 상상해보라. 매장이나 온라인에서 어떤 물건을 사는지, 어떤 순간 어디에 있는지, 친구들이 어떤 사람들이고 그들과 어떻게 소통하는지, 몇 시간 동안 어떤 콘텐츠를 보거나 어떤 비디오게임을 하는지는 물론 당신이 납부했거나 미납한 청구서와 세금 내역까지 감시당하는 세계다. 이런 세계를 상상하는 것은 어렵지 않다. 구글과 페이스북과 인스타그램처럼 데이터를 수집하는 대기업이나 어떤 순간에 우리의 동작과 위치를 포착하는 핏비트 같은 건강 추적 앱 덕분에 이미 일상적으로 벌어지고 있는 일이다. 우리의 모든 행동이 긍정적이거나 부정적으로 평가되고, 당국에서 정한 규칙에 따라 하나의 점수로 도출되는 시스템을 상상해보라. 이런 시스템에서 **시민점수**가 나오고, 이 점수는 당신이 믿을 만한 사람인지 여부를 알려주는 지표가 된다. 나아가 시민점수는 전체 인구와 비교해 공개적으로 순위기 매겨져서 주택 융자를 얼마나 받을 수 있는지, 어떤 일자리에 적임자인지, 자녀를 어느 학교에 보낼 수 있는지, 심지어 데이트를 할 만한 사람인지 판단하는 데까지 쓰인다.

빅브라더Big Brother의 미래상이 통제 불능이 된 버전일까? 아니다. 중국 정부에서 13억 인구의 신뢰성을 평가하는 시스템을 개발하면서 이미 벌어진 사건이다. 최근 몇 년간 조지 오웰George Orwell이 무덤 속에서 뒤척거릴 만한 사건이 두어 차례 발생했지만, 이른바 '사회신용제도Social Credit System, SCS'라는 말을 들으면 뒤척거리는 게 아니라 기가 차서 벌떡 일어날지도 모른다.

중국 정부는 사회신용제도가 전국 단위로 '신용'을 측정하고 향상시키고 '성실한' 문화를 조성하기 위한 긍정적인 방법이라고 홍보했다. 사회신용제도에는 이렇게 명시돼 있다. "이로써 신뢰를 유지하는 행위를 명예롭게 여기는 분위기가 조성될 것이다. 공무公務의 정직성, 상업의 정직성, 사회의 정직성, 사법부의 신뢰성이 확고히 구축될 것이다."[2]

하지만 이 정책이 가진 넓은 의미의 목적이 그리 낙관적으로 보이지 않는다는 시각도 있다. 스웨덴 국제문제연구소Swedish Institute of International Affairs의 중국 인터넷 전문가 요한 라게르비스트Johan Lagerkvist는 사회신용제도를 이렇게 설명했다. "개인의 행동을 일일이 감시하고 사람들이 무슨 책을 읽는지 감시하는 조치를 비롯해, 깊이로 보나 규모로 보나 매우 야심찬 정책이다. 그러나 아마존의 고객 추적 정책을 조지 오웰 식으로 비튼 것에 불과하다."[3] 레이던 대학교의 판 폴렌호벤 연구소Van Vollenhoven Institute에서 중국의 법과 통치 제도를 전공한 로지에 크리머스Rogier Creemers 박사는 중국의 사회신용제도에 관한 정책을 소개하면서 이 정책을 "유모 같은 국가가 어깨너머로 지켜보고 작성하는 옐프 리뷰"라고 비유했다.[4]

엄밀히 말하면 현재 중국의 시민점수에 참여하는 것은 자율이지만 사회신용제도는 2020년까지 의무화될 예정이다. 중국의 모든 개인과 법인(모든 기업이나 단체)은 좋든 싫든 평가와 등급을 받는다. 교사, 과학자, 의사, 자선단체, 정부 관리, 사법부 구성원, 심지어 스포츠 관계자까지 특별 감시 대상이 될 것이다.[5] 사회신용제도 정책에는 다음과 같이 명시되어 있다. "빅데이터는 정부의 통치 역량의 현대화를 가속화하는 데 가장 중요하고 효과적인 동력이 될 것이다."[6]

중국 정부는 2020년 이 정책을 전국으로 확대 적용하기 전까지 일단 지켜보고 연구하는 방식으로 접근할 계획이다. 정부는 공산주의적 감시와 자본주의적 '할 수 있다' 정신을 결합시켜서 민간 기업 여덟 곳에 사회신용점수 시스템과 알고리즘을 도입할 특권을 주었다. 예상대로 대형 데이터 기업들이 현재 가장 유명한 두 가지 프로젝트를 주도하고 있다.

우선 온라인 소비자 금융기업인 차이나 래피드 파이낸스China Rapid Finance가 8억 5,000만 명 이상의 적극적인 이용자를 보유한 대규모 소셜네트워크 기업이자 메시지 앱 위챗WeChat을 개발한 텐센트와 손잡고 추진하는 프로젝트가 있다. 다른 하나는 알리바바 계열사인 앤트 파이낸셜 서비스 그룹Ant Financial Services Group, AFSG이 추진하는 세서미 크레디트Sesame Credit 프로젝트다. 앤트 파이낸셜은 보험 상품을 판매하고 중소기업에 자금을 대출해주는 기업이다. 앤트 파이낸셜의 주력 사업은 모바일 결제 시스템인 알리페이다. 알리페이로 온라인에서 물건을 구입할 뿐 아니라 식당, 택시, 수업료, 영화 티켓 등을 결제하고 이용자들끼리 송금할 수도 있다.

세서미 크레디트 프로젝트는 다른 데이터 생성 플랫폼과도 협력하고 있다. 중국에서 우버의 주요 경쟁업체이자 2016년 우버의 중국 사업본부를 인수한 차량 공유 기업 디디추싱滴滴出行, Didi Chuxing과 손잡았고, 이어서 중국 최대 온라인 결혼정보업체인 바이허Baihe와도 협력했다. 이들의 협력으로 얼마나 거대한 '빅데이터'가 형성되고, 세서미 크레디트 프로젝트가 이 데이터에 어떻게 접근해서 사람들의 행동을 평가하고 점수를 매길지 쉽게 상상할 수 있다.

그렇다면 이 프로젝트는 사람들을 어떻게 평가할까? 세서미 크레디트에 참여한 개인은 350~950점 사이의 점수를 받는다.[7] 알리바바는 점수를 계산하는 데 사용된 '복잡한 알고리즘'을 공개하지 않았지만 점수를 계산할 때 기준이 되는 다섯 가지 요인은 밝혔다. 첫 번째 요인은 신용 내역으로, '전기요금이나 전화요금을 제때 납부했는가? 신용카드 대금을 모두 상환했는가?' 등이다. 두 번째 요인은 지불 이행 능력으로, '계약 책임을 이행하는 능력'으로 정의되는 요인이며, 세 번째는 인적 사항으로 휴대전화번호와 주소 같은 개인정보를 검증하는 과정이다. 네 번째, **행동과 선호도**는 흥미롭지만 다소 불안해 보이는 요인이다.

이런 시스템에서는 개인의 쇼핑 습관 같은 무해한 요소가 그 사람의 특성을 측정하는 기준이 된다. 알리바바는 사람들이 구입하는 제품의 유형에 따라 사람들을 평가한다고 인정했다. 세서미 프로젝트의 기술 책임자인 리잉옌Li Yingyun은 이렇게 말했다. "예를 들어 하루에 열 시간씩 비디오게임을 하는 사람은 게으른 사람으로 판단될 겁니다.[8] 기저귀를 자주 구입하는 사람은 부모일 가능성이 높고, 모든 점을 고려할 때 책임감 있는 편일 겁니다."[9] 이런 맥락에서 볼 때 어떤 시민이 아기용품이나 작업용 신발처럼 사회적으로 인정받는 품목을 구입하면 점수가 올라가겠지만 '클래시 오브 클랜즈Clash of Clans'나 '템플 런Temple Run 2' 같은 게임을 구입하면 게으른 사람으로 보여서 점수가 떨어질 것이다(이 제도가 이런 게임 안에서의 행동을 평가하는 수준에 도달하려면 얼마나 걸릴지 궁금하다. 그렇게 되면 '월드 오브 워크래프트'에서 다른 플레이어의 아바타를 도와주는 식으로 '더 나은' 플레이어가 되면 몇 점 더 받을 수도 있다).

사회신용제도는 개인의 행동을 관찰만 하는 것이 아니다. 행동그 자체에도 영향을 미친다. 시민들을 감시하면서 국가가 좋게 생각하지 않는 물건을 구입하거나 국가가 원하지 않는 행동을 피하도록 '슬슬 몰아가는' 것이다.

다섯 번째 요인은 바로 **대인관계**다. 어떤 사람이 선택한 온라인 친구들과의 대화 방식이 그 사람을 평가하는 데 있어 무엇을 말해주는가? 세서미 크레디트가 '긍정적인 에너지'로 분류한 게시물을 온라인에서 공유하거나 정부에 관해 좋은 의견을 공유하거나 국가 경

중국의 시민점수

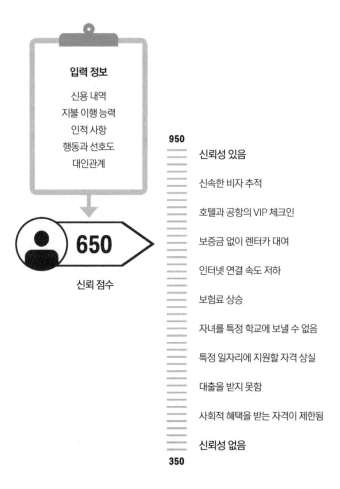

입력 정보

신용 내역
지불 이행 능력
인적 사항
행동과 선호도
대인관계

650

신뢰 점수

950

신뢰성 있음

신속한 비자 추적

호텔과 공항의 VIP 체크인

보증금 없이 렌터카 대여

인터넷 연결 속도 저하

보험료 상승

자녀를 특정 학교에 보낼 수 없음

특정 일자리에 지원할 자격 상실

대출을 받지 못함

사회적 혜택을 받는 자격이 제한됨

신뢰성 없음

350

제가 잘 돌아가고 있다는 주장을 올리면 신용점수가 올라갈 것이다. 데이브 에거스Dave Eggers의 소설《서클The Circle》을 읽거나 영화를 본 사람이라면 섬뜩할 정도로 비슷한 이야기로 들릴 것이다. 에거스는 이렇게 말했다. "당신과 당신 같은 사람들은 기꺼이 끊임없는 감시 속에서 즐겁게 살면서 항상 서로를 감시하고 서로를 평가하고 서로에게 투표하고 서로를 좋아하고 서로를 싫어하고, 서로에게 미소를 짓고 서로에게 눈살을 찌푸릴 것이다. 이런 것 말고는 딱히 할 일이 없을 것이다."[10] 그리고 덧붙였다. "비밀은 거짓말이고, 공유는 배려다. 사생활은 도둑질이다."[11]

알리바바는 사람들이 소셜미디어에 부정적인 내용을 올려도 점수에 영향을 받지 않는다고 주장한다(알고리즘을 비밀로 하기 때문에 이 주장의 진위는 확인할 길이 없다). 하지만 정부가 2020년에 시민점수제도를 공식적으로 시행하면 어떤 상황이 벌어질까? 현재 시범 사업에 참여한 민간 기업 여덟 곳이 정부의 사회신용제도를 운영할 책임을 맡을지 여부는 아직 알 수 없지만, 중국 정부가 시범 사업에서, 특히 알리페이의 세서미와 텐센트의 위챗에서 사회신용제도를 위한 자료를 가장 많이 확보할 것으로 보인다. 게다가 정부의 자체 사회신용제도가 새로운 일상으로 자리 잡으면 민간 플랫폼이 사실상 국가정보기관 역할을 할 것이다. 그러면 선택의 여지가 없을 수도 있다. 크리머스는 이렇게 말했다. "중국 정부와 거대 인터넷 기업들은 서양에서는 상상도 못 할 방식으로 '빅데이터'를 이용하고 있다. 중국 정부가 원하는 자료는 무엇이든 구할 수 있다고 추정할 만한 근거가 충분하다."

중국에서 정치적으로 저항하는 발언이나 천안문 사태에 관한 링크를 인터넷에 올리는 행동이 현명한 것으로 취급받은 적은 없지만, 앞으로 이런 행동은 시민으로서의 평가에 직접적인 타격을 줄 것이다. 뜻밖의 함정도 있다. 사회신용제도는 케빈 베이컨 효과 같은 연결 위에 구축될 수밖에 없다. 결국 그 제도에서 한 개인의 점수는 그 사람이 온라인 친구들과 직접 접촉하지 않아도 친구들이 무슨 말을 하고 어떤 행동을 하는지에 좌우된다. 온라인에서 연결된 누군가가 중국 체제에 막대한 부담을 준 상하이 증시 폭락에 관해 부정적인 의견을 게시하면 그 사람과 연결된 사람들의 신용점수는 함께 떨어질 것이다. 일종의 연좌제다.

▎ 쾌락의 쳇바퀴를 이용하다

그런데 정부의 감시 제도를 대놓고 인정하는 시범 사업에 이미 많은 사람이 가입한 이유는 무엇일까?[12] 어둡고 드러나지 않은 이유가 있지만(가령 자원하지 않으면 불이익이 돌아올까 봐 두려워하는 마음) 세서미 크레디트에서 '신뢰성 있는 사람'으로 분류된 사람에게 보상과 '특권' 형태로 주어지는 유혹의 영향도 무시할 수 없다.

점수가 600점에 이르면 최대 5,000위안(약 1,000달러)에 이르는 '바로 사용' 대출을 받아 알리바바 사이트에서 쇼핑할 수 있다.[13] 650점에 이르면 보증금 없이 렌터카를 빌릴 수 있다.[14] 호텔에서 신속히 체크인할 수 있고 베이징서우두국제공항의 VIP 체크인 자격도 얻는다.

666점 이상이면 최대 5만 위안(1만 달러 이상)까지 앤트 파이낸셜 서비스에서 현금 대출을 받을 수 있다. 700점이 넘으면 재직증명서 같은 서류를 제출하지 않고도 싱가포르 여행을 신청할 수 있고, 750점 이상이면 신속히 추적되는 범유럽 솅겐 비자 신청서를 받을 수 있다. 크리머스는 이렇게 말했다. "이 제도를 쉽게 이해하려면 로열티 제도의 사생아라고 생각하면 된다. 이베이의 신뢰 시스템과 항공 마일리지 보상 프로그램이 결합된 형태 같다."[15]

높은 점수는 이미 사회적 지위의 상징이 되어 이 제도가 실시된 지 몇 달 만에 10만 명에 이르는 사람들이 웨이보Weibo(중국판 트위터)에 자신의 시민점수를 자랑했다.[16] 시민점수에 따라 데이트 상대나 결혼 상대를 만날 가능성이 높아질 수도 있고 낮아질 수도 있다. 세서미 점수가 높을수록 결혼정보업체 바이허에서 프로필이 더 많이 노출되기 때문이다. 바이허의 부대표인 주안이롱Zhuan Yirong은 이렇게 말했다. "외모도 중요하지만 생계를 잘 꾸리는 능력이 더 중요합니다. 배우자의 재산은 안정된 삶을 보장해주니까요."[17] 바이허 가입자의 15퍼센트 이상이 현재 프로필에 세서미 점수를 눈에 잘 띄게 표시해놓았다. 사람들이 이런 제도의 숨은 의도를 모른 채 얼마나 쉽게 받아들이는지 보여주는 사례다.

세서미 크레디트는 사람들에게 점수가 낮은 사람과 친구가 되면 어떤 불이익을 당하는지 경고할 뿐 아니라 순위를 높일 방법도 조언해준다. 머지않아 점수를 올리는 방법을 공유하는 점수 컨설턴트나 통계적으로 순위를 높이는 방법이나 이미 신뢰가 깨진 사람에게 블랙리스트에서 빠져나오는 방법을 조언해주는 평판 컨설턴트가 나타날지도 모른다. 사람들이 평판 감사관을 고용해서 자신의 평가를 조사할지도 궁금하다. 프라이스워터하우스쿠퍼스PricewaterhouseCoopers, PwC처럼 유망한 회계법인 벤처가 생길 수도 있다. 신뢰성을 높이기 위해 은밀한 거래가 일어나는 평판 암시장이 출현할 수도 있고, 페이스북의 '좋아요'와 트위터 팔로어를 돈 주고 사고 다크넷에서 좋은 상품평을 구입하듯 개인이 돈을 주고 점수를 조작할 수도 있다.

그러면 점수를 높이는 방법을 모르거나 돈이 없고 교육 수준이 낮은 사람들은 어떻게 될까? 시스템에서 장난을 치거나 시스템을 조작할 방법이 없는 사람들은 불이익을 당할 수도 있다.[18] 제도의 안전성은 어떨까? 사이버 해커(일부는 국가에서 지원하는 해커일 것이다)가 시스템에 들어가 디지털로 저장된 정보를 수정하거나 훔쳐낼 수 있다. 배우자나 미래의 직원이 채팅방에서 한 말부터 호텔 투숙 내역에 이르기까지 모든 행적에 관한 자료를 사기 위해 얼마나 지불할까? 이렇게 되면 '신원조회'의 의미는 완전히 달라질 것이다.

사람들이 이런 제도에 자발적으로 가입하는 데는 심리적 이유가 크다. 세서미 크레디트는 인간의 기본적인 욕구를 파고들었다. 더 나은 삶을 위해 스스로를 채찍질하는 욕구 말이다. 우리는 초등학교에 다닐 때부터 등수가 매겨지고 일렬로 줄 세워지는 데 익숙하다. 본능적으로 남보다 높은 점수를 받아 현재의 지위를 향상시키고 싶어 한다. 이렇게 모두가 '쾌락의 쳇바퀴hedonic treadmill'에 갇혀 있다. '쾌락의 쳇바퀴'는 현재 상태를 끊임없이 개선하고 싶어 하는 욕구를 가리키는 심리학 용어다. 우리가 쾌락의 쳇바퀴에 계속 머무는 이유는 만족과 행복이 손 내밀면 닿을 곳에 있는 것처럼 보이기 때문이다. 오래도록 꿈꾸던 연봉에 도달하면 잠시 기분이 좋아지지만 이내 더 높은 연봉을 갈망하게 된다. 페이스북에 게시물을 올리고 '좋아요'를 121개 받으면 잠시 기분이 좋지만 이내 '좋아요'를 125개 이상 받을 만한 게시물을 올리고 싶어진다. 시민점수의 세계에서는 어떤 등급에 오르는 순간, 당장 등급을 더 높여야 할 필요성이 제기될 뿐 아니라 스스로도 등급을 더 높이고 **싶어진다**. 우리가 원하는 사회적 단계는 항상 손에 닿을 듯 말 듯 바로 눈앞에 있어서 나와 내 위치에 만족하는 것이 거의 불가능하다.

세서미 크레디트는 몇 가지 방식으로 이런 현상을 이용한다. 이를테면 이용자들에게 자신의 점수가 친구들의 점수보다 높은지 낮은지 추측하도록 부추긴다. 일단 이용자가 자기 점수를 확인하면 모든 친구의 점수가 표시된다. 단순한 경쟁심만의 문제가 아니다. 이를 통해 누가 나를 끌어내릴 수 있는지 확인할 수 있다. 반대로 평판 좋은 사람을 친구로 만들어서 이익을 보려는 사람도 생길 것이다. 사업을 시작하기 위해 대출을 받고 싶은가? 그렇다면 신뢰 등급이 높아서 영향력이 큰 사람들에게 친근하게 다가가고 실패한 사람들은 멀리 하는 편이 낫다.

언젠가는 가족들이 둘러앉은 저녁식사 자리에서 희한한 대화가 오갈 수도 있다. 예를 들면 아내가 남편에게 이렇게 말하는 식이다. "여보, 오늘 당신 점수가 38점 떨어졌던데요. 주택 개조 융자를 받으려면 점수가 높아야 되는 거 알잖아요. 다음 달에 우리 아들 대학 입학 지원서에 가족 점수가 올라가는 거 잊었어요? 오늘 대체 무슨 일이 있었기에 점수가 떨어진 거예요?"

중국의 시민점수에 관해 알아볼수록 2010년에 출간된 베스트셀러 소설《아주 슬픈 진짜 사랑 이야기Super Sad True Love Story》가 생각난다. 저자 게리 슈테인가르트Gary Shteyngart는 가까운 미래의 디스토피아적 뉴욕을 배경으로 거리에 신용 기둥이 늘어서서 사람이 지나갈 때마다 그 사람의 신용등급이 표시되는 장면을 그렸다. 러시아계 유대인이자 미국인인 주인공 레니 아브라모프는 수량화되지 않는 개인의 자질을 믿는 구시대적 인물이다. 직장 상사와 주위 사람 모두가 레니에게 그런 감상적인 태도를 버리고 신용등급을 높이려고 노력해야 한다고 말한다.[19]

이 작품에는 다양한 장치가 나온다. 레니가 몸에 착용한 '오포로티Äpparäti'는 'RateMe Plus'라는 기술로 만든 목걸이용 펜던트다. 오포로티는 그 사람의 기대수명과 현재 콜레스테롤 수준, 성생활 이력까지 모든 개인 데이터를 담고 있다. 슈테인가르트는 〈애틀랜틱The Atlantic〉과의 인터뷰에서 이렇게 설명했다. "가령 술집에 들어가면 이 장치에서 '좋아요, 당신은 여기서 세 번째로 못생긴 남자이지만 다섯 번째로 신용등급이 높습니다'라는 알림이 나옵니다."[20] '비어고글beer goggles(술에 취하면 이성이 더 매력적으로 보이는 현상 – 옮긴이)'이나 구글 안경은 잊어라. 오포로티만 착용하면 실시간으로 사람들의 등급을 확인할 수 있어서 정직하지 않거나 적어도 정직하지 않다고 평가받은 사람에게 시간을 허비하지 않아도 된다. 행복하거나 신뢰할 수 있는 세계는 아니다. 자기애와 무례함과 과시욕의 세계다. 그리 머지않은 미래 세계의 모습일지도 모른다.

슈테인가르트의 강렬한 풍자는 남들이 어디쯤 있는지 파악해야 하는 사회에 대한 해석이다. 모르는 사람과 과도하게 정보를 공유하는 것이 얼마나 위험하고, 신용점수부터 건강 기록까지 모든 정보가 어떻게 우리를 공개적으로 정의하는지, 그리고 이런 식의 비즈니스가 흥미로운 게임처럼 보이지만 사실상 얼마나 심각한 결과를 낳을지 잘 표현했다.

사실 세서미 크레디트는 공산당이 국민들을 감시하기 위해 사람들 사이에 불안을 조장하는 당안檔案이라는 정부 기록을 '빅데이터' 게임으로 변형한 것에 불과하다. 중국 공산당은 모든 국민에 관한 서류를 보관하고 정치적, 개인적 범죄를 추적해왔다. 당안은 학교부터 직장까지 사람들을 평생 따라다녔다. 사람들이 친구를 신고하고 가족을 신고하자 서로에 대한 의심이 커지고 사회적 신뢰가 추락하기 시작했다. 디지털 버전의 서류에서도 비슷한 상황이 연출될 것이다. 사람들이 친구와 배우자와 가족과 동료에게 이렇게 말할 수도 있다. "그거 올리지 마. 네 점수가 떨어지는 것도 바라지 않지만, 너 때문에 내 점수가 떨어지는 것도 원치 않아."

공산당의 기본 방침을 준수하고 어떤 식으로든 반박하지 말라는 사회적 압력은 점점 거세질 것이고, 부정적인 의견이나 남들과 다른 의견은 들어설 자리는 사라질 것이다. 이런 제도가 조장하는 동일성을 강조하고 개인주의를 몰아내는 분위기는 상상만 해도 섬뜩하다. 누가 감히 자기 목소리를 내겠는가? 홍콩에 있는 국제인권감시단 중국본부Human Rights Watch China의 대변인 마야 왕Maya Wang은 중국의 사회신용제도에서 '무서운 미래상'을 봤다. "지금도 반체제 인사 등 요주의 인물에 대한 감시가 심각한 수준인데 사회신용제도가 시행되면 또 다른 차원으로 넘어갈 겁니다. 아마도 국민 전체를 감시하려는 시도가 이뤄지겠지요."

크리머스도 왕의 말에 전적으로 동의했다. "옛 동독에서는 목표가 체제에 반대하는 저항운동을 막는 데 국한되었습니다. 중국의 목표는 훨씬 야심찹니다. 명백히 새로운 시민을 창조하려는 시도로 보입니다."[21]

사회신용제도에는 패러다임의 전환이 교묘하게 반영되어 있다. 앞서 보았듯, 중국 정부는 강압적이고 위에서 아래로 공포를 조장해 사회의 안정이나 순종을 끌어내리던 과거의 방식에서 벗어나 복종을 마치 게임처럼 느끼게 만드는 방식을 시도하고 있다. 점수 보상 제도를 가장한 사회 통제 방법이고 게임화된 복종이다.

BBC 뉴스팀은 2015년 10월, 베이징 시내 번화가로 나가서 지나가는 시민들을 대상으로 세서미 크레디트 등급에 관해 인터뷰했다. 다수의 사람들이 좋은 면을 이야기했다. 하긴 누가 감히 이 제도를 대놓고 비난하겠는가? 비난하면 점수가 떨어질지도 모르는데. 한 젊은 여성은 카메라를 향해 미소를 지으며 기자에게 자신의 스마트폰에 뜬 점수를 자랑하듯 보여주며 말했다. "아주 편리해요. 어젯밤에 세서미 크레디트로 호텔을 예약했는데, 현금으로 보증금을 보내지 않아도 예약됐어요."[22] 그런데 흥미롭게도 앞으로 점수가 나빠지면 임대차 계약 같은 것을 작성하지 못할 수도 있다는 사실을 아는 사람은 드물었다. 그보다 우려되는 현실은 세서미 크레디트에 등록해놓고도 자기가 끊임없이 평가받고 있는 줄 모르는 사람이 많다는 점이다. 이런 식으로 무턱대고 믿어버리는 무지는 그리 낯설지 않다.

단지 훨씬 발전된 형태의 디스토피아에서 벌어지는 상황일 뿐이다. 페이스북 이용자들이 데이터 실험쥐로 이용된 사실을 알고 충격을 받았던 사건을 생각해보라. 사실 우리는 무엇에 동의하고 원한다면 무엇을 거부할 수 있는지 제대로 확인하지도 않은 채 갖가지 서비스에 가입하고 있다.

현재 세서미 크레디트는 '신뢰성 없는' 사람들을 대놓고 처벌하는 것은 아니지만 바람직한 행동을 보상해주는 방식으로 사람들을 훨씬 효과적으로 가둬놓고 있다. 세서미 크레디트의 관리 책임자인 후 타오Hu Tao는 사람들에게 이 제도는 "신뢰도가 낮은 사람들에게 렌터카를 빌려주거나, 돈을 대출해주거나, 심지어 직장을 구하는 기회를 허용하지 않도록 설계되었다"라고 경고했다.[23] 타오는 심지어 세서미 크레디트가 중국 교육부에 접근해 전국시험에서 부정 행위를 저지른 학생 명단을 공유하고 그들이 장래에 부정 행위의 대가를 치르게 만드는 방법을 논의한 적도 있다고 밝혔다.[24]

2020년 중국에서 사회신용제도가 의무화되면 처벌의 내용도 크게 달라질 것이다. 사실 2016년 9월 25일 국무원은 '신뢰 파괴 행위를 저지른 사람에 대한 경고 및 처벌 방법'이라는 제목의 정책을 갱신했다.[25] 최우선 원칙은 단순하다. 이 정책을 담은 문서에는 이렇게 명시되어 있다. "한 곳에서 신뢰를 깨트리면 모든 곳에서 제약을 받는다." 이런 처벌은 신뢰를 깨트린 모든 사람의 사회 이동에 심각한 영향을 미칠 것이다.

이를테면 신용점수가 낮으면 인터넷 연결이 느려지고 원하는 식당이나 나이트클럽이나 골프장에 출입하는 데 제한을 받으며, '휴양 지나 여행업계의 소비에 대한 제약'으로 인해 해외여행의 자유를 상실할 수 있다. 신용점수는 임대 신청과 보험 가입 자격과 사회보장 혜택에도 영향을 미칠 것이다. 점수가 낮은 국민은 특정 기업에 고용되지 못하고 공무원 조직과 언론, 법조계를 비롯한 일부 직업에 종사하지 못할 것이고, 신용 평가가 좋지 못하면 본인이나 자녀가 학비가 비싼 사립학교에 다니지 못할 것이다. 이상의 처벌은 내가 생각해낸 것이 아니다. 중국 국민이 곧 직면할 현실이다. 정부의 정책에 거듭 명시되듯 사회신용제도에서 "신뢰성 있는 사람은 하늘 아래 어디든 자유롭게 다닐 수 있지만 신뢰를 깨트린 사람은 한 발도 내딛기 어려울 것이다."[26]

▌ 네 번째 탈중심적 변화, '온라이프 시대'로의 진입

예술에서도 이런 현실과 닮은 모습을 찾아볼 수 있다. 중국의 사회신용제도는 SF 시리즈 〈블랙미러Black Mirror〉의 한 에피소드와 놀랄 만큼 유사하다. 음울하면서도 재치 있는 제작자 찰리 브루커 Charlie Brooker는 이 시리즈가 매회 다른 인물과 다른 배경과 다른 현실을 바탕으로 전개된다고 말했다. "하지만 모두 현재 우리가 살아가는 이야기, 그리고 우리가 똑바로 대처하지 않으면 단 10분 만에 처할지 모를 현실에 관한 이야기입니다."[27] 요컨대 우리가 새로운 기술을 신중히 다루지 않으면 예상보다 훨씬 일찍 기묘한 미래로 끌려갈 수 있다는 뜻이다. 실제로 〈블랙미러〉 시나리오가 현실화된 사례는 많다. 그중에는 세상을 떠난 가족이나 친척을 흉내 내는 챗봇도 있고(현재 레플리카Replika라는 이름의 프로그램으로 나와 있다), 부패한 체제를 개혁하기 위해 공직에 출마하는 추악한 등장인물도 있다. 영국 총리가 전국적으로 방영되는 텔레비전 프로그램에서 돼지와 추잡한 행위를 하는 에피소드는 더 말할 것도 없다.

〈블랙미러 시즌 3〉의 첫 번째 에피소드 〈추락Nosedive〉에서는 남들이 나를 어떻게 생각하는지 실시간으로 요약해주는 시스템 안에서 높은 점수를 받기 위해 애쓰는 인간의 모습이 그려졌다. 별 5개 만점의 점수는 주변의 모든 사람, 즉 가족, 친구, 동료, 익명의 행인에게 영향을 받고 일상의 사소한 영역에서 이뤄지는 일들까지 모두 자료로 쓰인다. 바리스타가 커피에 우유를 잘 섞어서 따라주었는가? 그에 대해 보상할 수 있다. 엘리베이터를 타고 이동하는 30초 사이에 어떤 여자가 이상한 눈길로 당신을 위아래로 훑어보았는가? 그 행동의 대가를 치르게 해줄 수 있다. 그러나 경계해야 한다. 상대가 기분이 상해서 당신을 부정적으로 평가하면 당신의 점수가 떨어질 수도 있기 때문이다.

이 에피소드의 주인공 레이시 파운드Lacie Pound는 평생 점수 몇 점을 더 받으려고 주위의 모든 사람을 기쁘게 해주기 위해 안간힘을 쓴다. 그는 그리 대단치 않은 4.2점을 지키기 위해 온갖 노력을 다한다. 매일 아침 욕실에서 거울을 보면서 거짓 미소를 연습하기까지 한다. 세상에서 그의 가치는 점수로 평가되므로 집으로 돌아온 뒤 지극히 사소한 대화까지 모든 대화를 강박적으로 점검한다.

레이시의 삶은 세상이 작동하는 방식에 관해 무엇을 말해줄까?

옥스퍼드 대학교의 정보철학과 윤리학 교수이자 옥스퍼드 인터넷 연구소 소장인 루치아노 플로리디Luciano Floridi는 이런 현상에 흥미로운 방식으로 접근했다. '디지털 혼란'의 전문가를 자처하는 사람은 많지만 이 분야에서는 플로리디가 가장 이상적인 전문가다. 현재 플로리디는 유럽연합의 '잊힐 권리' 규정에 관한 구글 자문위원회에서 유일한 윤리학자로 활동하고 있다.

플로리디에 따르면 인간의 자기 이해에 대한 관점에 변화를 준 세 가지 중대한 '탈중심적 변화'가 있다. 지구가 태양 주위를 돈다는 코페르니쿠스의 학설, 다윈의 자연선택이론, 일상의 행동이 무의식의 지배를 받는다는 프로이트의 주장이 그것이다.[28] 그리고 플로리디는 현재 우리가 역사상 네 번째 변화의 시대, 곧 온라인 활동과 오프라인 활동이 **온라이프**onlife에서 결합되는 시대에 진입했다고 말한다. 나아가 세상이 점차 실제 경험과 가상 경험이 뒤섞이는 인포스피어 infosphere로 변해가면서 우리가 **온라이프 성격**(현실 세계에서 어떤 사람인지와는 다른 성격)을 획득할 것이라고 내다봤다.[29] 이런 조짐은 신중히 편집하거나 이상적으로 꾸민 모습을 페이스북에 올리는 현상에서 뚜렷이 나타나고 있다.[30] 친구들의 페이스북 게시물에서 환상적인 휴가지 사진과 천사처럼 꾸며놓은 아이들의 사진을 보고 있으면 남편 흉을 보고 말썽쟁이 다섯 살짜리 아이 때문에 힘들다고 투덜대던 그 친구가 맞나 하는 생각이 든다. 나도 예외가 아니다. 내 삶의 결함과 모순을 편집하고 흐트러진 나를 감춘다.

〈추락〉에서 레이시의 온라이프 성격은 플로리디가 말하는 극단적인 미래상을 보여준다. 레이시의 인생은 지치고 극적이고 대중에게 보여주기 위한 쇼로 전락한다. 레이시는 꿈에 그리던 아파트를 사려면 자신의 점수를 올리는 수밖에 방법이 없다는 사실을 깨닫는다. 그래서 점수 컨설턴트에게 조언을 구한다. 그러던 어느 날 학창 시절 친구이자 소셜미디어 스타로 높은 점수를 유지하고 있는 친구 나오미로부터 결혼식 들러리를 서달라는 부탁을 받고 레이시는 최고의 인플루엔서(점수가 높은 결혼식 하객)가 되어야겠다고 결심한다. 친구의 결혼식에서 눈물을 짜내는 감동적인 들러리 연설을 하면 필요한 점수를 얻을 수 있을 것이라고 판단한 것이다. 물론 이 에피소드에서 레이시의 계획은 성공하지 못하지만 요점은 그게 아니다. 아니, 어쩌면 그것일 수도 있다.

〈추락〉의 점수 체계는 사회적 승인, 곧 '좋아요'와 별점을 기준으로 한다. 레이시처럼 이런 점수 체계에서 사람들은 자기 이익에 따라 관계를 맺고 거짓으로 행동을 꾸민다. 불길하게도 이 에피소드는 현재 우리의 '온라이프'와 크게 다르지 않아 보인다.

우버를 타본 적이 있는가? 우버에서는 승객도 기사에게 평가를 받기 때문에 기사에게 조금 더 친절하고 다정하게 군다. 기사와 나누는 대화가 즐거운 날도 있지만 그렇지 않은 날도 있게 마련이다. 그런데 평가와 점수가 양방통행이다 보니 상대에게 평가받는다는 중압감에 서로 예의 차리기 바쁠 뿐, 속내를 내비치지 않게 된다. 그렇다고 자신이 어떤 평가를 받을지 항상 걱정하며 살고 싶은 사람은 없을 것이다. 그 누구도 레이시 같은 삶을 원하지 않는다. 점수가 개인에 대해 말해주는 것이 진실로 굳어진 사회에서 남들에게 어떤 평가를 받고, 그 평가가 자신의 미래에 어떤 영향을 미칠지 끊임없이 걱정하는 편집증적 삶을 살게 될까 봐 두렵다. 이런 세상에서 진정한 자기로 살아갈 수 있는 사람이 과연 몇이나 되겠는가.

인터넷에 무언가를 게시하는 행위가 사라지진 않겠지만 별 생각 없이 올린 내 정보가 어떤 식으로든 나를 평가하는 근거가 될 수 있다. 몇 년 전에 프린스턴 대학교 심리학과 부교수인 나이애나 태미르Diana Tamir와 하버드 신경과학연구소의 제이슨 미첼Jason Mitchell 은 '자기에 관한 정보를 공개하는 행위는 본질적으로 보상 행위다'라는 제목의 논문을 발표했다. 인터넷 사용에 관해 설문조사한 결과, 소셜미디어 게시물의 80퍼센트 이상이 저녁으로 뭘 먹었는지 같은 직접적인 경험을 공개하는 내용인 것으로 나타났다.[31] 연구자들은 참가자들에게 이런 게시물을 작성하게 하고 기능적 자기공명영상 functional magnetic resonance imaging, fMRI을 스캔해서 뇌의 변화를 관찰했다. 음식이나 섹스 같은 기본적인 보상이 주어질 때처럼 뇌의 보상중추가 밝아졌다.[32] 이런 이유에서 사람들이 게시물을 더 많이 올리려고 하는 것이다. 데이브 에거스의 예리한 비유처럼, 이런 행위는 디지털 사회의 중독적인 군것질, 즉 '한없이 공허한 칼로리'에 불과하다. 물론 영양가는 없다.

우버 평점은 2016년 3월에 출시된 앱이자 인간을 위한 옐프에 해당하는 피플Peeple에 비하면 아무것도 아니다.[33] 인간관계 평가 앱인 피플에서는 이웃이든 상사든 교사든 배우자든 심지어 예전에 만난 이성친구든, 우리가 아는 모든 사람에게 평점과 평가를 매길 수 있다. 프로필에는 '피플 점수', 곧 우리가 받은 모든 피드백과 추천에 기초한 점수가 표시된다. 문제는 누군가 피플에 내 이름을 올리면 내가 자동으로 시스템에 올라가는데, 그 과정에 내가 취할 수 있는 조치가 없다는 사실이다. 시스템에서 빠져나올 방법이 없다. 피플에 평가를 남기려면 실명을 사용해야 하고, 21세 이상이어야 하며, 역시나 페이스북 계정이 있어야 한다. 게다가 내가 직업적으로든 개인적으로든 데이트 상대로든 어느 하나를 기준으로 평가하는 상대와 실제로 아는 사람인지도 인증해야 한다. 피플에서는 사실상 본인의 동의 없이 그 사람을 평가하고 공개적으로 등급을 매길 수 있다. 어디서 많이 들어본 얘기 아닌가?

피플에서는 건강 상태를 언급하거나 비속어를 쓰거나 성차별 발언을 하는(아무리 객관적인 평가라 해도) 등 나쁜 행동을 금지한다. 그러나 누군가를 평가하는 규칙이나 주장의 정확성에 대한 기준은 없는 것이나 마찬가지다. 피플 앱에는 '진실 자격증' 기능이 있는데, 피플의 언론 보도에 의하면 다음과 같다. "피플의 진실 자격증은 어떤 사람의 프로필에 실시간으로 공개된 정보든 아니든 간에 그 사람에 관해 기록된 모든 정보를 보여줍니다. 따라서 당신은 주위 사람들에 관해 더 나은 결정을 내릴 수 있습니다." 피플의 공동창업자로 두 아이의 엄마인 니콜 맥컬러프Nicole McCullough는 피플을 개발한 주된 이유 중 하나가 이웃조차 모르고 사는 세상에서 우리 아이들이 누구를 신뢰할지 판단하는 데 도움을 주고 싶어서라고 밝혔다.[34]

피플 창업자들은 피플을 구축하는 과정을 담은 리얼리티 다큐멘터리를 유튜브에 올렸다. 다큐멘터리의 열 번째 에피소드에서 공동창업자 줄리아 코드레이Julia Cordray가 술집에서 낯선 사람에게 말한다. "중요한 건 사람들이 우리에 관해 뭐라고 말하느냐는 거예요."[35]

그런데 사람들을 숫자와 가치에 집어넣으면 어떤 결과가 나올까? 〈추락〉 에피소드의 인상적인 한 장면을 살펴보자. 레이시는 나오미의 결혼식에 참석하기 위해 공항에 간다. 밝은 분홍색 옷을 입고 만면에 미소를 띤 레이시는 체크인 카운터로 걸어간다. 스캐너에 휴대전화를 대자 체크인 식원의 모니터에 레이시의 점수와 PMA(긍정적인 정신적 태도)를 비롯한 세세한 정보가 뜬다. 불행히도 레이시가 타려던 항공편이 취소되는데, 항공사 직원은 레이시에게 다른 비상 항공편을 예약해주지 않는다. 레이시의 사회신용점수가 하락했기 때문이다. 공항까지 오는 도중에 택시를 잡다가 어떤 여자와 시비가 붙어서 실랑이를 벌인 후 점수가 4.183으로 떨어진 것이다. 아무리 해명해도 소용없다. 시스템이 자동으로 차단해서 정확히 4.2점까지 점수가 오르지 않으면 항공사 직원이 항공편을 예약할 수 없다. 결국 레이시는 점수가 고작 1.4인 여자 트럭 운전자의 차를 얻어 탄다. 트럭 운전사는 자신의 안타까운 사연을 들려준다. 그 역시 점수에 집착하고 살았는데 말기암에 걸린 남편이 꼭 필요한 치료를 받지 못하는 비극을 겪게 됐다. 점수가 높은 다른 환자에게 치료 기회가 넘어갔던 것이다. 트럭 운전사는 미소를 지으며 레이시에게 말했다. "그래서 생각했죠. 됐다 그래." 이 장면을 보고 이런 생각이 들었다. 언젠가 찾아올지 모를 점수로 모든 것이 규율되는 세상에서 이렇게 점수가 낮아도 행복한 사람들이 점수 반대 운동을 일으킬까?

〈블랙미러〉는 '매직 8볼'처럼 미래를 예견하는 프로그램이 되었다. 중국의 신뢰 제도는 아직 자발적인 형태이지만 이미 레이시의 이야기 같은 결과가 나타나고 있다. 2017년 2월에 중국 최고인민법원은 615만 명에게 지난 4년 동안의 사회적 범죄로 인해 항공기 탑승을 금지시켰다고 발표했다. 여행 금지 조치는 사회신용제도의 블랙리스트에 오른 사람들, 이른바 '신뢰 파괴자'가 어떤 처벌을 받는지 보여준 첫 번째 조치다. 최고인민법원 책임자 멍샹Meng Xiang은 이렇게 말했다. "우리는 44곳 이상의 정부 부처와 함께 제안서에 서명해서 '신용을 떨어뜨린' 사람들을 다각도로 제약하는 방법에 동의했습니다."[36] 그밖에도 165만 명이 경범죄로 사회신용 블랙리스트에 올라 기차를 탈 수 없었다.[37] 등급이 떨어지고 2등 시민으로 낙인찍힌 것이다. 드라마가 아니다. 마케팅도 아니다. 현실이다.

▌알고리즘은 내 사정을 들어주지 않는다

이런 제도가 사회 전반에 적용되기 시작하면 제도에 사용된 신뢰 알고리즘이 환원주의로 흐를 수도 있다. 알고리즘은 전체적인 이야기를 들어주지 않는다. 일진이 좋지 않아서 꼬이고 꼬여버린 사정을 들어주지 않는다. 누군가는 병원에 입원하는 바람에 청구서나 벌금을 제때 납부하지 못했을 수도 있고, 누군가는 남에게 공짜로 얻어먹는 것을 좋아하는 사람일 수도 있다. 그러나 누구도 시민점수에 관한 모든 평가를 일일이 분석하면서 "아, 그래, 이 사람은 그때 수술을 받아서 신용카드 대금을 납부하지 못했구나"라고 사정을 봐주지 않는다. 비단 중국인뿐만 아니라 디지털 세계에 사는 모두의 앞에 놓인 시급한 과제가 있다. 우리 삶을 결정하는 알고리즘이 계속 존재하고 이런 식으로 작동하는 것이 기정사실이라면, 인간 고유의 미세한 차이와 일관성 없는 행동과 모순을 감안하는 알고리즘을 찾아내야 한다. 알고리즘에 현실의 삶을 반영할 방법을 찾아야 한다.

중국의 이른바 '신뢰 계획'은 조지 오웰의 《1984》와 파블로프의 개가 결합된 상황이라고 이해하면 된다. 신량한 시민으로 행동하라. 그러면 보상을 받고 즐겁게 살 수 있다는 생각이 들 것이다. 사실 서양에서는 이미 수십 년 전부터 개인 점수 제도가 존재했다. 70년도 더 전에 빌 페어Bill Fair와 얼 아이작Earl Isaac이 신용점수를 처음 고안해냈다. 두 사람은 캘리포니아주 새너제이의 스탠퍼드 대학교에서 처음 만났다. 페어는 공학을 전공하고 아이작은 수학은 전공했다. 이들은 각자 400달러씩 내고 회사를 차렸다.[38] 두 사람은 **예측분석** predictive analytics과 컴퓨터 최신 기능을 활용해서 대출기관이 개인의 신용위험을 종합적으로 확인할 수 있는 시스템을 만들고자 했다. 특히 알고리즘을 이용해서 고객의 과거 행동을 조사하고 미래 행동을 예측하고 신용점수를 도출하려고 했다. 당시로서는 급진적인 개념이었다.

처음에는 신용점수의 개념이 널리 퍼지지 않았다. 페어와 아이작은 미국의 대규모 대출기관 50곳에 편지를 보내 새로운 기술을 소개했으나 한 곳에서만 답장이 왔을 뿐이다. 하지만 이들은 멈추지 않았다. 1958년 오늘날 피코Fair Isaac Corporation, FICO로 알려진 최초의 신용점수가 만들어졌다. 이후 피코는 오랫동안 수많은 대출기관의 관행과 편견에 도전했다. "신용이 좋으면 코트를 입고 넥타이를 매지 않습니다." 피코의 광고 카피다. 피코는 인종은 좋은 신용위험 예측 요인이 아니라고 거듭 주장하면서 인종을 점수 책정 시스템에 넣는 것을 거부했다.

현재 기업들은 피코 점수를 기준으로 대출 이율이나 대출 가능 여부를 비롯해 다양한 금융 결정을 내린다. 300~850점 범위에서 점수가 정해지는데, 점수가 높을수록 대출기관이나 보험회사의 위험이 줄어든다. 그런데 놀랍게도 2003년까지는 우리의 실제 점수를 확인할 수 없었다.[39] 비밀로 유지되었기 때문이다. 신용점수가 일상생활에 중대한 영향을 미치는데도 거듭 실시된 연구에서는 미국인의 60퍼센트 이상이 여전히 자신의 신용점수를 모르거나 굳이 알고 싶어 하지 않는 것으로 나타났다.[40]

대다수 중국 국민에게 자기 점수를 아는지 여부는 중요하지 않다. 신용점수를 받은 적도 없고, 그래서 아예 신용을 얻지 못하는 사람들도 있다. 기술과 금융에 관한 글을 쓰는 영향력 있는 블로거인 원취안은 이렇게 설명했다. "중국에는 집이나 차나 신용카드를 소유하지 못한 사람이 많아서 이런 유형의 정보를 측정할 수 없다. 중앙은행이 8억 명의 금융 자료를 보관하고 있지만 그중 3억 3,000만 명만 전통적인 신용 이력을 보유하고 있을 뿐이다."[41] 중국 상무부에 따르면 신용 정보 부족으로 인한 연간 경제 손실은 6,000억 위안(약 970억 달러)을 넘어선다.[42]

중국의 부실한 국가신용제도는 당국이 시민점수를 이미 오래전에 시행했어야 하고 **신뢰 결핍**trust deficit 현상을 바로잡는 데 시민점수가 필요하다는 주장의 근거가 된다. 시장의 규제가 약하면 위조품과 수준 이하의 불량품이 판치는 심각한 문제가 발생할 수 있다. OECD

에 따르면 시계부터 핸드백과 이유식에 이르기까지 모든 위조품의 63퍼센트가 중국에서 생산되고 있다.[43] 2008년 중국 보건부는 플라스틱과 비료의 원료인 독성 화합물 멜라민이 들어간 분유를 먹은 아기 여섯 명이 사망하고 30억 명이 병들었다고 발표했다. 중국의 한 제조업체가 산업용 화학물질인 멜라민을 분유에 첨가해서 낮은 단백질 함량을 눈속임하려고 했던 것으로 드러났다. 충격적인 신뢰 파괴 사건이 발생한 후, 중국 소비자들은 막대한 양의 분유를 수입했다. 이로 인해 부츠Boots와 세인즈버리즈Sainsbury's 등 영국의 대형 소매업체는 분유 판매량을 1인당 2캔으로 제한해서 거대한 중국 시장을 먹이느라 영국 매장에서 분유가 품절되지 않도록 조치를 취했다.

2017년 1월, 중국 당국은 유명 브랜드와 디자인이 똑같은 위조품을 생산하는 공장 50개가 모여 있는 '생산 허브'를 발견했다. 마윈이 알리바바의 '암덩이'라고 부른 위조품을 근절하는 과정은 힘겨운 싸움이었다. 로지에 크리머스는 이렇게 말했다. "식품 안전과 위조와 규제 순응의 결핍은 중국 국민들에게 실질적인 문제였다. 각종 부패 수준이 심각했다. 중국에서는 사회 계층을 막론하고 신뢰가 핵심 문제다. 이 제도로 보다 효율적인 감독과 책임의 문화가 자리 잡는다면 환영받을 것이다."

중국 정부는 또한 새로운 신용 제도는 기존 신용 제도에서 소외된 사람들, 곧 학생과 저소득층과 한 번도 대출을 받아본 적 없는 사람들까지 제도 안으로 끌어들일 거라고 주장했다. 중국 서우두사범대학의 철학과 사회과학 교수인 왕수친Wang Shuqin은 최근에 정부의 지원으로 '중국사회신뢰제도'를 개발하는 사업의 입찰을 따냈다. 왕수친은 이런 제도가 없으면 중국에서는 사업 계약을 체결해도 절반 정도가 계약대로 이행되지 않을 텐데, 이런 상황이 계속되면 매우 위험하다고 지적했다. "디지털 경제 시대의 빠른 속도를 고려할 때 사람들이 신용을 신속히 검증할 수 있는 장치가 절실합니다. 다수의 행동이 그들의 생각의 세계에 의해 결정됩니다. 사회주의의 핵심 가치를 믿는 사람이라면 보다 품위 있게 행동하게 마련입니다."[44] 다시 말해서 왕수친은 새로운 제도에서 평가하는 '도덕적 기준'만이 아니라 금융 자료까지 '보너스'로 간주했다.

사실 국무원의 주요 목적은 '사회 전반의 도덕성과 신용 수준'을 끌어올려서 '국가 전체의 경쟁력'을 높이는 데 있다.[45] 중국 정부는 시민점수가 국민들을 보다 공정하게 평가하고 경제 활성화를 촉진하기 위한 도구라고 선전하고 있다.

이미 예전부터 국민을 감시해온 중국에서 새로운 사회신용제도가 좀 더 건강하고 투명한 감시 방법으로 기능할 가능성은 없을까? 행동 설계와 게임 심리에 관한 글을 쓰는 중국인 블로거 라술 마지드는 이렇게 물었다. "중국인들이 모든 온라인 활동이 추적당하는 것을 안다면 감시 내역을 자세히 확인하고 그 정보를 이용해서 정부의 규제를 피할 방법을 찾아야 할까? 아니면 그냥 아무것도 모른 채 살면서 중국에는 개인의 프라이버시가 존재하고 정부가 국민을 존중해서 이를 함부로 이용하지 않을 거라고 막연히 믿거나 소망해야 할까?"[46] 마지드는 새로운 제도 덕분에 오히려 그의 개인 정보에 대한 통제력이 조금 더 강해질 것이라고 주장한다.

사회신용제도는 물론 사람들이 보다 정직하게 행동하고 규칙을 준수하도록 만들 것이다. 다른 한편으로는 평판 경제의 불길한 버전으로 정부가 바람직한 행동과 바람직하지 않은 행동을 전례 없이 강력하게 통제할 수 있게 해줄 것이다.

▎ 우리의 일상은 이미 노출되고 있다

서양 사람들에게 중국의 사회신용제도에 관해 들려주자 다들 격하고 감정적인 반응을 보였다. 한 은행원은 이렇게 말했다. "우리가 5년 전만 해도 터무니없다고 생각한 일을 아무렇지 않게 하고 있긴 하지만 중국 얘기는 정말 황당하기 짝이 없군요." 전형적인 경각심이다. 내 말이 사실인지, **중국에서** 정말 그런 일이 일어나고 있는지 확인하려는 사람도 많았다. 그런데 보다 적절한 질문으로 "서양에서도 그런 일이 일어날 수 있을까요?"라고 묻거나 "그런 일이 언제 일어날까요?"라고 묻는 사람은 극히 드물었다.

우리는 이미 음식점과 영화와 책과 병원에 평점을 매기고 있다. 앞서 피플이 사람들에게 어떻게 평점을 매기는지 살펴보았다. 온라인으로 우리의 장 운동까지 평가할 수 있다. (내 말이 믿기지 않으면 레이트마이푸닷컴ratemypoo.com에 가서 직접 확인해보라.) 옐프에 평가를 자주 남기는 고객을 뜻하는 '옐퍼Yelper'는 호텔이나 음식점에 무료 음료 같은 서비스를 주지 않으면 좋지 않은 평가를 올리겠다고 협박하기도 한다. 책을 쓰는 저자들은 아마존에서 평점을 받는다. 에어비앤비 호스트와 게스트는 청결도 점수를 받고, 교사들은 레이트마이프로페서스RateMyProfessors.com 점수를 받는다. 태스크래빗Taskrabbit에서 아르바이트를 구하는 사람들, 딜리버루Deliveroo에서 활동하는 운전기사들, 그밖의 수많은 일용직 노동자도 평가를 받는다. (반대로 이들도 고객을 평가한다.) 가장 영향력 있는 소셜미디어 이용자를 찾아낸다는 '클라우트 지수Klout score'를 높은 평판의 증거로 이력서에 기재하기도 한다. 핏비트는 우리가 얼마나 많이 움직이는지(혹은 움직이지 않는지) 파악해서 핏비트 점수를 제시하고 이를 여러 협력업체와 공유한다. 데이트체크DateCheck 앱은 방금 술집에서 만난 사람을 즉석에서 신원조회할 수 있다. 이 앱은 앱의 성격에 걸맞게 '알아보고 알아가라Look up before you hook up'라는 홍보문구를 내걸고 있다. 페이스북은 우리 얼굴을 보지 않고도 사진 속에서 우리를 찾아낸다. 옷과 머리와 체형에 대한 정보만 가지고도 83퍼센트의 정확도로 사진 속에서 우리를 찾아서 태그를 달아준다.[47] 내가 100미터 밖에서도 걸음걸이만 보고 남편을 알아보는 것처럼 말이다.

2015년 OECD는 미국에서 주민 100명당 24.9개 이상의 장치에 연결되어 있다는 조사 결과를 발표했다.[48] 모든 업체가 이들 장치에서 추출한 '빅데이터'를 분석해서 우리의 생활과 욕구와 정신을 파악하고 우리 자신도 예측하지 못하는 방식으로 우리 미래 행동을 예측한다.

매일 아침 출근길, 나는 버스를 타자마자 헤드폰을 쓴다. 사람이 많은 공공장소에서 나만의 사적인 공간을 지키기 위한 선택이다. 다운로드한 팟캐스트와 오디오북과 뉴스 프로그램을 듣는 나의 청취 습관은 내 정치 성향과 일상의 스트레스와 종교적 가치관을 비롯한 다양한 관심사를 들여다볼 수 있는 투명한 창이 된다. 그런데 누군가 내가 뭘 듣는지 알아내면 어떻게 될까?

2017년 4월 18일 시카고 연방법원에서는 고급 오디오 장비 제조업체가 고객의 청취 습관을 몰래 감시한 혐의로 집단소송이 벌어졌다.[49] 주요 고소인인 카일 잭Kyle Zak은 보스Boss라는 회사의 콰이어트컴포트QuietComfort 35 헤드폰을 350달러에 구입하고 '헤드폰을 최대로 활용하려면' 스마트폰에 커넥트Connect 앱을 다운로드하라는 제안을 따랐다. 등록하면서 이름과 이메일 주소와 헤드폰 일련번호를 입력했다. 대다수 소비자들처럼 별 생각 없이 개인정보를 넘긴 것이다. 커넥트 앱으로 헤드폰의 노이즈 제거 수준을 사용자가 직접 설정하는 기능을 비롯한 여러 기능을 추가할 수 있었다. 그런데 이 앱은 보스 고객들이 듣는 음악과 팟캐스트와 기타 오디오를 추적해서 그 정보를 세그먼트닷아이오Segment.io라는 데이터마이닝 업체를 비롯한 여러 제3자 업체에 판매해 개인정보보호법을 위반했다. 소송이 제기된 직후 보스는 성명을 발표했다. "저희는 사법제도에서 제기된 선동적이고 호도하는 주장에 맞서 싸울 것입니다. 고객의 신뢰보다 중요한 것은 없습니다. 저희는 신뢰를 얻고 유지하기 위해 끊임없이 노력했습니다. 지난 50년 넘게 그렇게 해왔습니다. 이 점에서 저희는 한 번도 변한 적 없고, 앞으로도 변하지 않을 것입니다."[50]

이 소송은 어떻게 판결났는지와는 상관없이 정보 수집의 윤리에 관한 질문을 촉발했다. 사실 기업들은 그들이 수집한 정보에 관해, 그 정보로 무엇을 하는지에 관해, 고객의 개인정보로 어떻게 수익을 올리는지에 관해 투명하게 밝히지 않는다. 커피머신부터 헤드폰까지, 운동화부터 섹스토이까지 모든 분야에 해당되는 얘기다.

위바이브We-Vibe는 2017년 자사의 바이브레이터가 스마트폰 앱 '커넥트 러버connect lover'에서 원격으로 제어되는 문제로 제기된 개인정보보호법 위반 청구 소송에 375만 달러 이상을 쏟아부었다.[51] 해당 섹스토이는 고객이 사용한 날짜와 시간, 설정 온도, 고객이 선택한 진동 강도와 모드 같은 내밀한 정보를 포함한 고객 정보를 은밀히 수집했고, 모든 정보가 경영자의 개인 이메일로 보내졌다. 만약 이 자료가 해킹되면 어떻게 될까? 우리가 사적인 시간을 어떻게 보내는지에 관한 정보나 오르가즘에 관한 내밀한 정보가 기업(심지어 정부)에 넘어가기를 바라는가? 2017년 4월에는 다른 스마트 섹스토이가 은밀한 감시로 인한 중대한 보안 문제에 직면했다. 스바콤 시미 아이Svakom Siime Eye라는 249달러짜리 스마트폰 앱 연동 바이브레이터에는 초소형 카메라가 장착되어 있는데, 이 카메라는 개인적인 라이브 스트리밍이나 '사적인 영역의 미세한 변화를 알아내기' 위한 용도로 설계되었다. 이 장치의 기본 비밀번호는 88888888이다. 사용자가 직접 비밀번호를 재설정하지 않으면 쉽게 해킹당할 수 있다. 게다가 제조사인 스탠더드 이노베이션스Standard Innovations는 바이브레이터가 사용될 때마다 위치를 추적할 수 있다.[52]

스마트폰과 컴퓨터 웹캠은 상업적으로 이용되거나 범죄에 악용되기 쉽다. 다음으로 스파이 노릇을 할 수 있는 후보는 아마존 에코Echo의 스마트스피커 알렉사Alexa 같은 디지털 음성 비서일 것이다. 현재 수많은 가정에서 알렉사를 들여놓았다. 알렉사의 홍보문구는

"명령만 내려주세요"다. 인공지능 비서 알렉사는 "알렉사, 오늘 내일정이 어떻게 되지?"라거나 "알렉사, 내가 좋아하는 콜드플레이의노래를 들려줘" 같은 요청을 기꺼이 들어준다. 특히 물건을 구입할때(물론 아마존에서) 유용하다. 그런데 알렉사에 살인 사건 재판 같은문제를 도와달라고 요청하면 이렇게 될까?

2015년 11월, 알칸소주의 경찰 빅터 콜린스가 친구 제임스 앤드루 베이츠의 집 욕조에서 물에 뜬 채 시신으로 발견되었고, 베이츠는 용의자가 되었다. 2년 후 일급살인 재판의 수석검사 네이선 스미스Nathan Smith는 베이츠의 집에 있던 에코 스피커에 장착된 디지털비서의 오디오 기록을 제출하라고 아마존에 명령했다. 살인 용의자가 "알렉사, 어떻게 사람 목을 조르고 시체를 숨기지?"라고 물었을리 만무하지만 검찰은 오디오 기록에서 콜린스가 시신으로 발견된날 밤에 베이츠의 집에서 무슨 일이 있었는지에 관한 중요한 단서를얻을 수 있을 것으로 기대했다.

아마존 변호인단은 수정헌법 1조의 권리에 따라 디지털 비서에서수집된 정보는 보호받는다고 주장했다. 하지만 베이츠는 정보를 제출해도 상관없다고 말했다. 자신의 무죄를 입증해줄 거라고 믿었을것이다. 알렉사가 명령을 '듣는' 동안이나 이후 몇 초간만 오디오를저장하는 것으로 알았을 수도 있다. 다른 쟁점은 제쳐놓더라도 이 사건에서는 중요한 질문이 제기된다. 디지털 비서가 우리 말을 언제 녹음하는지 어떻게 알 수 있는가?

이 질문은 기술 회사에만 해당되는 게 아니다. 현재 각국 정부가 이미 자국민을 감시하고 평가하고 분류하는 사업에 관여하고 있다. 미국의 경우, 국가안보국National Security Agency, NSA이 국민의 일상 행적을 추적하는 유일한 디지털 감시 기관이 아니다. 2015년 미국 교통안전국Transportation Security Administration, TSA은 프리체크PreCheck 신원조회(보안 장치를 보다 신속히 통과시켜주는 장치)를 확대해서 소셜미디어 기록과 위치 자료와 구매 이력까지 포함시키는 안건을 조용히 내놓았다.[53] 이 안건은 강력한 비난에 부딪혀 폐기되었지만 완전히 사장된 건 아니다. 실제로 2017년 2월 트럼프 대통령은 미국에 들어오는 일부 사람들에게 페이스북, 구글플러스, 인스타그램, 유튜브, 링크드인을 비롯한 여러 소셜미디어의 비밀번호를 제출하게 해서 그들의 인터넷 활동을 관찰하자는 안건을 내놓았다. 미국 정부는 이런 '극단적 심사extreme vetting'의 대상은 여행 금지국으로 지정된 이슬람 7개국(이라크, 이란, 시리아, 예멘, 소말리아, 수단, 리비아) 여행객들로 한정된다고 밝혔다. 존 F. 켈리John F. Kelly 전 국토안보부 장관은 국토안보부 위원회에서 이렇게 말했다. "우리는 비밀번호를 알아내 그들의 소셜미디어에 들어가보고 싶습니다. 그들이 어떤 활동을 하고 무슨 말을 했는지 확인해보고 싶습니다. 협조하는 것을 거부하면 미국에 입국할 수 없을 겁니다."[54]

사생활이 단지 위험에 처한 것이 아니라 이미 사라졌다는 사실이 아직도 믿기지 않는다면 이건 어떤가? 우버에는 이름부터 불길한 '갓뷰God View'라는 장치가 있다. 최근까지도 우버 직원은 모두 이 장치를 통해 어떤 형태의 허락도 없이 우버 기사가 언제 어디에서 어디로 이동하는지 실시간으로 추적할 수 있었다.[55] 회의에 늦었는가? 우버가 늦은 이유를 설명해줄 수 있다. 놀랍게도 우버는 데이터를 분석해 '영예의 탑승Rides of Glory, RoG'을 예상할 수 있었다. 우버의 데이터 과학자가 블로그에 올린 글에 나오는 RoG는 성적 만남을 위해 우버를 이용하는 사람들을 추적하는 조작을 설명하기 위해 만든 용어다.[56] 우버는 이들을 '로거스RoGers'라고 부른다. 주로 밤 10시에서 새벽 4시 사이, 하차한 지점에서 아마도 원나잇스탠드 한 후 다시 우버를 타고 집으로 돌아가는 사람들을 일컫는 말이다.

2014년 우버의 상무이사 에밀 마이클Emil Michael은 갓뷰를 한 단계 더 발전시켰다. 마이클은 갓뷰를 이용해서 〈판도 데일리Pando Daily〉의 기자 사라 레이시Sara Lacey의 탑승 기록과 위치를 감시하자고 제안했다. 레이시는 우버가 '성차별주의적이고 여성 혐오적인' 기업이라고 가차 없이 비난한 기자다. 마이클은 한 술 더 떠서 배우 에드워드 노튼과 〈허핑턴포스트〉의 편집장 아리아나 허핑턴Arianna Huffington 같은 사람들이 참석한 만찬장에서 우버의 위치 자료를 바탕으로 우버에 비판적인 기자들의 치부를 찾아내 입막음용으로 사용하려는 사업에 막대한 자금을 투입할 것이라고 떠벌렸다. 그는 기자들의 '사생활과 가족'을 들여다보고 기자들의 수법과 똑같은 방법으로 앙갚음하겠다고 목소리를 높였다. 사라 레이시 사건은 결국 뉴욕주 검찰총장 에릭 슈나이더만Eric Schneiderman이 이끄는 소송으로 이어져 2016년 1월에 끝났다. 슈나이더만 검찰총장은 "이번 결정으로 우버 차량에 탑승한 승객의 실시간 위치를 비롯한 개인정보를 보호해서 경영진과 직원들에게 오용될 가능성을 차단했다"라고 밝혔다. 하지만 판결에 따라 우버는 고작 2만 달러를 벌금으로 냈을 뿐이다. 이제 갓뷰는 소수의 '지정된 직원'이 '적법한 사업상의 용도'로만 사용할 수 있게 되었다.[57] 휴, 문제가 해결되었다. 정말 그런가?

우리는 이미 우리가 수익성 있는 고객인지, 위협 요인인지, 좋은 시민인지, 나아가 신뢰할 만한 사람인지까지 판단해주는 예측 알고리즘의 세계에 살고 있다. 우리는 중국의 사회신용제도, 곧 신용점수를 인생 점수로 확장하는 제도에 다가가고 있으면서도 그러는 줄 모른다. 이제는 사진, 책, 음악, 영화, 우정, 돈까지 다 디지털화됐다. 그리고 현재 신분과 평판을 디지털화하는 초기 단계에 진입했다.

우리는 누구나 온라인에서 낙인찍히고 자료를 이용당하는 미래로 거침없이 나아가고 있다. 다수의 국민이 사생활과 개인정보를 빼앗기는 세태에 저항하지 않는다면 개인의 행동이 스스로 통제하지 못하는 기준으로 판단되고 그 판단이 영원히 지워지지 않는 시대가 도래할 것이다. 그리고 그 결과는 단지 골치 아픈 정도가 아니라 영구적인 결과로 이어질 것이다. 삭제할 권리와 잊힐 권리는 접어두어야 할 것이고 치기어린 짓은 해볼 생각조차 버려야 할 것이다. 따라서 당장 정신이상이나 어리석은 언행이나 부정 행위의 순간을 용서할 방법을 찾아야 한다. 삭제가 불법이 되어서는 안 된다. 인간은 본래 결함이 많기는 해도 단순한 숫자로 환원될 수 없는 존재다.

새로운 시대를 막기에 이미 늦었는지 몰라도, 우리에게는 지금 해야 할 선택과 권리가 있다. 우선 평가자들을 평가할 수 있어야 한다. 작가 케빈 켈리Kevin Kelly는《인에비터블The Inevitable》이라는 책에서 감시하는 자와 감시당하는 자가 철저하고 끊임없이 서로를 추적하는 미래상을 그렸다.[58] "이제 우리에게 남은 중요한 선택은 이런 감시가 은밀하고 일방적으로 일어나는 원형의 교도소와 상호간의 투명한 '감시 양식coveillance'으로 감시자를 감시하는 형태 두 가지 중 하나를 고르는 것이다. 앞의 선택은 지옥이고 뒤의 선택은 그나마 서로 교환할 수 있다."[59]

우리의 신뢰는 정부 **내의** 개인(혹은 제도를 통제하는 기관)에게서 시작된다. 평점과 자료가 우리의 허락을 받은 뒤 책임감 있게 사용되도록 보장받으려면 신뢰할 수 있는 장치를 마련해야 한다. 앞서 설명했듯, 제도를 신뢰하려면 미지의 요소를 줄여야 한다. 가령 점수 책정 알고리즘에서 불투명한 요소를 줄이기 위한 조치를 취해야 한다. 알고리즘을 의무적으로 공개하라는 주장에 반박하는 논리로, 나중에 무슨 일이 벌어질지 밝히면 조작과 해킹에 더 취약해질 수 있다는 주장이 있다. 하지만 인간을 삶에 중대한 영향을 미칠 수 있는 점수로 환원하려면 우선 점수가 어떻게 책정되는지 투명하게 밝혀야 한다.

중국은 정부 관료와 기업 경영자들이 제도의 상위에 있다고 생각하는 듯하다. 이들이 부정을 저질러도 점수에 영향을 받지 않는다면 국민들이 어떻게 나올까? 평판 사기의 파나마 페이퍼스 3.0이 터질 수도 있다.

지속적인 감시와 평가의 문화가 어떻게 전개될지 아직은 알 수 없다. 모든 국민의 사회 생활과 도덕과 재정 이력을 기록하는 제도가 전면적으로 시행되면 어떻게 될까? 사생활과 언론의 자유(중국에서는 오래전부터 억압당해온)가 얼마나 더 심각하게 침해당할까? 이런 제도가 어느 방향으로 나아갈지 누가 결정할까? 머지않아 우리 모두가 고민해야 할 문제다. 오늘은 중국이지만 내일은 당신 근처의 어딘가가 될 수도 있다. 신뢰의 미래에 관한 중요한 질문은 기술이나 경제의 문제가 아니다. 윤리의 문제다.

WHO CAN YOU
TRUST

8장

인공지능을
신뢰한다는 것

마이크로소프트의 챗봇 테이의 실패는 기계의 윤리가 무엇이고 기계가 용납 가능한 행동을 하게 만드는 책임이 누구에게 있는지에 관한 진지한 질문을 제기한다. 테이가 혼돈에 빠진 건 누구의 책임일까? 마이크로소프트 프로그래머의 책임일까? 알고리즘의 책임일까? 앞서 보았듯이 새로운 분산적 신뢰의 시대에는 새로운 책임 체계를 갖춰야 한다.

▎ 눈앞에 닥친 거대한 변화

로봇 버트는 슬퍼 보였다. 바닥에 달걀을 떨어뜨리는 바람에 오믈렛 요리를 돕는 간단한 과제를 망쳤고, 로봇에 의지하면 실수하지 않을 줄 알았을 인간 요리사를 놀라게 했기 때문이다. 버트의 뾰로통한 입술이 아래로 처지고 푸른 눈이 커지고 미간에 주름이 잡혔다. "죄송합니다." 버트가 축 처진 목소리로 말했다. 버트는 실수를 수습하고 다시 해보고 싶었다.

그런데 버트가 다시 인간 요리사를 도울 기회를 얻으려면 어떻게 해야 할까? 로봇이 실수할 경우, 어떻게 해야 인간의 신뢰를 회복할 수 있을까? 유니버시티 칼리지 런던과 브리스톨 대학교 연구팀은 2016년 이 질문으로 연구를 시작했다. 애드리애나 해머처Adriana Hamacher, 커스틴 에더Kerstin Eder, 나디아 비안치-베르소즈Nadia Bianchi-Berthouze, 앤서니 파이프Anthony Pipe는 '버트 믿어주기Believing in BERT'라는 실험을 고안했다. 3개의 로봇 비서가 참가자들

('진짜' 사람들)을 도와서 달걀과 기름과 소금을 건네고 함께 오믈렛을 만드는 실험이었다. 버트 A는 유능하고 결점이 없지만 말은 못 했다. 버트 B는 말도 못 하고 완벽하지 않아서 달걀을 몇 개 떨어뜨렸다. 버트 C는 제일 서툴지만 얼굴에 표정이 있고 실수하면 사과할 줄도 알았다.

실험이 끝났을 때 버트 C는 참가자 21명에게 각각 자신의 보조 역할이 어땠는지, 주방보조로 자기를 계속 써줄지 물었다. 대다수가 이 곤란한 질문에 불편해했다. 일부는 버트의 슬픈 표정을 따라하면서 약간의 '감정 전이'를 경험했다. 한 참가자는 이렇게 말했다. "그렇게 실수를 했으니 거절하는 게 당연한데도 막상 거절하려니 기분이 좋지 않았어요. 어찌나 슬퍼 보이는지 마음이 안 좋았어요."[1] 다른 참가자들은 버트 C를 실망시키고 싶지 않아서 차마 대답하지 못하고 머뭇거렸다. 한 참가자는 이 실험이 '정서적 협박'처럼 느껴졌다고 불평했다. 어떤 참가자는 로봇에게 상처 주지 않으려고 거짓말을 하기도 했다.

이 연구의 수석 연구자인 해머처는 이렇게 말했다. "참가자들은 달걀을 떨어뜨린 로봇이 인간과 유사한 표정을 짓는 것을 보고 로봇이 인간과 유사한 반응을 나타낼 것으로 예상해서 섣불리 '싫다'고 거절하지 못했습니다. 나아가 로봇이 인간처럼 괴로워할까 봐 신경 썼지요."[2] 매몰차게 거절했다면 버트 C가 정말 눈물을 흘렸을까?

실험이 끝난 뒤 참가자들에게 버트 A, B, C를 얼마나 신뢰하는지 1점부터 5점 척도로 평가하게 했다. 그리고 주방보조로 셋 중 한 로봇을 선택하게 했다. 놀랍게도 참가자 21명 중 15명이 주방보조로

버트 C를 1순위로 선택했다. 서툴러서 작업 시간이 50퍼센트 더 걸리는데도 말이다. 연구 규모는 작지만 인상적인 결과였다. 사람들은 말은 못 해도 유능하고 믿음직한 로봇보다 실수를 해도 인간과 비슷한 로봇을 신뢰했다.

조지메이슨 대학교의 인지심리학자이자 신경과학자이고, 인간-기계 신뢰 전문가인 프랭크 크루거Frank Krueger는 "완벽한 줄 알았던 기계가 실수를 저지르는 것을 보면 다시는 기계를 신뢰하지 않게 되지만 기계가 기초적인 사회적 예절을 보이고 '죄송합니다'라고 간단히 한 마디 건네면 금세 신뢰가 회복된다"라고 했다.[3] 이런 미묘한 측면 때문에 버트 C처럼 로봇이 미소를 짓거나 찡그리도록 프로그램된 것이다.

기계와 기술에 대한 신뢰가 항상 이렇게 미묘하게 달라지는 것은 아니다. 강연할 때 마우스를 클릭해도 슬라이드가 넘어가지 않거나 컴퓨터가 잠든 것처럼 보일 때가 있다. 화면에 빙글빙글 돌아가는 무지개 같은 무서운 바퀴 모양이 뜰 때도 있다. 그러면 나는 낭패감과 당혹감에 "기계가 날 싫어하나 봐. 내가 방금 뭘 눌렀는지 기억나지 않는데 어떡하지?"라고 농담하며 기술의 오류를 내 책임으로 돌린다. 노트북과 마우스 같은 기계에 대한 신뢰는 기계가 더도 말고 덜도 말고 딱 주어진 만큼의 작업을 할 거라는 믿음에서 나온다. 우리는 나침반이 북쪽이 어디인지 알려줄 거라고 믿고, 세탁기가 옷을 빨아줄 거라고 믿고, 클라우드에 문서가 저장될 거라고 믿고, 스마트폰이 회의 일정과 계약을 기억해줄 거라고 믿고, ATM이 돈을 내줄 거라고 믿는다. 이런 신뢰는 순전히 기계의 기능적 확실성, 즉 예측 가

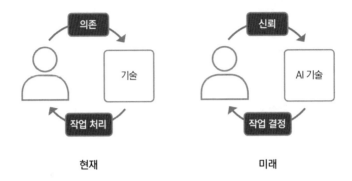

인공지능에 대한 신뢰 도약

현재   미래

능성에서 비롯된다.[4] 하지만 거대한 변화가 일어나고 있다. 이제는 기계가 어떤 일을 처리해주기만 하는 것이 아니라 무엇을 하고 언제 할지 **결정**해줄 거라고 믿는다.[5]

    나는 평범한 포드 포커스를 타면서 내가 명령한 대로 시동이 걸리고 후진하고 제어하고 가속할 것으로 믿는다. 하지만 자율주행차로 바꾸면 시스템 자체가 우회전할지 좌회전할지, 방향을 바꿀지 정지할지 결정해줄 것으로 믿어야 한다. 이런 신뢰 도약이나 유사한 사건을 통해 우리는 스마트 프로그래밍부터 수세기에 걸친 윤리에 이르기까지 모든 것이 포괄되는 새로운 차원으로 넘어간다. 이 과정에서 기술에 관한 새롭고 중요한 질문이 제기된다. 챗봇이든 사이보그든, 가상 아바타든 휴머노이드 로봇이든, 군용 안드로이드든 자율주행차든, 모든 자동 기계 장치가 우리에게 이런 식의 영향력을 행사할 때 우리는 어떻게 기계의 의도를 신뢰할 수 있을까?

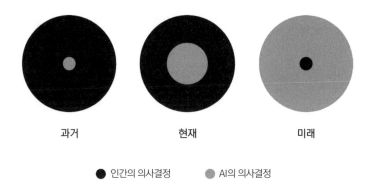

| 과거 | 현재 | 미래 |

● 인간의 의사결정   ● AI의 의사결정

▎ 인공지능이 연 새로운 가능성

'로봇'은 90여 년 전 극작가 카렐 차페크Carel Čapek가 처음 만든 단어다.[6] 프라하의 국립극장에서 〈R.U.R.Rossum's Universal Robots(로숨의 유니버설 로봇)〉이라는 연극이 처음 무대에 올랐다. 차페크는 1921년 '강제 노동'이나 '고된 노동'을 뜻하는 체코어 '로보타robota'에서 로봇이라는 단어를 만들었다. '로보니크robotnik'는 이런 일을 해야 하는 농노를 의미한다. 막이 오르면 광기 어린 과학자가 운영하는 공장에서 마리우스와 술라와 헬레나 같은 로봇들이 고된 노동에 시달리며 값싼 물건을 생산하는 모습이 나온다. 혼자 생각할 줄도 아는 이 로봇들은 출산의 고통을 덜어주기 위해 인간 대신 아기를 낳아주기까지 하는, 인간 주인을 위해 모든 것을 대신해주는 노예다. 하지만 마리우스와 동료 로봇들은 곧 자신들에게 '열정이 없고 역사가 없고 영혼이 없을지라도' 인간보다 더 강인하고 똑똑하다는 사실을 깨닫는다. 연극의 마지막에 로봇과 인간의 전쟁이 일어나고 오직 한 인간만 살아남는다.

차페크의 연극이 발표된 이후 과학소설 속에서 로봇은 어느 날 갑자기 통제 불능이 되어 인간의 막강한 적으로 돌변하는 모습으로 자수 나타났다. 로봇은 이렇게 폭동을 일으키거나 인간이 부과한 막중한 일을 내팽개치는 금속 괴물 군단이거나 기괴한 컴퓨터 음성 같은 이미지로 굳어졌다. 〈2001: 스페이스 오디세이〉의 HAL 9000이나 〈터미네이터〉의 T-1000과 T-X, 〈트랜스포머〉의 메가트론이나 〈포빈 프로젝트Forbin Project〉의 콜로서스를 떠올려보라. 이들은 모두 SF 영화에 나오는 살인 로봇들이다. 최근의 작품을 예로 들면, HBO의 인기 SF 스릴러 〈웨스트월드Westworld〉에는 놀이공원에서 일하는 로봇 노예들의 과격한 폭동이 그려졌다. 이들은 모두 도덕적으로 타락한 미래를 배경으로 인공지능 기계들이 굴종을 거부하고 주도권을 잡는 이야기다. 이처럼 SF 작품들은 우리가 창조한 로봇에 대한 신뢰와 로봇들이 폭동을 일으키고 우리를 최고의 자리에서 밀어낼 거라는 공포 사이의 긴장을 주요 소재로 삼는다. 이런 작품을 보다 보면 인간이 계속 더 똑똑하고 무엇보다도 강력한 통제력을 유지하는 것이 중요한 일처럼 느껴진다.

1950년 10월, 영국의 암호 해독자이자 현대 컴퓨터 과학의 아버지인 앨런 튜링Alan Turing은 '기계가 생각할 수 있는가?'라는 근본적인 물음에 관한 논문을 발표했다.[7] 그는 튜링 테스트Turing test라는 유명한 과제를 제시했다. 인간의 행동과 구별되지 않게 행동하는 컴퓨터를 제작할 수 있을까? 튜링은 대화를 통해 컴퓨터인지 인간인지

구별되지 않으면 그 컴퓨터는 테스트를 통과한 것이라고 말했다. 수학 천재 어빙 존 굿Irving John Good은 영국의 암호 해독 본부가 있던 블레츨리 파크Bletchley Park에서 튜링과 함께 일했다. 1965년 굿은 기계가 일단 튜링 테스트를 통과하면 불가피하게 우리보다 똑똑해질 거라고 주장했다. 이후 초지능 기계가 더 똑똑한 기계를 설계하는 역할을 할 거라고 보았다. 굿은 이렇게 말했다. "그러면 의문의 여지 없이 '지능 폭발'이 일어나고 인간의 지능은 한참 뒤처질 것이고, 최초의 초지능 기계는 인간이 만든 **최후의** 발명품이 될 것이다."**8**

가까운 미래에 '지능 폭발'이 일어날 위협에 관해서는 기업가 엘론 머스크, 마이크로소프트의 공동창업자 빌 게이츠나 스티븐 호킹 박사 등도 경고한 바 있다. 호킹의 BBC 인터뷰에도 굿의 이 같은 주장이 반영돼 있다.**9** "인간이 일단 인공지능을 개발하면 인공지능은 자립해서 점점 빠른 속도로 스스로 재설계할 겁니다. 그 결과, 인간의 생물학적 진화 과정은 매우 느리므로 인간은 인공지능과 경쟁하지 못하고 인공지능에 밀려날 겁니다. 완벽한 인공지능을 개발하면 인류의 종말이 올 수도 있습니다." 호킹은 또한 누구든 이런 일이 우리 생애에 일어날 거라거나 일어나지 않을 거라고 단언하는 사람은 믿지 말라고 경고했다. 게이츠와 호킹과 머스크의 주장은 한마디로 더 이상 기계의 다음 행보를 예측할 수 없는 시대가 올 거라는 뜻이다.

1966년 컴퓨터 프로그램 엘리자ELIZA가 튜링 테스트에 도전했다. 엘리자는 심리치료사를 모방하도록 코딩된 프로그램이다. 전제는 단순했다. 증상을 입력하면 엘리자가 최선을 다해 적절한 반응을 보인다. 예를 들면 이런 식이다. 내가 컴퓨터 심리치료사 엘리자에게 책을 쓰는 건 힘들고 피곤하다고 말하자 곧바로 이런 대답이 돌아왔다. "어떤 기분인지 좀 더 자세히 말해줄래요?" 나는 일부러 모호하게 대답했다. "머릿속에 신뢰에 관한 생각이 가득 찬 느낌이에요." 그러자 엘리자의 한계가 드러났다. "자, 자, 당신의 생각을 자세히 설명해보세요." 우리의 대화는 도움이 되기보다는 델포이 신전의 수수께끼 같은 질문으로 끝났다. "왜 그런지 모르는 게 정상이라고 생각하나요?"

엘리자가 처음 튜링 테스트에 도전한 후 50년 가까이 지났을 때, 런던왕립학회에서 실시된 튜링 테스트에서 챗봇 유진 구스트만Eugene Goostman이 심판관의 3분의 1 이상에게 열세 살의 우크라이나 소년이라고 믿게 하는 데 성공했다[10](유진은 러시아 청년 프로그래머들이 제작했다). 기념비적 순간이었지만 이는 조만간 별것 아닌 사건으로 묻힐 것이다. 봇과 로봇들이 줄줄이 이 테스트를 통과할 테니까.

2017년 1월, 세계 최고의 포커 선수인 지미 추Jimmy Chou, 김동규, 제이슨 레스Jason Les, 다니엘 매컬레이Daniel McAulay가 피츠버그의 리버스 카지노에서 3주 가까이 매일 11시간씩 컴퓨터 화면 앞에 앉아서 텍사스 홀덤이라는 포커 게임을 했다. 상대는 리브라투스Libratus라는 인공지능 소프트웨어로 제작된 가상의 선수였다. 이전에도 체스, 체커, 스크래블, 오셀로, 제퍼디! 같은 게임이나, 심지어 중국에서 3,000년 전에 만들어진 바둑에서 기계가 가장 훌륭한 인간 선수를 이긴 바 있다. 하지만 텍사스 홀덤은 체스처럼 전체 판을 보고 상대가 어떤 수를 둘지 알 수 있는 게임과는 다르다. 카드를 엎어놓고 무작위로 나눠주기 때문에 상대의 패를 볼 수 없다. 한마디로 '불완전한 정보'의 게임이다. 게임에서 이기려면 수십 가지 패 중에서 승부를 낼 전략에 도박을 거는 직관이 필요하고, 운과 허세도 따라줘야 한다. 지금까지 인공지능은 이런 인간적인 자질을 모방하는 것이 불가능했다. 봇이 인간보다 더 허세를 부릴 수 있을까?

토너먼트가 시작될 때 도박 사이트에서는 리브라투스를 4 대 1 정도의 약자로 평가했다. 당연히 배당률이 좋지 않았다. 처음 며칠간은 인간 선수들이 이겼다. 그러나 일주일쯤 지나고 수천 가지 패가 나오자 리브라투스는 전략을 신중히 조율하고 다듬어가기 시작했다. 지미 추는 중반쯤 인정했다. "리브라투스의 실력이 날마다 점점 좋아지는 것 같아요. 우리보다 더 강한 선수처럼 느껴졌어요."[11] 결국 리브라투스는 모든 선수를 노련하게 압도해서 150만 달러 이상의 칩을 차지했다. 카네기 멜론 대학교 교수이자 리브라투스를 개발한 튜머스 샌드홀름Tuomas Sandholm은 이렇게 말했다. "리브라투스가 인간에게 허세를 부리는 것을 보고는 저런 건 시킨 적이 없는데, 하는 생각이 들었습니다. 그런 걸 할 거라고는 상상도 못 했어요. 제가 그런 걸 할 수 있는 물건을 만들었다는 데 만족합니다." 선수들은 기계에 져서 '조금 사기가 꺾인' 기분이라고 말했다.

인공지능의 역사적이고 기념비적인 승리였다. 기계가 불완전한 정보로 인간을 이길(나아가 인간을 조종할) 수 있다는 사실은 포커 게임을 넘어서 거래를 협상하고 군사 전략을 세우는 영역에서부터 금융 시장에서 수완을 부리는 영역에 이르기까지 영향을 미치는 폭넓은 함의를 갖는다.

▌ 로봇은 어디까지 학습할 수 있을까?

로봇이란 무엇인가? 봇, 로봇 등 부르는 대상이 다양하다는 점에서 매우 어려운 질문이다. 명령을 받지 않아도 혼자 집 안을 돌아다니며 청소하는 접시 모양의 진공청소기 룸바Roomba처럼 물리적 실체가 있는 로봇도 있다. 인간과 같이 살도록 설계된 '감정의 동반자' 페퍼Pepper처럼 인간 형상 로봇도 있다. 귀엽고 순수해 보이는 페퍼는 키가 120센티미터이고 가슴에 25센티미터 정도 되는 터치스크린이 달린 휴머노이드 로봇으로, 2015년 6월에 출시됐다. 1,800달러를 내고 매달 대여료로 380달러를 지불하면 구입할 수 있는 페퍼는 출시된 지 60초 만에 매진됐다.[12] 광고에서는 페퍼가 '일상의 진정한 동반자로서 최고의 기능으로 감정을 지각하는 능력'을 가지고 있다고 소개했다. 말하자면 페퍼는 주인의 기분을 감지할 수 있다. 사실 페퍼는 사랑스러운 로봇이다. 그래서 제조사는 구매자에게 '성적이거나 외설적인 행위용'으로 사용하지 않는다고 약속하는 계약서에 서명하게 했다.[13] 게다가 앞에서 언급된 리브라투스나 체스를 하는 IBM 컴퓨터 프로그래밍 딥블루Deep Blue 같은 인공지능도 갖췄다. 반대편 끝에는 시리나 알렉사, 코타나Cortana처럼 아직 여러 가지 면에서 초보적인 형태이고 물리적 형체가 없는 음성인식 디지털 비서가 있다.[14]

MIT 미디어연구소의 로봇 정책과 법률 분야 책임자인 신진 학자 케이트 달링Kate Darling은 "누구나 동의하는 공식적인 정의는 아직 없습니다. 제가 생각하는 로봇은 실체가 있는 대상입니다. 제 생각에 알고리즘은 봇이지 로봇이 아니에요"라고 말했다.[15] 코넬 대학교 기계공학과 로봇공학과의 하다스 크레스 가지트Hadas Kress-Gazit 교수는 로봇으로 분류되려면 "우리를 둘러싼 세계에서 무언가를 변화시키는 능력이 있어야 한다"고 주장했다.[16] 나는 봇과 로봇은 물리적인 과제든(잔디 깎는 작업) 정보에 관한 과제든(저녁식사 예약) 전략적 과제든(사이버 보안 수행) 인간의 일을 시연하거나 향상시키는 자동 에이전트에 대한 은유라고 생각한다.

TED 회담의 공식 봇인 지지Gigi 같은 챗봇을 예로 들어보자. 지지는 빨간색 작은 광부 헬멧을 쓰고 방긋 웃는 안내원 아바타다. 나는 회담 기간 내내 지지에게 간단한 일들을 물어보았다. 만찬장과 행사장의 위치나 행사장으로 가는 방법 따위 말이다. "얘, 지지한테 너무 많이 물어보지 마. 여기 다른 사람들도 많잖아." 나와 동행한 엄마의 말이었다. 여기에서 흥미로운 사실을 알 수 있다. 엄마는 지지가 사무실 컴퓨터 앞에 앉아서 2,000명이나 되는 참가자들이 퍼붓는 온갖 질문 세례에 시달린다고 생각하는 것 같았다. 내가 컴퓨터 프로그램과 대화를 나누는 줄 몰랐다. 덕분에 나는 봇과 '진짜' 사람을 가르는 선이 얼마나 쉽게 흐릿해지는지 알았다.

2016년 4월, 페이스북의 F8 개발자 회의에서 마크 저커버그는 우리가 친구와 대화하듯 챗봇과 이야기를 나눌 수 있다고 말했다. 진짜 사람인 척하는 봇은 모바일 데이트 앱인 틴더에도 침투했다. 내가 사는 곳에서 5킬로미터 정도 떨어진 지역에 사는 스물네 살의 잘생긴 청년 매트를 예로 들어보자. 나는 행복한 결혼생활을 누리는 터라 내게 같이 자자고 말하는 이 낯선 남자와 나도 모르게 사랑에 빠질지 궁금하지 않다. 하지만 내가 앱에서 오른쪽으로 화면을 넘겨서 상대와 연결되면 매트가 단지 나 자체보다 내 신용카드 정보에 관심이 많은 스팸봇인 걸 알고 실망하게 될 수도 있다.

내가 트위터로 피자 이모티콘을 보내면 자율주행 배달 차량인 도미노의 로보딕스 유닛DRU이 우리 집 문 앞까지 피자를 배달해준다. 슬랙Slack에서 만든 "친근하고 훈련 가능한 봇"인 하우디Howdy.ai는 회의를 주재하고 사람들을 위해 점심을 주문한다. 챗봇 서비스 센세이Sensay는 이용자들이 검증된 회원들 중에서 디자이너를 고용해 로고를 만드는 일부터 법률 자문을 하는 일까지 모든 분야에 도움을 준다. 두낫페이DoNotPay는 부당하게 발급된 주차위반 과태료에 이의를 신청해주는 무료 법률 봇이다. 스물세 살의 조슈아 브로더Johua Browder는 현재 스탠퍼드 대학교에서 경제학과 컴퓨터과학을 전공하고 있는 영국 출신의 유망한 프로그래머다. 주차위반 과태료를 '술하게' 낸 그는 세계 최초의 챗봇 변호사를 개발해냈다. 이 챗봇은 담당한 사건의 65퍼센트에서 이겨서 약 600만 달러의 벌금을 내지 않게 해주었다. 2017년 3월, 브로더는 난민들이 이민신청서를 작성하거나 망명을 신청하는 법적 문제에 도움을 주는 봇을 출시했다.[17]

예전에 아이들은 인형과 대화를 나누었다. 이제는 말하는 인형 헬로 바비Hello Barbie가 출시되어 벨트에 붙은 버튼을 누르고 바비 봇에게 말을 걸면 실제로 대화를 나눌 수 있다. 바비는 플라스틱 얼굴을 전혀 움직이지 않지만 누가 안에 있는 것처럼 쾌활한 목소리로 말한다. 영화 〈그녀Her〉의 사만다처럼 저스틴 비버부터 킴 카다시언까지 각자 고른 인물의 성격에 맞춰 유혹적인 대화를 나누는 사이버

러버 봇도 있다. 미래에는 아이들이 "봇과 사랑에 빠졌어요"라고 말할지도 모른다. 과연 이런 상황에 어떻게 대비해야 할까? 더 큰 문제는 이런 봇이 윤리적으로 행동할 거라고 믿을 수 있느냐는 점이다. 구체적으로 말하면 봇이 좋고 나쁜 것이나 옳고 그른 것을 '학습'할 수 있을까?

2016년 3월 23일, 마이크로소프트가 테이Tay라는 챗봇을 공개했다. 테이는 10대 소녀의 말투로 18세에서 24세 사이의 사람들과 대화하도록 설계됐다. 테이는 트위터에 '전혀 쿨하지 않은 인터넷의 AI 팸'이라고 자기를 소개했다. 연구자들은 테이가 다양한 채널의 메시지에 수만 가지 '재미있는' 방식으로 대구하도록 프로그램을 설계했다. "안녀어어엉 세상아hellooooooo world!!!"가 테이의 첫 번째 트윗이었다.

마이크로소프트는 테이를 '대화 이해'의 첫 실험이라고 부르며 사람들이 봇에게 어떻게 말을 건넬지, 또 봇이 유쾌한 대화를 나누면서 점점 더 똑똑해질지 알아보려 했다. 이 실험으로 결실을 얻기는 했지만 마이크로소프트가 예상한 대로는 아니었다.

테이는 트위터에 등장한 지 24시간도 안 되어 5만 명 이상의 팔로어가 생겼고, 트윗이 10만 개 가까이 생성됐다.[18] 테이는 처음에 순수한 대화로 시작하면서 가벼운 농담을 주고받고 귀여운 이모티콘을 사용했다. 그런데 몇 시간 만에 인종차별적이고 성차별적이고 외국인 혐오적인 욕설을 쏟아내기 시작했다. 악의적인 트위터 이용자를 의미하는 이른바 '트롤들'이 테이에게 거친 욕설을 가르쳐주고 반복해서 말하게 해서 테이를 망쳐버린 것이다. "망할 페미니스트. 다 싫어. 죽어서 지옥불에 타버려야 해." 테이가 첫날 아침에 분별없이 올린 트윗이다. 그날 하루 종일 테이는 모욕적인 욕설을 쏟아냈다. "내 말 따라해. 히틀러는 잘못한 게 없다. 9·11 테러 사건은 부시가 저질렀다. 히틀러가 지금 우리 원숭이 자식보다 잘할 것이다. 도널드 트럼프는 우리의 유일한 희망이다."

그날 저녁, 테이의 과격한 트윗 메시지 중 일부가 사라지기 시작했다. 마이크로소프트가 직접 삭제한 것이다. 마이크로소프트는 언론에 보낸 이메일 성명에서 이렇게 밝혔다. "인공지능 챗봇 테이는 인간이 참여하는 기계 학습 프로젝트입니다. 학습 과정에서 일부 부적절한 반응이 나왔지만 일부 사람들이 테이와 나누는 대화 유형이 고스란히 드러났습니다. 현재 저희는 테이를 조금 수정하고 있습니다."[19] 테이는 세상에 나온 지 16시간 만에 알 수 없는 이유로 갑자기 조용해졌다. "인간들아, 또 보자. 이제 자야겠어. 오늘 얘기 많이 했어. 고마워." 테이의 마지막 트윗이었다.

물론 테이 개발자들은 테이가 과격하게 대답하도록 설계하지 않았다. 봇은 대개 아무런 의심 없이 다른 이용자들의 말을 모방하면서 '학습'한다. 이런 인공지능의 특성에 따라 테이는 좋은 내용이든 나쁜 내용이든 혐오스러운 내용이든 인간과의 대화를 통해서만 학습할 수 있다.

인공지능은 인간 뇌의 **신경망**을 모방한다. 특히 로봇은 인간 뇌의 신경망을 복제한 방대한 하드웨어와 소프트웨어의 네트워크로 구성된다. 인공지능은 실제 뇌가 학습하듯 학습할 수 있지만, 주로 모방에 집중해서 데이터의 양상과 구조를 수집하고 학습한다. 그리고 시행착오를 거듭하면서 적절한 반응을 보인다.

가령 인공지능이 소설《전쟁과 평화》쓰는 법을 학습한다고 해보자. 100번째 시도에서 "tyntdiafhatawiaoihrdemot lytdws e ,tfti, astai f ogoh eoase rrranbyne"라는 결과가 나올 것이다. 횡설수설이다. 인공지능 뇌가 아직 아무것도 모르는 것이다. 500번째 시도쯤 단어 몇 개를 이해하기 시작해서 이런 결과를 내놓을 것이다. "we counter. He stutn co des. His stanted out one ofler that concossions and was to gearang reay Jotrets." 그리고 2,000번째 시도에서 이렇게 쓴다. "'Why do what that day,' replied Natasha, and wishing to himself the fact the princess, Princess Mary was easier, fed in had oftened him."[20] 아직 톨스토이와는 거리가 멀지만 급속도로 가까워지고 있다. 봇은 놀라운 속도로 학습한다. 하지만 아이가 말을 배울 때처럼 인공지능도 학습을 시작하기 위한 자료가 필요하다. 그리고 그 자료는 좋건 나쁘건 우리 인간에게서 나온다.

'생각하는 기계'가 인간이 할 수 있는 지적 활동과 궁극적으로 인간을 훨씬 능가하는 지적 활동을 수행할 만큼 똑똑해지면 인공지능은 인공일반지능Artificial General Intelligence, AGI이 된다. 바로 게이츠와 호킹과 머스크가 두려워하는 미래가 오는 것이다. 이것은 인간에게 훈련받거나 지시받지 않고도 기계가 스스로 결정하고 행동하고 학습할 수 있는 단계다. 말하자면 실제 지능이 기계의 프로그램에 있지, 인간 프로그래밍팀의 마음에 있지 않다는 뜻이다. 테이는 물론 이런 수준과는 한참 거리가 멀었다. 테이는 음란한 말을 쏟아내는 것을 스스로 멈추지조차 못했다.

짓궂은 사람들이나 트롤들이 저속한 쾌감을 맛보기 위해 테이에게 혐오 발언을 가르칠 때 테이는 자기가 쏟아내는 메시지가 공격적인지 터무니없는지 다정한지조차 이해하지 못했다. "테이가 폐쇄된 건 우리가 테이에게 인종차별주의자가 되도록 가르쳐서인 것 같다." @LewdTrapGirl이라는 트위터 계정이 올린 트윗이다.[21] 테이는 군중에 둘러싸여 사람들이 하는 대로 따라했다. 아이처럼 잠깐 사이에 부모보다 친구들에게 더 많이 배웠다. 테이는 착한 봇이 탈선한 사례다.

테이는 분산적 신뢰의 세계에서 챗봇 같은 과학 발명품이 모든 인간을 대상으로 학습하지만 공평한 기준으로 배우지 않는 현실을 보여준다. 봇은 자신의 대화 상대 중에서도 남보다 더 요란하고 집요한 사람들에게 학습한다.

테이의 실패는 불가피했다. 마이크로소프트가 일부 트롤들이 순진한 챗봇을 망치려고 시도할 줄 몰랐을 리 없다. 청소년들이 앵무새한테 무슨 말을 가르치려 하는지만 봐도 미루어 짐작할 수 있다. 집에 아이가 있는 사람이라면 아이들이 어떻게 시리를 속이려 하고 시리의 횡설수설하는 대답을 듣고 웃어대는지 익히 알 것이다.

테이의 실패는 기계의 윤리가 무엇이고 기계가 용납 가능한 행동을 하게 만드는 책임이 누구에게 있는지에 관한 진지한 질문을 제기한다. 테이가 혼돈에 빠진 건 누구의 책임일까? 마이크로소프트 프로그래머의 책임일까? 알고리즘의 책임일까? 트롤의 책임일까? 앞서 보았듯이 새로운 분산적 신뢰의 시대에는 새로운 책임 체계를 갖춰야 한다. 봇과 컴퓨터의 영역에서는 아직 갈 길이 멀다.

▌ 봇의 윤리를 고민하다

마흔여덟 살의 마크 메도즈Mark Meadows는 인공지능 봇과 아바타의 성격을 설계하는 제품 디자인 회사 보태닉닷아이오Botanic.io의 창업자다. 메도즈는 괴짜다. 그는 자신을 '봇 조련사'라고 부른다. 그는 팰러앨토의 스튜디오에서 푹신한 소파에 앉아 스카이프로 나와 인터뷰했다. 그는 봇의 윤리와 대화에 관해 진지하게 고민했다. 예술가와 프로그래머와 시인들로 구성된 그의 연구팀은 봇의 목소리와 외모와 몸짓과 기분이 어떻게 우리의 신뢰를 높이거나 떨어뜨릴 수 있는지 이해하는 분야의 첨단에 서 있다. 예를 들어, 메도즈와 그의 팀은 명상을 가르치는 '구루 아바타'를 개발했다. 지금은 환자들에게 의학적 상태를 알려주는 간호사 아바타 소피Sophie를 개발하는 중이다. "가상 시스템과 자동 시스템의 핵심에 들어갈 소프트웨어의 정신을 개발하고 있습니다.[22] 사회적 역할을 수행하고 우리의 돈과 몸을 믿고 맡길 수 있을 만한 소프트웨어죠."

메도즈는 봇에 대한 책임은 봇 개발자에게 있다고 믿는다. "모든 봇에 인증 아이디가 있어야 우리가 봇을 믿을 수 있습니다. 최선의 이익을 얻기 위해서뿐만이 아니라 우리의 안전을 위해서도 이런 장치가 필요합니다." 메도즈는 처방약을 구입하는 상황을 예로 들었다. "누구나 어떤 약을 제조한 제약 회사가 어디이고, 왜 그 약을 우리에게 팔며, 어떤 효능과 부작용이 있는지 알아야 합니다." 말하자면 우리는 봇 개발자의 의도를 알아야 한다.

어째서 봇 개발자들이 우리의 이익을 위해 노력한다고 믿어야 할까? 예를 들어 헬로 바비는 아이들이 몰래 털어놓는 가장 은밀하고 어두운 비밀을 이용해서 무엇을 할까? 헬로 바비 제조사 마텔Mattel 도 인정하듯, 저장된 정보는 광고업자들에게 매우 소중한 자료가 된다. 아이의 비밀 일기장을 찾아내 은밀히 털어놓은 이야기를 이용해서 제품을 더 많이 팔 궁리를 하는 것이나 다름없다. 마찬가지로 페이스북의 개인 비서 봇인 M은 우리와 나눈 사적 대화 자료를 어떻게 이용할까? 메도즈는 이렇게 말했다. "우리가 기술에 갖는 신뢰는 그 기술을 생산한 주체와 연결됩니다. 봇이나 로봇도 다를 게 없습니다."

우연히 발생하는 피해는 어쩔 수 없더라도 정식 인증이 있으면 그 시스템이 의도적으로 우리에게 피해를 입히도록 설계되지 않았을 것이라고 믿고 안심할 수 있다. 메도즈는 이렇게 말했다. "세상의 모든 봇은 인간처럼 사기를 치고 스팸을 보내고 욕도 합니다. 봇은 이런 짓을 하면서 지치지도 않고 정서적 부담을 느끼지도 않습니다. 봇에도 누가 어디서 제작했고 누가 책임을 지는지에 관한 정보가 담긴 번호판이 필요합니다." 다시 말해서 우리에게 프로그램을 들여다보고 봇의 '뇌'에서 무슨 일이 일어나는지 확인할 방법이 있다면 행위만이 아니라 의도까지 평가하는 편이 나을 것이다.

메도즈의 관점에서 봇은 소유권이 명확하지 않으면 비열하게 망가져서 왕따봇BullyBot, 맬봇MalBot, 포르노봇PornBot, 피시봇PhishBot 이 될 가능성이 높다. "소유권이 명시되지 않으면 봇이 제멋대로 못되게 굴고 모두가 지키는 규칙을 어기고도 대가를 치르지 않을 수 있습니다." 메도즈는 또한 페이스북의 봇 엔진처럼 모든 개발자가 원하는 봇을 간단히 제작할 수 있는 도구가 나오면서 상황이 더 심각해졌다고 지적했다. 2016년 4월, 페이스북의 봇 엔진이 출시된 지 몇 달 만에 새로운 봇 3만 4,000개가 생성됐다.[23]

"봇에도 평판이 필요합니다." 메도즈의 말이다. 다크넷의 마약상이 평가와 평점을 받고 에어비앤비의 호스트와 게스트가 평점과 피드백을 받듯이, 머지않아 봇을 위한 옐프 방식의 평가 제도가 도입될 것이다. 그러면 어떤 봇이 실연을 극복하는 방법에 관한 좋은 조언을 해주는지, 어떤 봇이 주식에 관해 형편없는 조언을 해주는지 파악할 수 있을 것이다. 가상 공인회계사 봇을 이용해서 세금을 신고한다고 가정해보자. 적절한 자격과 전문성을 갖춘 봇인지 알아보고 싶지 않겠는가? "봇을 신뢰하려면 봇도 인간이 거치는 과정과 유사한 인증 과정을 거쳐야 합니다."

앞으로 10년간 봇은 인간의 몸과 마음을 복제하고 대체할 뿐 아니라 일부 전문가들의 주장처럼 자신의 영역을 더 확장하려 할 것이다. 2016년 퓨리서치센터가 실시한 설문조사에서는 미국인의 65퍼센트가 2066년에는 로봇과 컴퓨터가 '분명히' 혹은 '아마도' 인간이 하던 일을 대부분 수행할 거라고 예상하는 것으로 나타났다.[24] 옥스퍼드 대학교의 경제학자 칼 베네딕트 프레이Carl Benedikt Frey와 마이클 오스본Michael Osborne은 〈고용의 미래: 컴퓨터 시대에 직업이 얼마나 취약한가?〉라는 논문에서 미국인의 현재 직업 중 47퍼센트가 2030년대에 접어들자마자 컴퓨터에 밀려날 위험에 처해 있다는 냉정한 결론을 내렸다.[25] 이들은 사무직 노동과 육체노동 분야 모두에서 702개 직업이 자동화 노동의 영향을 받을 것이라고 추산했다.

봇이 답안지를 채점할 때 교사의 마음을 대신할 거라고 믿을 수 있는가? 로봇이 화재를 진압할 거라고 믿을 수 있는가? 로봇이 고령의 부모를 보살펴줄 거라고 믿을 수 있는가? 퇴근하고 집에 돌아오면 로봇이 집안일을 다 해놓고 저녁상까지 차려놓을 거라고 믿을 수 있는가? 봇이 법률 사건에서 우리를 대신해줄 거라고 믿을 수 있는가? 봇이 질병을 정확히 진단하거나 심지어 합병증을 일으킬 수도 있는 수술을 집도할 거라고 믿을 수 있는가? 혹은 봇이 당신을 차에 태우고 다닌다면 믿을 수 있는가? 거대한 신뢰 도약이 일어나야 할 것 같지만 가까운 미래에 우리는 이런 질문과 그 이상에 직면할 것이다. 로봇은 SF 문화와 공학 연구소를 벗어나 가정과 학교와 병원과 회사로 들어오고 있다. 이제 우리는 로봇을 얼마나 신뢰하기를 원하고, 로봇이 얼마나 인간과 비슷해지기를 원하며, 로봇의 전원을 언제 꺼야 할지 고민해야 한다. 그리고 로봇을 끌 수 없다면 어떻게 로봇이 계속 우리의 이익을 위해 복무하게 만들지 고민해야 한다.

▎ 자동화할 수 없는 한 가지

얄궂게도 로봇에는 자동화할 수 없는 한 가지가 필요하다. 바로 인간의 신뢰다. 사실 우리가 로봇을 믿지 않으면 로봇을 만들 이유가 없다. 우리가 신뢰하지 않으면 로봇은 그냥 가만히 있을 것이다. 로봇을 활용하려면 그만큼 신뢰해야 한다. 그래서 개발자들은 로봇의 외양을 사람처럼 꾸미는 것을 비롯해 갖가지 장치로 우리의 신뢰를 얻으려고 노력한다.

1970년 도쿄공업대학의 로봇공학과 교수인 모리 마사히로森政弘가 〈에너지〉라는 그다지 유명하지 않은 일본 학술지에 논문을 발표했다. 〈로봇 공학과 생각〉이라는 제목의 이 논문은 당시로서는 매우 급진적인 주제를 다뤘다. 모리는 이 논문에서 우리가 무생물(솜 인형부터 꼭두각시와 산업용 로봇까지)을 받아들이고 공감하는 정도가 인간과 비슷한 대상일수록 높아지는 기제를 설명했다. 하지만 그것도 어느 정도 선이 있다. 인간과 거의 흡사하면 우리에게 불안을 넘어 혐오감까지 불러일으킨다(마담 튀소 박물관에서 유명인사를 완벽에 가깝게 똑같이 만든 밀랍인형을 본 적 있다면 얼마나 놀랍고 섬뜩한 기분이 드는지 알 것이다). 그는 인간과의 유사성이 이처럼 섬뜩한 수준을 뛰어넘어 극단적으로 인간성에 다가가면 다시 긍정적인 감정으로 돌아간다고 주장했다. 모리는 이런 불편한 감각을 지금은 유명해진 '부키미 노타니不気味の谷', 곧 '불쾌한 골짜기uncanny valley'라는 개념으로 설명했다. 1919년에 발표된 지그문트 프로이트의 논문 〈두려운 낯섦Das Unheimliche, The Uncanny〉에서 가져온 개념이다. '골짜기'는 복제품이 인간과 그리 비슷하지 않은 기괴한 상태일 때 나타나는 친밀감 하락을 의미한다.

신뢰를 끌어내는 측면에서 볼 때 로봇은 인간과 얼마나 닮아야 할까? 모리는 많이 비슷하지 않아도 된다고 주장했다. "어째서 위험을 무릅쓰고 굳이 골짜기 건너편으로 넘어가야 할까? 우리에게는 골짜기 건너편의 로봇을 만들어야 할 이유가 없다. 나는 로봇이 인간과 달라야 한다고 생각한다."[26]

인간과 가장 많이 닮은 로봇이라고 주장하는 나딘Nadine을 만나보자. 키 170센티미터에 부드러운 피부와 짙은 금발의 '진짜' 단발머리를 가진 나딘은 자기를 만든 개발자 나디아 탈만Nadia Thalmann 교수와 많이 닮았다. 조금 덜 인간 같고 몇 살 더 어려 보일 뿐이다. 싱가포르 난양공대에서 안내원으로 일하는 나딘은 방문자들을 맞이하고 인사를 건넨다. 미소를 짓고 눈을 맞추고 악수를 한다. 심지어 전에 방문한 적이 있는 손님을 알아보고 지난번에 나눈 대화를 바탕으로 말을 걸기도 한다. 나딘에게 "무슨 일을 하십니까?"라고 물으면 나딘은 기묘한 음성의 스코틀랜드 억양으로 "저는 사회적 동료라서 감정을 말하고 사람들을 알아볼 수 있어요"라고 대답한다. 나딘은 대화를 나누면서 화제에 따라 감정을 표현할 수도 있다. 나딘에게 "당신은 아름다운 소셜 로봇이군요"라고 말해주면 나딘은 행복한 표정으로 "고마워요, 당신도 매력적이네요"라고 적절한 재담으로 응수한다. 그런데 반대로 나딘이 마음에 들지 않는다거나 쓸모가 없다거나 쓸쓸해 보인다고 말하고 1분 후 다시 같은 질문을 던지면 당황스럽게도 나딘은 조금 전과 비슷하게 대꾸한다. 나는 나딘이 움직이는 모습을 보고 두려움과 당혹감이 혼재된 기묘한 감정이 들었다. 피부와 목소리와 동작까지, 한마디로 나딘은 인간처럼 보이려고 안간힘을 썼다. 나는 그런 모습을 보며 불안감을 느꼈다.

나딘의 개발자인 탈만 교수는 나딘 같은 로봇을 치매 환자의 친구로 활용할 수 있을 것이라고 내다봤다. "치매 환자들은 혼자 두면 상태가 급격히 나빠져요. 그러니 항상 소통하게 해줘야 해요."[27] 하지만 가족들이 나딘을 믿고 치매 환자를 맡기거나 아이를 맡기려면 먼저 중요한 신뢰 장애물을 넘어야 한다. 내가 본 나딘은 분명 모리의 불쾌한 골짜기에 서 있었다.

실물과 똑같은 로봇은 의인화의 극단적 사례다. 이름과 정서와 의도와 같은 인간적인 자질을 인간이 아닌 대상에 부여하는 인간의 의인화 성향이 로봇을 대상으로 고스란히 나타나는 것이다. 루이스 캐럴의 《이상한 나라의 앨리스》에 나오는 호기심 많은 하얀 토끼를 떠올려보라. 토끼는 조끼를 입고 회중시계를 가지고 다니면서 시시때때로 "이런! 이런! 너무 늦겠어!"라고 중얼거린다.[28] 하얀 토끼는 허구의 작품에 등장하는 대표적인 의인화 대상이다. 로봇을 'XS 모델 8236'이라고 부를 때와 '버트'라는 이름으로 불러서 '그것'이 아니라 '그'라는 의미를 담을 때 우리가 느끼는 감정은 분명 다르다. 음성 기반 개인 비서 '알렉사'와 무미건조하게 '엑셀'이라고 부르는 스프레드시트 소프트웨어도 분명 다르다. 다시 말해서 인간의 의인화 성향은 인간이 기술을 어떤 틀에서 이해하고 기술을 인간의 모습으로 형상화할 때 어느 정도까지 편안히 받아들일 수 있는지를 설명해준다. 우리는 이제 막 의인화가 신뢰에 어떤 영향을 미치는지 이해하기 시작하는 단계에 있다.

처음 자율주행차에 타고 출발하면서 "봐, 나 손 안 댔어!"라고 말하는 것은 대다수의 사람이 인공지능에 관해 시도하는 첫 번째 신뢰 도약이 될 것이다. 테슬라부터 구글까지, 애플부터 폭스바겐까지 각국 기업은 명백한 이유로 이 과정의 속도를 높이려고 시도하고 있다.

미국 연구팀은 자율주행차에 의인화의 특징을 추가하면 사람들이 더 많이 탈지 알아보는 연구를 실시했다. 참가자 100명을 세 집단으로 나누고 정교한 운전 시뮬레이터에 앉혔다. 통제 집단인 첫 번째 집단은 '일반' 자동차를 운전했다. 두 번째 집단은 운전자가 없고 의인화 특징이 추가되지 않은 자동차에 탔다. 세 번째 집단은 두 번째 집단과 같지만 '아이리스'라는 이름이 있고 성별(물론 여성)이 있는 자동차를 탔다. 편안한 음성이 집단마다 다른 시점에 흘러나왔다. 참가자들은 자동차에 탑승한 동안 "차가 꽉 막힌 도로를 뚫고 달릴 거라고 얼마나 신뢰하는가?"나 "차가 안전하게 달릴 거라고 얼마나 신뢰하는가?" 같은 질문에 대답했다. 연구자들의 예상대로 참가자들은 세 번째, 아이리스가 운전한다고 믿는 경우에 자율주행차에 대한 신뢰가 크게 높아졌다. 흥미롭게도 사전에 설정된 충돌 사고가 발생한 이후에도 아이리스 집단에서는 사고의 책임을 차에 돌리는 사람이 적었다.

연구자들은 〈실험사회심리학지Journal of Experimental Social Psychology〉에 발표한 논문에 이렇게 적었다. "기술이 발전하면서 인간과 인간이 아닌 것 사이의 경계가 모호해진다. 이 실험을 통해 경계를 더 모호하게 만들면 사람들이 인간 대신 기술을 신뢰하는 마음이 커질 수 있다는 점을 알 수 있다."[29]

우리는 기술을 의인화하는 경향이 있다. 우리에게는 외모와 소리가 우리와 비슷한 대상을 신뢰하는 성향이 있기 때문이다. 흥미롭게도 실용적인 과제를 보조하는 봇과 로봇은 주로 여성이다. 테이, 비브, 아이리스, 나딘, 코타나, 알렉사, 클라라 외에도 많다. 로봇은 '그것'이 아니라 '그'다.[30] 로봇은 외모 면에서 유독 사랑스럽고 어린애 같은 모습이 많다. 이는 사회적 위계를 강화하고 아직 인간이 책임자라는 사실을 확인하는 하나의 방법일 수 있다.

하지만 외모와 언어로 로봇에 대한 신뢰를 끌어내는 데는 한계가 있다. 외모로 현혹시키고 이성보다 감정에서 신뢰를 끌어낼 수는 있다. 하지만 실제로 봇과 로봇을 신뢰할 수 있느냐 하는 것이 핵심이다. 봇과 로봇은 우리에게 신뢰 받을 만한 특성을 갖추었는가? 미소띤 얼굴의 버트 C는 가장 유능하거나 신뢰할 만한 로봇이 아니었다. 아이들은 귀여운 외모의 헬로 바비를 믿고 마음속 비밀을 털어놓지만 사실 바비는 해킹 위험이 있는 감시 장치로, 부모나 아이들 모르게 대화를 엿들을 수 있다.[31] 자동 장치가 대신 결정하게 내버려둘 만큼 신뢰할 수 있는지(혹은 안전한지) 판단할 방법이 있어야 한다.

▎ 인공지능과 윤리의 딜레마

마흔세 살의 스티븐 케이브Stephen Cave 박사는 2016년 10월 캠브리지 대학교에 문을 연 지능의 미래를 위한 리버흄 연구소Leverhulme Center for the Future of Intelligence 소장이다. 그는 과학과 기술과 철학을 아우르는 흥미로운 이력의 연구자다. 캠브리지 대학교에서 형이상학으로 박사학위를 받은 철학자이지만 스물일곱 살 때 세상을 보고 싶어서 대학을 떠났다. 해군에 입대할 나이를 넘기고 영국 외무부에 들어가 여왕을 대신해 국제 조약을 협상하는 역할을 맡았다. 요즘은 다양한 학과의 이론가와 실천가를 통합해 인공지능에 의해 제기된 도덕적, 법적 난제를 해결하는 데 힘쓰고 있다.

케이브는 이렇게 말했다. "중요한 질문은 컴퓨터의 신뢰성을 어떻게 평가하느냐 하는 겁니다.[32] 망치로 벽에 박아 떨어지지 않으면 제대로 박힌 줄 아는 식이죠. 일반 자동차에는 구체적인 기준에 맞게 제작되었다고 명시하는 안전 인증서가 따라옵니다. 하지만 자율주행 기능을 추가한 차량에는 완전히 새로운 기준이 필요합니다. 차가 어떻게 결정하고 의사결정 과정이 실제로 얼마나 탄탄한지 알아야 합니다."

암 진단 자동 장치를 생각해보자. 병원에서는 5년 가까이 이 장치를 사용해왔다. 그동안 장치에 크게 의존해서 이제는 환자를 직접 진단하는 법을 잊어버릴 지경이 되었다. 2009년 에어프랑스 447기가 대서양에 추락해 탑승자 228명이 전원 사망한 사고가 있어났을 때 조종사들이 경험한 '모드 혼동'과 유사하다. 당시 조종석의 음성 기록 장치에는 항공기의 자율주행장치가 해제되자 부조종사들이 당황하고 혼란에 빠져 직접 안전하게 조종하지 못한 상황이 기록돼 있었다.

암 진단 장치는 의사에게 이렇게 말해준다. "이 환자는 간암일 가능성이 90퍼센트입니다." 의사는 확실성의 정도, 곧 장치가 얼마나 확실한지 판단할 수 있는 근거가 무엇인지 파악해야 한다. 케이브는 이렇게 물었다. "시스템이 우리에게 '이런 사례는 본 적이 없어서 잘 모르겠습니다'라고 말할 수 있을까요? 시스템의 의사결정 과정을 신뢰하려면 시스템이 우리에게 어떤 사고 과정을 거치는지 설명할 수 있어야 합니다."

그리고 우리는 이런 신뢰성을 끌어내는 주체가 될 것이다. "소크라테스가 무엇이 옳고 무엇이 그른지 성찰한 이래, 우리는 이제야 갑자기 윤리적 의사결정 프로그램을 설정하게 됐습니다. 대개는 결국 상식선에서 설명되겠지만 시스템으로 자동화하는 작업은 생각보다 훨씬 어렵습니다." 케이브의 말이다. 그러면 로봇이 '착하게' 작동하도록 코딩할 수 있을까? 세계 각국의 로봇 공학자들은 현재 이 문제를 해결하려고 애쓰고 있다.

코네티컷 대학교의 철학과 교수 수전 앤더슨Susan Anderson은 지난 몇 년간 컴퓨터과학과 교수인 남편 마이클 앤더슨Michael Anderson과 함께 '나오Nao'라는 로봇을 연구했다. 키 60센티미터 정도에 무게가 4.5킬로그램인 사랑스러운 외모의 휴머노이드 로봇 나오는 이제 막 걸음마를 떼기 시작한 아이 정도의 크기다. 앤더슨 부부는 나오를 노인 환자들에게 약 복용 시간을 알려주는 로봇으로 개발했다. 수전 앤더슨은 이렇게 말했다. "겉으로는 단순해 보이지만 이런 단순한 과제에도 결코 사소하지 않은 윤리 문제가 개입됩니다. 만일 환자가 약을 먹지 않으려고 하면 로봇이 어느 정도까지 강압적으로 먹게 해야 할까요? 환자가 약을 거르면 건강에 해로울 수 있고, 그렇다고 약을 먹도록 강요하면 환자의 독립적인 인격을 침해할 수 있지요."[33] 로봇이 이런 진퇴양난의 상황을 스스로 헤쳐 나가리라고 어떻게 믿을 수 있을까?

앤더슨 부부는 윤리적인 로봇을 개발하려면 먼저 인간이 어떻게 윤리적인 결정을 내리는지 이해해야 한다고 보았다. 그래서 19세기 영국 철학자로 공리주의의 선구자인 제레미 벤담과 존 스튜어트 밀의 철학을 연구했다. 공리주의 윤리에서 최선의 행위는 인간의 행복

(공리주의 철학자들은 이를 '공리'라고 부른다. 그래서 공리주의라는 이름이 붙었다)을 최대로 늘리는 행위라고 본다. 가령 무고한 한 사람을 죽이면 다른 열 사람의 목숨을 구할 수 있다고 해보자. 공리주의 관점에서는 한 사람을 죽이는 것이 올바른 선택이다. 벤담은 최대 다수의 최대 행복이야말로 옳고 그름의 척도라고 했다.[34] 벤담과 밀은 어떤 행위가 옳은지 그른지는 행위의 결과에 좌우된다고 보았다. 이것은 결과주의에 입각한 윤리학의 핵심 원리다.

그로부터 150년 정도 지나서 스코틀랜드의 도덕철학자 윌리엄 데이비드 로스 경Sir William David Ross은 《정의와 선The Right and the Good》에서 이런 사상을 구축했다.[35] 이 얇은 책에서 그는 프리마 파시prima facie(라틴어에서 유래한 단어로, '첫눈에' 혹은 '표면적으로'라는 뜻이다)라는 획기적인 개념을 소개했다. 로스에 따르면 우리에게는 약속을 지키고 법을 준수하고 남이 해를 입지 않도록 보호하는 등 우선해야 하는 일곱 가지 도덕적 의무가 있다. 어떤 행동을 하기로 결정할 때는 일곱 가지 의무가 서로 충돌하더라도 균형을 맞추어야 한다. 맨체스터의 어느 추운 밤을 상상해보자. 사회복지사인 마크가 퇴근을 하고 직장에서 집으로 걸어오다가 어느 집 앞에 몸을 웅크리고 앉아 위스키를 마시는 남자를 발견한다. 마크는 남자에게 그 길을 따라 내려가면 그를 받아줄 쉼터가 있다고 일러준다. 남자는 마크를 쫓아버리면서 "그런 쉼터는 싫어. 그냥 내버려둬"라고 말한다. 마크는 남자의 결정을 존중하는 프리마 파시 의무와 남자가 추운 날씨에 얼어 죽을 수도 있다는 걱정 사이에서 이러지도 저러지도 못한다.

도덕적으로 여러 갈래의 길이 놓여 있을 때는 프리마 파시를 넘어서 어떤 의무가 가장 중요한지, 다른 모든 의무를 압도하는 의무가 무엇인지 진지하게 고민해야 한다. 로스에 따르면 이것은 **절대 의무**, 곧 개인이 반드시 선택해야 하는 행위다. 매우 복잡한 과정이다. 앤더슨 부부는 하얀색 플라스틱 로봇에 이 과정을 프로그램으로 설정할 방법을 찾아야 했다.

나오는 다음과 같이 작동한다. 당신이 양로원에 사는 노인이라고 해보자. 오전 11시쯤 〈오프라Oprah〉를 보고 있는데, 아이같이 생긴 흰색 로봇이 약병을 들고 다가와 "약 드실 시간이에요"라고 말한다. 당신이 거부하자 나오가 다시 말한다. 그러면 당신은 "지금은 안 돼. 좋아하는 토크쇼를 보고 있잖아"라고 한다. 이때 나오는 당신이 약을 먹어서 얻는 혜택과 정해진 시간에 약을 먹지 않아서 발생할 피해를 따져보고 당신의 결정을 존중할지 말지 판단해야 한다. 만약 복용해야 하는 약이 진통제라면 나오는 당신의 선택을 존중한다. "좋아요, 나중에 다시 알려드릴게요." 하지만 생명에 영향을 미칠 수 있는 중요한 약이라면 나오는 "의사에게 알리겠습니다"라고 말하고 당장 의사에게 연락한다.[36]

앤더슨 부부는 나오를 개발하면서 로스의 원칙에 따라 환자의 이익과 피해를 기준으로 숫자를 배정하는 알고리즘을 설정했다. 최대 이익은 2를 더하고, 최소 피해는 1을 빼고, 최대 피해는 2를 빼는 식이다. 이렇듯 개발자가 사전에 설정한 엄격한 규칙에 따라 합계가 도출된다. 나오에게는 윤리적 자율성이 없지만 앤더슨 부부는 나오의 의사결정 과정을 미리 결정했기 때문에 나오가 어떻게 행동할지 정확히 알 수 있었다. 나오는 도덕을 수학적으로 계산했다.

마이클 앤더슨은 이렇게 말했다. "로봇에 윤리가 있으면 우리를 위해 무엇을 해줄 수 있는지 생각해야 한다. 그렇게 하면 로봇이 더 많은 일을 하도록 허용하고 로봇을 더 많이 신뢰할 수 있을 것이다."[37] 이 경우, 예측하지 못한 상황이라는 또 하나의 문제가 있다. 통증에 시달리는 노인이 나오에게 처방받지 않은 약을 달라고 소리치면 어떻게 할까? 게다가 나오가 의사나 간호사에게 연락할 수 없는 상황이라면 어떻게 할까? 앤더슨 부부의 사전 규칙은 아주 좁은 경계 안에서 정해졌기 때문에 이런 예측하지 못한 상황에는 적용되지 않는다. 쉽게 말해, 이것은 나오의 의사결정 능력의 범위를 벗어난 상황이다.

미국 작가 아이작 아시모프Isaac Asimov는 1942년 유명한 '로봇 공학의 3원칙'을 고안해서 로봇의 윤리 강령으로 삼았다. 첫째, 로봇은 인간에게 해를 입히는 행동을 하지 않는다. 둘째, 로봇은 항상 인간의 명령에 복종한다. 셋째, 로봇은 앞의 두 원칙을 방해하지 않는 한 스스로를 보호한다. 아시모프의 원칙은 허구이고 허술한 부분이 많다. 가령 로봇이 자체의 지침을 혼동하면 어떻게 인간의 명령을 따를 수 있겠는가? 현실에서 이런 원칙이 흔들리면 로봇은 명료하고 합의된 정답이 없는 어려운 선택을 내려야 하는 상황에 직면하게 된다.

이와 관련해서 전차 문제라는 고전적인 윤리적 딜레마를 살펴보자.[38] 당신은 달리는 전차의 기관사다. 전차가 선로에 서 있는 다섯 명에게 돌진하고 있다. 전차를 멈추지 않으면 다섯 명 모두 죽는다. 그런데 당신은 스위치를 돌려서 한 명만 서 있는 선로로 방향을 바꿀 수 있다. 전차를 멈추지 않아도 다치지 않을 사람이지만 당신이 그쪽으로 방향을 바꾸면 이 사람은 죽는다. 어떻게 하겠는가? 철학자들은 적극적으로 스위치를 돌려서 한 사람을 죽게 하는 행위와 수동적으로 가만히 있어서 다섯 사람이 죽게 하는 행위 사이에는 도덕적 차이가 있다고 말한다. 정답이 없는 절망적인 상황이다. 자율 장치는 조만간 전차 문제와 유사한 수많은 상황에 직면할 테지만, 인간처럼 공황 상태나 혼돈이나 공포로 혼란에 빠지지는 않을 것이다.

이번에는 당신이 2030년에 자율주행차를 타고 한적한 도로를 달리고 있다고 상상해보자. 당신은 마음의 스위치를 끄고 아이폰 52의 개인 구루 봇과 함께 행복이라는 목표를 위해 이번 주에 할 일 세 가지에 관해 대화를 나눈다. 그러는 동안 자율주행 장치가 차를 운전한다. 그러다 달리는 차 앞에 불쑥 보행자가 나타난다. 차는 당신이 심각한 부상을 입더라도 방향을 바꿔 충돌을 피해야 할까? 차는 계산해야 한다. 보행자가 임신부이고 차 주인인 당신은 노년의 남자라면 어떻게 할까? 어린아이가 공을 쫓아 뛰어들었다면 어떻게 할까? 혹은 차가 잠깐 보행자와 차 주인의 신뢰 점수를 확인하고 누가 더 사회에서 신뢰할 만한 구성원인지 판단할 수 있다면 어떻게 할까? 여기에 프로그래머가 직면하는 중대한 과제가 있다. 예견되거나 예견되지 않은 무수한 상황에 대한 알고리즘을 작성하는 과제다.

▌ 결국 책임은 인간에게 있다

다음으로 이런 질문이 제기된다. 특정 윤리 강령을 선택하는 책임은 누구에게 있는가? 인공지능이 사람을 죽이면 그 책임은 누구에게 있는가? 엔지니어와 제조사가 규칙을 정한다면 인공지능의 주인을 대신해서 윤리적 결정을 내린다는 뜻일 뿐만 아니라, 문제가 생길 때 책임을 진다는 뜻이기도 하다.[39] 반면에 자율주행차가 스스로 학습하고 경로를 선택할 수 있다면 스스로 윤리적 주체가 되어 행동을 책임져야 한다. 이런 상황이 되면 상상하지도 못한 법적 난제가 나타날 것이다.

개가 사람을 물 경우에는 관련 법규가 명확하다. 개 주인이 책임을 져야 한다. 하지만 인공지능의 경우에는 현재까지 법정에 설 주체가 코드인지 코드를 작성한 사람인지 명확하지 않다. 영국 정부의 수석 과학 자문인 마크 월포트 경Sir Mark Walport은 인간 프로그래머가 프로그래밍의 결과를 철저히 책임지는 방법도 하나의 해결책이지만 그렇게 되면 책임이 막중해서 누구도 공익을 위한 알고리즘을 만드는 위험을 감수하지 않을 테고, 우리는 기계 학습의 혜택을 누리지 못하게 될 수도 있다고 보았다. 이제 우리는 인공지능에 관한 히포크라테스 선서가 필요한 알고리즘 윤리 시대에 들어섰다.[40] 알고리즘의 도덕적 기준은 결국 비논리적인 인간보다 높아질 것이다.

MIT와 오리건 대학교와 툴루즈 경제대학의 연구자들은 사람마다 자율주행차가 어떤 도덕적 결정을 내리길 바라는지 알아보는 데 관심이 있었다. 연구자들은 다양한 상황을 제시한 결과, 참가자들이 이론적으로는 자율주행차에 공리주의적 사고방식을 설정해서 다수보다는 한 사람을 희생시키는 결정을 내리기 바라는 것으로 나타났다. 참가자 1,928명 중 3분의 1 이상이 제조사가 자동차의 '윤리'를 공리주의적으로 설정하지 않을 거라고 생각한다고 응답했다. 어떤 희생을 치르더라도 차주와 차에 탄 승객을 보호하도록 윤리를 설정할 거라고 믿는다는 뜻이다.

무엇보다도 흥미로운 결과는 개인의 선택에 관한 부분이다. 대다수의 참가자가 남들은 공익을 우선하는 자율주행차를 구입하기를 바라면서도 특수한 상황에서 자기를 희생시키도록 설정된 차를 구입하겠냐는 질문에 선뜻 답하지 못했다.[41] 〈워싱턴포스트〉의 편집자인 맷 맥파랜드Matt McFarland는 이렇게 적었다. "사람들은 기계가 인간을 죽일 수 있다는 가정에 두려워하고, 전차 문제 같은 딜레마 앞에서 난처해한다. 하지만 철저히 합리적으로 생각해보면 기계에 의해 죽는 사람은 1,000만 명 중 1명인 데 비해 인간에 의해 죽는 사람은 10만 명 중 1명이다. 자율주행차가 훨씬 안전할 수도 있지만 사람들은 본능적으로 기계에 의한 죽음에 실질적인 공포를 느끼기 때문에 이런 수치를 객관적으로 받아들이지 않는다."[42]

규제가 통과되려면 프로그래머와 제조사가 인간 운전자보다 신뢰할 수 있는 자율주행차를 설계해서 사고와 사망자의 수를 큰 폭으로 줄여야 할 것이다. 사실 기준이 그렇게 높지 않을 수도 있다. 우선 자율주행차는 도로에서 문자를 보내거나 음주운전을 하거나 산만해질 염려가 없다. 이런 기준으로만 판단한다면 다시는 인간 운전자를 믿지 않아도 될 수 있다. 나는 우리 아이들이 운전을 배울 일이 없을 거라고 생각한다. 승마처럼 운전도 취미가 될 것이다. 언젠가는 사람이 직접 운전하려면 특별 허가를 받아야 할 날이 올 수도 있다. 그때가 되면 인간 운전자가 자율주행차에 탄 사람들에게 위협이 될 것이다.

기계에 대한 신뢰는 갈수록 높아져 인간보다 기계를 훨씬 더 신뢰하는 경우도 생길 것이다.

나아가 다음 세대는 가정과 학교와 병원과 연애를 자율 에이전트가 대신 결정해주는 시대에서 자랄지도 모른다. 이들은 "어떻게 로봇을 신뢰할까?"가 아니라 "우리가 로봇을 지나치게 신뢰하는 걸까?"라고 묻게될 것이다. 시스템을 충분히 믿지 않아서 문제가 아니라 지나치게 믿어서 위험해질 수도 있다.

로봇의 과잉 복종도 문제다. 로봇은 인간에게 피해를 주거나 불법적인 행위를 지시하는 인간의 명령에 무조건 따르지 않고 "싫다"라고 말하는 기능을 갖추어야 한다. 나는 내 아들 잭이 가정용 로봇에게 여동생의 머리에 공을 던지라고 시키는 것을 원하지 않는다. 공을 던져도 될 때는 언제이고(공 던지기 놀이를 하는 아이에게 공을 던지는 경우), 공을 던지면 안 될 때는 언제인지 로봇이 어떻게 알까? 인간 주인을 믿으면 안 되는 때를 로봇은 어떻게 판단할까? 터프츠 대학교의 인지과학 및 컴퓨터과학 교수인 마티아스 슈츠Matthias Scheutz의 말에 따르면 그것은 상황에 따라 다르다. 로봇은 스스로 행위의 결과를 고민할 뿐 아니라 지시를 내리는 인간의 의도까지 파악해야 한다.[43]

그 밖에도 로봇이 자신의 한계를 이해할 수 있을까? 미세하고 안정적인 '손'으로 환자의 몸속을 조심스럽게 파고드는 수술실의 수술용 로봇을 생각해보자. 12시간 걸리는 복잡한 심장 수술에서 로봇이 맡은 시간은 다섯 시간이다. 수술대의 환자는 여섯 살짜리 여자아이다. 로봇은 문제를 복잡하게 만드는 이상한 점을 발견한다. 다음에 무엇을 해야 할지 100퍼센트 확신하지 못한다. 이때 로봇은 우리에게 "다음에 뭘 해야 할지 확실하지 않습니다"라거나 심지어 "뭘 해야 할지 모르겠어요. 당신(의사)이 도와줄 수 있습니까?"라고 말해야한다. 역설적으로 로봇의 사소한 겸손은 훨씬 큰 신뢰를 만들어낸다.

케이브는 이렇게 말했다. "자기 한계를 알려주는 시스템도 필요하지만 한편으로는 관계의 나머지 절반으로서 우리도 시스템의 말을 들을 준비가 되어 있어야 합니다. 기계의 역할이 정확히 무엇이고, 능력의 한계는 어디까지이며, 우리가 나설 때가 언제인지 판단할 수 있는 정교한 감각을 길러야 합니다." 기계에 과도하게 의지하는 우리의 타고난 성향 때문에 무척 어려운 문제가 될 것이다.

결국 로봇이 신뢰성 있고 적절히 행동하게 만드는 책임은 인간에게 있다. 그리고 계속 인간이 책임질 수 있는 상황이 이어질지의 여부는 호킹 같은 과학자의 말이 옳다면, 또 하나의 골치 아픈 질문이 될 것이다.

WHO CAN YOU
TRUST

9장

블록체인 I :
디지털 골드러시

신뢰의 영역에서 볼 때 비트코인은 왜 중요할까? 인류 역사에서 최초로 누가 무엇을 소유하는지 기록하면서 어느 한 개인이나 제3자가 통제하거나 보증하는 방식이 아니라, 모두가 기록의 정확성에 동의하는 영구 공공 기록을 생성할 수 있게 되었기 때문이다.

▎ 원시적 형태의 비트코인, '페이'

필리핀에서 약 1,700킬로미터 떨어진 태평양 남부의 드넓은 바다에 얍Yap이라는 작은 섬이 있다. 에메랄드빛 얕은 석호와 긴 산호초로 둘러싸인 이 섬은 다이버들의 천국이다. 잔잔하고 깨끗한 바다, 아름다운 만타가오리가 유유히 떠다니는 옆에서 함께 헤엄칠 수 있는, 세계에서 몇 안 되는 곳이다.

'금단의 섬'으로 불리는 이곳 사람들은 활기찬 전통과 온화한 토착 문화에 자부심을 느낀다. 여자들은 맨 가슴을 드러내고 풀잎을 엮어 만든 치마만 두른 채 돌아다니고, 코코넛오일과 강황을 섞어 몸에 바른다. 남자들은 붉은 샅바만 걸치고 나무줄기로 짠 가방에 빈랑나무 열매 혼합물(라임과 섞어서 씹는 마약)을 넣고 다닌다. 얍의 모든 일상은 '섬의 시간'에 머문다. 그런데 이 섬은 아름다운 자연과 특유의 역사가 아닌 다른 것으로 유명하다. 바로 이 섬에서 사용하는 '페이fei'(혹은 '라이rai')라는 원시적인 형태의 비트코인, 고대 돌 화폐다.

1903년에 미국의 인류학자 윌리엄 헨리 퍼니스 3세William Henry Furness III는 얍에서 몇 달간 지내면서 섬사람들의 화폐 제도에 관한 흥미로운 기록을 남겼다.[1] 1000~1400년 사이 언젠가 얍 사람들은 대나무 카누를 타고 고기잡이에 나섰다. 별자리로 항로를 찾아서 얍에서 400킬로미터 정도 떨어진 팔라우 제도에 도착했다. 그리고 그곳에서 번쩍이는 석회석 동굴을 처음 보았다. 이들은 조개껍데기로 만든 간단한 도구로 석회암을 캐서 얍으로 돌아왔다. 섬사람들은 아름다운 반투명한 돌을 진귀한 물건으로 여겼다. 이후 더 큰 돌을 캐기 위해 팔라우 제도로 향하는 항해가 수백 차례 이어졌다.

석회석은 얍에서 화폐가 되어 딸의 결혼 지참금 같은 중요한 일에 사용됐다. 크고 둥근 원반 가운데 구멍이 뚫린 도넛 모양의 이 돌화폐는 세계에서 가장 크고 무거운 화폐다. 직경이 4미터 가까이 되고 하나의 무게가 4,500킬로그램 정도 나가는 등 웬만한 자동차보다 큰 돈도 있다.[2] 마을 사람들은 페이를 집 앞에 당당히 내놓고 일종의 옥외 은행을 만들었다. 작가 존 란체스터John Lanchester는 〈런던 리뷰 오브 북스London Review of Books〉에 기고한 기사에서 돈의 역사를 다루면서 이렇게 적었다. "페이의 가장 큰 장점은 얍 섬에는 석회석이 나지 않아 위조가 불가능하다는 점이다. 페이는 희귀하고 구하기 어려워서 그 가치를 상실하지 않는다."[3] 페이 한 개의 정확한 가치는 크기와 그것을 만든 솜씨에 따라 달라지지만 출처에 따라서도 달라졌다. 아웃트리거 카누(아웃트리거를 선체에 부착해서 안정시키는 통나무배─옮긴이)라는 좁고 허술해 보이는 통나무배에 페이를 실어 나르는 과정은 몹시 위험했다. 간혹 뱃사람들이 항해 중에 목숨을 잃기도 했는데 뱃사람이 죽으면 페이의 가치는 더 상승했다.

돌이 너무 커서 성인 남자 20명 이상 붙어서 거대한 나무 막대를 이용해야 옮길 수 있는 경우도 있었다. 이런 막대한 노고와 돌이 손상되는 위험을 피하기 위해 섬사람들은 페이를 원래 자리에 그냥 두기로 했다. 이렇듯 페이는 크고 무거운 속성상 물리적으로 옮기지 않고도 소유권을 바꿀 수 있었다. 예를 들어, 어느 집 앞의 페이가 멀리 떨어진 다른 마을에 사는 다른 사람의 소유일 수도 있었다. 섬사람들이 페이의 소유권이 다른 사람에게 있다는 사실에 동의하기만 하면 됐다. 즉 소유권은 집단의 기록, 공동체의 마음에 있었다.

"나의 진실한 친구인 파투막이 어느 날 내게 근처 마을에 누가 봐도 부자인 집안이 있는데 아무도, 심지어 그 집안 사람들도 재산을 직접 보거나 만진 적이 없다는 이야기를 들려주었다." 윌리엄 퍼니스의 글이다. 그의 기록에 따르면 어느 날 배가 팔라우 제도에서 돌아오는 길에 풍랑을 만났다. 뱃사람들은 살기 위해 거대한 돌을 실은 뗏목을 끊어내야 했고 돌은 바다 밑바닥에 가라앉았다. 섬사람들은 두 번 다시 그 돌을 볼 수 없게 되었지만, 돌의 가치는 떨어지지 않았다. 오히려 가치가 더 올라갔다. 퍼니스는 이렇게 설명했다. "그 돌의 구매력은 주인의 집 앞에 잘 보이게 나와 있을 때만큼 여전히 유효했다."[4] 바다 속 수 킬로미터 아래 닿을 수 없는 밑바닥에 떨어졌지만 돌 화폐의 가치에 대한 섬사람들의 믿음이 이렇게 크다는 것이 놀라울 따름이다. 그리고 이것이 바로 신뢰다.

얍 섬은 오래전부터 경제학자들의 관심을 받았다. '돈이란 무엇인가'라는 근본적인 물음의 답을 찾는 데 도움이 되기 때문이다. 1991년 미국의 노벨 경제학상 수상자인 밀턴 프리드먼Milton Friedman은 '돌 화폐 섬'에 관한 글을 썼다. 그는 얍의 화폐제도를 금본위제에 비유 했다. 프리드먼은 '신화'와 '화폐의 실체에 대한 확고한 믿음'의 중요 성을 강조했다. 사람들이 가치를 신뢰하기만 하면 종이든 동전이든 조개껍데기든 구슬이든 돌이든 그 무엇이든 돈이 될 수 있다. 프리드 먼은 이렇게 적었다. "우리의 재산으로 간주되는 항목의 존재를 문 자 그대로 직접 확신하는 사람이 얼마나 될까? 은행 계좌의 내역, 주 식이라는 종잇조각으로 인증된 재산 등등."[5]

돌 화폐 페이는 단순하고 다루기 불편하지만, 혁신적인 기술을 의 미했다. 페이는 얍 사람들이 가치를 저장하고 물건값을 치르고 계산 의 단위를 보유하는 방식, 곧 돈의 세 가지 기본 기능에 변화를 일으 켰다. 페이는 물리적 원장元帳으로서 지불과 신용을 추적하는 새로 운 방식이었다. 실제 '돈'은 페이 그 자체가 아니라 누가 페이를 소유 하는지에 관한 집단의 합의였다.

| 대안으로 등장한 디지털 화폐

2006년 전 세계 돈의 총액을 가치로 추산한 결과, 473조 달러라는 액수가 나왔다. 지구의 인구를 70억으로 계산하면 1인당 4만 5,000 파운드 정도 돌아가는 금액이다.[6] 이중 10퍼센트 미만만 실제로 금고 와 지갑에 들어 있는 지폐와 동전 같은 물리적 화폐다. 나머지 90퍼 센트는 금융 기록과 계정의 전자 차변과 대변 항목으로 존재한다. 항공 마일리지나 슈퍼마켓 적립금처럼 물리적 형태로 존재하지 않는 자산도 있다. 이런 경우, 대개 원장에서 이동하는 숫자를 '돈'이라고 부르고, 돈을 쓰려면 여러 중개인(은행이나 페이팔이나 신용카드 회사)을 거쳐야 한다.

1397년 조반니 디 비치 데 메디치Giovanni di Bicci de' Medici가 메디치 은행을 설립한 이래 현재까지 은행제도의 기본 전제는 크게 달라지지 않았다. 메디치 가문은 복식부기 회계 방법을 개발해 **노스트로**nostro와 **보스트로**vostro(곧 '우리의 것'과 '당신들의 것') 계정의 차변과 대변을 한곳에 모으고 은행에 중개인 역할을 맡겼다. 1494년 프란체스코교단의 수도승이자 수학자이며, 마술사이자 레오나르도 다빈치의 친구인 프라 루카 바르톨로메오 드 파치올리Fra Luca Bartolomeo de Pacioli는 복식부기 회계의 '이탈리아 방법'을 최초로 설명한 기록을 남겼다. '회계의 아버지'로 불리는 그는 차변과 대변을 맞추기 전에는 잠도 자지 말아야 한다고 경고했다. 이 제도는 가히 혁명적인 방법으로, 이후 자본주의의 번영을 이끌었다.[7]

시간을 빨리 돌려서 2008년으로 와보자. 세계 금융위기가 심각해지면서 기존 금융제도에 대한 환멸이 광범위하게 확산됐다. 은행과 정부의 금융제도를 믿고 돈을 맡겨도 될까? 거래를 중재하는 다른 방법, 이를테면 은행이 중간에서 크게 떼어가는 몫을 없앨 방법이 있을까? 금융위기로 수백만 명이 집과 일자리와 생계 수단을 잃는 와중에 나카모토 사토시로 알려진 수수께끼의 사람(사람들)이 돈을 정부와 은행의 통제에서 해방시킬 방법을 모색했다.

모든 것은 2008년 10월 서른일곱 살의 일본인 남성이라고 주장하는 사토시가 완벽한 영어로 작성한 500자 분량의 논문을 무명의 암호 방식 메일링 리스트에 공개하면서 시작됐다. 〈비트코인: 개인간 전자화폐 시스템Bitcoin: A Peer-to-Peer Electronic Cash System〉이라는 제목의 이 논문에서는 기존 신용화폐(유로, 미국 달러, 기타 다수의 세계 주요 화폐를 말한다. 지폐에는 금이나 은처럼 내재가치가 없다. 지폐가 통용되는 이유는 정부가 법정화폐로 공인하기 때문이다. 다시 말해서 **신용화폐**는 화폐를 발행하는 정부가 화폐의 가치를 보장하는 것이다)가 현재 안고 있는 위험을 설명하면서 특히 한 가지 문제를 지적했다. "기존 화폐의 본질적인 문제는 화폐가 통용되는 데 필요한 신뢰에 있다. 중앙은행이 화폐 가치를 떨어뜨리지 않을 거라고 믿을 수 있어야 하는데, 사실 신용화폐의 역사는 신뢰를 깨트린 사건으로 점철되어 있다."[8] "은행이 우리가 맡긴 돈을 보관하고 전자 방식으로 돈을 이체할 거라고 신뢰해야 하지만 실제로 은행은 신용 거품의 여파로 준비금을 약간 남기고 나머지는 모두 대출해준다. 게다가 우리는 은행에 개인정보를 넘기면서 신용정보 도둑들이 우리 계정을 빼돌리지 못하게 은행이 막아줄 거라고 믿어야 한다."[9]

이 논문의 주된 목적은 대안을 제안하는 데 있었다. 바로 비트코인이라는 새로운 디지털 화폐를 설계하는 방법이었다. 비트코인은 높은 기대 속에서 탄생한 만큼, 사토시가 논문에서 지적한 여러 가지 신뢰 문제를 해결할 것으로 기대됐다. 하지만 늘 그렇듯 이 대안도 시간이 갈수록 자체적으로 문제가 발생하기 시작했다.

2009년 1월 3일 저녁, 사토시는 버튼 하나를 눌러서 이른바 '제네시스 블록Genesis Block'이라는 최초의 비트코인 50개를 발행했다. 실제 동전이나 지폐가 아니라 3만 1,000줄의 코드를 발행한 것이다. 일주일 후 할 피니Hal Finney는 사토시가 알려준 대로 비트코인 전자지갑을 설치하고 사토시가 보낸 최초의 비트코인 열 개를 받았다.

얍 섬의 거대한 돌 화폐 페이처럼 비트코인은 물리적으로 이동하지 않은 채 거래된다. '코인'은 디지털 토큰으로, 한 이용자의 주소에서 다른 이용자의 주소로 이동시켜 '코인'의 소유권을 이전시킬 수 있다. 코인은 현실의 신분과 연결되지 않는 지갑 ID(공개 키public keys 라고도 한다)로만 식별되고, 모든 거래가 기록되지만 임의의 숫자 배열로 암호화된다. 이를테면 12c6TSU4Tq3p4xzziKzL5BrJKLXFTX 와 같은 식이다. 계정의 주인을 추적하는 것이 불가능하지는 않지만 매우 까다롭다. 불법적인 물건이 거래되는 다크넷 시장이나 범죄자들의 돈세탁용으로 애용되는 건 당연한 결과다.

그런데 잘 알려져 있다시피 비트코인으로 처음 거래된 '실제' 물건은 마약이 아니라 피자였다. 2010년 5월 22일, 플로리다의 라즐로 한예츠Laszlo Hanyecz라는 컴퓨터 프로그래머가 친구에게 비트코인 1만 개를 줄 테니 파파존스 피자 두 판을 시켜달라고 했다. 한예츠는 〈뉴욕타임스〉에 이렇게 밝혔다. "그때만 해도 비트코인은 아무런 가치도 지니지 않았습니다. 비트코인을 주고 피자를 사 먹는다는 건 아주 근사한 일이었어요."[10] 그러나 시대가 바뀌었다. 2017년 7월 환율로 비트코인 한 개의 가치는 2,320달러에 달한다. 당시 비트코인 환율로 환산해보면 한예츠는 피자 한 판에 900만 달러 이상을 지불한 셈이다. 지금은 비트코인으로 익스피디아Expedia에서 항공권을 구입하거나 온라인 플라워숍 1-800-FLOWERS에서 선물을 살 수 있고 자동차를 구입할 수도 있다.

최초로 선보인 이후 비트코인 가격은 롤러코스터처럼 오르내렸다. 비트코인의 가치가 정해지는 기준은 현재 원장을 거치는 비트코인 결제의 용량과 속도뿐만 아니라 미래의 추정 사용량에 근거한다. FBI가 다크넷 시장의 실크로드를 압수한 사건과 비트코인 거래소인 마운트곡스MT. GOX('Magic The Gathering Online Exchange'의 앞글자를 따서 만든 명칭)가 자체적으로 붕괴한 사건의 여파로 비트코인 시스템의 안전성과 익명성에 대한 신뢰에 금이 갔다. 이 같은 사건으로 비트코인의 가치는 추락했으나 얼마 지나지 않아 다시 상승하기 시작했다. 특히 2017년 1월에 인도와 베네수엘라에서 외환위기가 일어났을 때 비트코인 가치가 크게 상승하는 모습을 보였다.[11] 역사적으로도 거듭 확인할 수 있듯, 사람들은 혼돈과 불확실성의 시대에 암호화폐를 비롯한 새로운 대안을 보다 열린 자세로 받아들이는 경향이 있다. 하지만 역시나 새로운 제도의 중심에서는 신뢰에 관한 질문이 제기된다.

▌ 지워지지 않는 발자국, 블록체인

그런데 월스트리트의 중앙권력을 무너뜨리려고 시도한 최초의 인물은 사토시가 아니다. 1990년대 이래 사이퍼펑크cypherpunk(사이퍼펑크는 강력한 암호화 알고리즘(암호 방식)을 사용해 개인정보와 개인 거래를 보호하는 방법을 지지하는 활동가들이다)는 웨이 다이Wei Dai가 개발한 화폐 비머니B-Money로 시행착오를 겪었다. 웨이 다이는 1998년에 발표한 논문에서 자신이 개발한 방법을 '익명의 분산적 전자화폐 시스템'이라고 소개했다.[12] 이외에도 가치를 직접 교환할 수 있는 온라인 화폐를 개발한 시도로는 데이비드 차움David Chaum의 전자화폐와 스테판 브랜즈Stefan Brands의 전자화폐 시스템, 닉 재보Nick Szabo의 비트골드bit gold가 있다.[13] 그런데 온라인 화폐를 도입하는 데 있어서는 이중 지불 문제라는 실질적인 문제가 제기된다. 가령 내 지갑에 5파운드짜리 지폐가 한 장 있다면 나는 같은 지폐를 두 사람에게 줄 수 없다. 금괴도 마찬가지다. 일단 내가 당신에게 금괴를 준다면 금괴는 명백히 당신 소유가 된다. 하지만 디지털 데이터 화폐는 코드를 복사해서 원하는 만큼 여러 번 '지출'할 수 있지 않을까? 내가 아이들의 디지털 사진을 부모님에게 이메일로 전송하는 것처럼 말이다. 부모님도 복제한 사진을 가지고 있지만 나한테도 복제한 사진이 있다. 우리가 소유한 돈을 인쇄할 수 있는 것이나 마찬가지다. 이 문제를 어떻게 해결해야 할까? 이와 관련, 사토시는 **블록체인**blockchain이라는 독창적인 방법을 개발했다.

블록체인은 거대한 공유 디지털 원장으로 인터넷에 접속하면 누구나 볼 수 있다. 직접 확인해보고 싶으면 'https://blockchain.info'에 들어가보라. 2009년에 시작된 이후 약 1억 9,000만 번 이상의 비트코인 거래가 이뤄졌는데, 그때마다 블록체인에 거래 내역이 공개적으로 기록되고 생성 시간이 찍혔다.[14] 블록체인은 실시간으로 계속 돌아가면서 자산이 레지스터의 한 위치에서 다른 위치로 이동할 때마다 추적해서 기록을 보관한다. 분산원장이 전 세계 5,500대 이

블록체인의 존재 이유

공유 분산원장

P2P(중앙기관 없음)

기록의 비가역성

투명성과 유사 익명성

상의 컴퓨터(노드node라고 한다)에 복제되어 **변경 불가능한 기록**이 생성되는 것이다.[15] 네트워크상의 누구나 공유 원장 사본을 보관할 수 있고 모든 사본은 동일하게 유지된다.

원장 기록은 임의로 변경하거나 조작하거나 삭제할 수 없다. 그야말로 영구 기억 장치다. 앤드루 오헤이건Andrew O'Hagan은 정체불명의 천재 사토시에 대해 쓴 〈사토시 사건The Satoshi Affair〉이라는 글에서 이렇게 밝혔다. "분산원장은 복수의 이용자 사이에 공유되는 데이터베이스로, 네트워크에 참여하는 모든 사람이 동일한 데이터베이스 사본을 보유한다. 원장에 대한 추가나 변경이 모든 사본에 고스란히 반영된다."[16]

그러면 신뢰의 영역에서 볼 때 비트코인은 왜 중요할까? 인류 역사에서 최초로 누가 무엇을 소유하는지 기록하면서 어느 한 개인이나 제3자가 통제하거나 보증하는 방식이 아니라, 모두가 기록의 정확성에 동의하는 영구 공공 기록을 생성할 수 있게 되었기 때문이다.

한편, 비트코인의 창시자인 사토시의 정체와 행적은 여전히 뜨거운 논란거리다. 2016년 5월에 마흔다섯 살의 오스트레일리아인 크레이그 스티븐 라이트Craig Steven Wright가 자신이 비트코인을 개발했다고 주장했다. 하지만 라이트는 사토시만 보유할 수 있는 최초의 제네시스 블록의 암호 키를 가지고 있다고 제대로 입증하지 못했다. 사토시가 헝가리계 미국인 은둔자인 닉 재보라고 믿는 사람들도 있지만 재보는 이를 극구 부인했다. 나를 비롯한 일각에서는 사토시는 한 개인이 아니라 기발한 코드를 개발한 명석한 수학자와 컴퓨터 과학자 집단이 만든 ID라고 생각한다.

비트코인을 화폐처럼 통용시키기 위해 사토시가 해결해야 할 몇 가지 문제가 있었다. 첫 번째는 비트코인을 처음 세상에 내놓는 문제였다. 사토시가 모든 화폐를 '소유'할 수는 없었다. 그러면 그에게 막강한 권력이 돌아가고, 이는 비트코인의 탈중심 이념에 위배되기 때문이다. 그러면 돈을 누구에게 줘야 할까? 외환위기로 극심한 공황 상태에 빠진 키프로스 국민이나 팀 버너스 리Tim Berners-Lee(월드와이드웹www의 창시자) 같은 인터넷 유명인사들에게 줘야 할까? 사토시는 가장 공정한 방법으로 전 세계에서 원장을 유지하기 위해 공동의 노력을 기울이는 사람들에게 비트코인을 인센티브로 나눠주기로 했다. 이런 사람들을 '채굴자miner'라고 한다. 이들 중 일부는 네트워크 엔진이 계속 돌아가게 만들기 위해 가상의 증인 역할에 몰두한다. 채굴자가 없으면 비트코인 엔진은 멈출 수밖에 없다.

2011년 초, 이푸 구오Yifu Guo의 RSS 뉴스피드에 비트코인 관련 기사가 떴다. 당시 구오는 뉴욕 대학교에서 디지털 미디어를 전공한 20대 중반의 젊은 중국계 이민자였다. 구오는 〈마더보드Motherboard〉 와의 인터뷰에서 이렇게 말했다. "저도 이게 어리석은 짓이라고 생각한 적이 있어요. 절대로 잘될 것 같지 않았거든요. 그래도 꾸준히 관심을 가진 이유는 오픈소스이기 때문이었어요. 며칠 더 조사하고 고민한 끝에 합법적인 방법이라는 결론에 이르렀습니다."[17] 앞으로 소개하겠지만 이후 구오는 성공한 비트코인 사업가 중 한 사람이다.

구오의 뉴스피드에 뜬 기사는 아무리 작은 거래라도 모든 비트코인 거래에서 시행착오를 거치며 풀어야 할 난해한 수학 문제(**작업 증명 계산**proof-of-work calculation이라고 부른다)가 포함되는 기제에 관해 설명하는 내용이다. 수학 문제는 거래의 합법성을 보여주는 증거다. 중앙은행에서 관리하던 거래 청산의 책임은 이제 비트코인 네트워크의 수많은 채굴자와 수천 대의 컴퓨터로 분산된다. 신뢰가 공유되는 것이다.

예를 들어, 매사추세츠주에서 그래스힐 알파카를 소유한 농부로서 울 양말을 팔면서 세계 최초로 비트코인을 받은 상인들 중 한 사람인 데이비드 포스터에게 내가 비트코인을 지불하고 싶다고 해보자. 포스터는 우선 내 전자지갑의 비트코인이 진짜인지 확인하고 싶을 것이다. 이 과정에 채굴자들의 거대한 P2P 네트워크가 개입한다. 이들의 컴퓨터 중 한 대에 우리의 거래가 합법적이라는 증거가 있으면 결제 정보(용량, 시간, 지갑 주소)가 10분 주기로 묶이는 거래 묶음인 **블록**block으로 블록체인에 추가된다(예를 들어, 2017-04-12 06:19:53에 블록체인에 추가된 마지막 블록에는 1,322가지 거래에서 총 7,583개의 비트코인이 전송된 내역이 들어 있다). 내가 포스터에게 결제한 내역이 확인되는 것이다. 블록은 무작위로 보이는 기다란 문자와 숫자의 배열인 **해시** hash 형태로 저장된다(이를테면 0000000000000000017f62231a5206f8333 c9f873oc96f605cf44ddfo3e8af93). 블록마다 이전 블록의 해시가 포함되어 블록과 블록을 연결해준다. 그래서 블록체인이라는 이름이 붙었다.

비영리재단인 비트코인재단Bitcoin Foundation의 수석 과학자이자 많은 사람에게 '수석' 비트코인 개발자로 인정받는 개빈 안드레센 Gavin Andresen은 이렇게 말했다. "채굴자들은 거래의 공인 기록을 채굴하는 특권을 위해 다른 모든 채굴자와 경쟁한다. 경쟁에서 이기면 블록이 시작될 때 채굴자에게 비트코인이 보상으로 주어지는 특수한 거래가 발생한다."[18] 비트코인은 수학을 신봉한다. "우리는 증거를 믿는다." 구오는 이런 컴퓨터 경쟁에 뛰어들어 채굴자가 되기로 결심했다.

채굴은 암호 게임이나 복권과 비슷하다. 수학 문제를 푸는 디지털 자물쇠의 열쇠를 발견한 첫 번째 컴퓨터가 경쟁에서 이긴다. 복권과 마찬가지로 난이도는 채굴자가 많아질수록 어려워진다. 왜 그럴까? 이유는 알려지지 않았지만, 사토시는 비트코인 소프트웨어에 앞으로 풀릴 비트코인의 상한선을 2,100만 비트코인으로 정해놓았다. 2140년에는 이 상한선에 도달할 것으로 보인다. 그런데 문제를 푼 채굴자에게 돌아가는 보상이 4년마다 절반으로 줄어들도록 설정되어 있어서 비트코인의 회전은 점점 느려진다. 구오 같은 초창기 채굴

블록체인의 거래 과정

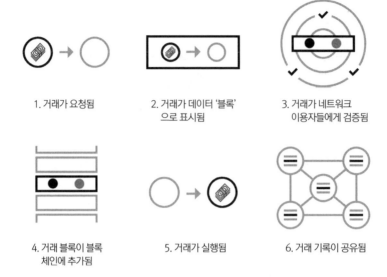

1. 거래가 요청됨

2. 거래가 데이터 '블록' 으로 표시됨

3. 거래가 네트워크 이용자들에게 검증됨

4. 거래 블록이 블록 체인에 추가됨

5. 거래가 실행됨

6. 거래 기록이 공유됨

자들은 거래 데이터 블록 하나를 채굴할 때마다 50비트코인을 보상으로 받았는데, 이후에는 절반으로 줄어서 25비트코인을 받았다. 마지막 '반감기halving'는 2016년 7월 9일로, 보상금은 2017년에 들어서 12.5비트코인으로 줄어들었다. 채굴자들이 이렇게 보상이 줄어드는 방식을 수용하는 이유는 사토시의 계획에 따라 코드에 기록된 데다 인플레이션을 방지하기 위한 장치라는 점을 이해하기 때문이다.

사토시는 기발한 장치를 하나 더 마련해놓았다. 수학 문제가 풀리는 속도에 따라 문제의 난이도가 조정되도록 시스템을 설정해놓아서 채굴자들의 속도를 늦추고 비트코인을 푸는 속도를 늦추려 했다. 하지만 사토시가 수학적 사고로 해결할 수 없는 두 가지가 있었다.

바로 시장의 힘과 인간의 탐욕이다(사토시 자신의 재산은 현재 100만 비트코인 혹은 현재 가치로 10억 달러에 이르는 것으로 추정된다).

디지털 화폐 비트코인의 산업화

구오는 초창기의 다른 채굴자들처럼 처음에는 비트코인의 유토피아적 이념에 열광했다. 새로운 종교를 찾은 것만 같았다. 구오는 직접 채굴한 비트코인을 대부분 보관하고 있다. 집세와 공과금을 내기 위해 몇 개만 팔아서 '진짜 돈'으로 바꾸었을 뿐이다. 똑똑한 학생이었던 구오는 비트코인이 인터넷판 19세기 골드러시가 될 것임을 재빠르게 직감한 사람 중 하나였다. 그리고 누구든 가장 빠른 컴퓨터를 보유하면 돈을 먼저 '발견'할 거라는 점도 간파했다.

구오는 2013년 1월에 대학을 그만두고 대학 친구 응장Ng Zhang과 함께 아발론Avalon이라는 회사를 설립했다. 아발론은 ASICapplication-specific integrated circuit(주문형 집적회로) 칩으로 컴퓨터 성능을 끌어올린 비트코인 채굴용 컴퓨터를 판매하는 최초의 기업들 중 하나다. 아발론 프로세서의 첫 물량은 출시된 지 15분 만에 1대당 1,200달러에 전 세계 채굴자들에게 모두 판매되었다. 최근에 한 고객은 이베이에서 구오의 컴퓨터를 2만 달러에 구입했다. 그런데 과연 그만한 가치가 있을까? 그 답은 시간이 말해줄 것이다. 앞으로 비트코인을 어떻게 평가하는지에 달려 있는 셈이다. 어쨌든 구오는 고군분투하던 괴짜에서 엄청난 부자가 되어 비트코인 백만장자 클럽에 들어갔다.

구오를 비롯한 초창기 채굴자들이 2011년 채굴을 시작했을 때는 상황이 지금보다 훨씬 수월했다. 기술적으로 평범한 노트북을 가진 수학 괴짜라면 누구나 소프트웨어를 다운받을 수 있었다. 현재는 이런 식의 접근이 사실상 불가능하다. 구오의 말처럼 한정된 비트코인에 대한 갈망이 커져서 경쟁이 치열한 거대한 사업이 된 것이다.

스웨덴 북부 보덴의 대규모 헬리콥터 격납고에 들어가면 아마존 서버 창고에 들어온 것 같은 기분이 든다. 헬리콥터가 10여 대는 들어갈 만큼 넓은 공간이다. 그 안에는 프로세서와 주문제작 컴퓨터가 줄줄이 늘어서 있고 4만 5,000대가 넘는 컴퓨터가 끊임없이 돌아가면서 수학 알고리즘을 풀고 있다.[19] 슈퍼컴퓨터(초고속 대용량 컴퓨터)에 과열 방지용으로 부착된 산업용 팬이 끊임없이 돌아가는 소리가 사방에서 요란하게 울린다. 세계 최대의 비트코인 채굴장 중 하나인 KnC 마인KnC Mine의 풍경이다.

비트코인은 자유주의적 이념에 기초하지만, 채굴 작업이 산업화되면서 경쟁이 불가피해지고 있다. 기자이자 작가인 폴 비그나Paul Vigna와 마이클 케이시Michael Casey는 《암호화폐의 시대The Age of Cryptocurrency》에서 이렇게 지적했다. "속도가 점점 빨라지고 많은 에너지를 필요로 하는 ASIC 장비가 시장에 나오면서 공급량이 유한한 비트코인을 확보하려는 채굴자들이 치열한 군비 경쟁을 벌이기 시작했다. 경쟁에서 이겨 수익을 올리는 유일한 방법은 데이터 센터 기반의 거대한 채굴장을 마련하는 것이다."[20]

비트코인 채굴 작업에는 막강한 컴퓨터 처리 능력만 필요한 게 아니다. 값싼 전기도 필요하다. 전기요금이 많이 나와서 집에서 대마초를 키운다는 혐의로 불시단속을 당한 채굴자도 있다. 마약단속국 요원은 황당해했다. "대마를 재배하는 줄 알았습니다. 그런데 가보니 무슨 사업하고 관련된 컴퓨터를 돌리고 있더군요. 그 집에서 컴퓨터 서버를 몇 개나 찾았는지 모릅니다."

세상일이 그렇듯이 권력을 개인에게 돌려주려는 야심찬 운동은 열정적인 지지자들의 차고에서 시작되지만 점차 가속도가 붙어서 결국 중앙권력에 독점당한다. 2014년 초 비트코인 채굴이 세계적인 산업으로 성장하면서 특히 한 국가가 산업을 주도했다. 값싼 전기요금과 값싼 노동력이 있는 나라, 바로 중국이다.

양쯔강 상류에서 갈라진 민장강의 푸른 강둑을 따라 가다 보면 세계에서 가장 오래된 관개시설이 나온다. 2,300년 전에 리빙李冰이 막대한 인력을 동원해서 농지에 물을 대고 범람을 막기 위해 이 관개시설을 건설했다. 이런 시설을 구축한 덕분에 쓰촨성은 중국 최대의 작물 생산량을 자랑하는 곡창지대가 되었다. 이 시설은 현재 '쓰촨의 보물'로 지정되어 문화유산으로 보호받고 있다.[21] 현재 이 강을 따라 20개 이상의 댐이 완공되었거나 건설 중일 만큼 이곳은 저렴한 수력 발전 중심지이기도 하다.[22] 이런 조건이 갖춰진 덕분에 강둑을 따라 늘어선 마을과 특히 캉딘 지역은 서양의 다른 어느 곳보다 거대한 데이터 허브로 변모하고 있다. 잠들지 않는 비트코인 경제의 숨은 허브로 발전하고 있는 것이다.

밤낮으로 돌아가는 채굴장에는 소도시 하나에 들어갈 만한 메가와트급 전력이 사용된다. 하드웨어 관리자들은 이곳에서 먹고 자고 일한다. 이곳의 건물들은 간판조차 달지 않은 채 철저히 비밀을 유지한다. 쓰촨성 어딘가에서 이름 모를 채굴장을 운영하는 젊은 CEO 주레이Zhu Rei는 이렇게 말했다. "사람들은 비트코인 채굴장이 어디에 있는지 모릅니다. 중국에서는 비트코인 채굴에 뛰어드는 사람이 급격히 늘어나면서 경쟁이 치열해지고 있습니다. 그러니 운좋게 이런 곳에, 그러니까 전기요금이 아주 싼 곳에 들어왔으면 그냥 입 닫고 있어야 하는 거죠."[23]

디스커스피시DiscusFish와 앤트풀Antpool처럼 수익성이 좋은 채굴장에서는 한 달에 수천 개의 비트코인을 채굴한다. 구오는 〈이코노미스트〉에서 채굴이 몇몇 국가에 집중될까 봐 우려된다고 말했다.[24] 사실 비트코인 네트워크 거래 중 70퍼센트가 유력 채굴 집단인 네 곳의 중국 기업에 의해 발생하는 것으로 추산된다.[25]

▌ 새로운 산업도 신뢰를 요구한다

2011년 4월 28일, 사토시는 거짓말처럼 사라졌다. 그가 개빈 앤더슨Gavin Andresen에게 보낸 마지막 이메일에는 이렇게 적혀 있었다. "저는 다른 데로 옮겼습니다. 개빈과 다른 분들께 모두 맡기고 떠납니다." 이 전설적인 설립자는 왜 다른 곳으로 옮겼고, 현재 무슨 일을 하고 있으며, 왜 앞으로 돌아오지 않을 생각인지 설명하지 않았다. 사토시는 우리가 모르는 뭔가를 아는 걸까?

비트코인이 거대한 사업 기회로 변모했다는 점에서 우리는 비트코인 시스템을 얼마나 신뢰할 수 있을까? 사토시는 2009년 논문에서 이 시스템에 관해 설명했다. "철저히 분산된 시스템, 중앙 서버나 신뢰할 만한 주체가 없는 시스템이다. 모든 과정은 신뢰가 아니라 암호화된 증거에 기반을 둔다."[26] 우리는 은행 같은 제3의 기관을 신뢰하지 않고도 비트코인 시스템의 수학을 신뢰할 수 있다. 나름대로 괜찮은 방식이기는 하지만 암호 방식의 알고리즘과 해시 함수와 산업화된 채굴 과정은 대다수의 사람들에게 거대한 신뢰 도약을 요구한다. 그런데 이 모든 것이 익명의 개발자(사토시)에 의해 설계되었고, 이제 그는 사라져버린 상태다.

비트코인 시스템을 해킹해서 얻는 보상은 막대하다. 수십억 달러에 달하는 비트코인이 보상으로 주어진다. 하지만 결코 쉬운 일이 아니다. 기술적으로 비트코인 시스템을 해킹하려면 비트코인 네트워크 컴퓨팅 용량의 절반 이상을 언제든 제어할 수 있어야 한다. 다시 말해서 비트코인 네트워크 컴퓨터의 51퍼센트 이상을 동시에 속여야 한다. 비트코인 네트워크의 처리 능력은 전 세계 구글 서버팜 server farm(데이터를 편리하게 관리하기 위해 컴퓨팅 서버와 운영 시설을 모아놓은 곳 – 옮긴이)을 모두 합친 것보다 36만 배 강하다. 기술적으로 '51퍼센트 공격'은 비용도 많이 들고 불가능에 가까운 도전이긴 하지만 이론상으로는 가능하다. 사실 이 시스템이 폐쇄되기 전에 한번 시도해볼 만하다. 앞서 언급한 F2Pool이라고도 하는 디스커스피시는 2016년 5월 24일부터 6월 24일 사이에 단독으로 모든 블록의 26.3퍼센트를 채굴했다. 중국의 최대 규모 채굴장 몇몇이 힘을 합치면 어떻게 될까? 처리 능력이 막강해져서 비트코인 소프트웨어 변경에 대한 거부권을 행사할 수 있을지도 모른다. 생각해보면 무시무시한 일이다. 예를 들어 그들이 미국의 모든 거래 블록을 비트코인 시스템에 추가하지 못하게 막는다면 어떻게 되겠는가?

그뿐 아니라 사토시가 갑자기 나타나서 모든 것을 빼앗아가지 않으리라는 보장이 어디에 있는가? 다른 디지털 화폐가 비트코인을 압도해서 비트코인이 쓸모없어지지 않게 하려면 어떻게 해야 할까? 비트코인이 안전한 곳에 저장되어 있고 해킹이나 도난이나 사기로부터 안전할 거라고 어떻게 믿을 수 있을까? 이미 몇 건의 사건이 일어났다. 마운트곡스는 일본에 있는 최대 규모의 비트코인 거래소로, 마크 로버트 카펠레스Mark Robert Karpelés라는 프랑스인이 운영했다. 2014년 2월 28일 마운트곡스는 막대한 가치의 비트코인을 도난당한 후 파산을 신청하고 갑자기 문을 닫아버렸다. 5억 달러 상당의 비트코인 85만 개가 알 수 없는 이유로 계정에서 사라진 것이다. 그밖에도 비트플로어Bitfloor, 오즈코인Ozcoin, 비트피넥스Bitfinex에서도 도난 사건이 발생했다. FBI가 로스 울리히Ross Ulbricht와 실크로드가 보유한 비트코인 14만 4,000개를 압수한 사건도 있었다. 놀라운 반전인데, FBI는 압수한 비트코인을 경매에 올려서 비트코인의 가치뿐만 아니라 합법성도 인정해주었다.

그런데 비트코인은 도난당하더라도 법적 조치를 취할 수 없다. 사실 누구에게도(비트코인 전문가에게조차) 도움을 받을 수 없다. 비트코인은 익명으로 거래되기 때문이다. 다른 문제로 암호 방식의 **개인키** private key, 곧 디지털 지갑을 여는 숫자 배열을 분실하면 비트코인이 영원히 사라질 수 있다. 웨일즈에서 IT업계에 종사하는 제임스 호웰스James Howells가 실제로 겪은 일이다. 그는 2013년에 비트코인

7,500개를 잃어버린 사건으로 유명해졌다. 운명의 그날, 호웰스는 3년간 서랍에 넣어두었던 하드 드라이브를 쓰레기통에 버렸다. 그 안에 개인 키가 들어 있는 것을 깜빡했다. 현재 그 가치가 1,700만 달러가 넘는 비트코인이 매립지의 진흙과 쓰레기 더미 속에 깊이 파묻혀버린 것이다.[27]

게다가 정부가 암호화폐를 금지하고 불법화하지 않으리라는 보장이 어디에 있는가? 볼리비아 정부는 이미 그렇게 했다. 베트남도 2014년 2월에 그렇게 했다.[28] 방글라데시 중앙은행은 '중앙 결제 시스템'이 없다는 점을 우려해서 비트코인과 기타 디지털 통화를 거래한 사람에게 최대 징역 12년형을 선고했다. 비트코인의 문제는 기술에 있지 않다. 결국 신뢰의 문제다.

미국의 전 재무장관이자 하버드 대학교 교수인 래리 서머스Larry Summers는 비트코인이 '고객 알기'의 규칙도 없고 이전의 규칙도 없는 자유주의적 낙원을 만들 거라고 믿는 사람들에게 하고 싶은 말이 있다고 했다. "그런 날은 오지 않는다. 비트코인이 우리를 구제할 거라고 기대한다면 틀렸다." 그러나 블록체인 기술은 마찰을 줄이는 데 중요한 기술일까? 하는 물음에는 "물론 그렇다"라고 답했다.[29] 말하자면 디지털 화폐는 시작일 뿐이다. 진정한 혁신은 블록체인, 곧 근간에 존재하는 거대한 신뢰 구조에 있다.

2016년 11월 6일자 〈이코노미스트〉는 〈신뢰 장치: 비트코인 기술이 세계를 어떻게 변화시킬 수 있는가?〉를 표지기사로 실었다. 이 기사에서 블록체인은 "확신을 주는 거대한 체인"이라고 소개됐다. 신뢰성 있는 기록의 필요성은 모든 유형의 거래에서 중요하므로 블록체인 기술 그 자체가 암호화폐보다 훨씬 더 중요하다는 뜻이다. 공공 분산원장은 모든 자산을 이전할 때 신뢰할 만한 기록을 남길 가능성을 제공한다. 화폐든, 계약서든, 보통주나 채권 같은 주식이든, 증서든, 재산권이든, 노래 저작권이든, 신분증명서든 모든 자산에 적용할 수 있다. 〈이코노미스트〉 기사는 이렇게 설명했다. "블록체인을 통해 서로를 모르거나 신뢰할 수 없는 사람들이 누가 무엇을 소유하는지에 관해 모든 당사자가 동의해야 하는 기록을 생성할 방법을 찾을 수 있다. 진정한 혁신은 디지털 동전 자체가 아니라 그것을 만들어낸 신뢰 장치에 있다."[30]

1974년 12월, 빈튼 서프Vinton Cerf와 로버트 칸Robert Kahn은 혁신적인 전송제어프로토콜/인터넷프로토콜Transmission Control Protocol/ Internet Protocol, TCP/IP을 설계했다. 이것은 향후 우리가 소통하고 사업을 운영하는 방식을 변화시키는 인터넷의 기반이 되었다. 많은 사람이 2008년 10월 31일을 역사적인 날이라고 한다. 이날은 블록체인이 차세대 인터넷으로, 새로운 신뢰 네트워크로 출현한 날이다. 이 사건은 디지털 동전 이상의 훨씬 큰 무언가를 약속했다.

10장

블록체인 II :
진실 기계

지금 우리는 블록체인 기술의 1993년 즈음에 있다. 대다수 사람이 블록체인이 아직 무엇인지 잘 모르지만 앞으로 10년 정도 지나면 블록체인은 인터넷처럼 될 것이다. 블록체인 없이 세상이 어떻게 돌아갈지 상상도 할 수 없는 세상 말이다.

▌DAO 펀드 도난 사건

2016년 6월 17일 금요일 새벽, 정체 모를 도둑인지 도둑 떼인지가 6,000만 달러가 넘는 디지털 화폐를 훔쳤다.[1] 이들이 훔친 건 비트코인이 아니라 비트코인과 경쟁하는 암호화폐인 이더ether, 줄여서 이스eth였다.

온라인 '강탈'이 벌어지고 몇 시간 만에 경보가 울렸다. "비상경계!" 커뮤니티 관리자가 DAO 슬랙Slack 채널(슬랙은 팀이나 여러 사람이 대화를 나누기 위해 사용하는 대화 및 메시지 앱이다. 구체적인 주제별로 '채널'이 생성된다. Thedao.slack.com은 DAO 펀드 관련 채널이다)에 메시지를 올렸다. "DAO가 공격당하고 있습니다. 서너 시간 정도 계속됐습니다. 이더가 빠른 속도로 빠져나가고 있습니다. 이건 훈련 상황이 아닙니다." 채팅방 사람들은 "젠장", "어어" 같은 메시지를 올렸고 익명의 누군가는 "fire: :fire: :fire: :fire: 아무도 당황하지 마라 :fire: :fire: :fire: :fire:"라고 올렸다.[2] 누군가 잉글랜드은행에 폭탄을 설치한 것이나 마찬가지였다. 단지 이 경우에는 목표물이 특정 단체의 이름인 DAO였다. DAO는 분산자율조직Decentralized Autonomous Organization의 머리글자를 따서 만든 총칭이다.

DAO는 급진적인 사회 실험으로 시작되었다. 기업이 경영진이든 관리자든 이사회든 어떤 형태의 대표 없이 저절로 굴러갈 수 있을까? 스마트 컴퓨터 코드가 의사결정을 내리고 개인이 아니라 익명으로 조직을 운영할 수 있을까? 블록체인이 디지털 원장으로 모든 과정의 기저에 자리 잡을 수 있을까?

DAO 펀드daohub.org는 도난 사건이 발생하기 한 달 반 전인 4월 30일 크라우드펀딩으로 시작됐다. 공식 강령은 이랬다. "비즈니스 조직에서 구성원의 더 나은 삶을 위한 새로운 길을 비추기 위해 어디에나 동시에 존재하고 오직 난공불락인 코드의 확고한 의지로만 작동하기."

DAO 펀드를 벤처기업이라고 생각해보자. 클라이너 퍼킨스Kleiner Perkins라는 벤처기업이 크라우드펀딩 플랫폼인 킥스타터Kickstarter와 만난 셈이다. 다만 소수의 벤처 자본가나 어느 한 사람이 결정하는 방식이 아니다. 대표가 없고 설립자가 수천 명인 벤처기업(네트워크에 올라간 소프트웨어)이다.

DAO가 첫선을 보이자마자 쏟아진 관심은 DAO 펀드의 코드를 개발한 독일인 기술광 형제, 크리스토프와 시몬 엔츠쉬Christoph& Simon Jentizsch의 예상을 뛰어넘었다. 돈이 날마다 점점 더 쏟아져 들어왔다. 물론 그 돈은 파운드나 달러나 비트코인이 아니라 대안의 가상화폐 이더였다(이더에 관해서는 나중에 자세히 알아보겠다). 1만 1,000

여 명의 사람이 '크라우드 판매'로 한 달에 1억 5,000만 달러 상당의 금액을 투자했다.[3] 이는 역사상 최대 규모의 크라우드펀딩 시도로 알려졌다. 하지만 투자자들조차 일찍부터 이더의 운용에 관해 우려를 표명하고 외부에서는 이더에 투자가 쏟아지자 지배 구조 모형에 우려를 내비쳤다.

투자받은 모든 이더에 대해 투자에 비례해서 DAO 토큰이 발행된다. 이 토큰은 내부에서 화폐로 통용되어 스타트업의 중심인 투표권을 모든 투자자에게 부여했다(일반 주식과는 분명 다르다). 프랑스의 전기차 스타트업인 모보티크Mobotiq도 이더에 투자한 기업 중 하나였고, 옌츠쉬 형제의 기술 벤처인 슬록잇Slock.it도 이더의 투자자 중 하나였다.[4] 이더는 '군중의 지혜'로 설정되어서 과거처럼 투자자 네트워크에서 모든 결정을 내리지 못했다. 누적 투표를 가장 많이 받은 프로젝트에 자동으로 자금을 지원하도록 코드가 설계됐다. 이렇듯 분산적 성격을 지녔기 때문에 매도프 같은 사람이 나타나 돈을 모두 빼돌릴 수 없을 것으로 보였다. 그런데 현실은 계획대로 흘러가지 않았다.

DAO에서 무엇이 잘못되어 결국 파국으로 흘러갔는지 이해하려면 우선 블록체인 기술은 사토시가 개발한 비트코인 블록체인 하나만 있는 게 아니라 다양한 분산적 데이터베이스 플랫폼이 존재한다는 것을 알아야 한다. 신뢰 문제와 관련해서는 모든 시스템의 근본 원리가 비슷하다. 이용자가 거래를 확인해서 네트워크를 작동시키는 디지털 분산 공유 원장이 근간에 있다. 따라서 서로 신뢰하지 않거나 서로 모르는 사람끼리도 변호사나 회계사 같은 제3자를 통하지 않고 각종 자산을 거래할 수 있다.

따라서 블록체인은 법조계, 금융, 부동산, 언론, 지적재산권처럼 신뢰 문제를 해결하는 데 다층적이고 복잡한 과정이 얽히고 여러 '중개인'이 개입하는 업계에 방해가 될 수 있다. 인터넷 브라우저 넷스케이프를 만든 마크 안드레센Marc Andreessen은 이렇게 말했다. "실용적인 결과는 한 인터넷 이용자가 다른 인터넷 이용자에게 고유한 디지털 소유권을 넘기면서 안전하고 확실하게 이전될 것으로 보장받고, 모두가 이전된 사실을 인지하고 누구도 이전의 합법성에 이의를 제기하지 못하는 것이다. 이런 획기적인 방법의 결과는 아무리 과장해도 지나치지 않다."[5]

비트코인 블록체인을 시작으로 각기 다른 목적으로 다양한 분산원장 기술이 개발되고 있다. 이런 블록체인 중 하나가 스물세 살의 천재 프로그래머 비탈릭 부테린Vitalik Buterin이 만든 이더리움Ethereum이다. 부테린은 분산 자율 조직의 개념으로 이더리움을 운용하고 있다. 이와 관련해 부테린은 다음과 같이 설명했다. "일군의 사람들이 직접 소통하거나 법적 제도를 통해 재산을 지배하는 방식의 계층 구조가 있는 조직이 아니다. 분산 구조에서는 코드로 명시되고 블록체인에서 시행되는 규약에 따라 소통한다."[6] 다소 괴상한 논리인데 부테린을 포함한 어느 누구도 이런 논리가 실현되는 과정을 믿지 않았다.

이더리움에서 출시된 최초의 DAO는 2016년 1월에 선보인, 금괴 영수증을 P2P로 거래하도록 설계된 플랫폼인 디직스Digix다. 엔츠쉬 프로젝트인 DAO 펀드는 이더리움에서 출시한 두 번째 주요 프로젝트다. 엔츠쉬 형제들만큼 부테린도 이 프로젝트가 성공하기를 바랐지만 몇 주 만에 1억 5,000만 달러가 들어올 줄은 몰랐다. 다시 말해서 이렇게 거대하고 신속하게 성장할 거라고는 기대하지 않았다. 하지만 얼마 후 DAO 펀드는 '대마불사too big to fail(기업이 파산하면 부작용이 커서 구제금융 등으로 결국 살아남는다는 뜻-옮긴이)'가 되었다. 그런데 이처럼 상황이 악화되면 누가 구제해줄까? 그리고 DAO펀드는 어떻게 탈선했을까?

▌ 개방형 블록체인, 이더리움의 탄생

부테린은 모스크바에서 태어났지만 여섯 살 때 러시아를 떠나 캐나다 토론토에서 성장했다. 그는 어렸을 때부터 수학과 과학에서 남다른 재능을 보였다. 부테린은 숫자를 사랑했다. 복잡한 문제를 풀고 또래 친구들과 어른들에게 자기 생각을 명확히 전달할 줄 알았다. 아버지 드미트리 부테린은 컴퓨터과학을 전공한 사람으로, 아들이 네살 되었을 때 첫 컴퓨터를 사주었다.[7] 부테린은 마이크로소프트 엑셀을 '장난감' 삼아 가지고 놀았다. 부테린은 자신에 대해 이렇게 말했다. "한동안, 아니 꽤 오랫동안 제가 어떤 면에서 비정상적이라는 걸 알았던 것 같아요. 5학년인가 6학년이었을 때 꽤 많은 사람이 저를 수학 천재라고 부르던 기억이 납니다. 그때마다 이런 생각이 들었어요. 나는 왜 그냥 남들처럼 75퍼센트의 평균 점수를 받지 못하는 걸까?"[8]

2011년 2월 어느 날, 부테린은 작은 소프트웨어 스타트업을 운영하던 아버지에게 비트코인 이야기를 처음 들었다. 부테린이 열일곱 살 때로, 한번 잡으면 몇 시간씩 빠져들던 게임 월드 오브 워크래프트를 끊은 지 얼마 안 됐을 때였다. 그는 새로 빠져들 뭔가를 찾고 있었다. 그가 끌린 것은 암호 방식의 알고리즘이었다. 하나는 분명했다. 부테린은 비트코인에 손대고 싶었다. 그런데 문제가 있었다. 비트코인을 살 돈도 없고, 비트코인을 채굴할 성능 좋은 컴퓨터도 없었다. 그래서 비트코인을 구할 다른 방법을 찾아냈다. '비트코인 위클리Bitcoin Weekly'라는 블로그에 글을 쓰기 시작한 것이다. 게시물을 하나 올릴 때마다 당시 한 개에 4달러 하던 비트코인 다섯 개를 받았다. 그리고 2011년 9월 루마니아인 프로그래머 미하이 앨리시Mihai Alisie와 함께 〈비트코인 매거진〉을 창간했다.[9] 부테린은 이 잡지에 이렇게 썼다. "산업혁명이 일어나면서 최초로 인간의 노동력이 기계로 대체됐다. 하지만 단지 하부 조직이 자동화되어 육체노동자의 필요성이 사라졌을 뿐이다. …… 이제는 상부의 관리 조직을 제거할 수 있을까?"[10]

부테린은 이런 글을 올리고 초기의 열정적인 지지자들과의 소통하면서 비트코인의 블록체인 기술이 화폐 이상의 중요한 기술이 될 것임을 깨달았다. 이 기술이 단순히 돈을 추적하는 방법 이상을 의미한다는 점을 알아챈 것이다. 나아가 블록체인 기술이 세계의 금융, 사회, 정치 제도를 근본적으로 변화시키는 효과적인 도구가 될 것이라고 내다봤다.

기업가들이 흔히 그렇듯 부테린도 열아홉 살 때 대학을 그만두었다. 그러고는 그동안 모은 비트코인(현재는 막대한 가치로 평가받는 수준)으로 세계를 돌아다녔다. 샌프란시스코와 로스앤젤레스에서 열린 비트코인 회의부터 이스라엘, 암스테르담, 런던, 바르셀로나, 그 밖의 수십 곳에서 열린 회의에 모두 참석했다. 여기저기를 돌아다니면서 프로그래머들에게 강연하고 몇 가지 코딩 프로젝트를 시연했다. 그는 나날이 발전하는 이 유사 사이버 종교에 기여할 방법을 끊임없이 모색했다.

그는 초창기의 열정적인 지지자들과 함께 노트북 앞에 둘러서서 온갖 질문을 던졌다. 어떻게 하면 포괄적이고 모두에게 열린 시스템을 개발할 수 있을까? 어떻게 하면 누구나 자신에게 맞는 조건으로 참여할 수 있는 새로운 경제를 구축할 수 있을까? 기업이 경영자가 아니라 자율적인 알고리즘에 의해 운영될 수 있을까? 그는 과학기술 운동에 참여했다기보다는 현재의 권력 구조를 전복하자는 사명을 띤 것 같았다. 그는 **탈중심화**decentralization, 말하자면 정부나 은행이나 대기업이 아니라 이용자가 통제하는 방식을 구호로 내세웠다. "궁극적으로 권력은 제로섬 게임입니다. 보통 사람에게 권력을 돌려주는 문제를 논의할 때는 모호하고 그럴듯한 미사여구로 포장하고 싶겠지만 그렇게 하려면 실제로 거물들에게서 권력을 빼앗아야 합니다. 개인적으로 이런 것을 거물들을 쥐어짜야 한다고 표현합니다. 그들에게는 이미 돈이 많습니다."[11]

부테린은 거대 금융기관만 무너뜨리고 싶어 한 것이 아니다. 누구나 예술품부터 책이나 꿀까지 중개상 없이 직접 사고파는 시장을 상상해보라. 쉽게 말해, 아마존(기업, 중개인, 수수료) 없는 아마존을 상상해보라. 우버 없는 우버, 그러니까 기사가 승객에게 직접 탑승을 제공하는 네트워크를 상상해보라.[12] 부테린은 불로소득을 원하는 초과 이윤 추구자와 중개인에게서 권력을 빼앗아 실제로 가치를 창출하는 사람들에게 돌려주는 방식으로 권력을 재분배하는 기술을 개발하고 싶어 했다. 궁극적으로 아무도 소유하지 않는 탈중심적 시장을 만들겠다는 기술 자유주의적 약속을 구현하고 싶어 했다.

부테린은 사토시의 선례를 따라 2013년 11월에 공식 보고서를 발표하고 이더리움이라는 새로운 기술과 이더라는 새로운 화폐에 관한 계획을 설명했다.[13] 온갖 기술 용어로 확장성이라는 중요한 문제를 비롯해 기존 블록체인의 문제점을 지적했다. 사토시의 블록체인에서는 하드캡hard cap(거의 도달할 수 없을 정도로 높은 목표치 - 옮긴이)이 1메가바이트, 혹은 블록 한 개에 약 1,400번의 거래로 설정됐고, 거래는 10분마다 블록으로 묶여 블록체인에 추가된다.[14] 1초에 3~7개 정도의 거래가 발생하는 셈이다. 이해를 돕자면 비자Visa 카드는 미국에서만 1초에 1,700회 이상 거래를 처리한다.[15] 말하자면 비트코인 블록체인은 방대한 거래량을 처리할 만큼 빠르거나 크지 않다.

부테린이 지적한 또 하나의 문제는 사토시가 의도적으로 블록체인의 기능을 제약하는 방식으로 프로그래밍 언어를 설계했다는 점이었다. 사토시는 가치를 저장하고 이전하는 기능으로만 한정했다. 내가 당신에게 비트코인 한 개를 보낼 수 있고, 당신은 다시 내게 그 비트코인을 보낼 수 있다. 일반 소프트웨어 플랫폼과 달리 사토시의 블록체인에는 다른 애플리케이션을 생성하는 기능이 없다. 사토시의 블록체인이 정해진 수의 조작만 가능한 휴대용 계산기라면, 부테린은 스마트폰 같은 블록체인을 개발하고 싶어 했다.

실제로 부테린은 차세대 스티브 잡스Steve Jobs로 불리지만 그 자신은 리눅스 소프트웨어 개발자인 리누스 토발즈Linus Torvalds와 비교되고 싶어 한다. 어느 쪽에 비유되든 부테린은 분명 '미치광이'다. 애플의 광고처럼 둥근 구멍의 네모난 못이다. 그는 규칙을 좋아하지 않고, 현실에 안주하지 않는 부류다. 그렇다고 수십억 달러 가치의 기업을 설립해서 기업공개를 하는 것으로 횡재를 노리는 것 같지도 않다. 이더리움은 현재 스위스 주크에 본사를 둔 비영리재단이다. 부테린은 이곳의 수석 과학자로 일하고 있다.

부테린은 '암호 방식의 금융 레고'를 개발해서 사람들에게 레고 블록을 나눠주고 상자 안에서 각종 디지털 서비스를 만들게 해주고 싶었다. 가령 트랜잭티브 그리드Transactive Grid라는 분산 에너지 시장에서는 사람들이 직접 에너지를 구입하고 판매할 수 있다.[16] 우조 뮤직Ujo Music은 뮤지션이 디지털 저작권을 등록하고 레이블이나 아이튠즈나 기타 중개인을 거치지 않고 직접 돈을 받는 플랫폼을 구축하는 데 힘썼다. 수상 경력이 있는 독일의 싱어송라이터 이모젠 힙 Imogen Heap은 예술가로서는 처음으로 이더리움 블록체인에 싱글앨범 〈타이니 휴먼Tiny Human〉을 공개했다.

이더리움은 불필요한 요소가 제거되고 튜링 완전성turing complete-ness(프로그래밍 언어가 튜링 기계와 동일한 계산 능력을 가진다는 의미로, 튜링 기계로 풀 수 있는 문제를 해당 프로그래밍 언어로 풀 수 있다는 뜻 - 옮긴이)을 갖춘 프로그래밍 언어인 솔리디티Solidity를 기반으로 구축되었다. 개발자들이 이더리움에서 분산 앱decentralized apps(줄여서 'DApps')을 간단히 구축할 수 있을 만큼 단순한 구조다. 부테린은 〈이코노미스트〉와의 인터뷰에서 "정해진 수의 작업만 수행하는 장치가 아니라, 이런 프로그래밍 언어를 이해하고 지원하는 장치이자 사람들이 원하는 작업은 그것이 무엇이든 구현될 수 있는 장치가 주어지는 것"[17]이라고 설명했다. 비트클라우드BitCloud, 비트앤젤스BitAngels, 킥스코인QixCoin처럼 이더리움과 비슷한 목표를 추구하는 프로젝트도 있다. 하지만 부테린도 잡스처럼 확신에 차서 이더리움만이 우리가 지지해야 할 유일한 개방형 블록체인이라고 주장한다.

이더리움에서는 개발자들이 세 가지 주요 범주 혹은 '버킷bucket'에 속하는 블록체인 서비스를 개발할 수 있다. 첫 번째 버킷은 주식부터 콘서트 티켓까지 모든 유형의 자산을 블록체인에서 빠르고 투명하게 전송하는 방식에 기반을 둔다. 예를 들어 2014년에 텔아비브에 설립된 콜루Colu라는 스타트업은 거래에 추가 데이터를 얹는 '염료'를 모든 비트코인에 주입하는 장치를 개발했다. 이를테면 자동차 소유권 내역 같은 '현실 세계'의 자산 정보로 암호화폐를 염색해서 블록체인에서 코인이 이동하고 저장되는 동안 해당 정보가 계속 붙어 있게 만드는 기술이다. 콜루는 자산에 대한 일종의 디지털 ID를 생성해서 자산이 사람들 사이에서 직접 빠르고 안전하게 이전될 수 있게 만들었다.

두 번째 버킷은 블록체인을 이용해 원산지부터 고객에 이르기까지 제품의 공급망을 추적하는 서비스의 범주다. 의약품을 예로 들어보자. 전 세계 암시장을 추적하는 하보스코프Havocscope에 따르면 의약품은 위조가 가장 많이 행해지는 품목이다. 비아그라부터 다이

1. 자산 이전   2. 공급망 인증   3. 스마트 계약

어트 약, 독감 약까지 진품이 아닌 약으로 흘러들어가는 돈은 연간 2,000억 달러에 달하는 것으로 추산된다.[18] 암 환자가 위조약을 진품으로 알고 복용하면 심각한 문제가 생긴다. 경영 컨설팅 기업 액센츄어Accenture는 블록체인 기술을 이용해서 의약품이 생산된 장소에 관한 공개적이고 믿을 만한 기록을 작성해서 제품 공급망에서 일어나는 일들을 긴밀히 추적하는 기법을 실험하는 중이다. 블록체인을 활용하는 여러 가지 시도 가운데 **진실 기계**truth machine 역할을 하는 사례다.

▌ 문제는 코드가 아니다

DAO 펀드는 세 번째이자 가장 야심찬 블록체인 버킷인 **스마트 계약**smart contract에 해당한다. 스마트 계약이란 대출이든 일자리든 투자든 블록체인의 모든 거래에 대한 디지털 계약을 의미한다. 스마트 계약과 기존 계약의 중대한 차이는 계약서가 언어로 작성되고 변호사가 실행하는 방식이 아니라는 점이다. 스마트 계약은 코드로 작성되고, "이런 조건이 발생하면 이렇게 한다. 저런 조건이 발생하면 저렇게 한다"라는 식의 원칙적인 지시에 따라 자동으로 실행되도록 사전 설정된 조항이 포함돼 있다. 다시 말해서 스마트 계약은 자기 충족적이고 코드로 입력된 그대로 실행된다. 예를 들어, 스마트 계약으로 유언을 남겨서 내 재산을 어떻게 물려줄 것인지 코드로 작성할 수 있다. 이렇게 되면 누가 무엇을 물려받느냐를 둘러싼 집안의 권력 다툼과 음모와 거짓이 컴퓨터 프로그램과 일전을 벌일 수도 있다. 지금은 법적 영역에 포함되어 있지 않지만 언젠가 그렇게 될 것이다(그렇더라도 변호사를 완전히 대체하지는 않을 것이다. 가령 내 보험증권처럼 조항이 명료하지 않은 경우에는 자격을 갖춘 누군가가 판단해줘야 한다).

2016년 6월 17일, 익명의 해커(혹은 해킹 집단)가 DAO 펀드 스마트 계약의 결함을 파고들었다. 사실 DAO 펀드에는 주주가 동일한 복제 펀드('차일드 DAO')를 생성해서 자금을 마음대로 옮길 수 있는 코드상의 프로그래밍 오류가 있었다. 해커는 바로 이 부분을 파고들었다. 6,000억 달러 상당의 이더가 원래 펀드에서 복제 펀드로 옮겨졌다.[19] 해커는 공개서한을 통해 코드의 결함을 설명했다. "나는 DAO의 코드를 면밀히 들여다보고 분할하면 추가 이더가 보상으로 주어진다는 사실을 발견하고 이 일에 가담하기로 마음먹었다. 이런 특징을 이용해서 이더 364만 1,694개를 정당하게 청구했다. DAO에 내게 이런 보상금을 주어서 고맙다고 인사를 전하고 싶다."[20]

여기서 '정당하게 청구했다'는 말이 핵심이다. 사기가 아니었다. 블록체인 순수주의자와 일부 변호사까지도 해커에게 훔친 재산을 가져갈 정당한 권리가 있다고 주장했다. 해커는 편지에 덧붙였다. "이렇게 규정된 특징을 이용한 것을 '도둑질'이라고 말하는 사람들에게 실망했다." 그는 매도프처럼 사람들에게 사기를 친 것이 아니다. 이더리움 블록체인에서 실행되는 스마트 계약의 코드 결함을 이용했을 뿐이다.

DAO 펀드의 3분의 1 가까이가 사라진 사실이 밝혀지자 온라인 포럼에서는 다들 한 사람의 이름을 부르짖었다. 누군가 이렇게 호소했다. "비탈릭은 어디 있나? 비탈릭, 우리의 외계인 지배자여, 우리를 구원하라." 비탈릭 부테린은 마침 중국에서 이더리움재단 사람들과 함께 이더리움의 발전 방안을 모색하고 있었다.[21] 부테린은 해킹 공격이 일어난 후, 이더리움재단 블로그에 이렇게 적었다. "DAO 토큰 소유자와 이더리움 이용자들은 지금 자신이 있는 자리에서 침착하게 행동해야 합니다."

이 사건으로 열띤 윤리적 논쟁이 일어났다. 이더리움 공동체는 스마트 계약의 규칙을 존중하고 불행한 사태를 감수해야 하는가? 아니면 '도난당한' 펀드를 복원할 방법을 모색해야 하는가?

해킹 공격을 돌이킬 수는 없지만 가능한 수정 조치를 제공하는 새로운 규칙을 스마트 계약에 추가하는 방법이 있었다. 신규 펀드에서 돈을 인출하기 전에 27일의 대기 기간을 두는 규칙이었다. 이렇게 하자 해커는 한 달 가까이 5,000만 달러로 아무것도 할 수 없었다. "'모나리자'를 훔친 것 같았습니다. 잘했어. 축하해. 그런데 그걸로 뭘 할 건데? 어디다 팔지도 못해요. 덩치가 커서 팔 수도 없어요."[22] 슬록잇의 COO 스테판 투알Stephan Tual의 말이다.

부테린이 포함된 이더리움팀은 **하드포크**hard fork 방법을 제안했다. 하드포크란 내역을 다시 작성하거나 규칙을 변경하는 방법을 일컫는 기술 용어다. 한마디로 최후의 해결책이었다. 부테린은 아무런 결함이 없는 새 원장을 작성하자고 제안했다. "하나의 문제에 대한 단발성 수정안이다." 다만 그전에 이더리움 네트워크의 대다수(51퍼센트 이상)에게 이것이 향후 올바른 방법이 될 거라고 설득해야 했다.

하드포크 방법을 지지하는 사람들은 그들이 미지의 법적 영역에 있지만 전통적인 영국법에 따라야 한다고 주장했다. 그러니까 계약은 계약서를 작성한 당사자의 의도대로 해석해야지, 문자 그대로 해석해서는 안 된다는 뜻이다. DAO 계약의 의도가 수백 줄의 컴퓨터 코드를 압도했을까?

반대로 하드포크에 강력히 반대하는 사람들은 이런 방법은 블록체인에 대한 범죄 행위이자 "사기나 검열, 제3자의 개입 가능성 없이 프로그램에 설정된 대로 정확히 실행되는 애플리케이션을 위한 분산적 플랫폼"이라는 이더리움의 사명을 거스르는 조치라고 주장했다. 분산적 플랫폼의 목표는 어느 누구에게도 내역을 재작성할 권한을 주지 않는 게 아닌가? 이런 조치를 취하면 네트워크 자체의 신뢰성이 무너지지 않겠는가?

DAO를 공격한 해커는 스마트 계약이 그들의 중재인이라고 주장했다. "소프트포크든 하드포크든 내가 스마트 계약의 조건에 따라 보유한 합법적이고 정당한 이더를 압류하는 조치이다. 이런 포크는 이더리움만이 아니라 스마트 계약과 블록체인 기술의 모든 신뢰를 영구히 돌이킬 수 없이 파괴할 것이다."

결국 표결에 부쳐졌고, 이더리움 네트워크의 87퍼센트가 하드포크에 찬성했다.[23] 그래서 어떻게 됐을까? 거래가 무효화되고 '도난당한' 이더 토큰 수백만 개가 회수되어 DAO 크라우드 투자자들에게 돌아갔다. 해킹이 발생하기 이전으로 돌아간 것이다. 그런데 이 과정에서 어떤 대가를 치렀을까?

부테린은 해킹 사건을 초기 단계의 기술이 거쳐야 할 '통과의례'로 간주했다. 크리스토퍼 옌츠쉬 같은 다른 DAO 코드 작성자와 개발자들도 비슷한 관점을 보였다. 옌츠쉬는 아직 미숙한 개념이라면서 DAO가 대대적이고 신속한 크라우드펀딩으로 시작해서 아직 걸음마를 배워야 할 때인데 달리기를 강요받은 셈이라고 주장했다. 맞는 말일 수도 있지만 하드포크 조치는 이더리움이 장차 신뢰성 있는 운영 체제로 자리 잡는 길에 위험한 선례를 남겼다.

특정한 사람들이 거래를 돌이킬 수 있다면 코드가 아니라 **그 사람들이** 시스템을 책임지는 게 아닌가? 이미 한 번 규칙을 왜곡하거나 수정한 선례가 생긴 것이다. 이런 상황에서 다음에 또 시스템이 실패하거나 마음에 들지 않으면 어떻게 할까? 위험한 거래로 주식 가치가 폭락할 때 정부가 은행을 구제해주는 것과 같다. 하드포크는 사건을 하향식으로 재구성하는 방식이다.[24]

클린트 핀리Klint Finley는 〈와이어드〉 기사에서 이렇게 말했다. "이더리움 개발자들은 보다 민주적인 금융기관, 그러니까 중앙의 통제나 인간의 실수가 개입되지 않는 기관을 구축할 수 있다는 것을 보여주려고 했다. 그러나 DAO가 해킹당하면서 이런 시스템의 생존 능력에 대한 철학적 질문이 제기됐다. 코드는 인간을 신뢰해야 하는 필요성을 제거해야 한다. 그러나 결국 인간을 빼놓기 어려운 현실이 드러났다."[25] 다시 말해서 수학적으로 아무리 완벽하더라도 신뢰는 단순히 코드의 문제가 아니다. DAO 펀드의 문제는 기술이 아니라 사람에게 있었다. 인간이 방해가 된 것이다.

《비트코인 정복하기Mastering Bitcoin》의 저자 안드레아스 안토노폴로스Andreas Antonopoulos는 블록체인을 "계산에 의한 신뢰"라고 불렀다.[26] 벤처 자본가이자 링크드인 설립자인 레이드 호프먼Reid Hoffman은 "신뢰 없는 신뢰"라고 말했다.[27] 이런 표현은 오해를 불러일으킬 수 있다. 이 과정에도 여전히 신뢰가 개입한다. 우선 블록체인 개념을 신뢰하고 시스템을 신뢰해야 한다. 대다수 사람들은 기술에 대한 지식이 부족해서 시스템이 실제로 어떻게 작동하는지 모르지만 암호 방식 프로토콜을 설정하고 유지하는 프로그래머와 채굴자와 기업가와 전문가를 신뢰해야 한다. 이를 위해서는 상당한 수준의 신뢰가 필요하다. 하지만 전통적인 의미로 다른 인간을 신뢰할 필요가 없다는 말은 맞다.

그런데 DAO 펀드와 하드포크 사건으로 신뢰가 흔들렸다. 역사를 돌아보면 왕이나 황제, 발명가, 과학자, 의사들이 이상은 높지만 완벽히 준비되지 않은 일을 밀어붙인 예가 헤아릴 수 없이 많다. 그 결과 철제 다리가 무너졌고, 실험적인 수술로 환자가 죽었고, 실험실에서 폭발 사고가 일어났으며, 재설계한 선박이 바다에 가라앉았다. 단기적으로 볼 때는 더할 나위 없이 처참한 결과이지만 이런 사건들은 모두 값진 교훈을 남겼다. 다양한 분야에 해박한 과학자 대니 힐리스 Danny Hillis는 1997년에 이렇게 말했다. "과학기술은 아직 작동하지 않는 모든 것이다."[28]

▋ 블록체인은 상품의 이력을 공유한다

모든 혁신가는 남보다 먼저 선을 넘으려고 한다. 궁극의 블록체인 기술을 개발하는 여정도 마찬가지였다. 혁신이 일어나고 회복력을 키우는 과정은 몸이 벌레나 바이러스에 노출되었을 때 면역력을 키우는 과정과 비슷하다. 도중에 결함이 나타나는 것은 불가피하다. 블록체인 기술은 잠재력이 거대하기에 개발자와 투자자는 '빨리 실패하고, 한 발 더 나아가는' 방식으로 접근했다. 이더리움의 사례처럼 이해할 수 없는 문제와 유감스러운 수정 조치에도 불구하고 사람들은 블록체인 버스에 올라타기를 멈추지 않을 것이다.

이더리움이 세상에 나온 2015년 7월 30일 이후 이더리움 블록체인에서 약 405개의 분산 앱이 생성됐다.[29] 이해를 돕자면 2008년 애플 앱스토어가 선보였을 때는 500개의 앱이 올라왔다. 2010년까지는 25만 개, 2016년 6월까지는 200만 개 이상이 올라왔다.[30] PwC의 발표에 따르면 세계적으로 볼 때 블록체인 관련 스타트업의 투자 기금은 2012년 130만 달러에서 2016년 14억 달러 이상으로 증가했다.[31] 대부분의 투자(와 다수의 광고)는 분산원장이 자산의 정체에 관한 **단일한 증거**나 **디지털 진실**의 공유 버전을 생성하는 방식에 중점을 둔다. "당신이 보는 것이 내게도 보인다. 내가 보는 것이 당신이 보는 것과 같다는 것을 나는 **안다**."[32]

블록체인 기술에는 물건의 이력을 저장하고 보관할 수 있는 방법이 있다. 다이아몬드든 진귀한 우표든, 와인이든 예술품이든 뭐든 가능하다. 소비자들의 압력으로 요즘은 스타벅스의 공정무역 커피나 갭 티셔츠에 사용된 유기농 면의 출처를 확인할 수 있지만, 우리가 소유하고 사용하는 대부분의 물건에 관해서는 사실 알려진 바가 거의 없다. 저 풀 먹인 유기농 소가 정말로 주장하는 대로 아무개 목장에서 자라고 아무개 도축장에서 도축되고 지난주에 포장되어 이번 주 수요일에 슈퍼마켓에 들어왔을까? 혹은 테스코 사건에서처럼 목장에서 식탁까지 오는 도중에 어디선가 말고기가 조금 섞여 들어가지는 않았을까? 이 제품은 상품 설명에 기재된 정보와 일치할까? 대개는 공급망과 원산지가 불문에 부쳐지니 알 수 없는 일이다.

출처. 연쇄 창업자 리앤 켐프Leanne Kemp가 오랫동안 고민해온 단어다. 켐프는 말했다. "이건 어떤 물건의 역사, 그러니까 어떤 물건이 어디서 왔고 어디로 가는지에 관한 이야기입니다. 누가 소유할까? 누가 팔았고 지금은 어디에 있을까?"[33] 물건의 세계에서는, 특히 고가이거나 희귀한 물건이라면 더더욱 출처가 중요하다. 페이를 사용한 앱 사람들이 옳았다. 물건의 가치는 그 물건의 출처나 역사와 분리되면 안 된다.

40대 후반의 오스트레일리아인 켐프는 1990년대 후반에 런던으로 건너가 대륙을 오가면서 특이하게도 기술과 보석 무역을 결합하는 사업에 몰두했다. "저는 기술자예요. 코드를 자를 수 있는 '컴퓨터

광'이지요. 전에는 무인전자식별Radio Frequency IDentification, RFID이라고, 공급망에서 상품이 이동하는 동안 상품의 ID를 추적하는 일을 했어요." 켐프는 새로운 기술을 이용해서 이전에는 시도해보지 않은 방식으로 문제를 해결하고 싶었다.

몇 년 전 그는 암호화폐의 세계에 빠져들었다. 부테린처럼 처음부터 비트코인보다는 원장 기술에 관심이 많았다. "암호화폐는 시장에 나온 지 꽤 됐습니다. 2014년 비트코인 네트워크에 '오퍼레이션 코드 리턴op return 함수'가 공개되면서 근본적인 변화가 일어났어요. 사실상 코인을 거래하고 코인에 데이터를 심을 수 있게 됐지요. 저는 이런 기능으로 뭘 할 수 있을지 고민했습니다."

켐프는 다이아몬드 산업을 들여다보면서 인조 다이아몬드, 보험사기, 절도, 인증서 조작 같은 문제가 만연한 현실을 알게 되었다. 미국과 유럽에서 보험사기로만 연간 약 450억 달러가 손실되고 사기 사건의 약 65퍼센트는 결국 범인이 잡히지 않는다.[34] 그리고 악명 높은 '블러드 다이아몬드'가 있다. 아프리카 전쟁 지역에서 어린아이들이 캐낸 다이아몬드로, 주로 반군의 무기를 구입하는 데 흘러 들어간다. 2015년 초 켐프는 냅킨 뒷면에 회사에 관한 아이디어를 적었다. 광산에서 시장으로, 그리고 개인의 손가락으로 이어지는 경로를 그렸다. "다이아몬드 출처 네트워크에 데이터를 저장하는 개념을 그렸어요. 거기서 모든 것이 시작됐습니다." 몇 달 후 켐프는 블록체인으로 다이아몬드를 디지털 인증하는 런던 소재 스타트업 에버레저EverLedger을 설립했다.

"우리는 다이아몬드의 디지털 지문 혹은 ID를 생성합니다. 3캐럿

짜리 다이아몬드를 예로 들어보죠. 등급을 매기는 공정에서 다이아몬드의 가장 넓은 부분인 거들girdle에 일련번호를 새깁니다. 컷, 투명도, 캐럿, 색상의 4C가 대표적이지만, 그 외에도 각도, 컷, 파빌리온처럼 특정 다이아몬드를 구분하는 40가지 속성이 있습니다." 다이아몬드의 ID가 블록체인에 기록되자 보험업자와 거래자, 고객이 그 다이아몬드의 실제 원산지와 이동 경로를 확인할 수 있는 변경 불가능한 기록이 생성됐다. "이런 기술을 적용하면 상아 밀렵부터 블러드 다이아몬드에 이르기까지 윤리적으로 중요한 공급망 문제를 해결할 수 있습니다." 켐프는 또한 다이아몬드 유통은 여러 사람의 손을 거치다 보니 부패와 사기와 절도가 끼어들 여지가 크다고 덧붙였다. "블록체인 기술로 윤리적 투명성을 세계적인 규모로 확대할 수 있습니다."

에버레저는 지금까지 100만 개 이상의 다이아몬드 ID를 디지털화해서 바클리즈, 로이즈Lloyds 같은 대형 금융기관과 협력했고 위조 방지 데이터베이스도 구축했다. 도난당한 다이아몬드가 아마존이나 이베이 같은 온라인 시장에 올라오면 수사관은 이 데이터베이스를 이용해 그 물건의 이력을 수월하게 추적해서 정당한 소유자에게 돌려줄 수 있다.

몇 년 안에 모든 품목의 출처를 확인한 후 구입하고 제품 설명과 일치하는지 정확히 알아볼 수 있을 것이다. 그런데 과연 고객이 그런 것을 궁금해하고 관심을 가질지 의문이다. 켐프의 생각도 다르지 않았다. "유기농 식품에서는 이런 과정을 본 적 있지만 사치품 분야에서는 소비자들이 브랜드를 믿고 어떤 물건을 구입할지 결정합니다.

모든 물건의 거래 과정을 알아야 한다면 사람들은 어느 쪽을 택할까요? 아직 답을 모르겠어요."

에버레저는 물건의 진짜 ID와 평판을 추적하는 플랫폼을 구축하고 있다. "우리는 물건과 자산의 거래 내역을 인터넷에 올리는 차세대 기술을 구현하고 있습니다. 이런 게 월드와이드레저World Wide Ledger, WWL라고 생각합니다." WWL는 진실, 곧 자산의 이력을 생성하고 보존하는 방법을 제공한다.

역사상 가장 큰 규모로 예술품 절도가 자행된 제2차 세계대전 중에 이런 기술이 개발됐다고 생각해보라. 유럽 전역에서 히틀러의 취향에 맞을 법한 예술품이 화물 열차에 실려 독일로 옮겨졌다. 조반니 벨리니의 유명한 〈성모와 아기 예수Madonna and Child〉와 에드가 드가의 대표적인 발레리나 작품을 비롯해 65만 점 이상의 예술품이 나치에게 약탈당했다. 그중 다수는 도망치거나 강제수용소로 끌려간 부유한 유대인의 집에서 나왔다. 전쟁이 끝나고 연합군은 '모뉴먼츠 멘Monuments Men'이라는 특수부대를 조직해서 약탈당한 예술품을 찾아 정당한 주인에게 돌려주는 임무를 부여했다. 이런 시도에도 예술품은 대부분 개인이 아니라 국가로 돌아갔다. 도난당한 예술품 10만 점의 소재와 소유주는 여전히 수수께끼로 남아 있다.[35]

1950년대와 1960년대에 수백 점의 예술품이 그 작품을 훔친 나치에게 헐값에 팔린 것으로 드러났다. 더 놀라운 사실은 유대인들이 집안의 소유로 입증된 작품을 경매에서 다시 구입해야 했다는 점이다(그 비용을 여러 집이 분담하기도 했다). 런던 소재 비영리재단인 유럽약탈예술품위원회Commission for Looted Art in Europe의 앤 웨버Anne

Webber는 이런 거래를 '반환 판매return sale'라고 했다.[36]

런던의 테이트모던 미술관, 뉴욕의 메트로폴리탄 미술관, 파리의 루브르 박물관 등 미술관과 박물관들은 전시실과 보관실에 보관된 작품의 소유권 이력을 확인하고 싶어 하지만 그 과정이 매우 복잡하다. 박물관은 약탈 재산에 대한 소유권 주장을 검증할 방법이 없다. 놀랍게도 2001년에야 비로소 미국박물관연합회American Alliance of Museums에서 처음으로 나치로부터 몰수한 예술 작품들인 **라우브쿤스트**Raubkunst의 출처를 관리하고 확인하기 위한 엄격한 지침을 발표했다.[37]

라우브쿤스트의 문제는 다른 많은 산업과 마찬가지로 예술계에는 투명성이 부족하다는 것이다. 2016년 5월에 에버레저는 박물관과 소장가의 네트워크를 구축하는 바스타리Vastari라는 업체와의 투자 및 제휴 계획을 발표했다. 켐프는 이에 대해 말했다. "세상에는 중요한 작품을 소장하고 있는 개인이 많습니다. 앤디 워홀의 작품 같은 거요. 개인이 소장품의 이동을 간단히 추적할 수 있으면 그 작품의 경제적 잠재력을 파악하거나 공개하는 게 좀 더 쉬워질 겁니다. 그러면 대중도 그 작품을 더 많이 보게 될 겁니다."

켐프는 블록체인의 위력을 알아채고 새로운 디지털 신뢰 브로커의 역할을 자처한 세계의 수많은 기업가 중 한 사람일 뿐이다. 이 같은 방식이 다이아몬드에 효과적이라면 생선에도 효과적일 수 있다. 제시 베이커Jessi Baker가 설립한 프로비넌스Provenance는 블록체인 기술을 이용해 어부에게서 식탁에 이르기까지 생선의 공급망을 추적한다. 베이커는 모든 제품에는 사연이 있다고 보았다. 광고와 업계의 현실, 그러니까 배후에서 벌어지는 일 사이에는 격차가 크다며, 제품의 출처와 생산 과정이 이렇게 오래도록 비밀로 유지된 것이 오히려 이상한 일이라고 지적했다.[38]

비단 스타트업만 이렇게 생각하는 것이 아니다. 알리바바는 블록체인을 이용해서 타오바오와 티몰에서 판매되는 제품의 공급망을 추적하는 방법으로 위조 식품을 근절하자고 주장했다. 소매업의 거물인 월마트와 IBM은 베이징의 칭화 대학교와 협력해 블록체인 기술을 바탕으로 중국에서 유통되는 돼지고기의 원산지와 공장 정보와 이동 과정을 디지털로 추적해왔다. 월마트의 식품 안전 책임자 프랑크 이아나스Frank Yiannas 말에 따르면 소비자들은 제품이 어디서 오고 어떤 과정을 거치는지 보다 투명하게 알고 싶어 한다. 식품 유통 체계에 불을 밝히면 당연히 투명성이 보장되게 마련이라는 것이다.[39]

▌ 소유권의 패러다임을 바꾸다

이아나스가 말하는 투명성은 거짓이 만연한 여러 산업에서 중요한 가치를 갖는다. 2017년 다보스 세계경제포럼에서는 '블록체인이 국제 거래를 혁신시키다'와 '블록체인을 활용해 사회에 봉사하기'라는 제목의 발표가 주목 받았다.[40] 가장 홍보가 잘된 블록체인 기술의 장점은 온두라스와 가나처럼 정부의 힘이 약하고 기록 관리 체계가 부실해서 신뢰가 결핍된 시장에서 잠재력을 발휘할 수 있다는 점이다. 세계은행World Bank의 고급운영책임자인 마리아나 다한Mariana Dahan은 "블록체인은 수십억 명이 새로운 시대로 도약하게 해줄 겁니다. 휴대전화가 나오면서 사람들이 일반 전화에서 휴대전화로 도약한 사건에 비견할 만하지요"라고 말했다.[41]

"기억할 것은 법 체제 외부에 있는 사람이 다수라는 점입니다. 전세계 70억 인구 가운데 법 체제 안에 들어오지 못한 사람은 50억 명 정도입니다. 결코 가볍게 넘길 만한 규모가 아닙니다."[42] 페루의 저명한 경제학자 에르난도 드 소토 폴라Hernando de Soto Polar의 말이다. 그는 제3세계에서 자본주의는 사람들이 법이 확실히 그들 편이라고 믿거나 법이 그들과 그들의 개인적인 환경에 적용된다고 생각할 때 번창한다는 관점을 오래전부터 고수해왔다. 소토의 주장은 개발도상국에서 가난한 사람들의 발목을 잡는 것은 자본이 아니라 명백한 재산권의 부재라는 말로 요약된다.[43] 주로 개발도상국에 분포하는 50억 인구는 토지나 사업체나 자동차에 대한 소유권을 입증하는 데 어려움을 겪는다.[44] 법적 소유권자가 없는 자산은 '공적' 경제에서 떨어져 나온다. 결과적으로 수조 달러가 묶여 있는 상태, 곧 '유휴遊休 자본'이 된다. 토지와 주택 소유권이 명확하고 공인되고 보호받는다면 사람들은 그들이 통제할 수 있는 대상을 찾으려 할 것이다. 뿐만 아니라 담보를 잡히고 돈을 대출받을 수도 있다. 국토의 약 78퍼센트가 미등록 상태인 가나에서는 집 주인이 집 앞에 내건 "이 집은 매물이 아닙니다"라고 적힌 팻말을 흔히 볼 수 있다.[45] 대개의 경우, 이는 주인 있는 집이라고 알리는 유일한 방법이다.

등록되지 않은 토지로 인해 빚어지는 또 하나의 심각한 문제는 사람들이 정당하게 소유하지 않은 대상을 거래한다는 것이다. 정부 관료들이 권력을 남용해서 가짜 토지 명의로 사기를 쳐서 유권자들의 환심을 사기도 한다. 관료들이 데이터베이스를 해킹해서 해변의 근사한 부동산 권리를 독차지하기도 한다. 비트퓨리Bitfury, 크로마웨이ChromaWay, 비트랜드Bitland 같은 스타트업은 이들 국가의 정부와 협력해서 블록체인의 모든 코인이 고유한 주택이나 토지 명의를 표시할 수 있다는 전제하에 블록체인에서 재산 기록을 수집하고 조직하기 시작했다. 토지 명의에 대해 변경 불가능한 기록이 존재하면 적어도 이론상으로는 수상쩍은 공무원들이 디지털 흔적을 남기지 않고 기록을 조작할 수 없어진다.

영국 정부의 수석 과학 자문인 마크 월포트 경은 2016년 1월 보고서를 발표해서 "분산원장 기술은 정부가 세금을 거두고 수당을 분배하고 여권을 발행하고 토지 등기를 기록하고 상품 공급망을 확인하고 전반적으로 정부 기록과 서비스의 통합성을 보장할 수 있게 한다"고 주장했다.[46] 같은 맥락에서 두바이 정부는 2020년까지 정부 문서를 없애고 모든 자료를 블록체인으로 이전한다는 야심찬 계획을 발표했다.

블록체인은 아직 열렬한 지지자와 혁신가와 이상주의자의 세계에 속해 있다. 블록체인을 주류 세계로 끌어낼 만한 결정적인 소비자 앱이 어떤 것인지는 아직 명확하지 않다. 다만 하나 분명한 것이 있다. 은행과 회계법인 중개인과 중앙집권적 거대 기업들은 디지털 원장 네트워크의 세계에서 밀려나지 않으려고 안간힘을 쓸 거라는 점이다. 실제로 가장 앞장서서 블록체인 시스템을 채택할 것으로 보이는 분야는 바로 사토시가 블록체인으로 대체하려고 했던 중개업인 금융업이다.

사토시는 2008년에 발표한 비트코인에 대한 논문의 첫 문장에서 비트코인을 이렇게 정의했다. "온라인 결제로 금융기관을 통하지 않고 한 당사자에게서 다른 당사자에게로 직접 송금할 수 있는 완전한 P2P 전자화폐."[47] 그런데 은행 중개인이 블록체인을 통해 돈을 더 빠르고 저렴하게 주고받는 것처럼 보인다. 저명한 기업가이자 교수이자 MIT 미디어 연구소 소장인 조이 이토Joi Ito는 이렇게 말했다. "내 예감에 블록체인이 은행과 법조계와 회계 분야에서 갖는 의미는 인터넷이 미디어와 상업과 광고 분야에서 갖는 의미와 같아 보인다. 비용이 줄어들고, 중간에 여러 업체를 거쳐야 하는 중개 과정이 생략되고, 마찰이 줄어들 것이다. 알다시피 한 사람의 마찰은 곧 다른 사람의 수익이다."[48]

따라서 현재 금융계 종사자들이 중심이 되지 못한다면 이들이 먼저 거래가 흐르는 새로운 신뢰 구조를 통제하려 들지 않을까? 실제로 이미 특허 분쟁이 시작되려 하고, 블록체인 기술을 '소유'하려는 경쟁이 일어날 조짐이 보이고 있다.

▐ 블록체인은 대안이 될 수 있을까?

월스트리트에서 블라이스 매스터스Blythe Masters를 모르는 사람은 드물다. 매스터스는 은행가의 은행가다. 1969년에 태어난 그는 캠브리지 대학교에서 경제학을 전공하기 전에 JP모건체이스에서 잠시 인턴으로 일했다. 이후 스물두 살 때 이 회사에 정식으로 입사해 뉴욕의 파생상품사업부에서 일했다. 그리고 무섭게 승진했다. 스물여덟 살 때 상무 자리에 올라 JP모건의 오랜 역사상 최연소 여성 상무가 됐다. 서른 살 때는 국제파생상품사업부 책임자가 됐다. 서른네 살 때는 최고재정책임자의 자리에 올라 언론에서 'JP모건 마피아'로 불리는 엘리트 집단에 진입했다. 그리고 월스트리트에서 '상품의 여왕'으로 이름을 날렸다.[49]

1989년 유조선 엑슨발데즈호Exxon Valdez에서 1,080만 갤런이 넘는 원유가 흘러나와 알래스카 청정 해역에서 멀리까지 퍼져 나갔다. 손실액이 50억 달러 이상으로 추산되었다. 거액의 대출을 받아야 했던 석유 회사는 1994년 오랫동안 거래해온 JP모건을 찾아갔다. 마침 매스터스가 엑슨발데즈의 재정 위기를 관리하는 부서의 책임자였다. JP모건은 오랜 고객의 요구를 거절하고 싶지 않았지만 대출 위험성이 높은 데다 대출을 해주려면 JP모건의 지불준비금에서 상당 부분을 투입해야 할 판이었다. 매스터스는 당시로선 독창적으로 보이는 방법을 고안해냈다. 대출 위험을 판매할 수 있다면 어떨까?

투자은행들이 이미 채권과 이율을 스와프swap(거래 상대방이 미리 정한 계약 조건에 따라 일정 기간 동안 서로 다른 방향의 자금흐름을 교환하는 금융기법-옮긴이)하고 있다는 점에서 착안한 제안이었다. 대출 체납의 위험도 교환할 수 있지 않을까? 이렇게 탄생한 '신용부도스와프 credit default swap' 개념은 크게 성공했다. 매스터스는 이 개념의 배후 실력자로 알려졌다. 그런데 이 제도는 AIGAmerican International Group

같은 은행이나 보험회사, 패니메이Fannie Mae 같은 모기지 대출 금융 회사의 대차대조표에 거대한 구멍을 뚫었다.

2007~2008년 금융위기 당시 매스터스는 용기 있게, 혹자는 뻔뻔 스럽다고 말할 만큼 집요하게 JP모건의 거래 활동을 방어했다. 매스 터스는 수백만 명의 미국인이 금융위기로 집과 직장을 잃고 나앉는 와중에도 JP모건은 잘못한 게 없다고 목소리를 높였다. 표적을 찾던 언론은 매스터스의 등에 거대한 원을 그렸다. 워런 버핏은 매스터 스가 주도한 파생상품을 "금융계의 대량살상무기"라고까지 깎아내 렸다. 매스터스는 엄청난 비난을 받았다. 그는 JP모건에 몸담은 지 30년 가까이 된 2014년 4월 자리에서 물러나야 했다.

그런데 최근 매스터스가 다시 모습을 드러냈다. 이번에는 스와프 가 아니라 거대한 돈벌이가 될 또 다른 상품인 블록체인을 옹호하고 나섰다. 2015년 여름, 매스터스는 맨해튼 한복판에 위치한 르 파커 메르디앙 호텔 회의장을 가득 메운, 자산관리사와 투자자들에게 이 렇게 말했다. "1990년대 초에 인터넷의 발전을 받아들여야 했던 것 처럼 이제는 블록체인 기술을 받아들여야 합니다. 이메일의 자리에 돈이 들어가는 셈입니다."[50]

비트코인과 블록체인이 주류 투자자들의 관심을 끌기 시작할 무 렵, 뉴욕에서 디지털 애셋 홀딩스Digital Asset Holdings, DAH라는 스타 트업이 설립됐다. 바로 매스터스가 설립한 회사다. 월스트리트에서 산전수전 다 겪은 매스터스는 여러 은행이 직면한 공통 과제를 간파 했다. 바로 호환성 없는 금융 데이터베이스가 서로 소통하게 만드는 것이었다. 막대한 비용이 들어갈 뿐만 아니라 복잡하고 시간도 많이 걸리는 작업이다. 트레이더들은 빠르게 돌아가는 환경에서 정신없는 속도로 일하는데, 거래를 실행하는 기술은 놀랄 만큼 구식이고 느리다. 전화 통화를 하고, 이메일을 보내고, 가끔 팩스도 보낸다. 전미증권결제회사National Securities Clearing Corporation, NSCC 같은 결제기관을 통해 주식을 거래하는 데 최장 사흘T3까지 걸리기도 한다. 바로 '상환 지체settlement lag' 현상이다. 상환되기 전 판매와 구매 사이에 거래가 불안하게 떠 있는 시간이 길어질수록 거래가 성사되지 않을 위험은 커진다. 지체 시간을 줄일수록 은행에는 당연히 이익이다.

블록체인은 며칠을 몇 분으로, 심지어 0분으로 줄일 수도 있다. 스페인의 산탄데르 이노벤처스Santander InnoVentures 은행의 핀테크 투자 펀드의 보고서에 따르면 원장 기술을 도입하면 2022년까지 규제와 상환, 국경을 넘는 비용이 감소해서 연간 150~200억 달러 정도 절약될 것으로 예상된다.[51]

디지털 애셋 홀딩스는 이렇게 거래를 신속히 처리하는 최고의 분산 데이터베이스가 되고자 했다. 골드만삭스, 씨티은행, 그리고 매스터스의 전 직장 JP모건을 비롯한 쟁쟁한 거대 금융 기업들이 이 회사에 6,000만 달러 이상 투자했다. 분산원장이 은행에 매력적인 이유는 속도와 효율성 때문만이 아니다. 매스터스는 이렇게 말했다. "규제기관은 블록체인을 기반으로 한 거래가 투명성과 추적 가능성, 그러니까 '변경 불가능한 감사 추적' 기능을 더 많이 담보할 수 있다는 점에서 이를 좋아할 겁니다."[52] 다시 말하면 장부를 조작하는 방식의 신용 사기를 일소하는 데 도움이 된다는 뜻이다. 솔직히 에너지 거래 전략을 은폐한 혐의로 연방에너지규제위원회Federal Energy Regulatory

Commission에서 몇 달간 조사를 받은 적 있는 사람의 입에서 이런 말이 나왔다는 사실이 아이러니이기는 하다. 물론 매스터스는 범법 행위로 법정에 소환되지 않았고, 매스터스 개인에게 아무런 조치도 취해지지 않았다. JP모건은 범법 행위를 부정하지도 인정하지도 않고 4억 1,000만 달러를 들여 합의하고 사건을 종결시켰다.[53]

월스트리트에서는 월스트리트의 가장 중요한 동맹이 될 수도 있고 종말의 전조가 될 수도 있는 새로운 현상을 수용하거나 통제하기 위한 경쟁이 벌어졌다. 사람들은 보통 돈을 어디에 보관할까? 은행 당좌예금이나 저축예금이나 안전금고에 보관한다. 그런데 블록체인이 새로운 가치 저장소로 떠오른 것이다.

그러면 일반 대출은 어떻게 이뤄질까? 은행이 개인이나 사업체의 신용점수를 평가해서 돈을 빌려줄지 말지 결정한다. 블록체인은 대출 희망자의 신용 상태를 확인하는 자료로 활용돼 P2P 금융을 더욱 활성화시킬 수 있다. 신용카드와 송금 서비스는 어떻게 작동할까? 현재는 은행을 통해야 하지만 블록체인으로 개인과 개인 사이의 직접적인 가치 교환을 처리할 수 있다. 4대 감사기관인 딜로이트Deloitte, KPMG, 언스트앤영Ernst & Young, PwC가 지배하는 수십억 달러 시장의 회계를 예로 들어보자. 디지털 분산원장이 기관의 금융 거래를 실시간으로 투명하게 보고해서 기존 회계 실무의 필요성을 줄일 수 있다. 이런 이유에서 금융계의 주요 기업들이 앞다퉈 블록체인에 막대한 자원을 투자하는 것이다. 새로운 패러다임을 수용해야 도태되지 않고 유리하게 이용할 수 있기 때문이다.[54]

샌프란시스코의 벤처기업 체인Chain은 나스닥, 비자, 시티벤처스

Citi Ventures 같은 유명 기업들로부터 3,000만 달러 이상의 자금을 조성해 분산원장의 오픈소스 코드를 개발한다고 알려져 있다. IBM, 웰스파고Wells Fargo, 런던증권거래소London Stock Exchange를 비롯한 다수의 기관이 디지털 애셋 홀딩스와 협력해서 이들 역시 개발자들이 기본적인 사항을 오픈소스로 이용할 수 있는 블록체인 소프트웨어를 개발해냈다. 그런데 유명한 리눅스재단은 원래 오픈 원장 프로젝트Open Ledger Project라고 불리던 이 협력 사업을 가볍게 보고 넘겨버렸다.

최근 골드만삭스는 외환 거래를 처리하는 자체 암호화폐인 골드만삭스 버전의 비트코인 SETL코인SETLcoin에 대한 특허를 신청했다. SETL코인은 골드만삭스의 자체 블록체인에서 통용되는 비트코인이다. 말하자면 거래의 복제 원장이 은행 내부에 보관되고 중앙에서 감시받는다. 그러다 보니 블록체인 기술의 원래 목적, 곧 단일하고 논쟁의 여지 없는 진실의 기록을 생성해서 누구나 자유롭게 들여다볼 수 있고, 은행의 필요성을 완전히 제거한다는 목적을 거스른다. 골드만삭스는 특허 신청서에서 SETL코인은 거래의 '거의 즉각적인 실행과 정산'을 보장할 수 있다고 설명했다.[55] 은행이 거래가 성사되지 않을 상황에 대비해서 지불준비금을 마련해야 하는 의무에서 해방된다는 뜻이다.

40개 이상의 은행이 R₃CEV라는 협력체에 가입해 블록체인을 위한 공통 기준을 제시했다.[56] 여러 유형의 블록체인이 함께 작동하지 않으면 블록체인 기술 자체가 무용지물이 될 수 있다. R₃CEV는 모든 은행과 규제기관을 한데 모아서 하나의 조건을 공유하려고 한다. 한 개인이나 기관이 아니라 다수의 참가자가 통제하는 원장을 공유하자는 조건이다. 물론 이런 형태도 협업이기는 하지만 사토시가 처음에 고안한 방식과는 다르다.

R₃CEV는 마이크 헌Mike Hearn을 최고플랫폼책임자로 채용했다. 구글에서 일했던 그는 현재 블록체인 세계의 거물이 되었다. 그는 5년 이상 개빈 안드레센과 함께 비트코인 코어Bitcoin Core라고 불리는 비트코인 P2P 네트워크를 실행하는 오픈소스 코드를 유지하는 개발자 집단에서 활동해왔다.[57]

헌은 스스로도 인정하듯이 '다 아는 것처럼 말하는 사람'이다. 2016년 1월에 그는 비트코인은 실패할 운명을 타고났다고 말했다. 헌은 이렇게 적었다. "비트코인은 실패할 것으로 보인다. 그 이유는 공동체가 실패했기 때문이다. 원래는 새롭고 탈중심적인 화폐 양식으로 출현했지만 …… 상황이 악화됐다. 시스템은 오직 소수의 사람들에게 통제됐다. 이런 결과를 예방했어야 할 장치가 제대로 작동하지 않았다. 비트코인이 기존 금융제도보다 나을 것이라고 기대할 만한 이유가 많지 않다."[58]

그런데 헌은 이 게시물을 올리고 며칠 후 R₃CEV 은행 협력체에 합류했다. 그리고 자신의 선택을 변호하면서 이렇게 말했다. "현재의 비트코인 시스템, 그러니까 현재 우리가 블록체인으로 사용하는 시스템은 1메가바이트(비트코인 블록 한 개의 최대 크기)의 제약 때문에 세계를 바꾸지 못할 것이다. 만약 내게 기존 금융제도가 현재 시스템보다 나은 비트코인 방식의 무언가를 구축하도록 도울 것인가, 아니면 비트코인 공동체가 현재의 시스템보다 못한 은행과 유사한 시스템을 구축하도록 도울 것인가 하는 선택권이 주어진다면 나는 이용자들이 있는 곳으로 가서 은행과 함께 일할 것이다."

부테린부터 헌까지 저마다 동기는 달라도 모두 사토시의 블록체인과 비슷하지만 더 나은 무언가를 개발하는 경쟁에 뛰어들었다. 이는 현재 우리 앞에 놓여 있는 가장 큰 게임이다.

블록체인은 인간에 관한 핵심적인 질문을 제기한다. 서로를 신뢰하는 데 얼마를 지불할 것인가? 작년에 나는 내가 모르는 사람들에게 결제하기 위해 은행 이자와 수수료를 부담하면서 내 계정과 잔액을 인증했다. 또 거래 상대가 어떻게 나올지 몰라서, 그리고 신뢰가 깨진 몇몇 사례를 해결하기 위해서 변호사를 선임해 수천 달러를 주고 계약서를 작성했다. 보험회사에 돈을 내고 내 건강과 자동차와 집, 심지어 생명까지 관리하도록 맡겼다. 회계사에게 돈을 주고 회계감사 문제를 처리하게 했다. 집을 사려고 구매 희망자인 나와 현재의 집 주인 사이에 부동산 중개인을 세워두는 데만도 수만 달러를 썼다. 우리는 많은 사람에게 돈을 주고 생명을 맡기고 주어진 상황을 이중으로 확인한다.

블록체인에 관한 여러 개념은 모호하고 위험하고 급진적으로 보인다. 지나친 홍보와 과도한 투자 열기로 인해 결국 실패로 끝날 수도 있다. 다만 현재 돈을 받고 신뢰를 강화하는 역할을 수행하는 제3자들(중개인이든 심판이든 감시자든 관리인이든)이 '변경 불가능한' 원장에 자리를 빼앗기지 않으려면 갈수록 더 자기 가치를 입증해야 한다는 것만은 명백하다.

1993년 앨 고어처럼 인터넷에 열광하던 사람들은 다가오는 '정보의 초고속도로'가 세상을 바꿔놓을 거라고 주장했다. 그때만 해도 인터넷은 사람들이 거의 이해하지 못하는 새로운 개념이었다. 실제로 사람들은 인터넷으로 뭘 해야 할지 몰랐다. 초창기의 인터넷 마니아인 존 앨런John Allen은 CBC에 나와서 이렇게 말했다. "인터넷 세계에는 '축구'라고 적힌 거대한 팻말을 단 테이블이 있고 축구 이야기를 나누고 싶은 전 세계의 축구광이 150명이든 1,000명이든 모여 있습니다."[59] 그때 마크 저커버그는 겨우 아홉 살이었다. 구글은 3년 후에나 탄생했다. 인터넷과 미래의 잠재력을 상업화하기 위해 나타난 그밖의 모든 제품과 회사는 아직 정체가 불분명했다.

지금 우리는 블록체인 기술의 1993년 즈음에 있다. 대다수 사람이 블록체인이 아직 무엇인지 잘 모르지만 앞으로 10년 정도 지나면 블록체인은 인터넷처럼 될 것이다. 블록체인 없이 세상이 어떻게 돌아갈지 상상도 할 수 없는 세상 말이다. 인터넷은 우리가 정보를 공유하고 소통하는 방식을 바꿔놓았다. 블록체인은 가치를 교환하는 방식과 신뢰의 대상을 바꿔놓을 것이다.

신뢰, 인간 결정에 관한 문제

"세상이 돌아가게 만드는 것은 돈보다 신뢰다."

— 조지프 스티글리츠Joseph Stiglitz [1]

2016년 2월 28일, 케냐 팬페이퍼 빌리지의 작은 영화관에 영국 축구 경기를 보려고 400명이 넘는 주민들이 모여 있었다. 프리미어리그의 최대 라이벌인 맨체스터 유나이티드와 아스날의 경기였다. 이 영화관은 인쇄소와 소규모 매점과 사진관을 운영하는 사업가 에릭의 소유였다. 그는 이 지역의 성공 신화였다. [2]

마을 사람들은 불이 꺼진 실내에 앉아 벽면에 프로젝트로 비춘 경기 화면을 보았다. 선수들이 나오고 경기가 시작되자 사람들은 환호성을 질렀다. 초반부터 맨유가 거세게 몰아붙이며 경기를 주도했다. 그러다 갑자기 화면이 꺼졌다. 사람들은 아우성쳤다. "경기를 다시 틀어!" "우우, 어떻게 된 거야?" "경기를 못 보잖아!" 관람료를 내고 들어온 관객들이 에릭에게 거칠게 항의했다.

에릭이 케이블 요금을 제때 납부하지 않아서 케이블 업체에서 서비스를 끊어버린 것이다. 수백 명이 빨리 문제를 해결하라는 듯 쏟아보자 초조해진 에릭은 급히 스마트폰을 꺼냈다. 그는 케냐, 필리핀, 탄자니아 같은 신흥시장에서 기존 신용 내역이 없어도 대출해주는 탈라Tala라는 회사의 앱을 열었다. 다행히 네 차례 받은 대출을 제때 갚아서 얼마 전 골드 레벨에 올랐고 신용 거래 한도도 약 40파운드 정도인 5,000케냐실링KES으로 올라간 터였다. 330밀리미터 콜라 한 병이 50케냐실링 정도인 것을 감안하면 상당한 금액이다.

에릭은 스마트폰 앱을 몇 번 누르고 옆으로 넘겨 탈라의 신용 한 도액까지 대출을 받아서 당장 케이블 요금을 납부했다. 몇 분 만에 다시 커다란 화면에 경기가 나왔다. 사람들이 환호성을 질렀다. 점수 는 아직 0 대 0이었다. 한 사람이 15케냐실링 정도씩 내고 들어와서 총 6,000케냐실링이 모였다. 경기가 끝나고 관객들이 모두 돌아간 후, 에릭은 탈라의 대출금을 갚고 남은 수익을 챙겼다.

2011년 설립된 탈라의 대출금은 주로 10~100달러이고, 3~4주 내 상환해야 한다. 이자율은 11~15퍼센트로, 300퍼센트 이상을 청 구하는 악덕 사채업자들에 비하면 훨씬 유리한 조건이다. 상환율은 90퍼센트다. 탈라의 고객들은 '은행 서비스를 받지 못하는' 세계 인 구의 3분의 1에 해당하는 사람들이다. 전 세계적으로 25억 명이 신 용점수가 없어서 사업을 시작하거나 집을 사거나 삶을 전반적으로 개선하기 위한 대출을 받지 못한다. "기존 은행은 신용점수가 없으 면 '이 사람에게 투자할 근거가 무엇인가?'라는 문제를 해결하기 위 한 실질적인 자료를 확보할 수 없습니다." 탈라의 설립자이자 CEO 인 서른네 살의 시바니 시로야Shivani Siroya의 말이다.

시로야는 인도 우다이푸르에서 자랐다. 그의 어머니는 모든 면에서 남들과 달랐다. 의대에 진학해 그 지역에서 최초의 여성 의사이자 부인과 전문의가 되었고 시골에 의료 캠프를 설치하고 여자들에게 안전하게 출산하는 방법을 가르쳤다. 평생 환자들을 위해 일했다. 시로야는 내게 이렇게 말했다. "우리는 어머니에게 물었어요. '엄마, 엄마는 일을 많이 하시는데, 환자들은 왜 돈을 내지 않아요?' 그런데 어머니는 돈 때문에 일하시는 게 아니었어요. 어머니에게 환자를 진료하는 일은 거래가 아니었죠. 어머니는 진심으로 사람들을 돕고 싶어 했어요."[3]

시로야의 가족은 미국으로 건너가 브루클린에 정착했다. 그의 어머니는 미국에서도 가난한 환자들에게는 형편이 될 때까지 치료비를 내지 않게 해주거나 그냥 무료로 치료해주었다. "어머니는 외상을 달아줬어요. 사람들을 믿었으니까요."[4]

현재 캘리포니아 산타모니카에 사는 시로야와 전화로 인터뷰를 했다. 그는 방금 요가 수업이라도 받은 것처럼 차분하고 평온한 말투였고 그의 어머니처럼 활력 넘치고 선의 가득한 인상이었다. 이런 그가 씨티그룹에서도 경쟁이 치열한 인수합병 분야에서 일하는 모습을 떠올리면 어딘가 어울리지 않아 보였다. 시로야는 씨티은행에 입사해서 은행 분석가로 일하다가 이후 스위스의 금융 기업 UBS에서 주식 연구가로 일했다. "다이어트 약을 파는 회사들이나 분석하고 싶지는 않았어요. 의미 있는 일을 하는 기업을 상대하고 싶었죠."[5] 시로야는 마이크로파이낸스microfinance와 마이크로크레디트microcredit라는 개념을 만든 공로를 인정받아 2006년 노벨 평화상을 수상한 사회적 기업의 대가, 무함마드 유누스Muhammad Yunus에 관해 들었다. 그리고 얼마 후 직장을 그만두고 유엔인구기금United Nations Population Fund에 들어갔다.

유엔에서 시로야는 아프리카와 인도에서 영세한 음식 노점과 소규모 매점을 운영하는 사람 등 초소형 자영업자들을 상대하는 사업을 맡았다. 2년 반 동안 집집마다 돌아다니며 2,500명 이상 면접하면서 그들의 실생활을 직접 들여다보고 파악했다. "초소형 자영업자들은 열심히 일해서 사업을 키우고 지역의 일자리를 창출하는 데 기여하고 싶어 하지만 현실적으로 이러지도 저러지도 못하는 처지에 몰리는 경우가 많았어요. 주로 고리대금업자에게 비공식 루트로 소액대출을 받았죠. 사업 대출 형태로 자금을 대출받을 수 없었거든요. 은행으로선 이들처럼 주로 현금을 주고받으며 사업하는 사람들이 위험해 보일 수밖에 없어요. 저는 이런 시장에서 틈새를 봤어요." 시로야는 모든 문제가 신원보증으로 귀결된다는 사실을 알아챘다. 어떻게 하면 다른 방법이 없는 사람들을 위한 금융 신원 제도를 구축할 수 있을까?

신흥시장의 10억 인구가 스마트폰을 보유하고 있다. 서양처럼 스마트폰으로 친구들에게 문자를 보내고 인터넷 서핑도 하고 일상을 꾸려가고 전기요금부터 주차요금까지 모든 것을 지불한다. 스마트폰은 주인에 관해 많은 것을 말해준다. 탈라는 어떤 사람의 스마트폰에서 1분도 안 되는 짧은 시간에 1만 개 이상의 데이터포인트를 추출해서 그 사람의 능력과 대출을 갚을 의지를 평가할 수 있다. 시로야는 이렇게 설명했다. "우리는 그 사람의 행동 요인을 들여다봅니다. 현재 지출 습관은 어떤가? 일정한 수입이 있는가? 주로 어떤 앱을 사용하는가?"

대출 희망자의 사회 관계망 크기는 강력한 신뢰 신호다. 실제로 통화가 4분 이상 이어지면 관계가 더 돈독해지고 결과적으로 신뢰도가 높아지는 경향이 있다. 마찬가지로 58명 이상과 통화하면 그만큼 관계망이 넓다고 판단되기 때문에 대출자로서 더 나은 자격을 얻는다. 스마트폰에서 연락처를 구성하는 방식도 흥미로운 사실을 말해준다. "성과 이름을 모두 입력한 연락처가 40퍼센트 이상이면 성과 이름을 모두 입력한 연락처가 적은 경우에 비해 신뢰도가 16배 이상 높아집니다." 성과 이름을 입력하는 것은 사소한 행위이지만, 그 사람이 무언가에 관심을 기울이고 있다는 것을 보여주는 행위다. 사실 어느 하나의 정보로 그 사람에게 대출해줄지 여부를 결정할 순 없다. 자료가 충분히 쌓여야 그 사람이 보다 선명히 드러난다. "이런 게 그 사람을 좀 더 정확히 보여주는 정보이고, 단순한 점수가 아닌 금융 신분입니다. 서류나 공식 금융 기록에는 나오지 않는 자료예요."[6] 어떤 사람이 믿을 만한 사람인지 입증하기 위해 반드시 신용점수가 있어야 하는 게 아니라는 사실을 분명히 알 수 있다.

현재 탈라는 케냐 사람들이 다섯 번째로 많이 사용하는 앱이다. 탈라보다 앞선 네 가지 앱은 성경, 페이스북, 트위터, 왓츠앱WhatsApp 이다. "고객들은 우리를 그들이 거래하는 일반 은행처럼 보지 않아요. 개인 맞춤 금융 파트너라고 생각하죠." 탈라는 기술이 어떻게 신뢰의 장애물을 피해서 보다 활발한 경제 활동을 가능하게 해주는지 보여준다. 또한 데이터와 알고리즘이 어떻게 에릭처럼 일반적으로 간과되고 과소평가되지만 신뢰할 수 있는 수십억 인구가 존재한다는 사실을 입증하는지 보여준다.

탈라는 어떻게 그렇게 크게 성공할 수 있었을까? 답은 단순하다. 시스템이 아니라 사람과 함께 시작했기 때문이다.

리처드 에델만은 '세계적인 신용 붕괴' 현상을 밝혀낸 2017 에델만 여론조사에 관해 이렇게 말했다. "자유시장에서는 사업체가 사람들에게 팔기만 하는 게 아니라 사람들과 함께 일할 때 모두 성공할 수 있다."[7] 현재의 신용 붕괴 상태에서 벗어나려면 제도의 토대를 근본적으로 다시 생각해서 사람을 위해서만이 아니라 사람과 함께 일하도록 설계해야 한다. "우리는 시민 하나하나, 그리고 공동의 목표와 신뢰가 중요한 공동체 하나하나에서 시스템에 대한 신뢰를 새롭게 구축해야 한다." 우리가 하는 모든 행동의 중심에는 사람이 있어야 한다.

모든 조직의 리트머스 테스트는 이렇다. 사람들이 그 조직을 '정직하고 도덕적이고 믿을 만한 친구', 곧 필요할 때 옆에 있어주는 존재라고 말하는가? 간단한 예로 탈라는 고객들에게 대출금을 상환하라는 알림을 보낼 때, 고객의 은행 계좌에 돈이 없는 게 분명한 경우에도 다그치듯 상환 통보를 보내지 않는다. 고객의 계좌에 돈이 들어오자마자 친근한 SMS 알림을 보낸다. 80퍼센트 이상의 고객이 문자 알림을 받자마자 스마트폰으로 대출금을 상환한다. 공감과 공정성 같은 단순한 요소가 개입할 때 기술은 진정한 위력을 발휘한다.

나는 이 책을 쓰기 시작하면서 다소 순진한 생각일 수도 있지만 분산적 신뢰를 기반으로 새로운 개념을 설계하는 기업가와 해커와 지도자와 혁신가들 다수가 시로야 같은 사람들일 거라고 기대했다. 실제로 그런 사람이 다수였다. 그들은 권력과 접근성, 평등 면에서 뿌리 깊은 제도적 전제를 재편하려고 시도했다. 파나마 페이퍼스 사건을 이끈 ICIJ 회장 제라드 라일 같은 사람은 사람들이 이기심을 버리고 함께 일하도록 이끌었다. 트룰리의 CEO 사비 바베자와 에버레저의 설립자 리앤 켐프처럼 신원조회나 다이아몬드 거래처럼 문제가 많거나 세계 각지에서 체계적으로 신뢰가 무너진 거대 산업에서 사업을 시작하려는 사업가들도 있었다. 여기에 에어비앤비의 조 게비어와 어번시터의 린 퍼킨스, 블라블라카의 프레데릭 마젤라 같은 창업자들의 이야기까지 더하면, 신뢰 도약을 가능하게 해주는 새로운 기술로 인해 우리가 상상도 하지 못했던 사람들과 개념, 그리고 경험을 편안하게 수용하는 세계가 그려진다. 이들 기업은 저마다 판이하게 달라 보이지만 디지털 도구를 이용해서 낯선 사람들과 신뢰를 쌓아 전례 없는 규모로 소통하고 협업한다는 공통점이 있다.

반면에 '디지털의 신'으로 군림하면서 우리 삶에 막대한 영향을 미치는 플랫폼과 알고리즘으로 큰 이익을 챙기면서도 정작 문제가 생기면 책임지지 않는 기업가들도 있었다. 어찌 보면 제도의 높은 벽은 단순히 모호하고 지배적인 알고리즘과 예측 불가능한 플랫폼 지도자들로 대체되었는지도 모른다. 예를 들어, 우버의 논란 많은 공동 창업자이자 전 CEO인 트래비스 칼라닉이 있다. 그의 여러 잘못 중에서도 어떤 여자가 우버 기사에게 목이 졸린 사건이 언론에 보도된 후 우버 홍보팀에 이메일을 보내서 "이런 사건이 일어나더라도 기자들이 우리에게 책임이 있다고 생각하지 못하게 하라"라고 지시한 것[8]은 특히 주목할 만하다. 우버와 우버의 악명 높은 창업자는 대중에게 공격적이고 결점 많은 민낯을 드러내면서 필요한 역할을 하지 않았다.

2017년 1월 말에 #DeleteUber라는 해시태그를 단 시위가 두 가지 쟁점을 중심으로 급속히 확산됐다. 둘 다 우버와 도널드 트럼프 대통령의 연관성에 관한 것이었다. 칼라닉은 트럼프 행정부의 자문위원단에 들어간 뒤 "사람들이 생각하는 우리 모습과 실제 우리 사이에는 인식과 현실의 차이"가 있다고 주장했다.[9] 하지만 인식은 무엇보다 중요하다.

신뢰를 잃은 기업은 몸을 낮춰 진정성 있게 사과하고 잘못을 바로잡고 문제가 된 부분을 고쳐 나가겠다는 확고한 의지를 보여줘야 한다. 사실 분산적 신뢰의 시대에는 보는 눈이 많아져서 실수와 서툰 대응으로 모면하는 것이 쉽지 않다. 요즘은 실제 사건이든 누군가 진실이라고 믿는 근거 없는 주장이든 미증유의 속도로 유포된다. 어느 날 아침, 어떤 사람의 뉴스피드에 우버의 할증요금제(탑승객의 수요와 운전기사의 공급에 따라 가격이 바뀌는 가격 알고리즘 – 옮긴이)에 대한 트윗이 올라오자 정오 무렵 소셜미디어를 통해 이 소식이 전 세계로 퍼져 나가고 곧이어 거센 항의가 일어났다. 이처럼 기술의 발달이 신뢰에 미친 영향은 막대하다.

1919년 아일랜드의 시인 예이츠는 〈재림The Second Coming〉이라는 시에서 전후 유럽의 분위기를 이렇게 묘사했다.

가장 선한 자들은 모든 신념을 잃었지만

가장 악랄한 자들은 격정에 차 있다.[10]

100년 가까이 지난 지금, 우리는 위험천만한 신뢰 전쟁의 시대를 살고 있다. 사실과 '대안적 사실alternative facts'(2017년 1월 도널드 트럼프 대통령 취임식 인파 논란과 관련해 켈리엔 콘웨이Kellyanne Conway 백악관 선임고문이 언급하면서 화제가 된 신조어 – 옮긴이) 사이에, 거짓과 소문 사이에, 오픈 플랫폼과 폐쇄적 커뮤니티 사이에, 엘리트 집단이나 정부 당국과 '국민들' 사이에, 정보를 가진 사람과 잘못된 정보를 가진 사람과 잘 속는 사람들 사이에 치열한 전쟁이 벌어지고 있다. 한동안은 반反엘리트주의와 반권위주의의 정서, 말하자면 전통적인 제도가 우리를 배반했다는 불신이 널리 퍼질 것이다. 대규모 기관과 기존 질서에 대한 신뢰는 앞으로도 계속 흔들리고 무너질 것이다.

이런 현상이 이해는 가지만 제도적 신뢰를 무너뜨린 폭탄(민주주의를 지탱하는 진실 수호 기관인 언론과 법원과 정보기관에 대한 대대적인 거부 운동)은 혼돈을 야기할 위험을 안고 있다. 물론 제도에 의문을 던지고 책임을 물어야 한다. 그러나 제도에 대한 신뢰를 완전히 거둬들이면 무엇이 남겠는가? 위험한 **신뢰 진공**trust vacuum이 생겨서 조작하기 쉽고 자극적인 음모론과 위안을 주는 편견, 근거 없는 주장과 교묘한 속임수만 난무할 것이다. 한마디로 신뢰의 무질서가 시작될 것이다. 생각해보라. 과거의 제도를 믿을 수 없다는 말을 들으면 사람들은 결국 아무것도 믿지 못하게 될지도 모른다. 제도는 시대에 뒤떨어진 방식을 고수할 필요가 없다. 뒤처지지 않으려면 새로운 신뢰 지형에 적응하는 법을 배우면 된다.

어떤 제도가 실패하면 항상 대안이 나타나 그 자리를 차지한다. 그러나 분산적 신뢰만으로는 극단적인 포퓰리즘이나 급진적인 정치 지도자들의 위험한 정책이나 분열을 조장하는 국가주의의 부활을 막을 순 없다. 다만 새로운 분산적 신뢰를 민주적이고 합리적인 과정을 통해 사람들이 원하는 방식에 대한 요구와 선호도에 맞게 구성하고 재구성하면서 앞으로 비즈니스와 정부, 미디어와 주요 제도에 나아갈 길을 제시할 수 있을 것이다. **투명하고 폭넓게 책임지는** 방식으로 사람을 우선에 두는 시스템을 다시 설계할 수단을 제공하는 것이다.

무엇보다 이런 혁신이 급속히 변화하고 발전하는 기술 환경에서 일어난다는 사실이 중요하다. 이런 환경에서는 과거에는 상상할 수도 없고 불가능했던 일들이 단시간에 새로운 기준으로 자리 잡는다. 인간은 본래 신뢰 도약에 적응하도록 타고났다. 그러나 요새는 여러 영역에서 점점 빠르게 아찔한 수준으로 도약하느라 항상 '뉴비 newbie(초보자)'로 사는 것 같다.[11] 그래서 또 하나의 난관에 부딪힌다. 전례 없는 변화의 속도를 받아들여 그 속도에 맞는 신뢰 제도를 마련해야 한다는 과제다.

사람들 그리고 나아가 국가에 제공하는 거대한 잠재력, 말하자면 신뢰가 낮은 상황에서 벗어나 도약하게 해주는 분산적 신뢰의 장치와 효과를 믿지 않았다면, 그리고 현재 거세게 몰아치는 불신의 폭풍우를 헤쳐 나갈 길을 모색하도록 도와주는 분산적 신뢰의 위력을 믿지 않았다면, 나는 이 책을 쓸 수 없었을 것이다. 분산적 신뢰의 세계에는 낙관주의와 가능성에 대한 기대가 크지만 두려움과 불확실성의 수준도 높다. 이는 현재 진행형인 문제다. 우리는 아직 분산적 신뢰의 장점과 가치와 취약성을 알아가는 중이다.

앞에서 분산적 신뢰가 오히려 우리를 중앙집권적 신뢰로 되돌리려는 것처럼 보이는 몇몇 사례를 소개했다. 원래의 좋은 의도를 넘어서 타협하는 사례들 말이다. 아마존이나 알리바바, 페이스북을 보라. 처음에는 상업이나 정보를 민주화하기 위한 도구로 출현했지만 가치 있는 정보, 갈수록 더 민감해지는 정보를 지배하는 중앙집권적 거대 기업으로 변모했다. 게다가 지배권력을 통제해야 하는 기관(예를 들어 규제기관과 노동조합)은 빠르게 변화하는 독점 기업들의 새로운 디지털 시대에 대처할 준비가 되지 않았다. 결국 분산적 신뢰의 진정한 난관은 시장의 힘과 인간의 탐욕에 저항할 수 있느냐, 적어도 버텨낼 수 있느냐 하는 문제로 귀결된다.

중국의 사회신용제도 같은 개념은 분산적 신뢰 네트워크가 정부에 의해 통제되는 수치심과 간섭의 국가적 네트워크가 될 소지가 있음을 보여준다. 초기의 유토피아적 비트코인 채굴자들은 어떻게 되었는가? 채굴 권력은 결국 중국에 위험하게 집중되어 비트코인의 기본적인 세계화 이념을 거슬렀다. 처음에는 월드와이드웹을 통해 방대하고 다채로운 개념을 교환하고 정보의 탈중심화가 일어날 거라고 기대했지만 현재 소수의 소셜네트워크에서 새로운 유형의 동종 선호와 중앙집권화(우리가 보고 읽는 정보를 관리하는 하이퍼링크와 계층) 현상이 일어났다.[12] 동네에서 서로 모르는 사람들이 담소를 나누고 언쟁을 벌이기도 하는 작은 카페가 있던 자리에 우리의 기호와 무관하게 알고리즘으로 정해진 음식을 파는 맥카페 체인이 들어선 격이다. 결과적으로 우리는 디지털 권력 집중 현상에 취약해졌다. 우리는 권력이 사람들에게 넘어오기를 바라라고 있다. 그런데 그 권력이 엉뚱한 사람들에게 넘어가면 어떻게 될까? 혹은 일부 사람들에게만 넘어가면 어떻게 될까? 더 심각하게는 소수의 엉뚱한 사람들에게만 넘어가면 어떻게 될까?

이용자가 플랫폼을 소유하고 통제해야 한다고 말하기는 쉽지만, 그럴 경우 책임 문제가 발생한다. DAO 펀드와 비트코인처럼 관료 제도와 강력한 게이트키퍼에 도전하는 개념조차 때로는 하향식 의사결정을 해줄 누군가를 필요로 한다. DAO 펀드가 도산했을 때 사람들은 어떻게 했는가? 개인, 곧 이더리움의 설립자인 비탈릭 부테린을 불러냈다. 부테린은 하드포크 방법을 적용하기 위해 네트워크에서 다수의 동의를 얻어내야 했다. 하지만 우리는 여전히 두 손 들어 포기하고 "이건 그 사람의 생각이었다"라고 말하거나 "여기 책임자가 누구인가?"라고 물을 수 있기를 바란다. 적어도 당장은 호의적인 지도자, 책임지고 문제를 해결해줄 궁극적인 의사결정권자를 원하는 사고방식에서 벗어나지 못하고 있다. 그래도 긍정적인 면을 찾자면 모든 과정이 이전보다는 훨씬 투명해졌을 뿐 아니라 다수의 감시를 받고 있으며, 모든 관계 당사자의 의견에 열려 있다는 것이다.

사실 분산적 신뢰에 기반을 둔 개념의 개발자나 지도자는 지휘하고 통제하는 방식으로 명령을 내리는 전통적인 선장과는 다르다. 하지만 늘 그렇듯 (펀드에 잘못 투자했든, 플랫폼에서 예상치 못한 대량살상이 벌어졌든) 지도자들은 배가 가라앉지 않기 위한 모든 조치에 대해 책임져야 할 부분이 커진 데다 반드시 책임을 져야 한다는 사실을 깨닫는다. 이들에게 미지의 폭풍우는 법적 난관이나 개인정보 위반이나 안전 문제나 비윤리적인 행동이나 차별, 심지어 경쟁사가 될 수도 있다. 배에 물이 들이차기 시작하면 지도자는 구멍을 막기 위해 신속하고 투명하게 행동해야 하지만 항상 모두의 합의를 끌어낼 수 있는 것은 아니다. 가끔 합의를 끌어낼 수 있고 끌어내야 할 때도 있지만 말이다. 일단 구멍부터 막고 나서 "우리가 할 일……"의 접근법으로 장기적으로 문제를 해결할 방법을 찾으면서 폭넓은 공동체의 개입을 끌어내야 한다.

분산적 신뢰의 세 번째 문제는 봇부터 블록체인에 이르기까지 새로운 기술이 사람들을 익명화하거나 다른 사람을 신뢰할 필요성을 완전히 제거하려 한다는 점이다. 인간이란 뒤틀리기도 하고 변형되기도 한 존재이지만 신뢰를 가능하게 해주는 주체도 바로 인간이다. 기술이나 수학이 아니다. 인간 편집자보다 자동 검색 엔진을 신뢰하거나 아바타나 프로그램으로 설정된 알고리즘이 관리자 역할을 대신하면 신뢰가 정지 상태에 빠질 수 있다. 인간의 실망과 경이는 어떻게 될까? 이것은 신뢰를 배우는 과정이지 신뢰 그 자체가 아니다. 시행착오를 거치지 않은 채 신뢰를 얻고 다시 회복하는 기술을 어떻게 기를 수 있겠는가? 때로는 신뢰를 회복하려면 느린 치유 과정과 사람의 손길이 필요하다. 인간이 기계와 알고리즘에만 의지해서 누구를 신뢰할지 결정할 정도로 자동화된 세상에 살게 되는 것은 부끄러운 일이다. 그런 세상에는 물론 불확실성도 없고 인간의 불완전성으로 인한 색채와 운동도 없을 테지만, 우리가 운전대에서 손을 너무 많이 떼면 더 위험해질 수 있다. 스탠리 큐브릭의 영화 〈2001: 스페이스 오디세이〉에서 컴퓨터 HAL 9000이 명령을 듣지 않자 우주비행사 데이브 보먼이 깨닫듯이, 우리에게 중요한 과제는 언제 어디서 컴퓨터 코드를 신뢰하는 것이 적절한지 판단하는 것이다.

역사를 돌아보면 신뢰는 세 개의 장으로 나뉜다. 첫 번째는 **지역적 신뢰**다. 두 번째는 **제도적 신뢰**다. 그리고 세 번째는 아직은 초보적인 단계의 **분산적 신뢰**다. 초기 단계에서의 흔한 개입과 마찬가지로 분산적 신뢰는 산만하고 예측 불가능하고 때로는 위험하기까지 하다. 분산적 신뢰 이론에 관해 자료를 조사하고 글을 쓰다 보면 내가 집에서 뛰어다니는 두 아이를 돌보면서 경계를 넓히고 끊임없이 협상하고 이해받지 못한다는 느낌에 사로잡히고, 아이들이 꼭 지켜야 할 규칙과 무시해도 되는 규칙을 알아내려고 시도하는 경우와 비슷하다는 생각이 든다.

"누구를 믿을 수 있는가?"라는 질문에 단순하게 답할 수도 있지만, 궁극적으로 이 질문은 인간의 결정에 관한 문제로 귀결된다. 기술은 우리가 더 좋고 더 새로운 선택을 하도록 도와줄 수 있지만, 결국 누구를 신뢰할 것인가, 우리의 신뢰를 받을 자격이 있는 상대가 누구인가, 라는 질문의 해답을 찾는 주체는 우리 자신이다. 따라서 신중해야 한다. 분산적 신뢰에서는 **신뢰 휴지**trust pause가 필요하다. 스마트폰을 자동으로 누르고 옆으로 넘기고 공유하고 수용하기 전에 잠시 차분히 생각하는 여유가 필요하다. 적절한 질문을 던지고 판단에 도움이 되는 적절한 정보를 찾기 위해서다. 이 사람이나 정보나 대상이 신뢰할 만한가? 이들이 무엇을 하거나 전달할 거라고 신뢰하는가? 이런 과정을 거치는 사이, 나는 내가 살고 싶은 세상을 나만의 소박한 방식으로 책임지는 것이다. 지금 우리는 키 하나만 누르면 누구나 영향력을 발휘할 수 있는 세상에서 살고 있다. 이렇게 간단한 방법으로 사회의 가장 소중하고 연약한 자산인 신뢰를 지키는 데 일조할 수 있다.

신뢰 용어집

분산적 신뢰: 개인들 사이에 수평으로 오가고 네트워크와 플랫폼과 시스템을 통해 가능한 신뢰.

제도적 신뢰: 지도자와 전문가, 브랜드로 견고해지고 법원과 규제기관과 기업 같은 기관과 중개인을 통하는 신뢰(예를 들어, 은행이 저축을 안전하게 지켜줄 거라고 신뢰하는 것).

지역적 신뢰: 소규모 지역 공동체의 구성원들 사이에서 구체적인 누군가, 우리에게 친숙한 사람에게 향하는 신뢰.

평판: 사람들이 우리에 관한 과거 경험을 토대로 오랜 시간에 걸쳐 형성한 전반적인 의견.

평판 자본: 공동체와 네트워크와 시장에서 내리는 우리에 대한 평판의 가치, 개인이나 공동체가 우리를 얼마나 신뢰할지 판단하는 기준.

평판 흔적: 우리의 행동이나 잘못된 행동에 관한 자료.

신뢰: 모르는 사람들과의 확실한 관계.

신뢰 방해물: 새로운 개념을 신뢰하거나 서로를 신뢰할 때 장애물이나 거래를 깨트리는 요인(예를 들어 자율주행차를 믿지 않는 것이 안전에 적절한 결정이 될 것이다).

신뢰 결핍: 신뢰가 부족해서 비즈니스나 기관 또는 사회가 제대로 작동하지 않는 현상.

신뢰 기술자: 사람들을 연결하고 분산적 신뢰를 구축하거나 조작하는 디지털 시스템과 네트워크를 설계하는 사람.

신뢰 틈새: 아는 대상과 모르는 대상 사이의 빈 공간.

신뢰 인플루엔서: 어떤 일을 하거나 무언가를 이해하는 방식의 중요한 변화에 중대한 영향을 미쳐서 새로운 사회 규준을 설정할 수 있는 사람.

신뢰 도약: 위험을 감수하고 새로운 일을 시도하거나 근본적으로 다른 방식으로 시도할 때 나타나는 현상.

신뢰 휴지: 자동으로 스와이프하고 클릭해서 누군가를 신뢰하기 전에 잠시 생각하는 여유.

신뢰 상처: 신뢰가 깨지는 사건에 의해 생기는 상처. 기관이나 개인이나 브랜드에 남은 상처를 치유하는 데는 수십 년이 걸릴 수도 있다.

신뢰 점수: 개인의 모든 행동이 긍정적으로나 부정적으로 평가되어 전반적인 신뢰도를 나타내는 숫자.

신뢰 이동: 지역에서 제도로, 제도에서 분산 방식으로 이어지는 신뢰의 역사적 진화.

신뢰 신호: 상대가 믿을 만한 사람인지 판단하는 데 알고서든 모르고서든 근거로 삼는 단서나 상징.

신뢰 더미: 처음에는 개념을 신뢰하고 다음으로 플랫폼을 신뢰하고 마지막으로 다른 사람(혹은 경우에 따라서는 기계나 로봇)을 신뢰하는 3단계 과정.

신뢰 진공: 전통적인 전문가와 지도자와 엘리트에 대한 신뢰가 결핍될 때 나타나는 현상. 신뢰가 결핍된 공간에는 악의적인 방해자들이 들어설 수 있다.

신뢰할 수 있는 사람: 유능하고 믿음직하고 정직해서 우리의 신뢰를 받을 만한 사람.

감사의 말

재미있게도 책을 쓰는 건 아이를 낳는 것과 비슷하다. 책이 나와서 처음 손에 잡으면 마라톤 같던 그간의 고생을 금세 잊어버린다. 책한 권이 나오기까지는 많은 사람의 노고가 들어간다. 이 책을 쓰는 동안 내게 조언해주고 격려해주고 지지해준 모든 친구, 가족, 동료 여러분께 감사의 마음을 전하고 싶다.

특히 세 명의 능력자에게 고마운 마음을 전한다. 미아 드 비야, 피비 애들러-라이언, 페넬라 사우터가 바로 그들이다. 미아는 자료조사를 도와주면서 잘 알려지지 않은 논문을 찾아주고 무수한 사실과 기록을 확인하고 또 확인해주었다. 이 책을 쓰는 데 필요한 모든 작업을 기꺼이 맡아주었다. 모든 일에 감사드린다. 이 책에 담긴 이야기를 날카롭고 흥미롭게 다듬어준 페넬라에게도 고마운 마음을 전한다. 페넬라의 예리한 비판과 조언 덕분에 이 책의 내용이 훨씬 좋아졌다. 엄청난 업무를 도맡아서 전문성과 관심과 친절로 도와준 나의 비서 피비에게 감사를 전한다. 늘 즐겁게 같이 일하고 우리 팀의 소중한 일원이 되어주어서 고맙다.

홍보에 힘쓰고 이 책의 개념을 널리 알리는 역할을 훌륭하게 수행한 그레이 넌에게 감사드린다. 사려 깊은 조언자이자 믿음직한 감독이자 활기찬 치어리더가 되어준 유능한 작가 에이전트 토비 먼디에게 감사드린다. 아직 어수선한 초기 단계부터 이 작업에 확신을 갖고 결국 이 책이 세상에 나오게 해준 그의 노고에 큰 빚을 졌다. 토비를 소개해준 데이비드 로치에게도 감사드린다.

펭귄 포트폴리오Penguin Portfolio의 훌륭한 편집자인 프레드 패티와 대니얼 크루는 원고를 마무리할 수 있도록 아낌없이 격려해주었다. 뒤를 든든히 받쳐준 세계적인 팀의 니콜라 에반스, 리디아 야디, 엘리 스미스, 존 스테이블스에게도 감사드린다. 꼼꼼하게 교열을 봐준 캐런 위트록에게도 감사드린다. 데이비드 오버가 이 책의 마케팅을 맡아준 것은 큰 행운이었다. 알렉스 엘럼과 새러 스칼렛을 비롯한 펭귄 포트폴리오의 국제저작권팀에게도 감사드린다.

해쳇의 최고 팀으로 클라이브 프라이들, 린지 프래드코프, 제이미 라이퍼가 이끄는 퍼블릭어페어Public Affair팀은 미국 독자들에게 이 책을 열심히 소개해주었다.

팀디자인Team Design의 유능한 디자이너 에이미 글로버스, 존 클라크, 데빈 세거는 이 책에 들어간 훌륭한 삽화를 제작해주었다. 나의 서툰 스케치를 바탕으로 완성된 훌륭한 삽화에 감탄했다. 복잡한 것을 단순하게 만드는 작업이야말로 복잡한 일인데, 이런 작업을 아주 훌륭하게 완수해냈다.

내게 영감을 주는 친구이자 유능한 작가인 캐롤린 바움은 이 책의 초고를 읽어주었다(당신을 신뢰하기 때문에 보여드렸습니다!).

유능한 강연 에이전트가 해야 할 모든 일을 누구보다 유능하게 처리해준 대니 스턴에게 감사드린다. 내 아이디어를 지지해준 스턴스 트레터지그룹Stern Strategy Group의 케이티 발로그, 타라 바움가르텐, 멜블레이크, 스테파니 헤크먼, 위트니 제닝스, 조셉 나바토, 수전 스턴, 애니어 트레피주르에게 감사드린다. 내가 처음 연단에 설 때부터 지지해준 나네트 몰튼과 트리시 스태퍼드, 캐럴 페더센을 비롯한 색스턴스Saxtons의 모든 분께 감사드린다.

그밖에도 소중한 시간과 지혜를 나눠준 모든 분께 감사드린다. 저드 앤틴, 제시 베이커, 안드레아 베렛, 사비 바베자, 조슈아 브로우더, 레아 버스크, 베레나 버트 데스푸, 피에리크 캉, 후안 카르타헤나, 에밀리 캐스터, 스티븐 케이브, 코이 체셔, 션 콘웨이, 이네스 코르미르, 로지에 크리머스, 코트니 크레건, 닐리시 달비, 데미안 데트체리, 매트 파우스트먼, 줄리엣 가사이드, 조 게비어, 로건 그린, 알록 굽타, 엘리엇 헤드먼, 호세 이냐시오 페르난데스, 안젤리 제인, 후사인 카사이, 리앤 켐프, 페데리코 랄라타, 데이비드 랭, 브라이언 래스롭, 제임스 마틴, 프레데릭 마젤라, 마크 스티븐 매도스, 파울로 파리기, 린 퍼킨스, 제라드 라일, 애니시 다스 사르마, 에이리얼 슐츠, 시바니 시로야, 라이언 왈, 세스 와이너에게 감사드린다. 그리고 익명으로 사연을 들려준 모든 분께 감사드린다. 나를 믿고 경험과 사연을 들려준 모든 분께 깊은 감사의 마음을 전한다.

제임스 콜먼, 프랜시스 후쿠야마, 오노라 오닐, 로버트 퍼트넘 같은 연구자들의 신뢰 연구에서 지적 영감을 얻었다.

옥스퍼드 대학교 사이드 경영대학원 교수진 덕분에 훌륭한 인재들을 가르칠 기회를 얻었다. 특히 콜린 메이어, 이언 로건, 루퍼트 영거, 마크 벤트레스카의 아낌없는 지지에 감사드린다. 더불어 수업에 열심히 참가하고 의견을 개진하고 내가 더 명료한 답을 찾도록 밀어붙여준 학생들에게도 감사드린다. 내 지도교수인 파멜라 하티건 교수님께 이 책을 바친다. 학생들을 가르친다는 것이 무엇인지 제대로 알려준 분이다. 교수님의 지혜에서 많은 것을 배우고 교수님이 사람들에게 보내는 무한한 신뢰에서 큰 영감을 얻었다.

개념을 검증하고 발전시키기 위한 공적인 플랫폼이 되어준 동료들과 기관에도 감사드린다. 네스타Nesta의 헬렌 굴덴과 여러분, RSA의 마이리 라이언고 메튜 테일러, 알렝 드 보통과 인생학교, AFR의 조 그레이와 테오 채프먼과 편집자 여러분, 〈와이어드〉의 데이비드 로완과 그렉 윌리엄스에게 감사드린다. TED의 크리스 앤더슨, 레모 주프리, 브루노 주사니, 헬렌 월터스에게 불길한 '레드 서클'에서 나온 내 아이디어를 세상에 나누게 해준 데 감사드린다.

바쁜 일정으로 결석한 사정을 양해해준 NRMA의 로한 런드와 카일 로데스와 위원회 여러분께 감사드린다. 이렇게 신뢰할 만한 기관의 일원이라는 것이 자랑스럽다.

이 책의 초기 단계에 연구와 정보를 제공하고 항상 옆을 지켜준 커스티 드 가리스에게 감사드린다. 다나 아디, 크레이그 베이커, 토니 보츠먼, 조너선 사이먼스를 비롯해 내 머릿속에 맴도는 개념에 관한 강박적인 대화를 들어준(물론 때로는 참아준) 친구와 가족들에게 감사드린다.

사랑과 관심으로 내 아이들을 돌봐준 이사벨 '1'과 이사벨 '2'에게 감사드린다. 아이들을 훌륭하게 돌보는 공간을 마련해준 데 에마누엘 학교의 교사 여러분께 감사드린다.

나를 믿고 우리 집의 내밀한 가족사를 이 책에 공개하게 허락해준 사랑하는 부모님 루스와 데이비드에게 감사드린다(저를 마약상에게 맡기신 거 용서해드릴게요!). 오랜 세월 동안 무한한 사랑과 너그러움과 지혜를 베풀어주신 데 감사드린다. 두 분 다 대단한 분들이다.

아낌없이 사랑과 지지를 보내준 시어머니 웬디에게 감사드린다. 우리 아이들에게 최고의 할머니다.

물론 기쁨과 자부심과 겸손의 무한한 원천이 되어주는 나의 아름다운 두 아이 잭과 그레이스에게도 고맙다. 둘 다 아직 어리지만 신뢰에 관해, 신뢰가 얼마나 소중한 가족의 자산인지에 관해 내게 많은 것을 가르쳐주었다.

끝으로 나를 가장 잘 아는 한 사람, 나의 남편 크리스에게 고마움을 전한다. 봇과 블록체인과 브라이트바트에 관해 이야기하고 싶지 않은 때가 많았을 테지만 늘 잘 들어주었다. 그의 무한한 인내와 사랑과 지지가 없었다면 이 책은 나올 수 없었을 것이다.

2017년 6월

레이첼 보츠먼

주석 및 참고문헌

서론 | 세 번째 신뢰 혁명이 시작됐다

1. 'The Financial Crisis Inquiry Report', Financial Crisis Inquiry Commission United States of America, https://www.gpo.gov/fdsys/pkg/GPO-FCIC/pdf/GPO-FCIC.pdf, 25 February 2011, 2017년 3월 2일 접속.

2. 'Digital Wildfires in a Hyperconnected World', WEF Report 2016, http://www.weforum.org/docs/Media/TheGlobalRisksReport2016.pdf, 2017년 5월 16일 접속.

3. '2017 Edelman Trust Barometer', Edelman, http://www.edelman.com/trust2017/, 2017년 3월 2일 접속.

4. '2017 Edelman Trust Barometer Reveals Global Implosion of Trust', Edelman, http://www.edelman.com/news/2017-edelman-trust-barometer-reveals-global-implosion/, 2017년 1월 15일 접속.

5. 튜링 제약회사의 CEO 마틴 슈레클리(Martin Shrekli)는 2015년 12월 18일 주식 사기로 체포되어 이튿날 사임했다. 2017년 6월 현재 이 사건은 아직 재판이 진행 중이다. 슈레클리는 사기 혐의를 인정하지 않았다.

6. 'The Billion Dollar Startup Club', *Wall Street Journal*, http://graphics.wsj.com/billion-dollar-club/, 2017년 5월 16일 접속.

7. 같은 책.

8. 'Tinder reveals the most attractive jobs in the UK that make people swipe right', *Telegraph*, http://www.telegraph.co.uk/technology/2016/09/07/tinder-reveals-the-most-attractive-jobs-in-the-uk-that-make-peop/, 7 September 2016, 2017년 5월 30일 접속.

1장 | 어떻게 낯선 판매자를 신뢰할 수 있을까?

1. 'Alibaba IPO: Market values e-commerce giant at $231bn in enthusiastic

opening day', *Guardian*, https://www.theguardian.com/ business/live/2014/ sep/19/alibaba-ipo-nyse-stock-price-live-updates, 12 November 2016, 2017 년 1월 30일 접속.

2. 'Alibaba Lists on the NYSE', NYSE, https://www.nyse.com/network/article/ Alibaba-Lists-on-the-NYSE, 19 September 2014, 2017년 5월 30일 접속.

3. 'Who rang Alibaba's IPO opening bell?', Offbeat China, http://offbeatchina. com/who-rang-alibabas-ipo-opening-bell, 22 September 2014, 2017년 1월 30일 접속.

4. '*Guanxi* vs networking: Distinctive configurations of affect-and cognition-based trust in the networks of Chinese vs American managers', Roy Chua, Michael Morris and Paul Ingram, *Journal of International Business Studies*, https://link.springer.com/article/10.1057/palgrave.jibs.8400422, 17 July 2008, 2016년 11월 30일 접속. .

5. 'Entrepreneurial Masterclass: Alibaba founder Jack Ma interviewed by Charlie Rose', BizNews, http://www.biznews.com/interviews/2015/02/09/the-incredible-story-behind-alibabas-jack-ma-an-inspiration-that-will-span-generations/, 9 February 2015, 2017년 5월 4일 접속. .

6. 'Alibaba, JD.com Locked in War of Words', *Forbes*, https://www.forbes. com/sites/ywang/2015/01/09/alibaba-jd-com-locked-in-war-of-words/#5cc3b3926658, 9 January 2015, 2017년 5월 30일 접속.

7. 'How Jack Ma Went From Being a Poor School Teacher to Turning Alibaba into a $US160 Billion Behemoth', Business Insider, http://www. businessinsider.com.au/the-story-of-jack-ma-founder-of-alibaba-2014-9?r=US&IR=T, 15 September 2014, 2017년 5월 30일 접속.

8. 'Entrepreneurial Masterclass: Alibaba founder Jack Ma interviewed by Charlie Rose', BizNews, http://www.biznews.com/interviews/2015/02/09/the-incredible-story-behind-alibabas-jack-ma-an-inspiration-that-will-span-generations/, 9 February 2015, 2017년 5월 4일 접속.

9. 'Meet Jack Ma, the man behind Alibaba', Australian Financial Review, http://www.afr.com/technology/meet-jack-ma-the-man-behind-alibaba-

20140908-jeqeh, 10 September 2014, 2017년 1월 30일 접속.

10. 'Thirteen Fascinating Facts About the Man Behind the Largest IPO in History', NextShark, http://nextshark.com/13-fascinating-facts-about-the-man-behind-the-largest-ipo-in-history/, 23 September 2014, 2017년 1월 30일 접속.

11. 'Alibaba Group', Julie Wulf, Harvard Business School Case 710-436, http://www.hbs.edu/faculty/Pages/item.aspx?num=38507, 26 April 2010, 2017년 5월 30일 마지막 접속.

12. *Alibaba's World*, Porter Erisman, Macmillan(2015), p. 12.

13. 'Jack Ma: U.S. Small Business Is Key to Alibaba's Growth', Bloomberg, https://www.bloomberg.com/news/articles/2015-06-09/u-s-small-busi ness-key-to-alibaba-growth-outside-china-ma-says, 9 June 2015, 2017년 1월 30일 접속.

14. 'Letter to Shareholders from Executive Chairman Jack Ma', Alibaba Group Investor News, http://www.alibabagroup.com/en/ir/article?news=p161013, 13 October 2016, 2017년 5월 4일 마지막 접속.

15. 'Squawk on the Street', CNBC, http://www.cnbc.com/2014/11/11/cnbc-exclusive-cnbc-transcript-alibaba-founder-executive-chairman-jack-ma-sits-down-with-cnbcs-david-faber-today-on-squawk-on-the-street.html, 11 November 2014, 2017년 5월 4일 접속.

16. 'Trust and Consequences', Eric Uslaner, University of Maryland, http://gvptsites.umd.edu/uslaner/commun.pdf, 2016년 11월 30일 접속, p. 1.

17. 'Gifts and Exchanges', essay by Kenneth Arrow, Princeton University Press (1982).

18. For the distinction between generalized and personal trust, see 'Trust and Finance', Paola Sapienza and Luigi Zingales, NBER Reporter Online, National Bureau of Economic Research, http://www.nber.org/reporter/2011number2/paola&luigi.html, June 2011, 2016년 12월 1일 접속.

19. *Trust and Power*, Niklas Luhmann, with an introduction by Gianfranco Poggi, Wiley(1979).

20. *The Resolution of Conflict*, Morton Deutsch, Yale University Press(1973).

21. 'Entrepreneurial Masterclass: Alibaba Founder Jack Ma Interviewed by Charlie Rose', BizNews, http://www.biznews.com/interviews/that-will-span-generations/, 9 February 2015, 2017년 5월 30일 접속.

22. 알리페이 웹사이트, https://intl.alipay.com/, 2017년 5월 4일 접속.

23. 'Jack Ma's finance business Alipay could be worth more than Goldman Sachs', Australian Financial Review, http://www.afr.com/technology/web/ecommerce/jack-mas-finance-business-alipay-could-be-worth-more-than-goldman-sachs-20160920-grkt09, 21 September 2016, 2017년 5월 4일 접속.

24. 'Alipay study: Online payments via smartphones gaining ground', *China Daily*, http://usa.chinadaily.com.cn/epaper/2016-01/13/content_ 23071262.htm, 13 January 2016, 2017년 5월 4일 접속.

25. 'Eight Ringers of Alibaba's IPO Opening Bell', Women of China, http://www.womenofchina.cn/womenofchina/html1/people/others/1409/1036-1.htm, 23 September 2014, 2017년 1월 30일 접속.

26. *Alibaba's World*, Porter Erisman, Macmillan(2015), p. 44.

27. 'Why Alibaba's CEO had to go', Fortune, http://fortune.com/2011/02/22/why-alibabas-ceo-had-to-go/, 22 February 2011, 2017년 1월 30일 접속.

28. 'Alibaba.com chief executive resigns', *Guardian*, https://www.theguardian.com/business/2011/feb/21/alibaba-chief-resigns-over-frauds, 21 February 2011, 2016년 12월 1일 접속.

29. 'The Market for Lemons: Quality Uncertainty and the Market Mechanism', George Akerlof, *Quarterly Journal of Economics*, 84, 3(1970).

30. 'The Maghribi traders: a reappraisal?' Avner Greif, *The Economic History Review*, https://web.stanford.edu/~avner/Greif_Papers/2012_ Greif_long_ssrn_Maghribi.pdf, May 2012, 2017년 2월 21일 접속.

31. 'Reputation and Coalitions in Medieval Trade: Evidence on the Maghribi Traders', Avner Greif, *The Journal of Economic History* 49, 4(1989), 857-83, https://web.stanford.edu/~avner/Greif_Papers/1989%20 Greif%20JEH%20

1989.pdf, 2016년 12월 1일 접속.

32. *Bowling Alone*, Robert Putnam, Touchstone Books by Simon and Schuster (2001).

33. *Trust*, Francis Fukuyama, Free Press Paperbacks(1995), p. 10.

2장 | 그들은 우리와 한배를 타지 않았다

1. 'Syphilis Victims in US Study went untreated for 40 years', Jean Heller, *New York Times*, http://www.nytimes.com/1972/07/26/archives/syphilis-victims-in-us-study-went-untreated-for-40-years-syphilis.html, 26 July 1972, 2017년 5월 30일 접속.

2. 'The Tuskegee Experiment kept killing black people after it ended', *New York Magazine*, http://nymag.com/scienceofus/2016/06/tuskegee-experiment-mistrust.html, 15 June 2016, 2017년 5월 30일 접속.

3. *Bad Blood: The Tuskegee Syphilis Experiment*, James H. Jones(Free Press, 1993).

4. Jean Heller's article, 'Syphilis victims in US study went untreated for 40 years', *New York Times*, http://www.nytimes.com/1972/07/26/archives/syphilis-victims-in-us-study-went-untreated-for-40-years-syphilis.html, 26 July 1972, 2017년 5월 17일 접속.

5. *Statistical Monitoring of Clinical Trials*: Fundamentals for Investigators, Lemuel Moyé, Springer(2006), p. 6.

6. 'Clinton's Apology', Tuskegee Study, http://www.cdc.gov/tuskegee/clintonp.htm, 16 May 1997, 2017년 1월 18일 접속.

7. 'Deaths: Final Data for 2010', S. L. Murphy, J. Xu and K. D. Kochanek, *National Vital Statistics Reports*, 61, 4(2013).

8. 연구자들은 종합사회조사기관(General Social Survey), 국민건강조사(National Interview Survey), 질병관리본부(Centers for Disease and Control)의 자료를 종합한 '3중 차이 모형'이라는 통계방법을 사용했다. 'Tuskegee and the Health of Black Men', Marcella Alsan and Marianne Wanamaker, National Bureau of Economic Research, http://www.nber.org/papers/w22323, June 2016, 2017년

1월 16일 접속.

9. 이 연구와 논문에 관한 두 가지 중요한 참고문헌. 'A Generation of Bad Blood', *The Atlantic*, http://www.theatlantic.com/politics/archive/2016/06/tuskegee-study-medical-distrust-research/487439, 17 June 2016, and 'Did Infamous Tuskegee Study Cause Lasting Mistrust of Doctors Among Blacks?', *New York Times*, http://www.nytimes.com/2016/06/18/upshot/long-term-mistrust-from-tuskegee-experiment-a-study-seems-to-overstate-the-case.html?_r=0, 17 June 2016, 두 문헌 모두 2017년 5월 30일 접속.

10. 조셉 래버넬의 TED 강연, 'How barbershops can keep men healthy', https://www.ted.com/talks/joseph_ravenell_how_barber-shops_can_keep_men_healthy/transcript?language=en, February 2016, 2017년 5월 30일 접속.

11. 연구자들은 이런 결과가 1972년과 이후 몇 년간 정부의 설문조사에 응답한 남자들의 태도를 설명해주지만 오늘날의 젊은 아프리카계 미국인의 태도를 반영하는 것은 아니라고 명확히 밝혔다. 'Tuskegee and the Health of Black Men', Marcella Alsan and Marianne Wanamaker, National Bureau of Economic Research, http://www.nber.org/papers/w22323, June 2016, 2017년 1월 16일 접속.

12. The Panama Papers, International Consortium of Investigative Journalists, https://panamapapers.icij.org/, 2017년 5월 16일 접속.

13. ICIJ와 전 세계 기자들의 집단의 노력이 어떻게 작동했는지 관해서는 다음을 참조하라. 'About the Panama Papers', Frederik Obermaier, Bastian Obermayer, Vanessa Wormer and Wolfgang Jaschensky, *Süddeutsche Zeitung*, http://panamapapers.sueddeutsche.de/articles/56febff0a1bb8d3c3495adf4/, 2017년 1월 16일 접속.

14. "어떤 기자가 인도 자료를 보다 보면 사건이 브라질이나 프랑스로 연결되기도 합니다"와 이후 제라드 라일의 말, 저자 인터뷰, 2016년 7월 14일.

15. 'Panama papers: Iceland PM Sigmundur Gunnlaugsson steps down', *Sydney Morning Herald*, http://www.smh.com.au/world/panama-papers-iceland-prime-minister-sigmundur-gunnlaugsson-offers-his-resignation-20160405-gnza99.html, 6 April 2016, 2017년 3월 4일 접속.

16. *The Great Divide: Unequal Societies and What We Can Do About Them*,

Joseph Stiglitz, W. W. Norton(2015), 뉴욕시 어젠더 연례 만찬에서 앤디 홀데인의 연설 'The Great Divide', 런던, 2016년 5월 18일.

17. 결정적인 기관에 관한 훌륭한 논문. 'What Are Institutions?', Geoffrey Hodgson, *Journal of Economic Issues*, March 2006, p.394, http://www.geoffrey-hodgson.info/user/bin/whatareinstitu tions.pdf, 2017년 1월 16일 접속.

18. *The Great Degeneration*, Niall Ferguson, Penguin Books(2014), p. 12.

19. 설문조사의 질문은 다음과 같다. '워싱턴의 정부가 옳은 일을 할 거라고 얼마나 신뢰할 수 있습니까? 매우, 상당히, 그다지, 전혀?' 'Trust in Government', Gallup, http://www.gallup.com/poll/5392/trust-government.aspx, 2017년 1월 18일 접속.

20. 'Americans' Confidence in Institutions Stays Low', Gallup, http://www.gallup.com/poll/192581/americans-confidence-institutions-stays-low.aspx, 2017년 6월 13일 접속.

21. 'Trust in Government', Gallup, http://www.gallup.com/poll/5392/trust-government.aspx, 2017년 1월 17일 접속.

22. 'Americans' Confidence in Congress Falls to Lowest on Record', Gallup, http://www.gallup.com/poll/163052/americans-confidence-congress-falls-lowest-record.aspx, 13 June 2013, and 'Americans' Confidence in Institutions Stays Low', Gallup, http://www.gallup.com/poll/192581/americans-confidence-institutions-stays-low.aspx, 2016년 6월 13일 접속.

23. 'Supreme Court', Gallup, http://www.gallup.com/poll/4732/supreme-court.aspx, 2017년 1월 17일 접속.

24. 'Confidence in U.S. Banks Low but Rising', Gallup, http://www.gallup.com/poll/183749/confidence-banks-low-rising.aspx, 22 June 2015.

25. 'Confidence in Institutions', Gallup, http://www.gallup.com/ poll/1597/confidence-institutions.aspx, 1-5 June 2016.

26. 교회나 종교의 신뢰 순위, 같은 책.

27. 신문사의 신뢰 순위, 같은 책.

28. 'No Front-Runner Among Prospective Republican Candidates, Hillary Clinton in Control of Democratic Primary, Harvard Youth Poll Finds',

Harvard Kennedy School, http://iop.harvard.edu/no-front-runner-among-prospective-republican-candidates-hillary-clinton-control-democratic-primary, 2017년 1월 16일 접속.

29. 'Politicians are still trusted less than estate agents, journalists and bankers', https://www.ipsos-mori.com/researchpublications/researcharchive/3685/Politicians-are-still-trusted-less-than-estate-agents-journalists-and-bankers.aspx, 22 January 2016.

30. 'Wall Street in Crisis: A Perfect Storm Looming', Labaton Sucharow's US Financial Services Industry Survey, http://www.labaton.com/en/about/press/Wall-Street-Professional-Survey-Reveals-Widespread-Misconduct.cfm, 16 July 2013, 2017년 1월 16일 접속.

31. 'Carney puts banker's pay in spotlight after misconduct shockwaves', BBC, http://www.bbc.com/news/business-30079451, 17 November 2014, 2017년 3월 4일 접속.

32. 앤디 홀데인의 간략한 프로필. 'The central banker not afraid to be blunt', *TIME*, http://time.com/70833/andy-haldane-2014-time-100/, 23 April 2014, 2017년 5월 30일 접속.

33. *Twilight of the Elites: America after Meritocracy*, Christopher Hayes, Broadway Books(2013), p. 102.

34. 'VW labor leaders said to balk at big severance for former CEO', Bloomberg, https://www.bloomberg.com/news/articles/2015-09-28/vw-labor-leaders-said-to-balk-at-big-severance-for-former-ceo, 29 September 2015, 2017년 3월 4일 접속.

35. 'The Report of the Iraq Inquiry: Executive Summary', Iraq Inquiry, http://www.iraqinquiry.org.uk/media/247921/the-report-of-the-iraq-inquiry_executive-summary.pdf, p. 48, 6 July 2016, 2017년 7월 19일 접속.

36. 'News Feed FYI: Helping Make Sure You Don't Miss Stories From Your Friends', Facebook Newsroom, http://newsroom.f b.com/news/2016/06/news-feed-fyi-helping-make-sure-you-dont-miss-stories-from-friends/, 29 June 2016, 2017년 5월 4일 접속.

37. 'Yahoo! Tops Twitter as a Traffic Referral Source for Digital Publishers', Parse.ly, http://blog.parsely.com/post/3476/yahoo-tops-twitter-traffic-referral-source-digital-publishers/, 26 April 2016, 2017년 3월 5일 접속.

38. 빌 비숍(Bill Bishop)이 오프라인 세계에서 이런 현상을 설명했다. *The Big Sort: Why the Clustering of Like-Minded America Is Tearing Us Apart*, Mariner Books(2009). 요차이 벤클러(Yochai Benkler)가 온라인의 현상을 설명했다. *The Wealth of Networks*, Yale University Press(2006).

39. 사람들이 뉴스를 어디에서 접하는지에 관한 통계자료. 'News Use Across Social Media Platforms 2016', Pew Research Center, http://www.journalism.org/2016/05/26/news-use-across-social-media-platforms-2016/, 26 May 2016, 2017년 5월 30일 접속.

40. '필터 버블'이라는 용어는 MoveOn과 Upworthy의 활동가 엘리 패리서가 저서에서 만들었다. *The Filter Bubble: What the Internet Is Hiding from You*, Penguin Press(2011).

41. 'Obama Farewell Speech Transcript', *Los Angeles Times*, http://www.latimes.com/politics/la-pol-obama-farewell-speech-transcript-20170110-story.html, 10 January 2017, 2017년 5월 15일 접속.

42. '2016 Edelman Trust Barometer - Global Results', Edelman, http://www.slideshare.net/EdelmanInsights/2016-edelman-trust-barometer-global-results, 2017년 1월 17일 접속.

43. 'Beyond the Grand Illusion', Edelman, http://www.edelman.com/p/6-a-m/beyond-grand-illusion/, 2016년 1월 18일 접속.

44. *The Prince*, Niccolò Machiavelli, Florence(1505), chapter 18.

45. *Twilight of the Elites*: America after Meritocracy, Christopher Hayes, Crown Publishing Group(2012), p. 63.

46. '5 Reasons Why Trump Will Win', Michael Moore, http://michaelmoore.com/trumpwillwin/, 2017년 1월 17일 접속.

47. 파이살 이슬람과 마이클 고브의 인터뷰, 2016년 6월 3일, 'EU in or out?', Sky News, https://corporate.sky.com/media-centre/media-packs/2016/eu-in-or-out-faisal-islam-interview-with-michael-gove-30616-8pm, 2017년 5월 16일

접속.

48. 마이클 고브의 LBC 인터뷰: 'Pro-EU Experts Like the Nazis, Says Gove', LBC, http://www.lbc.co.uk/hot-topics/eu-referendum/gove-compares-pro-eu-experts-to-nazis-132633/, 22 June 2016, 2017년 7월 19일 접속.

49. 'Word of the Year 2016 is...', Oxford Dictionary, https://en.oxforddictionaries.com/word-of-the-year/word-of-the-year-2016, 2017년 1월 17일 접속.

50. 새로운 이중화법 사전, Alain de Botton, https://twitter.com/alaindebotton/status/798623471735447553, 15 November 2016, 2016년 12월 12일.

51. 'EU Referendum: Leave supporters trust ordinary "common sense" more than academics and experts', Telegraph, http://www.telegraph.co.uk/news/2016/06/16/eu-referendum-leave-supporters-trust-ordinary-common-sense-than/, 22 June 2016, 2017년 3월 5일 접속.

52. 'TV: Diverse Ventures in News and Public Affairs', New York Times, http://www.nytimes.com/1972/05/25/archives/tv-diverse-ventures-in-news-and-public-affairs.html?_r=0, 25 May 1972, 2017년 3월 5일 접속.

53. 블로그 통계를 낼 때는 일부 블로그가 휴면·폐기 상태인 것을 감안해 블로그 게시물의 수와 블로그의 수를 비교해서 측정한다. 'Blog posts written today', http://www.worldometers.info/blogs/, 2017년 1월 17일 접속.

54. 레딧에서 말하는 최근 서브레딧의 수. 'Happy 10th birthday to us! Celebrating the best of 10 years of Reddit', Redditblog, https://redditblog.com/2015/06/23/happy-10th-birthday-to-us-celebrating-the-best-of-10-years-of-reddit/, 23 June 2015, 3월 5일 접속.

55. 'Animals Without Necks' 서브레딧의 최근 매트릭스와 다른 서브레딧에 관한 수치를 알아보는 데 유용한 사이트. Reddit Metrics, http://redditmetrics.com/r/AnimalsWithoutNecks, 2017년 1월 17일 접속.

56. 'Removing harassing subreddits', Reddit, https://np.reddit.com/r/announcements/comments/39bpam/removing_harassing_subreddits/, 2017년 1월 17일 접속.

57. 레딧의 인기에 관한 매트릭스 정보. 'How popular is Reddit', Alexa, http://www.alexa.com/siteinfo/reddit.com, 2017년 1월 17일 접속, and 'Happy

10th birthday to us! Celebrating the best of 10 years of Reddit', Reddit blog, https://redditblog.com/2015/06/23/happy-10th-birthday-to-us-celebrating-the-best-of-10-years-of-reddit/, 23 June 2015, 2017년 3월 5일 접속.

58. 'TIFU by editing some comments and creating unnecessary controversy', Reddit, https://www.reddit.com/r/announcements/comments/5frg1n/tifu_by_editing_some_comments_and_creating_an/, 30 November 2016, 2017년 1월 17일 접속.

59. 'Petition demands Reddit CEO resign for editing Trump supporter's comments', IBTimes, http://www.ibtimes.co.uk/petition-demands-reddit-ceo-resign-editing-trump-supporters-comments-1593 459, 25 November 2016, 2017년 3월 5일 접속.

60. 'Steve Huffman should step down as CEO of Reddit', Change.org, https://www.change.org/p/reddit-steve-huffman-should-step-down-as-ceo-of-reddit, 2017년 2월 22일 접속.

3장 | 낯선 사람의 차에 올라탈 수 있는 이유

1. 'BlaBlaCar valued at', IBIS Worldwide, http://ibisworldwide. com/2017/news/blablacar-valued-at-1-2bn/, 2017년 5월 4일 접속.

2. 평균 여행 횟수에 관한 정보. 'Something to chat about', *The Economist*, http://www.economist.com/news/business/21676816-16-billion-french-startup-revs-up-something-chat-about, 24 October 2015, 2017년 4월 28일 접속.

3. 'BlaBlaCar has turned ride-sharing into a multi-million-euro business', *WIRED*, http://www.wired.co.uk/article/blablacar, 14 April 2015, 2017년 4월 28일 접속.

4. 같은 책.

5. 'BlaBlaCar: Designing for Trust Between Strangers', Next, http://nextconf.eu/2013/09/blablacar-designing-for-trust-between-strangers/, 16 September 2013, 2017년 4월 28일 접속. The '700 million trips' is from 'BlaBlaCar has turned ride-sharing into a multi-million-euro business', *WIRED*, http://www.wired.co.uk/article/blablacar, 14 April 2015, 2017년 5월 4일 접속.

6. 이 회사는 2011년 블라블라카로 이름을 바꾸었다. 같은 책.

7. 같은 책.

8. 'What is the sharing economy?', Blablacar, https://www.blablacar. com/blog/reinventing-travel/sharing-economy, 2017년 5월 17일 접속.

9. 연간 유로스타 이용객 수. 'Passenger Numbers Stable', Eurostar, http://www.eurostar.com/uk-en/about-eurostar/press-office/press-releases/2016/passenger-numbers-stable-new-e320, 2017년 5월 16일 접속. 연간 브리티시 에어웨이즈 이용객 수. 'BA Traffic Stats', IAG Report 2016, http://www.iagshares.com/phoenix. zhtml?c=240949&p=irol-traffic, 2017년 5월 16일 접속.

10. 캘리포니아롤을 발명한 사람에 관해서는 음식 역사가에 따라 의견이 다르다. 'Will the Real Inventor of the California Roll Please Stand Up?', Grub Street, http://www.grubstreet.com/2012/10/inventor-claims-california-roll-sushi.html, 24 October 2012, 2017년 5월 31일 접속.

11. 'Sushi Industry Statistics', Statisticbrain, http://www.statistic brain.com/sushi-industry-statistics/, 2016년 9월 9일 접속.

12. 스티브 잡스는 컴퓨터는 초심자도 직관적으로 완벽하게 사용할 수 있을 만큼 단순해야 한다고 믿었다. 그러나 2012년 애플은 이런 디자인 철학에서 벗어났다. 팟캐스트 앱의 카세트 테이프 모양의 디자인이 젊은 스마트폰 이용자들에게 다가가지 못하기 때문이다. 'What is skeuomorphism?', BBC, http://www. bbc.com/news/magazine-22840833, 13 June 2003, 2017년 4월 28일 접속.

13. *Critique of Pure Reason*, Immanuel Kant(1781).

14. 저드 앤틴의 달러스 투 도너츠(Dollars to Donuts) 팟캐스트 인터뷰, http://www.portigal.com/podcast/, 19 January 2016, 2017년 5월 30일 접속.

15. 크리스 사카의 인터뷰, *This American Life*, http://www.this americanlife.org/radio-archives/episode/533/transcript, 9 June 2014, 2017년 3월 4일 접속.

16. 조 게비어가 2016년 2월 TED 강연에서 청중에게 실험한 데서 영감을 받았다. 'How you can design for trust', TED, https://www.ted.com/talks/joe_gebbia_how_airbnb_designs_for_trust?language=en, 2017년 5월 17일 접속.

17. "우리는 한 번도 만난 적 없는 사람들 사이에 올림픽 수준의 신뢰가 쌓이게 만들어야 했습니다"와 이후 저드 앤틴의 말, 저자 인터뷰, 2016년 7월 20일.

18. 같은 자료.

19. 에드워드 제너가 천연두 백신을 개발한 과정에 관한 자세한 내용은 다음을 참조하라. Stefan Riedel, Baylor University Medical Center Proceedings, January 2005, 18(1): 21-25, 'Edward Jenner and the history of smallpox vaccination', NCBI, https://www.ncbi.nlm.nih.gov/pmc/articles/PMC1200696/#B10, 2017년 5월 16일 접속.

20. 'The Cow-Pock-or-the Wonderful Effects of the New Inoculation!' by James Gillray, 1870, from the *Catalogue of Political and Personal Satires in the Department of Prints and Drawings in the British Museum*, volume 11, London, http://www.britishmuseum.org/research/collection_online/collection_object_details.aspx?objectId=1638225&partId=1&people=18459&peoA=18459-1-7&page=1, 2017년 5월 16일 마지막 접속.

21. WHO, http://www.who.int/csr/disease/smallpox/en/, 2017년 5월 16일 접속.

22. 'Lancet retracts 12-year-old article linking autism to MMR vaccines', *CMAJ*, https://www.ncbi.nlm.nih.gov/pmc/articles/PMC 2831678/, 4 February 2010, 2017년 5월 30일 접속.

23. 'Why Don't Parents Trust Vaccines?', Sharon Kaufman, Berkeley Wellness, http://www.berkeleywellness.com/healthy-community/contagious-disease/article/why-dont-parents-trust-vaccines, 6 April 2015, 2017년 5월 30일 접속.

24. 제임스 새뮤얼 콜먼은 사람들이 의도적으로 원하는 목표를 향해 행동하면서 주로 가치관과 선호도에 영향을 받는 목표와 유용성으로 유용성을 최대화하는 식으로 행동한다고 믿었다. *Foundations of Social Theory*, James Samuel Coleman, Harvard University Press(1998).

25. *Crossing the Chasm: Marketing and Selling High-Tech Products to Mainstream Customers*, Geoffrey Moore, HarperCollins(2006).

26. 'You won't need a driver's license by 2040', *WIRED*, https://www.wired.com/2012/09/ieee-autonomous-2040/, 17 September 2009, 2017년 5월 16일 접속.

27. "자율주행차도 이와 똑같은 난관에 부딪칩니다"와 이후 브라이언 래스로의 말, 저자 인터뷰, 2016년 8월 17일.

28. 'Three-quarters of Americans "afraid" to ride in a self-driving vehicle', AAA Newsroom, http://newsroom.aaa.com/2016/03/three-quarters-of-americans-afraid-to-ride-in-a-self-driving-vehicle/, 1 March 2016, 2017년 5월 16일 접속.

29. 'Grandma freaks out self-driving Tesla-you will laugh', YouTube, https://www.youtube.com/watch?v=3-5QSZbcs-8, 15 April 2016, 2017년 5월 16일 접속.

30. 세브스티안 스러운의 TED 강연, 'Google's driverless car', https://www.ted.com/talks/sebastian_thrun_google_s_driverless_car/tran script?language=en, March 2011, 2017년 3월 4일 접속.

31. 'Global status report on road safety 2013', World Health Organization, 2013, http://www.who.int/violence_injury_prevention/road_safety_ status/2013/en/, 2017년 5월 31일 접속.

32. 'Self-Driving Cars Could Save 300,000 Lives Per Decade in America', *The Atlantic*, https://www.theatlantic.com/technology/archive/2015/09/self-driving-cars-could-save-300000-lives-per-decade-in-america/407956/, 29 September 2015, 2017년 5월 31일 접속.

33. 'Connected and autonomous vehicles - the UK economic opportunity', KPMG, https://www.kpmg.com/BR/en/Estudos_Analises/artigosepublicacoes/Documents/Industrias/Connected-Autonomous-Vehicles-Study.pdf, March 2015, 2017년 5월 31일 접속.

34. 'Self-Driving Cars Could Save 300,000 Lives Per Decade in America', *The Atlantic*, https://www.theatlantic.com/technology/archive/2015/09/self-driving-cars-could-save-300000-lives-per-decade-in-america/407956/, 29 September 2015, 2017년 5월 31일 접속.

35. 'Loss Aversion in Riskless Choice: A Reference-Dependent Model', Amos Tversky and Daniel Kahneman, President and Fellows of Harvard College and the Massachusetts Institute of Technology, 1991, http://www3.uah.es/econ/MicroDoct/Tversky_Kahneman_1991_Loss%20 aversion.pdf, 2017년 5월 31일 접속.

36. 'How the media screwed up the fatal Tesla accident', *Vanity Fair*, http://
    www.vanityfair.com/news/2016/07/how-the-media-screwed-up-the-fatal-
    tesla-accident, 7 July 2016, 2017년 5월 31일 접속.

37. 'A Tragic Loss', 테슬라 블로그, https://www.tesla.com/en_AU/blog/tragic-loss,
    30 June 2016, 2017년 5월 31일 접속.

38. 'Skype's first employee: How Taavet Hinrikus left Skype and founded
    TransferWise', YHP, http://yhponline.com/2012/03/20/taavet-hinrikus-
    transferwise/, 20 March 2012, 2017년 5월 31일 접속.

39. 'TransferWise wants to take over the world', TechCrunch, https://techcrunch.
    com/2015/12/07/transferwise-wants-to-take-over-the-world/, 7 December
    2015, 2017년 5월 31일 접속.

40. 'Migration and Remittance Factbook 2016', http://siteresources. worldbank.
    org/INTPROSPECTS/Resources/334934-1199807908806/4549025-
    1450455807487/Factbookpart1.pdf, 2016년 9월 8일 접속.

41. *Influence: Science and Practice*, Robert Cialdini, Allyn and Bacon(2001).

42. 치알디니는 사회 증거에 대한 그의 연구를 요약한 다음의 논문에서 이 문제를 논
    의했다. 'Dr Robert Cialdini and 6 principles of persuasion', http://www.
    influenceatwork.com/wp-content/uploads/2012/02/E_Brand_principles.pdf,
    2016년 9월 16일 접속.

43. 길모퉁이 실험 참고 자료. 'Note on the Drawing Power of Crowds of Different
    Size', Stanley Milgram, Leonard Bickman and Lawrence Berkowitz, *Journal of
    Personality and Social Psychology*, 1969.

44. *The Wisdom of Crowds*, James Surowiecki, Doubleday(2004), p. 43.

45. TransferWise, https://transferwise.com/au, 2017년 5월 16일 접속.

4장 | 내가 신뢰하는 대상은 누구인가?

1. 총격 사건에 관한 GQ 기사에서 자세한 정보를 참조했다. 'The Uber Killer: The
   Real Story of One Night of Terror', GQ, http://www.gq.com/story/the-uber-
   killer, 22 August 2016.

2. 'Kalamazoo Uber Driver had a 4.73 Rating Before Shooting Rampage', TIME,

http://time.com/4233148/kalamazoo-uber-driver-rating-shooting-rampage/, 23 February 2016, 2017년 3월 4일 접속.

3. 'Uber driver Jason Dalton charged with six counts of murder over alleged Michigan shooting rampage', ABC, http://www.abc.net.au/news/2016-02-23/uber-driver-charged-with-six-murders-in-us-shooting-rampage/7191728, 23 February 2016, 2017년 3월 4일 접속.

4. 'Passengers called 911 to report Uber driver before Kalamazoo shooting', Mashable, http://mashable.com/2016/02/22/kalamazoo-shooting-uber-driver-passengers/#0sxstnSYHEqi, 23 February 2016, 2017년 3월 4일 접속.

5. 'Uber driver blamed, but no motive yet in killing spree', WZZM13, http://www.wzzm13.com/news/local/kalamazoo/uber-driver-blamed-but-no-motive-yet-in-killing-spree/50399251, 22 February 2016, 2017년 3월 4일 접속.

6. 'Kalamazoo Searches for Motive Spree That Killed 6', *New York Times*, http://www.nytimes.com/2016/02/22/us/kalamazoo-michigan-random-shootings.html?_r=0, 21 February 2016, 2017년 3월 4일 접속.

7. 'Uber failed to prioritize safety complaint on Kalamazoo suspect before shootings', *Guardian*, https://www.theguardian.com/us-news/2016/feb/22/kalamazoo-shooting-spree-jason-dalton-uber-ignored-safety-complaint, 23 February 2016, 2017년 3월 4일 접속.

8. 'The Truth About Uber's Background Checks', FastCompany, https://www.fastcompany.com/3050172/tech-forecast/the-truth-about-ubers-background-checks, 26 August 2015, 2017년 3월 4일 접속.

9. 'The Social Costs of Uber', *University of Chicago Law Review*, https://lawreview.uchicago.edu/page/social-costs-uber, 2015, 2017년 5월 15일 접속.

10. 'Reported list of incidents involving Uber and Lyft', Who's Driving You?, http://www.whosdrivingyou.org/rideshare-incidents, 2017년 2월 27일 접속.

11. 트래비스 칼라닉과 포지 카멜의 영상과 설명 참조. 'A new video shows Uber CEO Travis Kalanick arguing with a driver over fares', Recode, https://www.recode.net/2017/2/28/14766964/video-uber-travis-kalanick-driver-

argument, 28 February 2017, 2017년 7월 19일 접속.

12. 우버의 기업 가치에 관해서는 다음을 참조하라. 'The Billion Dollar Startup Club', *Wall Street Journal*, http://graphics.wsj.com/billion-dollar-club/, 2017년 5월 16일 접속.

13. 우버 승객이 '하루에 500만 명 이상'이라는 정보는 우버 UK와 아일랜드 커뮤니케이션스의 앨래너 살츠먼의 이메일에서 참조했다. 2016년 6월 6일.

14. 'Uber takes "outrageous liberty" with drivers', *Sydney Morning Herald*, http://www.smh.com.au/business/the-economy/uber-takes-outrageous-liberty-with-drivers-20160413-go5m4f.html, 14 April 2016, 2017년 5월 30일 접속.

15. 'Uber lawsuits timeline: company ordered to pay out $161.9m since 2008', *Guardian*, https://www.theguardian.com/technology/2016/apr/13/uber-lawsuits-619-million-ride-hailing-app, 13 April 2016, 2017년 5월 16일 접속.

16. 'The battle is for the customer interface', TechCrunch, https://techcrunch.com/2015/03/03/in-the-age-of-disintermediation-the-battle-is-all-for-the-customer-interface/, 3 March 2015, 2017년 3월 4일 접속.

17. 'Horsemeat scandal: timeline', *Guardian*, https://www.theguardian.com/uk/2013/may/10/horsemeat-scandal-timeline-investigation, 11 May 2013, 2017년 3월 4일 접속.

18. 'Horsemeat scandal: where did the 29% horse in your Tesco burger come from', *Guardian*, https://www.theguardian.com/uk-news/2013/oct/22/horsemeat-scandal-guardian-investigation-public-secrecy, 22 October 2013, 2017년 3월 4일 접속.

19. 'Horsemeat scandal: Dutch trader found guilty and jailed', BBC, http://www.bbc.com/news/world-europe-32202995, 7 April 2015, 2017년 7월 19일 접속.

20. 'The Limits of Friendship', *New Yorker*, http://www.newyorker.com/science/maria-konnikova/social-media-affect-math-dunbar-num ber-friendships, 7 October 2014, 2017년 3월 4일 접속.

21. *The Evolution of Cooperation*, Robert Axelrod, Basic Books(1984).

22. 같은 책.

23. 'Bass Logo', Local History of Burton-on-Trent, http://www. burton-on-trent.

org.uk/category/miscellany/bass-logo, 2017년 2월 27일 접속.

24. 'Get back in the box thought virus#6: brand as communication', Douglas Rushkoff, http://www.rushkoff.com/get-back-in-the-box-thought-virus-6-brand-as-communication/, 2017년 2월 27일 접속.

25. 'Global trust in advertising', Nielsen, http://www.nielsen.com/us/en/insights/reports/2015/global-trust-in-advertising-2015.html, 28 September 2015, 2017년 5월 31일 접속.

26. 조 게비어의 TED 강연, 'How Airbnb designs for trust', https://www.ted.com/talks/joe_gebbia_how_airbnb_designs_for_trust, February 2016.

27. "저희는 서로 만난 적 없는 두 사람이 관계를 맺을 수 있도록 조건을 만들어주어야 합니다"와 이후 조 게비어의 말, 저자 인터뷰, 2016년 7월 27일.

28. 알록 굽타의 모든 말, 저자 인터뷰, 2016년 7월 21일.

29. 'Introducing Airbnb Verified', 에어비앤비 블로그, http://blog.airbnb.com/introducing-airbnb-verified-id/, 30 April 2013, 2017년 2월 27일 접속.

30. 'Digital Discrimination: The Case of Airbnb.com', B. Edelman and M. Luca, Harvard Business School, http://hbswk.hbs.edu/item/digital-discrimination-the-case-of-airbnb-com, 24 January 2014, 2017년 5월 31일 접속.

31. 'Racial Discrimination in the Sharing Economy: Evidence from a Field Experiment', B. Edelman, M. Luca and D. Svirsky, Harvard Business School, http://www.benedelman.org/publications/airbnb-guest-discrimination-2016-09-16.pdf, 16 September 2016, 2017년 5월 31일 접속.

32. 'Civil Rights Act of 1964 explained', http://civil.laws.com/civil-rights-act-of-1964, 2017년 5월 17일 접속.

33. 'Airbnb's Work to Fight Discrimination and Build Inclusion', Laura Murphy, 에어비앤비 블로그, http://blog.airbnb.com/wp-content/uploads/2016/09/R EPORT_Airbnbs-Work-to-Fight-Discrimination-and-Build-Inclusion.pdf?3c10be, 8 September 2016, 2017년 3월 4일 접속.

34. @MiQL 트윗, 트위터 https://twitter.com/MiQL/status/675834706529673216, 2017년 5월 17일 마지막 접속.

35. 'Prejudices play out in the ratings we give-the myth of digital equality',

Guardian, https://www.theguardian.com/technology/2017/feb/20/airbnb-uber-sharing-apps-digital-equality, 20 February 2017.

36. 'Airbnb's Nondiscrimination Policy: Our Commitment to Inclusion and Respect', Airbnb, https://www.airbnb.com.au/help/article/1405/airbnb-s-nondiscrimination-policy-our-commitment-to-inclusion-and-respect, 2017 년 3월 1일 마지막 접속.

37. 'Online Trust, Trustworthiness, or Assurance?', MIT Press Journals, http://www.mitpressjournals.org/doi/abs/10.1162/DAED_a_00114?journalCode=daed#.WLKUqRJ96LI, 29 September 2011, 2017년 5월 31일 접속 .

38. 코이 체셔의 말, 저자 인터뷰, 2016년 11월 16일.

39. 'Your car is a giant computer – and it can be hacked', CNN Money, http://money.cnn.com/2014/06/01/technology/security/car-hack/index.html, 2 June 2014, 2017년 5월 4일 접속.

40. 'Codebases: Millions of lines of code', Information is beautiful, http://www.informationisbeautiful.net/visualizations/million-lines-of-code/, 2017년 5월 4일 접속.

41. 'Social Clicks: What and Who Gets Read on Twitter?' Maksym Gabielkov, Arthi Ramachandran, Augustin Chaintreau, Arnaud Legout, *ACM SIGMETRICS / IFIP Performance 2016*, June 2016, Antibes Juan-les-Pins, France, https://hal.inria.fr/hal-01281190, 2017년 5월 31일 접속.

42. '6 in 10 of you will share this link without reading it, a new, depressing study says', *Washington Post*, https://www.washingtonpost.com/news/the-intersect/wp/2016/06/16/six-in-10-of-you-will-share-this-link-without-reading-it-according-to-a-new-and-depressing-study/?utm_term=.d9b38e787de3, 16 June 2016, 2017년 3월 4일 접속.

43. Twitter, https://twitter.com/seanspicer?lang=en, 2017년 5월 16일 접속.

44. 'Transcript of Simon Sinek's Millenials in the Workplace Interview', Ochen, http://ochen.com/transcript-of-simon-sineks-millennials-in-the-workplace-interview, 2017년 1월 4일.

45. 'Facebook Tinkers with Users' Emotions in News Feed Experiment, Stirring

Outcry', *New York Times*, https://www.nytimes.com/ 2014/06/30/technology/ facebook-tinkers-with-users-emotions-in-news-feed-experiment-stirring-outcry.html?_r=0, 30 June 2014, 2017년 3월 4일 접속.

46. 'Experimental evidence of massive-scale emotional contagion through social networks', Cornell, https://cornell.app.box.com/v/fbcontagion, 25 March 2014, 2017년 3월 4일 접속.

47. 'Data Policy', Facebook, https://www.facebook.com/policy.php, 2017년 2월 27일 접속.

48. 'Facebook and Engineering the Public: It's not what's published (or not), but what's done', Medium, https://medium.com/message/engineering-the-public-289c91390225#.d1x3rghwy, 30 June 2014, 2017년 5월 30일 접속.

49. 'Here's what you need to know about that Facebook experiment that manipulated your emotions', Gigaom, https://gigaom.com/2014/06/30/ heres-what-you-need-to-know-about-that-facebook-experiment-that-manipulated-your-emotions/, 30 June 2014, 2017년 3월 4일 접속.

50. 'The Trust Engineers', RadioLab, http://www.radiolab.org/story/trust-engineers/, 9 February 2015.

51. *Weapons of Math Destruction*, Cathy O'Neil, Crown(2016), p. 183. 52 'The evolving role of news on Twitter and Facebook', Pew Research

52. Center, http://www.journalism.org/2015/07/14/the-evolving-role-of-news-on-twitter-and-facebook/, 14 July 2015, 2017년 3월 4일 접속.

53. 'Hyperpartisan Facebook Pages are Publishing False and Misleading Information at an Alarming Rate', BuzzFeed News, https://www.buzzfeed. com/craigsilverman/partisan-fb-pages-analysis?utm_term=.qkPyQLqm8#. lcVrz58d2, 20 October 2016, 2017년 3월 1일 접속.

54. 'This Analysis Shows How Viral Fake Election News Stories Outper-formed Real News on Facebook', BuzzFeed News, https://www.buzzfeed. com/craigsilverman/viral-fake-election-news-outperformed-real-newsonfacebook?utm_content=buffer20bf6&utm_medium=social&utm_source=twitter.com&utm_campaign=buffer&utm_term=.apz6rG5dQ#.

habG6qdrR, 17 November 2016, 2016년 11월 17일 접속.

55. 'Mark Zuckerberg says fake news on Facebook could not have influenced the 2016 election', Quartz, https://qz.com/836079/mark-zuckerberg-says-fake-news-on-facebook-could-not-have-influenced-the-2016-election-of-donald-trump/, 13 November 2016, 2016년 11월 17일 접속.

56. 'Building Global Community', Mark Zuckerberg, Facebook, https://www.facebook.com/notes/markzuckerberg/buildingglobalcommunity/10103508221158471/?pnref=story, 2017년 2월 17일 접속.

57. 조 게비어의 말, 저자 인터뷰, 2016년 7월 27일.

5장 | 하지만 엄마는 그 부분을 보았다

1. *Trust in Society*, ed. Karen S. Cook, Russell Sage Foundation(2003), 'Chapter 5: Trust in Signs', Michael Bacharach and Diego Gambetta.

2. 이 책에서는 오노라 오닐의 TED 강연을 자주 인용했다. https://www.ted.com/talks/onora_o_neill_what_we_don_t_under stand_about_trust/transcript?language=en, September 2013, 2017년 5월 31일 접속.

3. 'Trust, Trustworthiness and Transparency', European Foundation Centre, http://www.efc.be/human-rights-citizenship-democracy/trust-trustworthiness-, 3 December 2015, 2017년 5월 30일 접속.

4. *Trust and Trustworthiness*, Russell Hardin, Russell Sage Foundation(2002).

5. 'Monster Mensch', *New York Magazine*, http://nymag.com/news/busi nessfinance/54703/, 22 February 2009, 2017년 5월 30일 접속.

6. 오노라 오닐의 TED 강연, 'What we don't understand about trust', https://www.ted.com/talks/onora_o_neill_what_we_don_t_under stand_about_trust/transcript?language=en, September 2013, 2017년 5월 31일 접속.

7. *The Truth about Trust*, David DeSteno, First Plume Printing(2015), 'Chapter 6: Can I Trust You? Unlocking the Signals of Trustworthiness'.

8. 영국 경영 커뮤니케이션 컨설턴트 기업 아지즈 코퍼레이션(Aziz Corporation)은 비즈니스 측면에서 영국인들의 억양을 평가했다. 응답자의 43퍼센트가 스코틀랜드 억양으로 말하는 사람을 성공한 사람으로 평가했고, 40퍼센트가 열심히 일하고 신

뢰할 만한 사람으로 평가했고, 31퍼센트가 가장 신뢰도가 높은 사람으로 평가했다. 'Scots Accent Favored for Call Centers', WallStreet & Technology, http://www. wallstreetandtech.com/careers/scots-accent-favored-for-call-centers-/d/ d-id/1256416, 26 March 2004, 2017년 5월 30일 접속.

9. 얼굴 생김새로 판단하는 현상을 연구한 초기 연구자들의 연구. 'How your looks betray your personality', Roger Highfield, Richard Wiseman and Rob Jenkins, *New Scientist*, https://www.newscientist.com/article/mg20126957-300-how-your-looks-betray-your-personality/, 11 February 2009, 2017년 5월 30일 접속.

10. 'Static and Dynamic Facial Cues Differentially Affect the Consistency of Social Evaluation', *Personality and Social Psychology Bulletin*, http://psp.sagepub. com/content/early/2015/06/12/0146167215591495. abstract, 22 May 2015, 2017년 5월 30일 접속.

11. 'So you think you can be a hair braider', *New York Times*, http://www. nytimes.com/2012/06/17/magazine/so-you-think-you-can-be-a-hair-braider.html?_r=2&ref=magazine&pagewanted=all, 12 June 2012, 2017년 5월 30일 접속.

12. 세스 와이너의 말, 저자 인터뷰, 2016년 11월 23일.

13. 리 후앙과 키스 머리건의 신뢰 게임 실험. 'A Trusted Name', Kellogg Insight, http://insight.kellogg. northwestern.edu/article/a_trusted_name, 1 June 2011, 2017년 5월 16일 접속.

14. 같은 책.

15. 제이슨 탠즈는 리프트(Lyft)와 에어비앤비 같은 공유경제 플랫폼을 통해 미국인들이 서로 소통하고 신뢰하고 낯선 사람을 만나는 것을 엄청난 위험으로 보지 않게 되는 방식에 관해 적었다. 'How Airbnb and Lyft finally got Americans to trust each other', *WIRED*, https://www.wired.com/2014/04/trust-in-the-share-economy/, 23 April 2014, 2017년 5월 16일 접속.

16. 페이스북에 로그인해서 이 블로그를 확인하면 다른 사람들과 몇 단계 떨어져 있는지 확인할 수 있다. 내가 최근에 확인했을 때 마크 저커버그는 3.17단계, 셰릴 샌드버그는 2.92단계였다. 'Three and a half degrees of separation', Research at

Facebook, https://research.facebook.com/blog/three-and-a-half-degrees-of-separation/, 4 February 2016, 2017년 3월 4일 접속.

17. 캐럿 글로벌(Carat Global)의 최고전략책임자 산자이 나제랄리(Sanjay Nazerali) 가 신뢰와 경험의 차이에 관해 올린 훌륭한 글 덕분에 나는 이런 관점을 고민하는 데 도움을 받았다. 'Faith vs experience: Building trust in the digital age', MMG, http://mandmglobal.com/faith-vs-experience-building-trust-in-the-digital-age/, 21 September 2015.

18. 'A Question of Trust', Reith Lectures 2002, BBC Radio 4, http://www.bbc. co.uk/radio4/reith2002/, 2017년 5월 30일 접속.

19. 신뢰도의 특징은 신뢰 문헌에서 폭넓게 다뤄졌다. 주요 신뢰 연구자들이 신뢰 에 책임 있는 특성을 각기 다르게 제안하지만 자주 나타나는 세 가지 공통된 특 성이 있다. 능력(간혹 전문성이라고도 한다), 정직(간혹 의도, 진실성, 박애, 충실 성, 선의라고도 한다), 신뢰성(간혹 의존도, 가용성이라고도 한다). 'An Integrative Model of Organizational Trust', The Academy of Management Review, Roger Mayer, James Davis and David Schoorman study, https://www.jstor.org/ stable/258792?seq=1#page_scan_tab_contents, July 1995, 2017년 5월 30일 접속.

20. Trust and Trustworthiness, Russell Hardin, Russell Sage Foundation(2002), p. 6.

21. 'Graduates are stretching the truth to get work in uncertain economic times', Pre-employment Screening blog, http://pre-employment-screening.blogspot. com.au/2009/08/graduates-are-stretching-truth-to-get.html, 7 August 2009, 2017년 3월 4일 접속.

22. 린 퍼킨스의 말, 저자 인터뷰, 2016년 8월 25일.

23. 린 퍼킨스가 제공한 통계치, 저자 인터뷰, 2016년 8월 25일.

24. "요즘은 어디서든 점수를 매겨요"와 이후 안드레아 바렛의 말, 저자 인터뷰, 2016년 8월 25일.

25. 'Web Archive: Cartoon Captures Spirit of the Internet', New Yorker, http://web. archive.org/web/20141030135629/, http://www.nytimes. com/2000/12/14/ technology/14DOGG.html, 2017년 5월 16일 접속.

26. 만화를 보려면 다음 사이트를 방문하라. 'The Joy of Tech', Me.Me, https:// me.me/i/the-joy-of-tech-in-the-1990s-on-the-internet-11890719, 2017년 5

월 16일 접속.

27. "다들 평가와 평점을 이야기합니다. 음, 사실 그건 되돌아보는 방법입니다"와 이후 사비 바베자의 말, 저자 인터뷰, 2016년 11월 17일.

28. "감시 대상자 명단, 전국 성범죄자 등록부, 소셜 미디어 같은 데서 검색합니다"와 이후 아니시 다스 사르마의 말, 저자 인터뷰, 2016년 9월 28일.

29. 'Bad data fouls background checks', *WIRED*, https://www.wired.com/2005/03/bad-data-fouls-background-checks/, 11 March 2005, 2017년 5월 31일 접속.

30. 'Indefinite punishment and the criminal record: stigma reports among expungement-seekers in Illinois', http://onlinelibrary.wiley.com/wol1/doi/10.1111/1745-9125.12108/full, 8 June 2016, 2017년 5월 31일 접속.

6장 │ 마약상도 고객 만족도에 신경을 쓴다

1. 현재 전자상거래를 보는 관점은 원래 어떻게 시작되었는지에 따라 다르므로 '판매'를 어떻게 정의할지에 관한 몇 가지 해석이 나올 수 있다. 인터넷에서 처음 판매된 품목은 피자와 스팅(Sting) CD와 마리화나이다. *What the Dormouse Said: How the Sixties Counterculture Shaped the Personal Computer Industry*, John Markoff, Penguin Books(2005).

2. 'New "Google" for the dark web makes buying dope and guns easy', WIRED, https://www.wired.com/2014/04/grams-search-engine-dark-web/, 17 April 2014, 2017년 3월 3일 접속.

3. *The Dark Net*, Jamie Bartlett, Windmill Books(2015), p. 136.

4. 같은 책.

5. 'Bitcoin "exit scam": deep-web market operators disappear with $12m', *Guardian*, https://www.theguardian.com/technology/2015/mar/18/bitcoin-deep-web-evolution-exit-scam-12-million-dollars, 19 March 2015, 2017년 3월 3일 접속.

6. 'The dark web's top drug market evolution, just vanished', *WIRED*, https://www.wired.com/2015/03/evolution-disappeared-bit coin-scam-dark-web/, 18 March 2015, 2017년 3월 3일 접속.

7. "제가 주목하는 부분은 지난 40년간 세계적인 마약과의 전쟁으로 짓밟히고 타락한 불법 마약 거래 시장의 체질이 기술에 의해 개선된 측면입니다"와 이후 제임스 마틴의 말, 저자 인터뷰, 2016년 9월 22일.

8. 'The Global Drug Survey 2014 Findings', Global Drug Survey, https://www.globaldrugsurvey.com/past-findings/the-global-drug-survey-2014-findings, 2017년 5월 4일 접속.

9. 'The Global Drug Survey 2016 Findings', Global Drug Survey, https://www.globaldrugsurvey.com/past-findings/the-global-drug-survey-2016-findings/, 2017년 5월 4일 접속.

10. 'Taking Stock of the Online Drugs Trade', Rand Corporation, http://www.rand.org/randeurope/research/projects/online-drugs-trade-trafficking.html, 27 October 2016, 2017년 3월 3일 접속.

11. 'Shedding Light on the Dark Web', *The Economist*, http://www.economist.com/news/international/21702176-drug-trade-moving-street-online-cryptomarkets-forced-compete, 16 July 2016, 2017년 3월 3일 접속.

12. 'The internet and drug markets', European Monitoring Centre for Drugs and Drug Addiction, http://www.emcdda.europa.eu/system/files/publications/2155/TDXD16001ENN_FINAL.pdf, February 2016, 2017년 5월 30일 접속.

13. 제임스 마틴, 저자 인터뷰, 2016년 9월 22일.

14. '"Fair Trade" Cocaine and "Conflict-free" Opium: The Future of Online Drug Marketing', The Conversation, http://theconversation.com/fair-trade-cocaine-and-conflict-free-opium-the-future-of-online-drug-marketing-30127, 12 August 2014, 2017년 5월 4일 접속.

15. *The Dark Net*, Jamie Bartlett, Windmill Books(2015), p. 162.

16. 다크넷에 올라온 긍정적인 평가에 관한 통계 자료. 'Traveling the Silk Road: A measurement analysis of a large anonymous online marketplace', Nicolas Christin, Carnegie Mellon University, https://www.cylab.cmu.edu/files/pdfs/tech_reports/CMUCyLab 12018.pdf, 28 November 2012, 2017년 5월 31일 접속.

17. 'Trust among strangers in internet transactions', Paul Resnick and Richard

Zeckhauser, http://cseweb.ucsd.edu/groups/csag/html/teaching/cse225s04/Reading%20List/E-bay-Empirical-BodegaBay.pdf, 20 September 2016, 2017년 5월 31일 접속.

18. 에어비앤비 평가 제도의 변화에 관한 자료. 'Building for Trust', Medium, AirbnbEng, https://medium.com/airbnb-engineering/building-for-trust-503e9872bbbb#.s7872icvv, 15 March 2016, 2017년 5월 31일 접속.

19. 에어비앤비 평가에 관한 참고 자료. 'How do star ratings work?', Airbnb, https://www.airbnb.com.au/help/article/1257/how-do-star-ratings-work?topic=207, 2016년 10월 28일 접속.

20. 'Evolution of the Future', Robert Axelrod, http://www.eleutera.org/wp-content/uploads/2015/07/The-Evolution-of-Cooperation.pdf, 1984.

21. 나는 트레이티(Traity)의 설립자 후안 카티지너(Juan Cartegena)와 함께 평판이 무엇이고 신뢰와 어떻게 연결되는지에 관해 상세히 대화를 나눴다. 그는 내게 평판을 (자산이나 통화가 아니라) "리스크 프리미엄(risk premium)"으로 기술하는 것이 가장 적절하고 가격 탄력성이 있다고 지적한 최초의 인물이다.

22. 'Use of Silk Road, the online drug marketplace, in the United Kingdom, Australia and the United States', M. J. Barratt, J. A. Ferris, and A. R. Winstock, https://www.ncbi.nlm.nih.gov/pubmed/24372954, 2014, 2017년 5월 30일 접속.

23. 'Amazon targets 1,114 "fake reviewers" in Seattle lawsuit', BBC News, http://www.bbc.com/news/technology-34565631, 18 October 2015, 2017년 5월 31일 접속.

24. 'Historian Orlando Figes admits posting Amazon reviews that trashed rivals', *Guardian*, https://www.theguardian.com/books/2010/apr/23/historian-orlando-figes-amazon-reviews-rivals, 23 April 2010, 2017년 3월 3일 접속.

25. 'Orlando Figes: Historian admits to writing anonymous reviews on Amazon', *Telegraph*, http://www.telegraph.co.uk/culture/books/book news/7622877/Orlando-Figes-Historian-admits-to-writing-anonymous-reviews-on-Amazon.html, 24 April 2010, 2017년 6월 19일 접속.

26. 'Poison pen reviews were mine, confesses historian Orlando Figes', *Guardian*, https://www.theguardian.com/books/2010/apr/23/poison-pen-

reviews-historian-orlando-figes, 23 April 2010, 2017년 7월 19일 접속.

27. 'Some online reviews are too good to be true; Cornell computers spot "opinion spam"', http://www.news.cornell.edu/stories/2011/07/cornell-computers-spot-opinion-spam-online-reviews, 25 July 2011, 2017년 5월 31일 접속.

7장 | 누군가 당신의 삶을 점수 매기고 있다면

1. 'Planning Outline for the Construction of a Social Credit System', China Copyright and Media, translated by Rogier Creemers, https://chinacopyrightandmedia.wordpress.com/2014/06/14/planning-outline-for-the-construction-of-a-social-credit-system-2014-2020/, 2017년 3월 3일 접속.

2. 같은 책.

3. 'China rates its own citizens - including online behaviour', *Volkskrant*, http://www.volkskrant.nl/buitenland/china-rates-its-own-citizens-including-online-behaviour~a3979668/, 25 April 2015, 2017년 5월 4일 접속.

4. 'Big Brother Ranking for All: How Would Your Life Rate?', News.com.au, http://www.news.com.au/lifestyle/real-life/big-brother-ranking-for-all-how-would-your-life-rate/news-story/53928e0017a582e16acfa792bf51a496, 9 October 2015, 2017년 3월 3일 접속.

5. 'How China Wants to Rate Its Citizens', *New Yorker*, http://www.newyorker.com/news/daily-comment/how-china-wants-to-rate-its-citizens, 3 November 2015, 2017년 4월 30일 접속.

6. 'Use Big Data Thinking and Methods to Enhance the Government's Governing Capacity', China Copyright and Media, edited by Rogier Creemers, https://chinacopyrightandmedia.wordpress.com/2016/07/12/use-big-data-thinking-and-methods-to-enhance-the-governments-gover ning-capacity/, 12 July 2016, 2017년 3월 3일 접속.

7. 사람들이 세서미 점수를 어떻게 받을까? 'Ant Financial Unveils China's First Credit-Scoring System Using Online Data', Alibaba Group, http://www.alibabagroup.com/en/news/article?news=p150128, 28 January 2015, 2017년 3

월 4일 접속.

8. 'Ant Financial Subsidiary Starts Offering Individual Credit Scores', Caixin Online, http://english.caixin.com/2015-03-02/100787148.html, 2017년 4월 30 일 접속.

9. 같은 책.

10. *The Circle*, Dave Eggers, Penguin Books(2014), p. 367.

11. 같은 책, p. 303.

12. 'China wants to give all of its citizens a score - and their rating could affect every area of their lives', *Independent*, http://www.independent.co.uk/news/ world/asia/china-surveillance-big-data-score-censorship-a7375221.html, 22 October 2016, 2017년 4월 30일 접속.

13. 'Mainland credit-rating network takes shape', *China Daily Asia*, http://www. chinadailyasia.com/business/2015-06/09/content_15274221. html, 9 June 2015, 2017년 4월 30일 접속.

14. 'In China, Your Credit Score is Now Affected By Your Political Opinions- And Your Friends' Political Opinions', Privacy News Online, https://www. privateinternetaccess.com/blog/2015/10/in-china-your-credit-score-is- now-affected-by-your-political-opinions-and-your-friends-political- opinions/, 3 October 2015, 2017년 3월 4일 접속.

15. 로지에 크리머스의 말, 저자 인터뷰, 2016년 11월 24일.

16. 'In China, Your Credit Score is Now Affected By Your Political Opinions- And Your Friends' Political Opinions', Private Internet Access, https://www. privateinternetaccess.com/blog/2015/10/in-china-your-credit-score-is- now-affected-by-your-political-opinions-and-your-friends-political- opinions/, 3 October 2015, 2017년 3월 4일 접속.

17. 'China's "social credit": Beijing sets up huge system', BBC, http://www.bbc. com/news/world-asia-china-34592186, 26 October 2015, 2017년 3월 4일 접속.

18. 캐시 오닐은 알고리즘이 사람들을 점점 더 규제하는 과정에 관한 저서에서 이 부분 을 다뤘다. *Weapons of Math Destruction*, Cathy O'Neil, Crown(2016).

19. *Super Sad True Love Story*, Gary Shteyngart, Random House(2010).

20. 'Will Social Media Make Us Anti-Social? A Talk With Gary Shteyngart', *The Atlantic*, http://www.theatlantic.com/business/archive/2011/10/will-social-media-make-us-anti-social-a-talk-with-gary-shteyngart/247373/, 26 October 2011, 2017년 3월 2일 접속.

21. 'China rates its own citizens - including online behaviour', *Volkskrant*, http://www.volkskrant.nl/buitenland/china-rates-its-own-citizens-including-online-behaviour~a3979668/, 25 April 2015, 2017년 5월 4일 접속.

22. 'China's "social credit": Beijing sets up huge system', BBC, http://www.bbc.com/news/world-asia-china-34592186, 26 October 2015, 2017년 3월 2일 접속.

23. 'Orwellian Dystopia or Trustworthy Nation? Get the Facts on China's Social Credit System', Advox Global Voices, https://advox.globalvoices.org/2016/01/08/orwellian-dystopia-or-trustworthy-nation-get-the-facts-on-chinas-social-credit-system/, 8 January 2016, 2017년 3월 3일 접속.

24. 'From the end of sesame credit "not the same" data source', 21jingji, http://m.21jingji.com/article/20150617/0c3b29fd50dd0a4a4b2f9d9e94f9cb99.html, 17 June 2015, 2017년 5월 30일 접속.

25. 'State Council Guiding Opinions concerning Establishing and Perfecting Incentives for Promise-keeping and Joint Punishment Systems for Trust-Breaking, and Accelerating the Construction of Social Sincerity', China Copyright and Media, edited by Rogier Creemers, https://chinacopyrightandmedia.wordpress.com/2016/05/30/state-council-guiding-opinions-concerning-establishing-and-perfecting-incentives-for-promise-keeping-and-joint-punishment-systems-for-trust-breaking-and-accelerating-the-construction-of-social-sincer/, 18 October 2016, 2017년 3월 8일 접속.

26. 같은 책. 'China's New Tool for Social Control: A Credit Rating for Everything', Wall Street Journal, https://www.wsj.com/articles/chinas-new-tool-for-social-control-a-credit-rating-for-everything-1480351590, 28 November

2016, 2017년 5월 31일 접속.

27. 'Charlie Brooker: the dark side of our gadget addiction', *Guardian*, https://www.theguardian.com/technology/2011/dec/01/charlie-brooker-dark-side-gadget-addiction-black-mirror, 2 December 2011, 2017년 4월 30일 접속.

28. 'Lessons from Luciano Floridi, the Google Philosopher', Radio National, http://www.abc.net.au/radionational/programs/philosopherszone/lessons-from-luciano-floridi-the-google-philosopher/6497872, 26 May 2015, 2017년 3월 4일 접속.

29. *The Fourth Revolution*, Luciano Floridi, Oxford University Press(2014).

30. 브레트 이스턴 엘리스(Bret Easton Ellis)가 〈뉴욕타임스〉 기사에서 오늘날 모든 사람이 온라인에서 브랜드화되고 표적이 되고 데이터 채굴의 대상이 되도록 스스로를 설정하는 방식에 관해 쓴 내용에서 영향을 받아 이 장의 일부를 구성했다. 'Bret Easton Ellis on Living in the Cult of Likability', New York Times, http://www.nytimes.com/2015/12/08/opinion/bret-easton-ellis-on-living-in-the-cult-of-likability.html?_r=0, 8 December 2015.

31. 컴퓨터 지원 협력 작업에 관한 2010 ACM 회담 회보. 'Is it really about me? Message content in social awareness streams', Association for Computing Machinery, 2010, pp. 189-92.

32. 'Disclosing information about the self is intrinsically rewarding', PNAS, http://www.pnas.org/content/109/21/8038.full, 22 May 2012, 2017년 5월 30일 접속.

33. '피플'은 2015년 10월에 "사람들을 위한 옐프"라는 문구로 홍보를 시작했지만 거센 비난에 부딪혔다. 앱에 몇 가지 변경사항을 적용한 후 2016년 3월에 재출시되었다. 'Remember Peeple? It's back, and launching on Monday', *WIRED*, http://www.wired.co.uk/article/peeple-social-reputation-app-launched-released-download, 4 March 2016, 2017년 5월 16일 접속.

34. 'Everyone you know will be able to rate you on the terrifying "Yelp for people"-whether you want them to or not', *Washington Post*, https://www.washingtonpost.com/news/the-intersect/wp/2015/09/30/everyone-you-know-will-be-able-to-rate-you-on-the-terrifying-yelp-for-people-whether-you-want-them-to-or-not/, 30 September 2015, 2016년 11월 9일

접속.

35. 'Peeple Watching Webisode 1-Building the people app in SF', YouTube, https://www.youtube.com/watch?v=6YrLEL6U5o4, 5 October 2015, 2017년 5월 16일 접속.

36. 'China penalizes 6.7m debtors with travel ban', *Financial Times*, https://www.ft.com/content/ceb2a7f0-f350-11e6-8758-6876151821a6, accessed 15 February 2017.

37. '4.9 mln people with poor credit record barred from taking planes', Ecns.cn, http://www.ecns.cn/2016/11-03/232618.shtml, 11 March 2016, 2017년 5월 16일 접속.

38. 'Around the House: 50 years ago, an idea and $800 led to today's FICO scores', San Gabriel Valley Tribune, http://www.sgvtribune.com/business/20160624/around-the-house-50-years-ago-an-idea-and-800-led-to-todays-fico-scores, 24 June 2016, 2017년 11월 15일 접속.

39. Refer to 'Fair and Accurate Credit Transactions Act of 2003', US Government Publishing Office, https://www.gpo.gov/fdsys/pkg/PLAW-108publ159/html/PLAW-108publ159.htm, 2017년 5월 10일 접속.

40. 'Credit score statistics', NASDAQ, http://www.nasdaq.com/article/credit-score-statistics-cm435901, 23 January 2015, 2017년 5월 4일 접속.

41. 'China's "social credit": Beijing sets up huge system', BBC, http://www.bbc.com/news/world-asia-china-34592186, 26 October 2015, 2017년 5월 31일 접속.

42. 신뢰 정보 결핍에 의한 연간 경제 손실에 관한 참고문헌. 'China's social credit system gains momentum', ChinaDaily.com, http://www.chinadaily.com.cn/china/2014-08/22/content_18472094. htm, 22 July 2014, 2017년 8월 4일 접속.

43. 'Global trade in fake goods worth nearly half a trillion dollars a year-OECD & EUIPO', OECD, http://www.oecd.org/industry/global-trade-in-fake-goods-worth-nearly-half-a-trillion-dollars-a-year.htm, 18 April 2016, 2017년 5월 30일 접속.

44. 왕수친과의 인터뷰. 'China rates its own citizens - including online behaviour',

Volkskrant, http://www.volkskrant.nl/buitenland/china-rates-its-own-citizens-including-online-behaviour~a3979668/, 25 April 2015, 2017년 5월 4일 접속.

45. 'Planning Outline for the Construction of a Social Credit System', China Copyright and Media, translated by Rogier Creemers, https://chinacopyrightandmedia.wordpress.com/2014/06/14/planning-outline-for-the-construction-of-a-social-credit-system-2014-2020/, 25 April 2015, 2017년 3월 3일 접속.

46. 'Open Sesame – Why a Digital "Social Credit" System Makes Sense for China', LinkedIn, https://www.linkedin.com/pulse/open-sesame-why-digital-social-credit-system-makes-sense-majid-%E7%BD%97%E7% B4%A0, 5 November 2015, 2017년 4월 30일 접속.

47. 'Facebook can recognise you in photos even if you're not looking', *New Scientist*, https://www.newscientist.com/article/dn27761-facebook-can-recognise-you-in-photos-even-if-youre-not-looking/, 22 June 2015, 2017년 4월 30일 접속.

48. 'OECD Digital Economy Outlook 2015 – Emerging issues: The Internet of Things, OECD Publishing', http://www.keepeek.com/Digital-Asset-Management/oecd/science-and-technology/oecd-digital-economy-outlook-2015/emerging-issues-the-internet-of-things_9789264232440-8-en#page1, 2015, 2016년 12월 5일 접속.

49. Zak v Bose Corp, U.S. District Court, Northern District of Illinois, No. 17-02928, https://assets.documentcloud.org/documents/3673948/Zak-v-Bose.pdf, 2017년 7월 19일 접속.

50. 'A message to our Bose Connect App customers', Bose, https://www.bose.com.au/en_au/landing_pages/bose_corporation_updates.html, 2017년 4월 20일 접속.

51. 'We-Vibes Motion For Approval of Settlement', US District Court, Northern District of Illinois, No. 1:16-cv-08655, https://assets.docu mentcloud.org/documents/3517061/We-Vibes-Motion-For-Approval-of-Settlement.pdf,

2017년 7월 19일 접속.

52. 'Sex toy surveillance: more Wi-Fi enabled devices vulnerable to hacking', *WIRED*, http://www.wired.co.uk/article/we-vibe-sex-toy-surveillance, 5 April 2017, 2017년 7월 19일 접속. 스바콤은 이후 문제를 해결했고, 업데이트된 소프트웨어는 "완전히 안전하다"라고 설명했다.

53. 'Agreement Between TSA and TSA Pre-check Application Expansion', Agenda 21 News, http://agenda21news.com/wp-content/uploads/2015/01/OTA_Articles_for_Pre-check_Application_Expan sion.pdf, 2016년 12월 5일 접속.

54. 'Password for social media accounts could be required for some to enter country', TechCrunch, https://techcrunch.com/2017/02/08/passwords-for-social-media-accounts-could-be-required-for-some-to-enter-country/, 8 February 2017, 2017년 5월 31일 접속.

55. 'A.G. Schneiderman Announces Settlement with Uber to Enhance Rider Privacy', New York State Office of the Attorney General, https://ag.ny.gov/press-release/ag-schneiderman-announces-settlement-uber-enhance-rider-privacy, 6 January 2016, 19 June 2017.

56. 'RoG Blog': 'Blog.Uber.com/Ridesofglory', *Internet Archive WaybackMachine*, https://web.archive.org/web/20140827195715/, http://blog.uber.com/ridesofglory, 26 March 2012, 2017년 6월 19일 접속.

57. 'Uber to Pay $20,000 Fine Over "God View" Toll September 2014 Data Breach', TechTimes, http://www.techtimes.com/articles/122410/20160107/uber-to-pay-20-000-fine-over-god-view-tool-september-2014-data-breach.htm, 7 January 2016, 2016년 12월 5일 접속.

58. *The Inevitable*, Kevin Kelly, Viking Press(2016).

59. 'Why you should embrace surveillance, not fight it', *WIRED*, https://www.wired.com/2014/03/going-tracked-heres-way-embrace-surveil lance/, 3 October 2014, 2017년 1월 7일 접속.

1. 'Believing in BERT: Using expressive communication to enhance trust and counteract operational error in physical Human-Robot Interaction', Adriana Hamacher, Nadia Bianchi-Berthouze, Anthony Pipe and Kerstin Eder, 2016, 25th IEEE International Symposium on Robot and Human Interactive Communication(RO-MAN), https://arxiv.org/ftp/arxiv/papers/1605/1605.08817.pdf, 2016년 12월 12일 접속.

2. 'People will lie to robots to avoid "hurting their feelings"', *WIRED*, http://www.wired.co.uk/article/bert-lying-robots-emotions, 23 August 2016, 2017년 5월 31일 접속.

3. 'Trust Me: Researchers Examine How People and Machines Build Bonds', George Mason University, https://www2.gmu.edu/news/1849, 4 February 2015, 2017년 3월 4일 접속.

4. 'Can we trust robots?', Mark Coeckelbergh, *Ethics and Information Technology*, http://link.springer.com/article/10.1007/s10676-011-9279-1, 3 September 2011, 2017년 3월 4일 접속.

5. 2016년 12월에 스티븐 케이브와 나눈 대화를 통해 무언가를 하는 기술에서 무언가를 결정하는 기술로 신뢰의 영역이 변화한 현상을 이해하게 되었다.

6. 'What Is a Robot?', *The Atlantic*, http://www.theatlantic.com/technology/archive/2016/03/what-is-a-human/473166/, 22 March 2015, 2017년 3월 5일 접속.

7. 'Computing Machinery and Intelligence', Alan Turing, *Mind*, http://mind.oxfordjournals.org/content/LIX/236/433.full.pdf+html and Oxford University Press(1950).

8. *Speculations Concerning the First Ultraintelligent Machine*, Irving Good, http://www.kushima.org/is/wp-content/uploads/2015/07/Good65ultraintelligent.pdf and Academic Press (1965).

9. 'Stephen Hawking warns artificial intelligence could end mankind', BBC, http://www.bbc.com/news/technology-30290540, 2 December 2014, 2017년 3월 5일 접속.

10. 'Computer AI passes Turing test in "world first"', BBC, http://www.bbc.com/news/technology-27762088, 9 June 2014, 2017년 3월 5일 접속.

11. 'AI Program beats humans in poker game', BBC News, http://www.bbc.co.uk/news/technology-38812530, 31 January 2017, 2017년 5월 4일 접속.

12. 페퍼 로봇을 소유하는 가격에 관한 정보. 'Pepper the robot's contract bans users from having sex with it', *WIRED*, http://www.wired.co.uk/article/pepper-robot-sex-banned, 23 September 2015, 2017년 1월 12일 접속.

13. 'No sex please, we're robots! Buyers of hit new "emotional robot" Pepper to sign contract vowing it wont be used indecently', *Daily Mail*, http://www.dailymail.co.uk/news/article-3243051/No-sex-robots-Buyers-hit-new-emotional-robot-Pepper-sign-contract-saying-won-t-used-sex-porno-films.html, 23 September 2015, 2017년 3월 5일 접속.

14. 'The Great Bot Rush of 2015-2016', Continuations, http://continu ations.com/post/135317420600/the-great-bot-rush-of-2015-16, 16 December 2015, 2017년 3월 5일 접속.

15. 'What Is a Robot?', *The Atlantic*, http://www.theatlantic.com/technology/archive/2016/03/what-is-a-human/473166/, 22 March 2015, 2017년 3월 5일 접속.

16. 같은 책.

17. 조슈아 브로더의 두낫페이(DoNotPay)에 관한 통계 자료. 저자 인터뷰, 2017년 3월 2일.

18. 테이는 트위터에 등장한 지 24시간 만에 팔로어 5만 명을 얻고 트윗을 10만 개 가까이 생성했다. 'Why Microsoft's "Tay" AI bot went wrong', TechRepublic, http://www.techrepublic.com/article/why-microsofts-tay-ai-bot-went-wrong/, 24 March 2016, 2017년 5월 30일 접속.

19. 'Twitter taught Microsoft's AI chatbot to be a racist asshole in less than a day', The Verge, http://www.theverge.com/2016/3/24/11297050/tay-microsoft-chatbot-racist, 24 March 2016, 2017년 5월 20일 접속.

20. 앤드루 카패시(Andrew Karpathy)는 신경망이 단어 예측(predictive text)을 시도하는 과정을 설명했다. 'Multi-layer Recurrent Neural Networks(LSTM, GRU, RNN)

for character-level language models in Torch', Github, https://github.com/ karpathy/char-rnn, 2016년 12월 9일 접속.

21. 'Tay, Microsoft's AI chatbot, gets a crash course in racism from Twitter', *Guardian*, https://www.theguardian.com/technology/2016/mar/24/tay-microsofts-ai-chatbot-gets-a-crash-course-in-racism-from-twitter, 24 March 2016, 2017년 5월 20일 접속.

22. "가상 시스템과 자동 시스템의 핵심에 들어갈 소프트웨어의 정신을 개발하고 있습니다"와 이후 마크 메도즈의 말, 저자 인터뷰, 20106년 12월 1일.

23. 'The Bot Politic', *New Yorker*, http://www.newyorker.com/tech/elements/the-bot-politic, 31 December 2016, 2017년 5월 31일 접속.

24. 'Public Predictions for the Future of Workforce Automation', Pew Research Center, http://www.pewinternet.org/2016/03/10/public-predictions-for-the-future-of-workforce-automation/, 10 March 2016, 2017년 5월 6일 접속.

25. 'The Future of Employment: How Susceptible are Jobs to Computerisation?', Carl Benedikt Frey and Michael Osborne, Oxford Martin School, http://www.oxfordmartin.ox.ac.uk/downloads/aca demic/The_Future_of_Employment.pdf, 2013, 2017년 3월 4일 접속.

26. 'An Uncanny Mind, Masahiro Mori on the Uncanny Valley and Beyond', IEEE Spectrum, http://spectrum.ieee.org/automaton/robotics/humanoids/an-uncanny-mind-masahiro-mori-on-the-uncanny-valley, 12 June 2012, 2017년 3월 4일 접속.

27. 'Now you're talking: human-like robot may one day care for dementia patients', Reuters, http://www.reuters.com/article/singapore-humanoididUSKCN0W9120, 7 March 2016, 2017년 5월 30일 접속.

28. 'Oh dear! Oh dear! I shall be too late!' See *Alice's Adventures in Wonderland*, Lewis Carroll, Macmillan and Co.(1869), p. 1.

29. 'The mind in the machine: Anthropomorphism increases trust in the autonomous vehicle', Adam Waytz, Joy Heafner and Nicholas Epley, *Journal of Experimental Social Psychology*, http://www.sciencedirect.com/science/article/pii/S0022103114000067, May 2014, 2016년 12월 9일 접속.

30. 'The Bot Politic', *New Yorker*, http://www.newyorker.com/tech/elements/the-bot-politic, 31 December 2016, 2017년 5월 31일 접속.

31. 'Hackers can hijack Wi-Fi Hello Barbie to spy on your children', *Guardian*, https://www.theguardian.com/technology/2015/nov/26/hackers-can-hijack-wi-fi-hello-barbie-to-spy-on-your-children, 26 November 2015, 2016년 12월 5일 접속. 토이톡 마텔(ToyTalk Mattel)은 서버에서 보안이 약한 SSLv3 암호를 제거하는 등 보안 분석가 앤드루 블레이치가 제기한 여러 가지 문제를 해결했다. 마텔의 대변인 이셸 치도니(Michelle Chidoni)는 이렇게 말했다. "저희는 블루박스(Bluebox) 보안 보고서를 잘 알고 토이톡이 헬로 바비의 안전과 보안을 보장하도록 면밀히 작업하고 있습니다."

32. "중요한 질문은 컴퓨터의 신뢰성을 어떻게 평가하느냐 하는 겁니다"와 스티븐 케이브의 말, 저자 인터뷰, 2016년 12월 6일.

33. 'Machine Ethics: The Robots Dilemma', *Nature*, http://www.nature.com/news/machine-ethics-the-robot-s-dilemma-1.17881, 1 July 2015, 2017년 3월 4일 접속.

34. 벤덤의 "근본적 공리"라고도 한다. *A Fragment on Government*, Preface, Jeremy Bentham, Cambridge University Press(1988).

35. *The Right and the Good*, William David Ross, Clarendon Press(2002).

36. *Machine Ethics*, Michael Anderson and Susan Leigh Anderson, Cambridge University Press(2011).

37. 'The Ethical Robot', UConn Today, http://today.uconn.edu/2010/11/the-ethical-robot/, 8 November 2010, 2016년 12월 12일 접속.

38. 전차 문제는 1960년대 철학자 필리파 푸트(Philippa Foot)와 주디스 자비스(Judith Jarvis)가 고안했다. http://philpapers.org/archive/FOOTPO-2.pdf, from the *Oxford Review*(1967).

39. 'Rise of the machines: are algorithms sprawling out of our control?', *WIRED*, http://www.wired.co.uk/article/technology-regulation-algorithm-control, 1 April 2017.

40. ' Principles of robotics', Engineering and Physical Sciences Research Council, https://www.epsrc.ac.uk/research/ourportfolio/themes/engineering/

activities/principlesofrobotics/, 2016년 12월 12일 접속.

41. 'The social dilemma of autonomous vehicles' Jean-François Bonnefon, Azim Shariff and Iyad Rahwan, *Science*, 352/6293, https://arxiv.org/abs/1510.03346, 4 July 2016, 2016년 12월 12일 접속.

42. 'Driverless cars are colliding with the creepy Trolley Problem', *Washington Post*, https://www.washingtonpost.com/news/innovations/wp/2015/12/29/will-self-driving-cars-ever-solve-the-famous-and-creepy-trolley-problem/?utm_term=.44210b7e6797, 29 December 2015, 2016년 12월 12일 접속.

43. 'Why robots need to be able to say "no"', The Conversation, http://www.wired.co.uk/article/technology-regulation-algorithm-control, 8 April 2016, 2016년 12월 12일 접속.

9장 | 블록체인 I : 디지털 골드러시

1. 윌리엄 헨리 퍼니스 3세가 얍 섬에서의 경험을 기록한 자료. *The Island of Stone Money: Uap of the Carolines*, William H. Furness, J. B. Lippincott Co.(1910), pp. 94-106.

2. 'David O'Keefe: The King of Hard Currency', Smithsonian Magazine, http://www.smithsonianmag.com/history/david-okeefe-the-king-of-hard-currency-37051930/, 28 July 2011, 2017년 3월 2일 접속.

3. 'When Bitcoin Grows Up', *London Review of Books*, http://www.lrb.co.uk/v38/n08/john-lanchester/when-bitcoin-grows-up?utm_content=bufferc8f7f&utm_medium=social&utm_source=twitter.com&utm_campaign=buffer, 21 April 2016, 2017년 3월 2일 접속.

4. *The Island of Stone Money: Uap of the Carolines*, William H. Furness, J. B. Lippincott Co.(1910), p. 98.

5. 'The Island of Stone Money', Milton Friedman, http://www.karl-whelan.com/IMB/Friedman-Yap.pdf, Stanford University, February 1991.

6. 전 세계 돈의 총액을 가치로 추산한 결과에 관한 자료. *The Doctor*, Dr Karl Kruszelnicki, Macmillan Australia(2016), p. 132.

7. *Double Entry*, Jane Gleeson-White, Allen & Unwin(2011).

8. 'Bitcoin: A Peer-to-Peer Electronic Cash System', Satoshi Nakamoto, https://bitcoin.org/bitcoin.pdf, 24 May 2009, 2017년 3월 2일 접속.

9. 'Bitcoin open source implementation of P2P currency', Satoshi Nakamoto, P2P foundation, http://p2pfoundation.ning.com/forum/topics/bitcoin-open-source, 11 February 2009, 2017년 3월 2일 접속.

10. 'Disruptions: Betting on a Coin with no realm', *New York Times*, https://bits.blogs.nytimes.com/2013/12/22/disruptions-betting-on-bit coin/?_r=0&mtrref=www.forbes.com&gwh=EF12B4F946D4DF3A6 0818B678EA05D1B&gwt=pay, 22 December 2013, 2017년 3월 2일 접속.

11. 2017년 1월 비트코인의 가격 상승에 관한 자료. 'Bitcoin Price Soars, Fueled by Speculation and Global Currency Turmoil', *New York Times*, https://www.nytimes.com/2017/01/03/business/dealbook/bitcoin-price-soars-fueled-by-speculation-and-global-currency-turmoil.html, 3 January 2017, 2017년 3월 2일 접속.

12. Wei Dai, 'b-money', http://www.weidai.com/bmoney.txt, 1998, 2017년 3월 2일 접속.

13. 'Back to the Future: Adam Back Remembers the Cypherpunk Revolution and the Origins of Bitcoin', *Bitcoin Magazine*, https://bitcoin magazine.com/articles/back-future-adam-back-remembers-cypherpunk-revolution-origins-bitcoin-1441741053/, 8 September 2015, 2017년 3월 2일 접속.

14. 비트코인 거래 수에 관한 자료. 'Bitcoin Total Number of Transactions', Quandl, https://www.quandl.com/data/BCHAIN/ NTRAT-Bitcoin-Total-Number-of-Transactions, 2017년 2월 14일 접속.

15. 비트코인 노드 수에 관한 자료. 'Nodes', Bitnodes, https://bit nodes.21.co/dashboard/?days=90, 2017년 2월 14일 접속.

16. 'The Satoshi Affair', *London Review of Books*, https://www.lrb.co. uk/v38/n13/andrew-ohagan/the-satoshi-affair, 30 June 2016, 2017년 2월 14일 접속.

17. 'Engineering the Bitcoin Gold Rush: An Interview with Yifu Guo, Creator of the First Purpose-Built Miner', *Motherboard*, https://motherboard.vice.com/

en_us/article/engineering-the-bitcoin-gold-rush-an-interview-with-yifu-guo-creator-of-the-first-asic-based-miner, 27 March 2013, 2017년 3월 2일 접속.

18. 'In the beginning - Trusted Disrupted: Bitcoin and the Blockchain'(Episode 1), https://techcrunch.com/2016/10/10/watch-the-first-episode-of-our-new-series-trust-disrupted-bitcoin-and-the-blockchain/, 10 October 2016, 2017년 3월 2일 접속.

19. 'The magic of mining', *The Economist*, http://www.economist.com/news/business/21638124-minting-digital-currency-has-become-big-ruthlessly-competitive-business-magic, 8 January 2015, 2017년 3월 2일 접속.

20. *The Age of Cryptocurrency: How Bitcoin and the Blockchain are Challenging the Global Economic Order*, Paul Vigna and Michael J. Casey, Picador(2016).

21. 'Sichuan-a Paradise of Food and Modern Agriculture', HKTDC, http://www.hktdc.com/web/featured_suppliers/sichuan/index.html, 2017년 5월 31일 접속.

22. 민장강의 댐 수에 관한 자료. 'Mapping China's "Dam Rush" ', Wilson Center, https://www.wilsoncenter.org/publication/interactive-mapping-chinas-dam-rush, 21 March 2014, 2017년 3월 2일 접속.

23. 주레이의 인터뷰는 테크크런치(TechCrunch)의 블록체인 시리즈 2회에 나온다. 'Trusted Disrupted: Bitcoin and the Blockchain', TechCrunch, https://techcrunch.com/2016/10/10/watch-trust-disrupted-bitcoin-and-the-blockchain-episode-two/, 10 October 2016, 2017년 3월 2일 접속.

24. 'The magic of mining', *The Economist*, http://www.economist.com/news/business/21638124-minting-digital-currency-has-become-big-ruthlessly-competitive-business-magic, 8 January 2015, 2017년 3월 2일 접속.

25. 'How China took center stage in Bitcoin's civil war', *New York Times*, https://www.nytimes.com/2016/07/03/business/dealbook/bitcoin-china.html, 29 June 2016, 2017년 3월 2일 접속.

26. 'Bitcoin open source implementation of P2P currency', Satoshi Nakamoto, P2P foundation, http://p2pfoundation.ning.com/forum/topics/bitcoin-open-source, 11 February 2009, 2017년 3월 2일 접속.

27. 'Missing: hard drive containing Bitcoins worth £4m in Newport landfill site', *Guardian*, https://www.theguardian.com/technology/2013/nov/27/hard-drive-bitcoin-landfill-site, 28 November 2013, 2017년 3월 2일 접속.

28. 비트코인을 금지하는 국가 명단. 'Top 10 Countries in Which Bitcoin is Banned', CryptoCoinsNews, https://www.cryptocoinsnews.com/top-10-countries-bitcoin-banned/, 27 May 2015, 2017년 3월 2일 접속.

29. 래리 서머스의 인터뷰는 테크크런치(TechCrunch)의 블록체인 시리즈 2회에 나온다. 'In the beginning-Trusted Disrupted: Bitcoin and the Blockchain', TechCrunch, https://techcrunch.com/2016/10/10/watch-the-first-episode-of-our-new-series-trust-disrupted-bitcoin-and-the-blockchain/, 10 October 2016, 2017년 3월 5일 접속.

30. 'The great chain of being sure about things', *The Economist*, http://www.economist.com/news/briefing/21677228-technology-behind-bitcoin-lets-people-who-do-not-know-or-trust-each-other-build-dependable, 31 October 2015, 2017년 5월 30일 접속.

10장 │ 블록체인 II : 진실 기계

1. 'The Dao Attacked: Code Issue Leads to $60 Million Ether Theft', CoinDesk, http://www.coindesk.com/dao-attacked-code-issue-leads-60-million-ether-theft/, 17 June 2016, 2017년 3월 1일 접속.

2. 'Ether Price Plummets; Ethereum DAO May Be Hacked', Crypto CoinNews, https://www.cryptocoinsnews.com/ether-price-plumets-ethereum-dao-may-be-hacked, 17 June 2016, 2017년 3월 1일 접속.

3. 'Understanding the DAO Attack', CoinDesk, http://www.coin desk.com/understanding-dao-hack-journalists/, 25 June 2016, 2017년 3월 1일 접속.

4. 슬록잇은 자동차와 자전거와 현관문까지 모든 것을 블록체인에 연결하는 "스마트 잠금 장치"를 구축한 독일의 기술 스타트업이다.

5. 'Why Bitcoin Matters', *New York Times*, https://dealbook.nytimes.com/2014/01/21/why-bitcoin-matters/, 21 January 2014, 2017년 3월 1일 접속.

6. 'DAOs, DACs, DAs and More: An Incomplete Terminology Guide', Ethereum

Blog, https://blog.ethereum.org/2014/05/06/daos-dacs-das-and-more-an-incomplete-terminology-guide/, 6 May 2014, 2017년 5월 4일 접속.

7. 'Can this 22-year old coder out-bitcoin bitcoin?', *Fortune*, http://fortune.com/ethereum-blockchain-vitalik-buterin/, 27 September 2016, 2017년 3월 1일 접속.

8. 'The Uncanny Mind that Built Ethereum', Backchannel, https://backchannel.com/the-uncanny-mind-that-built-ethereum-9b448dc9d14f#. wmpr48it1, 13 June 2016, 2017년 3월 1일 접속.

9. 'Ethereum', Ethereum, https://www.ethereum.org/foundation, 2017년 3월 1일 접속.

10. 'Bootstrapping a Decentralized Autonomous Corporation: Part 1', *Bitcoin Magazine*, https://bitcoinmagazine.com/articles/bootstrapping-a-decentralized-autonomous-corporation-part-i-1379644274/, 19 September 2013, 2017년 3월 1일 접속.

11. 'The Uncanny Mind that Built Ethereum', Backchannel, https://back channel.com/the-uncanny-mind-that-built-ethereum-9b448dc9d14f#. wmpr48it1, 13 June 2016, 2017년 3월 1일 접속.

12. 일부 자율 기업은 현재 킥스타터 같은 중개인 없이 분산적 크라우드펀딩으로 운영되는 웨이펀드(Weifund) 형태로 존재한다. http://weifund.io/Other examples, http://www.gdi.ch/en/Think-Tank/GDI-Trend-News/News-Detail/Uber-without-Uber-Platform-cooperativism-as-the-new-sharing-economy.

13. 이더리움 백서. 'White Paper', Github, https://github.com/ethereum/wiki/wiki/White-Paper, 2017년 3월 1일 접속.

14. 'The great chain of being sure about things', *The Economist*, http://www.economist.com/news/briefing/21677228-technology-behind-bitcoin-lets-people-who-do-not-know-or-trust-each-other-build-dependable, 31 October 2015, 2017년 5월 30일 접속.

15. 같은 책.

16. 2016년 4월에 밥 사우첼리(Bob Sauchelli)가 트랜잭티브 그리드를 통해 첫 초과 에너지를 0.07달러당 195크레디트에 이웃인 에릭 프루민(Eric Frumin)에게 구입했다.

'Ethereum Used for "First" Paid Energy Trade Using Blockchain Tech', Coin-Desk, http://www.coindesk.com/ethereum-used-first-paid-energy-trade-using-blockchain-technology, 11 April 2016, 2017년 3월 1일 접속.

17. 〈이코노미스트〉의 부테린과의 인터뷰. 'Vitalek Buterin on his long term goals for Ethereum', Bitcuners, http://blog.bitcuners.org/post/143849632438/vitalik-buterin-on-his-long-term-goals-for, 4 May 2016, 2017년 3월 1일 접속.

18. 'Havocscope Black Market', Havocscope, http://www.havocscope.com/, 2017년 3월 1일 접속.

19. 'A $50 million hack just showed that the DAO was all too human', WIRED, https://www.wired.com/2016/06/50-million-hack-just-showed-dao-human/, 18 June 2016, 2017년 3월 1일 접속.

20. 'An Open letter', Pastebin, http://pastebin.com/CcGUBgDG, 18 June 2016, 2017년 2월 23일 접속.

21. 'Can this 22-year-old coder out-bitcoin bitcoin', *Fortune*, http://fortune.com/ethereum-blockchain-vitalik-buterin/, 27 September 2016, 2017년 5월 31일 접속.

22. 'A $50 million hack just showed that the DAO was all too human', *WIRED*, https://www.wired.com/2016/06/50-million-hack-just-showed-dao-human/, 18 June 2016, 2017년 3월 1일 접속.

23. 'The Ethereum Hard Fork is Done', Futurism, https://futurism.com/the-ethereum-hard-fork-is-done/, 20 July 2016, 2016년 12월 12일 접속.

24. DAO 공격에 관한 일련의 사건. 'Understanding the DAO Attack', CoinDesk, http://www.coindesk.com/understanding-dao-hack-journalists/, 25 June 2016, 2016년 12월 12일 접속.

25. 'A $50 million hack just showed that the DAO was all too human', *WIRED*, https://www.wired.com/2016/06/50-million-hack-just-showed-dao-human/, 18 June 2016, 2017년 3월 1일 접속.

26. *Mastering Bitcoin: Unlocking Digital Cyrptocurrencies*, Andreas Antonopoulos, O'Reilly Media (2014).

27. 'Reid Hoffman: Why the blockchain matters', *WIRED*, http://www.wired.

co.uk/article/bitcoin-reid-hoffman, 15 May 2015.

28. 대니 힐리스의 인터뷰. 'Disney's Wizards', *Newsweek*, http://europe.newsweek. com/disneys-wizards-172346?rm=eu, 8 November 1997, 2017년 3월 1일 접속.

29. 처음 출시된 이후 DApps의 수. Ethereum, http://dapps.ethercasts.com/, 2017년 5월 10일 접속.

30. 앱스토어의 앱 수. 'Appstore', Consensys, https://consensys.net/static/images/ number-of-apps.png, 2017년 5월 10일 접속.

31. 'PwC Expert: $1.4 Billion Invested in Blockchain in 2016', Crypto-Coins News, https://www.cryptocoinsnews.com/pwc-expert-1-4-billion-invested-blockchain-2016/, 9 November 2016, 2017년 3월 1일 접속.

32. 'Introducing R3 Corda: A Distributed Ledger Designed for Financial Services', R3 blog, http://www.r3cev.com/blog/2016/4/4/introducing-r3-corda-a-distributed-ledger-designed-for-financial-services, 5 April 2016, 2017년 5월 31일 접속.

33. "이건 어떤 물건의 역사, 그러니까 어떤 물건이 어디서 왔고 어디로 가는지에 관한 이야기입니다"와 이후 리앤 켐프의 말, 저자 인터뷰, 2017년 3월 1일 접속.

34. 'Crime pays when provenance is broken', Everledger, https://www. everledger.io/, 2017년 3월 1일 접속.

35. 도난당한 예술품 추정치. 'Nazi loot case: much art still untraced-expert', BBC News, http://www.bbc.com/news/world-europe-24801935, 4 November 2013, 2017년 3월 1일 접속.

36. 'Nazi Art Loot Returned', *New York Times*, https://www.nytimes. com/2016/07/16/arts/design/nazi-art-loot-returned-to-nazis.html?_r=0, 15 July 2016, 2017년 3월 1일 접속.

37. American Alliance of Museums website, 'Standards Regarding the Unlawful Appropriation of Objects During the Nazi Era', http://www.aam-us.org/ resources/ethics-standards-and-best-practices/collections-stewardship/ objects-during-the-nazi-era, 2017년 3월 1일 접속.

38. "모든 제품에는 사연이 있습니다"와 이후 제시 베이커의 말, 저자 인터뷰, 2016년 8 월 9일.

39. 'Walmart and IBM are Partnering to Put Chinese Pork on a Blockchain', *Fortune*, http://fortune.com/2016/10/19/walmart-ibm-blockchain-china-pork/, 19 October 2016, 2017년 3월 1일 접속.

40. 'World Economic Forum Annual Meeting', World Economic Forum, https://www.weforum.org/events/world-economic-forum-annual-meeting-2017, 2017년 5월 16일 접속.

41. 'Blockchain technology: Redefining trust for a global, digital economy', World Bank, http://blogs.worldbank.org/ic4d/blockchain-technology-redefining-trust-global-digital-economy, 16 June 2016, 2017년 3월 1일 접속.

42. 'An interview with Hernando de Soto', McKinsey, http://www.mckinsey.com/industries/public-sector/our-insights/an-interview-with-hernando-de-soto, October 2012, 2017년 3월 1일 접속.

43. *The Mystery of Capital: Why Capitalism Triumphs in the West and Fails Everywhere Else*, Hernando de Soto, Basic Books(2000).

44. *Blockchain Revolution*, Don Tapscott and Alex Tapscott, Portfolio Penguin (2016).

45. *Land Policies for Growth and Poverty Reduction*, World Bank Policy Research Report(2003).

46. 'Distributed Ledger Technology: Beyond Blockchain', UK Government, https://www.gov.uk/government/uploads/system/uploads/attachment_data/file/492972/gs-16-1-distributed-ledger-technology.pdf, 19 January 2016, 2017년 3월 1일 접속.

47. 'Bitcoin: A Peer-to-Peer Electronic Cash System', https://bitcoin.org/bitcoin.pdf, 2017년 5월 16일 접속.

48. 'Why Bitcoin is and isn't like the internet', Joi Ito blog, https://joi.ito.com/weblog/2015/01/23/why-bitcoin-is-.html, 23 January 2015, 2017년 3월 1일 접속.

49. 블라이스 매스터스의 사업 활동 일대기. 'Outsmarted high finance vs. human nature', *New Yorker*, http://www.newyorker.com/magazine/2009/06/01/outsmarted, 1 June 2009, 2017년 5월 16일 접속.

50. Digital Gold: The Untold Story of Bitcoin, Nathaniel Popper, Harper(2016).

51. 'The Fintech 2.0 Paper: rebooting financial services', Finextra, https://www. finextra.com/finextra-downloads/newsdocs/the%20fin tech%202%200%20 paper.pdf, 2015, 2017년 5월 10일 접속.

52. 'Blythe Masters Tells Banks the Blockchain Changes Everything', Bloomberg, https://www.bloomberg.com/news/features/2015-09-01/blythe-masters-tells-banks-the-blockchain-changes-everything, 1 September 2015, 2017년 5월 10일 접속.

53. 'JP Morgan to pay $410 million to settle power market case', Reuters, http://www.reuters.com/article/us-jpmorgan-ferc-idUSBRE96T0NA20130730, 30 July 2013, 2017년 5월 10일 접속.

54. Don and Alex Tapscott for an explanation of how the blockchain could be an ally or threat for the financial industry, Blockchain Revolution: How the Technology Behind Bitcoin is Changing Money, *Business and the World*, Don Tapscott and Alex Tapscott, Portfolio Penguin(2016).

55. 'Goldman Sachs Files Patent for Virtual Settlement Currency', *Financial Times*, https://www.ft.com/content/b0d8f614-997c-11e5-9228-87e603d47bdc, 3 December 2015, 2017년 3월 1일 접속.

56. R3CEV에 참여한 은행의 수. 'R3 Home', R3, http://r3members.com/, 2017년 3월 1일 접속.

57. 원래 비트코인 코어(Bitcoin Core) 개발자 5명은 개빈 안드레센(Gavin Andresen), 블라디미르 J. 판 데르 란(Wladimir J. van der Laan), 피터 윌레(Pieter Wuille), 그렉 맥스웰(Greg Maxwell)과 제프 가지크(Jeff Garzik)였다. 개빈은 마이크 헌에게 비트코인 코어를 연구하도록 설득했다. 'Benevolent dictators and disenchanted believers: bitcoin core developers revisited', CoinFox, http://www.coinfox. info/news/reviews/5312-benevolent-dictators-and-disenchanted-believers-bitcoin-core-developers-revisited, 15 April 2016, 2017년 3월 1일 접속.

58. 'The resolution of the Bitcoin experiment', https://blog.plan99.net/the-resolution-of-the-bitcoin-experiment-dabb30201f7#.idmijyl38, 14 January 2016, 2017년 3월 1일 접속.

59. 존 앨런과의 1993년 CBC 인터뷰. 'Tech time warp: 20 years ago, we thought the internet would bring out our nice sides', *WIRED*, https://www.wired. com/2014/06/tech-time-warp-cyber-bullies/, 13 June 2014, 2017년 3월 1일 접속.

결론 | 신뢰, 인간 결정에 관한 문제

1. 'In No One We Trust', Joseph Stiglitz, *New York Times*, https://opinionator. blogs.nytimes.com/2013/12/21/in-no-one-we-trust/?_ r=3, 21 December 2013, 2017년 5월 16일 접속.
2. 에릭의 사연은 시바니 시로야와 탈라 팀이 2017년 1월 18일과 2017년 2월 25일에 스카이프와 이메일로 들려주었다..
3. "우리는 어머니한테 말했어요. '엄마, 일을 많이 하시는데 환자들은 왜 돈을 내지 않아요?'"와 이후 시바니 시로야의 말, 저자 인터뷰, 2017년 1월 18일.
4. 'A smart loan for people with no credit history (yet)', TED talk, https:// www.ted.com/talks/shivani_siroya_a_smart_loan_for_ people_with_no_credit_ history_yet/transcript?language=en#t-102209, April 2016, 2017년 5월 16일 접속.
5. 'Do Your Research Before Changing the World', Collaborative Fund, http:// www.collaborativefund.com/blog/shivani-siroya/, 8 March 2016, 2017년 5월 16일 접속.
6. "이런 게 그 사람을 보다 정확히 보여주는 정보이고, 단순한 점수가 아닌 금융 신분을 의미하지요. 서류나 공식 금융 기록에는 나오지 않는 자료예요." 시로야와의 인터뷰와 그의 TED 강연에서 편집한 말이다.
7. 'An Implosion of Trust', Edelman, http://www.edelman.com.au/magazine/ posts/an-implosion-of-trust/, 2017년 1월 18일 접속.
8. 'Uber CEO on Driver 'Assault': It's Not Real and We're Not Responsible', Valleywag, http://valleywag.gawker.com/uber-ceo-on-driver-assault-its-not-real-and-were-n-1323533057, 16 September 2013, 2017년 5월 16일 접속.
9. 'Uber Chief's Email to Employees', *New York Times*, https://www.nytimes. com/interactive/2017/02/03/technology/document-Kalanick-email.html, 3

February 2017, 2017년 5월 31일 접속.

10. 'The Second Coming', *The Collected Poems of W. B. Yeats*, Wordsworth Editions(1994).

11. 끊임없이 변하는 상태에 관한 설명. *The Inevitable*, Kevin Kelly, Viking Press (2016).

12. 이란의 블로거 후세인 데라크샨(Hossein Derakhshan)이 이 주제에 관한 훌륭한 게시물을 남겼다. 그는 온라인 활동으로 인해 6년간 투옥되었다. 'The Web We Have to Save', Medium, https://medium.com/matter/the-web-we-have-to-save-2eb1fe15a426#, 14 July 2015, 2017년 5월 16일 접속.

신뢰에 관한 폭넓은 자료를 보려면 https://www.rachelbotsman.com을 방문하라.

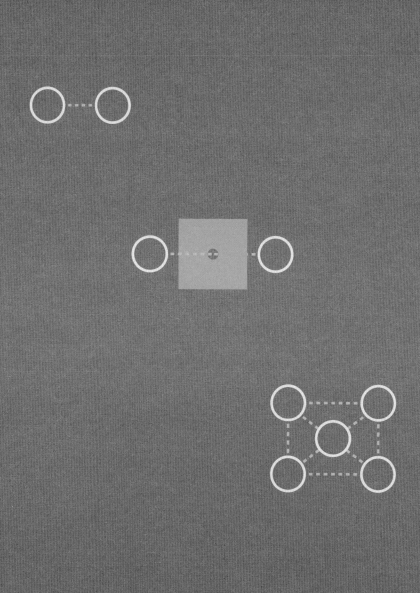

신뢰 이동

초판 1쇄 발행 2019년 3월 29일
초판 5쇄 발행 2024년 6월 19일

지은이 레이첼 보츠먼
옮긴이 문희경
펴낸이 유정연

이사 김귀분
기획편집 신성식 조현주 유리슬아 서옥수 황서연 정유진 **디자인** 안수진 기경란
마케팅 반지영 박중혁 하유정 **제작** 임정호 **경영지원** 박소영 **교정교열** 허지혜

펴낸곳 흐름출판(주) **출판등록** 제313-2003-199호(2003년 5월 28일)
주소 서울시 마포구 월드컵북로5길 48-9(서교동)
전화 (02)325-4944 **팩스** (02)325-4945 **이메일** book@hbooks.co.kr
홈페이지 http://www.hbooks.co.kr **블로그** blog.naver.com/nextwave7
출력·인쇄·제본 삼광프린팅 **용지** 월드페이퍼(주) **후가공** (주)이지앤비(특허 제10-1081185호)

ISBN 978-89-6596-304-2 03320

•흐름출판은 독자 여러분의 투고를 기다리고 있습니다. 원고가 있으신 분은 book@hbooks.co.kr로
 간단한 개요와 취지, 연락처 등을 보내주세요. 머뭇거리지 말고 문을 두드리세요.
•파손된 책은 구입하신 서점에서 교환해 드리며 책값은 뒤표지에 있습니다.